U0851846

21世纪高等学校计算机公共课程“十二五”规划教材

多媒体课件制作教程（Authorware）

（第二版）

龚奇夫　李成银　胡　秀　陆　焱　赵运红　编著

中国铁道出版社
CHINA RAILWAY PUBLISHING HOUSE

内 容 简 介

本书以介绍 Authorware 7.0 的常规用法为主，同时也简要介绍了制作多媒体课件所必备的基础知识，还简单介绍了图像制作软件 Photoshop 和动画制作软件 Flash，力图使学习者花较少的时间就能做出效果很好的课件。

本书主要内容包括：多媒体课件的基本概念，图形、图像及音频、视频等素材的处理方法，各种画面的静态、动态展示的基础知识，实现交互功能、使用声音、视频等多媒体课件制作的技巧。书中还简要介绍了 Authorware 中的计算图标、函数、变量、模块和知识对象的应用。

本书内容丰富，简单易学，范例讲解与软件功能介绍相结合，适合作为高等院校非计算机专业及社会各类课件制作培训教材，也可作为 Authorware 软件的初、中级学习者的参考书。

图书在版编目（CIP）数据

多媒体课件制作教程：Authorware/龚奇夫等编著.
2 版. --北京：中国铁道出版社，2010.8（2016.6重印）
21 世纪高等学校计算机公共课程“十二五”规划教材
ISBN 978-7-113-11728-3

Ⅰ.①多… Ⅱ.①龚… Ⅲ.①多媒体－计算机辅助教学－软件工具，软件工具，Authorware 7.0－高等学校－教材 Ⅳ.①G434

中国版本图书馆 CIP 数据核字（2010）第 156144 号

书　　名：多媒体课件制作教程（Authorware）（第二版）
作　　者：龚奇夫　等编著

策划编辑：秦绪好
责任编辑：孟　欣　　　　**封面制作**：白　雪
编辑助理：卢　昕
封面设计：付　巍
责任印制：李　佳

出版发行：中国铁道出版社（北京市西城区右安门西街 8 号　邮政编码：100054）
印　　刷：三河市宏盛印务有限公司
版　　次：2005 年 8 月第 1 版　2010 年 8 月第 2 版　2016 年 6 月第 12 次印刷
开　　本：787mm × 1 092mm　1/16　印张：15.25　字数：363 千
印　　数：27 001~29 000 册
书　　号：ISBN 978-7-113-11728-3
定　　价：32.50 元

版权所有　侵权必究

凡购买铁道版图书，如有印制质量问题，请与本社计算机图书批销部联系调换。

第二版前言

FOREWORD

2005年本书的第一版《多媒体课件制作教程（Authorware）》（中国铁道出版社，龚奇夫等编著）出版，受到了广大读者的欢迎。编者根据读者的要求和反馈建议，对原书进行了较大修改，以出版本书。为适应信息时代的发展，本书将软件的版本进行了升级。将当前应用比较少的"SWiSHmax软件简介"一章改为"相关软件简介"，主要介绍了常用图像处理软件Photoshop和动画制作软件Flash。其他章节也针对应用情况进行了部分删减和修改，对原书中的勘误进行了修正。

作者在编写本书时力求体现如下特点：

（1）考虑学生和读者层次的参差不齐，本书尽量避免大段的理论讲解，做到用多少讲多少，秉承够用即可的原则。多讲怎么做，少讲为什么，因为本书是制作教程，不是理论原理。

（2）用Authorware制作课件实际动手能力较强，本书通过详尽、简洁的文字，叙述每一步的操作方法，使读者能够很快上手，近乎手把手操作。

（3）对于容易出错的内容、技巧性的内容、多种方法的操作等，本书以提示的形式给出，这既是编者长期从事一线教学经验的积累，也是本书的特色之处。

（4）本书每章后都附有适量习题。认真完成这些习题对于理解概念、综合应用十分有帮助。

全书共分为9章。教学内容的"中点"在"交互图标"讲完之后，高校分两学期教学的教师可以此为参考进行分段。各章内容概述如下：第1章讲述多媒体及多媒体课件的概念、多媒体素材的获取与制作的相关知识。第2章讲解Authorware的"显示"、"等待"和"擦除"图标。第3章讲解"移动"图标的5种移动方式和"移动"图标的层。重点讲解较为常用的第1种、2种、第4种移动方式，其他两种可选讲。第4章讲解"交互"图标。一共有11种交互响应方式，对交互分支进行了比较和辨析，便于学生理解。第5章讲解"声音"图标和"电影"图标，还讲解了"插件"图标即GIF动画、Flash动画及QuickTime视频的使用。第6章讲述程序流程的控制，主要讲解"判断"图标、"框架"图标和"导航"图标。第7章讲述"计算"图标、变量和函数，主要讲解"计算"图标中用到的常用变量和函数。第8章讲述库、模块和知识对象，主要讲解结构化模块的使用方法、课件的打包与发布。第9章是相关软件简介，主要介绍Photoshop图像处理软件和Flash动画制作软件的简单应用。附录A和附录B分别列举了Authorware中的变量和函数。

本书凝结了编者多年的教学经验，非常适合高等院校作为多媒体课件制作（Authorware）课程的教材和参考书籍，也适合多媒体创作人员作为参考资料。

本书由龚奇夫拟定编写纲目，组织分工，负责统稿。参加本次修订工作的人员主要有龚奇夫（第 1 章）、李成银（第 2 章、第 3 章）、胡秀（第 4 章、第 5 章）、陆焱（第 6 章、第 7 章、第 8 章）、赵运红（第 9 章）。

由于时间仓促，编者水平有限，书中的不足和疏漏之处在所难免，恳请读者给予批评指正。我们会在适当的时间进行修订和补充，编者的 E-mail 为：gongqifu@163.com，本书提供的在线资源网址为：http://61.184.198.219/jsjdmt/main.asp，欢迎赐教！

编 者

2010 年 6 月

第一版前言

FOREWORD

多媒体技术自出现以来就表现出强大的生命力。在教学中，图文并茂、视听效果丰富的人机交互课件，更能激发学生的学习兴趣。制作较好的课件能使学生更快地掌握知识。因此越来越多的教师参与到多媒体课件的开发与教学教材实践中来。

目前，讲述多媒体课件制作的书很多，但有些介绍理论较多，而有些只讲实例，兼顾二者的较少。多年来，我们在使用多媒体课件制作类的教材时，总感觉那些书的编排体系不太适合教学实际，不太符合学生的学习模式和思维方式。而且很多书中有大段甚至整章的各种设置和属性的介绍，学生很难一下子掌握它们。同时许多教材篇幅过大，很难在三四十个课时完成教学任务。书厚了，价就高，又学不完，无形中增加了学生负担。因此我们在本书的编排过程中，力求在满足完成教学任务的前提下压缩书的厚度，减轻学生经济负担。学习操作性、设计性很强的软件，实际上是对某种“人为规则”的学习。因此该软件本身就是很好的教材，教师及相关课本主要起入门引导的作用。

在多年的教学实践中，我们给学生授课时，常常安排一些例子，将重要的设置安插其中，效果较好。因为对新知识，先有感性认识，在实践中逐步去掌握规则，这才是学习要领。因此，在编排本教材时，尽可能采用这种方法，以实例为主，带动知识的讲解，力争做到通俗易懂、简明扼要、重点突出，让学生尽快掌握实践技术。

本书适合高等院校作为多媒体课件制作（Authorware）讲授的教材和参考书籍，亦适合那些想掌握多媒体创作的读者。

本书在概论中讲述多媒体的概念和多媒体素材的获取与制作的相关知识。第 1 章至第 8 章讲解了利用 Authorware 6.5（周氏汉化）软件制作多媒体课件的方法，第 9 章讲述了文字动画软件 SWiSHmax 的基本使用方法。

在本书的写作过程中，得到了部分高校多年从事多媒体教学和科研的教师们的关心和指导，江汉大学实验师范学院、沙洋师专、黄石理工学院部分老师参加了书稿讨论和编写。本书由龚奇夫拟定编写纲目，组织分工，由伍红华完成概论。本书第 1 章和第 2 章由李成银编写，第 3 章由伍红华编写，第 4 章和第 5 章由彭伟编写，第 6 章由蔡利云编写，第 7 章和第 8 章由龚奇夫编写，第 9 章由吴桂芳编写。伍红华和龚奇夫负责统稿。吴丰盛参加了部分统稿工作并提出了宝贵意见，在此一并致谢。

由于作者们工作在教学第一线，都比较忙，虽数次订正，书中不当和谬误在所难免，敬请各位专家和读者批评指正，作者的电子邮箱为 sz503@syszedu.net，如有问题，请来函赐教。

编　者

2005 年 7 月

CONTENTS 目录

第1章 多媒体课件的基础知识

学习目标

- 了解多媒体课件的概念、种类及作用等多媒体课件的基础知识；
- 了解多媒体课件素材的获取、处理等基础知识，如图片、声音、视频等；
- 掌握多媒体课件的设计原则、一般制作方法和流程。

学习多媒体课件制作，首先要对多媒体、多媒体课件等概念有个基本认识。同时，各种媒体的获取、转换等是课件制作的必要的前期工作，稍难一点的图片处理及动画制作将在第9章介绍，比较简单的在本章介绍。

1.1 多媒体课件概念

在信息技术中，媒体是信息的承载体，是人认识和了解自然的重要途径，是人与人进行观念、思想、感情和意见交流的中介物。在计算机领域里，将文字、颜色、声音、图形、图像、动画、视频等比较抽象的信息的承载体称作媒体。

多媒体是指图形、图像、声音、动画、视频、文字等多种媒体的组合，这种组合不是将各种媒体简单地堆砌在一起，而是在它们之间建立一种有机的联系，使多媒体的作用远远超过各种媒体单独作用的总和。

随着现代电子和通信技术手段在教育中的应用，特别是随着计算技术的迅速发展，出现了多媒体技术。它具有交互性强，表现力丰富，可以在网上运行等特点。它的出现为信息传播提供了一种功能强大的手段，因此在教育、培训方面发挥着重要的作用。

1.1.1 多媒体技术概况

20世纪80年代中后期开始，多媒体计算机技术成为人们关注的热点之一。多媒体技术是一种迅速发展的综合性电子信息技术，它给传统的计算机系统、音频和视频设备带来了方向性的变革，将对大众传媒产生深远的影响。多媒体计算机将加速计算机进入家庭和社会各个方面的进程，给人们的工作、生活和娱乐带来深刻的革命。

20世纪90年代以来，世界向着信息化社会发展的速度明显加快，而多媒体技术的应用在这一发展过程中发挥了极其重要的作用。多媒体改善了人类信息的交流方式，缩短了人类传递信息的路径。应用多媒体技术是20世纪90年代计算机应用的时代特征，也是计算机的又一次革命。多媒体技术的发展日新月异，触角已经伸向社会生活的各个角落，在诸如教育培训、商品展示、导游导购、企业宣传等方面扮演着越来越重要的角色。

1.1.2 多媒体的定义

多媒体（Multimedia）英文由 multi 和 media 两部分组成。一般理解为多种媒体的综合。

1．媒体（Media）的含义

（1）指信息的物理载体（即存储和传递信息的实体），如书本、挂图、磁盘、光盘、磁带以及相关的播放设备等。

（2）指信息的表现形式（或者说传播形式），如文字、声音、图像、动画等。在多媒体计算机中所说的媒体，是指信息的表现方式，即计算机不仅能处理文字、数值之类的信息，而且还能处理声音、图形、图像等各种不同形式的信息。

2．媒体的分类

国际电话电报咨询委员会 CCITT（Consultative Committee on International Telephone and Telegraph，国际电信联盟 ITU 的一个分会）把媒体分为 5 类：

（1）感觉媒体（Perception Medium）：指的是能直接作用于人们的感觉器官，从而能使人产生直接感觉的媒体。如引起听觉反应的语言、音乐、自然界中的各种声音；引起视觉反应的各种图像、动画、文本等。

（2）表示媒体（Representation Medium）：指传输感觉媒体的中介媒体，是为了传输感觉媒体而人为研究出来的媒体，即用于数据交换的编码。如图像编码（JPEG、MPEG 等）、文本编码（ASCII 码、GB2312 等）、声音编码、语言编码、电报码、条形码等。

（3）显示媒体（Presentation Medium）：指用于通信中使电信号和感觉媒体之间进行信息输入和输出产生转换作用的媒体。如：输入媒体设施——键盘、鼠标、扫描仪、话筒、摄像机等；输出媒体设施——显示器、打印机、音响等。

（4）存储媒体（Storage Medium）：指用于存储表示媒体的物理介质，如纸张、硬盘、软盘、磁盘、磁带、光盘、ROM 及 RAM 等。

（5）传输媒体（Transmission Medium）：指传输表示媒体的物理介质，如电话线、电缆、光缆等。

3．媒体元素

（1）文本：文本是以文字和各种专用符号表达的信息形式，它是现实生活中使用得最多的一种信息存储和传递方式。用文本表达信息给人充分的想象空间，它主要用于对知识的描述性表示，如阐述概念、定义、原理和问题以及显示标题、菜单等内容。

（2）图形和图像：图形是指从点、线、面到三维空间的黑白或彩色几何图；图像是由像素点阵组成的画面。图像是多媒体软件中最重要的信息表现形式之一，它是决定一个多媒体软件视觉效果的关键因素。

（3）视频影像：图像数据的一种，若干有联系的图像数据连续播放便形成了视频。视频影像具有时序性与丰富的信息内涵，常用于交待事物的发展过程。视频非常类似于我们熟知的电影和电视，有声有色，在多媒体中充当重要的角色。

（4）声音：声音包括音乐语音和各种音响效果。声音是人们用来传递信息、交流感情最方便、最熟悉的方式之一。在多媒体课件中，按其表达形式，可将声音分为讲解、音乐、效果 3 类。

（5）动画：动画是利用人的视觉暂留特性，快速播放一系列连续运动变化的图形图像，也包括画面的缩放、旋转、变换、淡入淡出等特殊效果。通过动画可以把抽象的内容形象化，使许多难以理解的教学内容变得生动有趣。合理使用动画可以达到事半功倍的效果。

1.1.3 多媒体计算机技术对课件制作的影响

多媒体计算机辅助教学（Multimedia Computer Assisted Instruction，MCAI）是计算机技术与教育领域相结合的产物，它的产生和发展对于现代教育的变革和进步起到巨大的推动作用。

在教学理论的指导下，根据教学目标，以特定教学策略用于执行教学任务而设计的计算机程序称为教学软件，这种用计算机技术制作的MCAI多媒体计算机辅助教学软件称为多媒体课件。

多媒体课件使教学信息通过人机交互作用来优化教学过程和目标，完成各种教学任务。提高了教学效率。

近年来，随着多媒体计算机技术及网络技术的迅猛发展，多媒体教学广泛应用于课堂教学中，使教育的思想和教学的内容、方法、策略、组织形式等都发生了重大变化，同时也促进了现代教育向着现代化的方向不断发展，使其更为有效地应对经济、信息时代对教育提出的挑战。

多媒体课件辅助课堂教学比传统教学更有利于变被动教育为主动教育，变知识教育为智能教育、创新教育。要加速教育改革的步伐，必须把多媒体技术应用于课堂教学。现代科学技术的突飞猛进为我们提供了把多媒体技术与课堂教学结合的有利的物质基础，改革开放以来教育改革的实践也给我们提供了这方面的经验。把多媒体技术与课堂教学相结合，教育改革一定会发生巨大变化，这不仅是教育方式与教育手段的更新，而且将影响教育教学结构、体制与学校基础的整体改革。它将加速新型人才的培养。

多媒体课件具有处理文本（Text）、图形（Grahpics）、图像（Image or Picture）、动画（Animation）、音频（Audio）、视频（Video）的综合能力，它集中了电影、电视、幻灯投影、录音录像等教学媒体的优点，而且具有人机交互的特性。

多媒体教学的实质是教师借助于多媒体技术向学生传播教学内容的过程。多媒体课件在教学中的使用，改善了教学媒体的表现力和交互性，使媒体展示的内容更具体、更有利于知识的传播。在多媒体技术的帮助下，教师传播知识容易被学生所接受，而学生的反馈信息也能及时被教师获得，教师能够通过及时调整教学内容，因材施教，使教学有条不紊地进行。

1.1.4 多媒体课件的分类

根据课件的教学方式和作用分类：

（1）课程式课件主要用于课堂教学，当前教师们自作的课件都属此类。

（2）课程辅导式课件主要用于个别教学，以及其他复习式的课件。

（3）测试训练式课件主要用于学生测试和训练，如一些题库课件。

（4）实验型课件主要用于演示实验和学生的操作实验。

（5）管理型课件主要用于收集、分析、诊断学生学习情况，进行学生学习记载、统计和反馈。

根据课件的功能可分为演示型、工具型、智能型及综合型等多种类型：

（1）演示型课件：这种课件就好像是一段影片，用户只是在充当观众的角色。

（2）工具型课件：这种课件根据不同学科的知识结构特点，设计成使用者根据自己设想、构思进行教学的工具。

（3）智能型课件：这种课件的最大特色是具有模拟的人工智能，可以根据用户的答题情况判定用户的当前水平，而生成适合用户个人的试题。

（4）综合型课件：这种类型课件综合了前3种类型的特征。

1.1.5 多媒体课件制作的要求

1. 课件制作的必要性和可行性

在教育领域中，无论哪门学科，一般都可以实施多媒体辅助教学，但是对于那些用常规教学方法就能达到教学目的的教学内容，就没有必要使用多媒体来进行辅助教学，因为那样只能造成人力、财力的浪费。相反地，课程内容比较抽象、难以理解、教师用语言不易描述、某些规律难以捕捉、需要学习者反复练习的内容等，在条件允许的情况下都有必要实施多媒体辅助教学。概括而言，选题应根据多媒体的必要性和可行性、教学内容的特点，进行认真分析、周密设计才能精心制作好具有图、文、声、像综合表现功能的多媒体课件。

2. 确定多媒体课件实施步骤

（1）确定目标：分析判断和确定多媒体课件实施所能达到的目标，是否符合教学大纲目标的要求。特别要注意充分发挥多媒体课件的特长，达到有效调动和发挥学生学习的积极性和创造性，提高学习效率的目的。

（2）认真分析：① 内容分析；② 难点分析；③ 学生类型分析；④ 环境分析。

教材是教学的基本依据，也是多媒体课件设计的蓝本，只有把握好教材内容，深刻理解教材的知识结构和内容体系，才能实施有效的教学。因此，在选择好课题制作多媒体课件前，应仔细分析和研究教学内容，理解重点、难点问题，确定课件的内容结构、表现形式及教学顺序。

（3）周密设计：① 教学设计；② 课件系统设计；③ 教案、脚本、流程图设计。

脚本设计是制作多媒体课件的重要环节，需要对教学内容的选择、结构的布局、视听形象的表现、人机界面的形式、解说词的撰写、音响和配乐的手段等进行周密的考虑和细致的安排。它的作用相当于影视剧本。

（4）精心制作：① 素材创作收集；② 界面设计制作；③ 框面媒体集成。

"多媒体素材"是多媒体课件中用到的各种听觉的和视觉的材料。也就是多媒体课件中用于表达一定思想的各种元素，它包括图形、动画、图像、文本、声音和视频等。

搜集素材应根据脚本的需要来进行，素材的取得可以通过多种途径，如利用扫描仪采集图像，利用动画制作软件生成动画，用话筒输入语音，或从各种多媒体素材光盘中取得。

（5）课件整合：多媒体课件最核心的环节是制作合成。其主要任务是根据脚本的要求和意图设计教学过程，将各种多媒体素材编辑起来，制作成交互性强、操作灵活、视听效果好的多媒体课件，这是技术性很强的工作，现在的多媒体编辑软件的操作使用越来越简单易学，为教师亲自动手制作课件提供了前提。

（6）课件评价：多媒体课件制作完成后，要经过多次调试、试用、修改、完善，才能趋于成熟。这也是很重要的一个环节，是确保课件质量的最后一关。如果存在某些问题，应继续修改，直到满意为止。

1.1.6 多媒体课件制作常用的软件工具

要制作出多媒体课件需要有充足的素材（如声音、图片、视频等），真正精美的多媒体作品需要对大量素材进行加工处理，然后用诸如 Authorware 等多媒体制作软件将图像、声音、文字、动画、视频等有机结合起来，经过软件的综合处理与控制，从而形成一部生动的多媒体作品。

要想制作出一个较好的多媒体课件，常常要用到一些媒体制作工具。文本编辑软件有 Word、写字板等。图像编辑软件有 ACDSee、Photoshop、AutoCAD、3ds Max、CorelDRAW 等，当然最简单的就是 Windows 的画图程序。声音编辑软件有 Sound Forge、Cool Edit、Wave Edit、Cakewalk 等，Windows 的“录音机”也是一个很好的声音编辑软件。动画制作软件有 Flash、Director、3ds Max、Maya 等。视频编辑软件有 VirtualDub、会声会影，还有 Windows 自带的 WMM（Windows Movie Maker）。

在制作文字特效方面功能比较强的软件有 SWiSHmax 和 Cool 3D。

对于不擅长编程的初、中级用户，在选用多媒体制作工具时可以选用操作简单、易于上手的软件 Authorware。选用 Authorware 的好处是几乎不需要编程即可制作精美的课件。

如果开发的多媒体软件要求有较强的动画能力，并能通过脚本语言提供更强大的交互能力，这时也可选择 Flash。Flash 最大的特点是通过时间轴来控制动画的播放，近几年特别流行。本书第 9 章有专门的介绍。

此处，还有幻灯片制作工具 PowerPoint，由于它特别简单，使用的人比较多，PowerPoint 像一个能连续播放画面的幻灯机，在动画、交互上还存在许多不足，许多时候不能很好地再现教学中所需的演示效果，因此 PowerPoint 常用于要求不高的情况。

随着网络的迅速发展，多媒体课件制作工具逐步转向网页制作工具，但对于多数人来说，开发 ASP、JSP 格式的网络课件还是太难。

1.2　素材的处理

素材的处理包括对图像、声音、视频的获取和处理。

1.2.1　数字图像的基础知识

计算机所能处理的信息都必须数字化，对于图形和图像而言也是一样。要在计算机中对图像素材进行处理，就需要将其转换为一系列数据所表示的图像。也正是由于计算机所处理的图像是数字化的，所以可以将不同的图像素材进行任意的组合、拼贴、变形等处理，制作出多媒体所需要的高品质图形图像文件。

1. 数字图像的种类

（1）数字图像分为两类，即位图图像和矢量图形。

一般来说，凡是能为人类视觉系统所感知的信息形式，或人们心目中的有形想象统称为图像。因此，各类图片、光学影像以及一页书等都是图像。实际上，无论是图形、文字、视频等，最终都是以图像形式出现的。但由于计算机中对其表示、处理及显示的方法不同，一般把它们看作不同的媒体形式。位图图像是其中最基本的一种形式。

图像又可称为位图（BitMap）图像，这种用像素点阵构成画面的方法也是计算机最重要的表现方法。因为图像是由一个个色点组成的，而点阵的大小与屏幕分辨率有关。因此屏幕分辨率越高，点阵越小，画面越细腻，图像的文件也越大。

位图图像是通过特殊的设备将光信号量化为数值，并按一定的格式组织而得到的，常用的设备有扫描仪、照相机等。

图形是计算机独有的处理画面的方式。它不是照相和摄像对现实世界的复制，而是由计算机“计算”出来的。它描述的虽然还是像素的点阵，但它给出的是产生这些点的过程和方法，因此又被称为矢量图形。

图形是由一个个图元组成的，图元是最简单、最基本的图形，例如一个圆、一个矩形、一条曲线、一组字符等。在这里记录的不是每个点阵的颜色，而是一组组描述图元特征的指令。

例如，一幅花的矢量图形实际上是由线段形成外框轮廓，由外框的颜色以及外框所封闭的颜色决定花显示出的颜色。由于矢量图形可通过公式计算获得，所以矢量图形文件体积一般较小。矢量图形最大的优点是无论放大、缩小或旋转等不会失真，最大的缺点是难以表现色彩层次丰富的逼真图像效果。

（2）图形和图像的比较。

通过上面的论述，可以看出图形和图像是两个不同的概念，但它们之间又存在一定的关系，且各有优势，故而用途也各不相同。

矢量图形的基本元素是图元，也就是图形指令，而位图图像的基本元素是像素，位图图像的显示要更加逼真一些。

图形的显示过程是按照图元的顺序进行的，而图像的显示过程是按照点阵图像中所安排的像素进行的，与图像内容无关。

图形缩放变换后不会发生变形失真，而图像变换则会发生失真。

图形能以图元为单位单独进行修改、编辑等操作，且局部处理不影响其他部分。而图像则不行，因为在图像中没有关于图像内容的独立单位，只能对像素或像素块进行处理。

图形实际上是对图像的抽象，而这种抽象可能会丢失原始图像的一些信息。

2. 数字图像的色彩模式

（1）RGB 色彩模式：计算机显示器采用的是基于相加混色法的 RGB 色彩模式。而 RGB 色彩模式是由自然界中光的三原色的混合原理发展而来的。RGB 分别代表红色（Red）、绿色（Green）和蓝色（Blue）。由于计算机能够精确地控制每一个点的光发射，把不同值的 RGB 三原色相结合，这样，在计算机屏幕上产生出各种颜色。由于屏幕上产生的光点很小，不容易分辨，所以人的眼睛和大脑把 3 种颜色混合从而产生各种不同的颜色。

在 RGB 色彩模式的图像中，某种颜色的含量越多，这种颜色的亮度也越高，由其产生的结果中这种颜色也就越亮。如果 3 种颜色的亮度级别都为 0（亮度级别最低），则它们混合出来的颜色就是黑色；如果它们的亮度级别都为 255（亮度级别最高），则其结果为白色。这和自然界中光的三原色的混合原理相同，如图 1-1 所示。

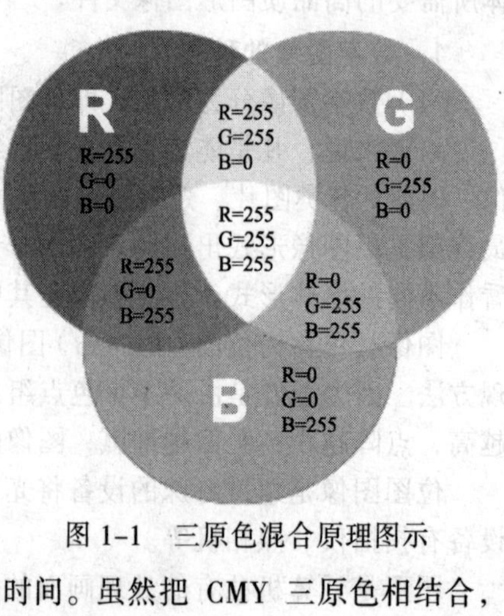

图 1-1 三原色混合原理图示

RGB 色彩模式是目前运用最广泛的色彩模式之一，它能适应多种输出的需要，并能较完整地还原图像的颜色信息。如现在大多数的显示屏、RGB 打印、多种写真输出设备都需要用 RGB 色彩模式的图像来输出。

（2）CMYK 色彩模式：CMYK 色彩模式是基于相减混色法的颜色系统，这种模式和印刷中油墨配色的原理相同。它由青（Cyan）、洋红（Magenta）、黄（Yellow）、黑（Black）4 种颜色混合而成。CMYK 色彩模式产生的时间要早于计算机能够真正处理图形图像的时间。虽然把 CMY 三原色相结合，在理论上可以获得可见光谱中的任何颜色。但在实际的打印或印刷过程中，由于墨水和油墨的某些限制，把三原色相结合后只能得到深棕色。为了得到黑色，人们在 CMY 三原色的基础上又加了 K（黑色），从而形成了 CMYK 色彩模式。

目前，在印刷行业中使用的计算机被设计成 CMYK 色彩模式，而采用 RGB 色彩模式的就必须在印刷前把 RGB 颜色转换成 CMYK 颜色。

（3）Lab 色彩模式：Lab 色彩模式是唯一不依赖外界设备而存在的一种色彩模式。它由亮度（L）通道、a 通道和 b 通道组成，其中亮度的范围从 0～100；a 代表从绿色到红色，b 代表从蓝色到黄色，a 和 b 的颜色值范围都是从-120～120。这 3 种通道包括了所有的颜色信息。

Lab 色彩模式也支持多个图层，具有 L、a、b 共 3 个单色通道和由它们混合的彩色通道。

Lab 色彩模式能创造理论上能产生的所有颜色，它的颜色范围涵盖了 RGB 模式和 CMYK 模式的所有颜色。当 RGB 模式和 CMYK 模式转换为 Lab 模式时，它们的颜色信息不会有任何损失，所以当 RGB 模式和 CMYK 模式互相转换时，实际上是将它们先转换为 Lab 模式，再转换为另一种模式。

3．分辨率、色彩深度和图像大小

（1）分辨率：分辨率是指图像的单位距离内的像素数或点数，它直接决定了图像的清晰度和逼真性。分辨率的单位主要有两类。

- Pixels per inch（ppi）：表示每英寸的像素数目，往往用于显示。
- Dots per inch（dpi）：表示每英寸的点数，用于输出或扫描。

相同打印尺寸的图像，高分辨率比低分辨率包含较多的像素，因而像素点较小。例如，72ppi 分辨率的 1 平方英寸的图像总共 5 184 个像素（72 像素宽 × 72 像素高=5 184）；同样大小而分辨率为 300ppi 的图像则包含总共 90 000 个像素。

在实际的应用中要注意区分以下 3 种分辨率：

① 屏幕分辨率：屏幕上的基本显示单元是像素。一个个像素组成点阵。屏幕分辨率指屏幕上的总像素，即有多少个发光点。如一般的 VGA 显示器，其屏幕分辨率为 640 × 480，表示其水平方向上有 640 个像素，垂直方向上有 480 个像素，则屏幕上的总像素就有 640 × 480=307 200，即有 307 200 个发光点。像素点越多，图像越清晰，图像的数据量就越大。

② 图像分辨率：指数字图像的尺寸，即水平和垂直方向的像素个数。当图像分辨率与屏幕分辨率相同时，显示的图像就正好占满整个屏幕区域；但当图像分辨率与屏幕分辨率不同时，如图像分辨率为 800 × 600，而屏幕分辨率为 640 × 480，则屏幕上大约只能显示图像的 2/3。

③ 扫描分辨率：指扫描图像时的光学分辨率，它决定了扫描图像的水平分辨率。通常，扫描仪的扫描分辨率为 300dpi 或 600dpi。

（2）色彩深度：色彩深度是指图像中每个像素所占的数据位数。每个像素所占的数据位数决定了图像所能包含的颜色种类，它们之间的关系可以简单地通过下面公式计算：

$$颜色种类 = 2^{色彩深度}$$

通常，图像的色彩深度有 1bit、2bit、4bit、8bit、16bit、24bit 和 32bit 等几种。一般的黑白图像的色彩深度为 1bit，即只能表示黑与白 2 种颜色；而彩色照片的色彩深度可达到 24bit 或 32bit，即所谓的真彩色。

（3）图像大小：图像大小指图像在磁盘上存储时对应的文件所占据的磁盘空间。只要知道图像的像素个数及色彩深度，就可以计算出文件的大小：

$$图像文件的字节数 = (像素宽度 \times 像素高度 \times 色彩深度)/8$$

如一幅 640 × 480 像素的 256 色的图像文件的字节数为：

$$(640 \times 480 \times 8)/8=2\ 457\ 600B$$

但实际使用过程中，位图图像一般要经过压缩处理，所以其文件大小要小一些。

4. 数字图像的文件格式

数字图像的文件格式是指对图像本身不同的存储方式，一般与软件的类型有关，下面是几种常用的位图图像文件格式：

（1）BMP（BitMap）格式：BMP 文件格式是由 Microsoft 公司开发的一种与设备无关的图像格式。它采用一种位映射的存储方式，其文件扩展名为.bmp。.bmp 是 Windows 所用的基本位图格式，Windows 软件的图像资源大多以.bmp 格式存储。它有压缩和非压缩两种存储格式，一般作为图像资源使用的.bmp 文件都是非压缩的。

（2）DIB（Device Independent BitMap）格式：DIB 是一种类似于.bmp 的图像文件格式，描述图像的能力与.bmp 基本相同，并且能够在多种硬件平台上运行，只是文件较大。常见的各种 PC 图形图像软件都能够对其进行处理。

（3）GIF（Graphics Interchange Format）格式：GIF 文件格式采用无损压缩格式，使用索引颜色，支持 1bit～8bit 颜色，但由于 GIF 文件不能存储 24bit 真彩色图像，所以如果真彩色图像采用 GIF 文件存储，将不能完整再现。

（4）JPG/JPEG（Joint Photographic Experts Group）格式：JPG/JPEG 是静态图像压缩文件，其文件扩展名为.jpg。这种文件在节省磁盘空间方面非常有效。JPG 格式的压缩率非常高，并可调整压缩比，且支持 24bit 真彩色图像或照片信息，是一种常用的图像格式。

（5）PCX 格式：PCX 文件格式最早是由 Zsoft 公司开发的一种专用图像格式，特别适合于图像质量不高的图像存储。PCX 格式比较简单，只有一个颜色通道，支持 24bit 颜色。

（6）TGA（Tagged Graphics）格式：TGA（Targa）文件格式是 TrueVision 公司为其专门的图形显卡开发的图像文件格式，能够高质量地保存 24bit 真彩色图像，广泛用于图形和图像应用程序及静态视频编辑。但该格式的文件占用磁盘空间大，一个全屏幕的图像起码要占用 430KB 以上的磁盘空间。

（7）TIFF（Tag Image File Format）格式：TIFF 文件格式由 Aldus 和 Microsoft 公司为扫描仪和桌面出版系统开发的较为通用的图像文件格式，是一种用途广、大众化的图像格式，特别适用于保存 24bit 真彩图像。此种文件具有良好的兼容性，而压缩存储时又有很大的余地，所以这种格式是许多图像应用软件所支持的主要文件格式。

（8）PNG 格式：PNG 格式与 GIF 格式的文件一样，也使用无损压缩方式来减小文件的尺寸。但 PNG 文件既可以是灰阶的（位深可达 16bit），也可以是真彩色的（位深可达 48bit），为缩小文件尺寸，它还可以是 8bit 的索引色。PNG 采用了新的高速交替显示方案，只要下载 1/64 的图像信息就可以显示出其低分辨率的预览图像。

（9）PSD 格式：PSD 文件格式是 Adobe 公司开发的图像处理软件 Photoshop 专用的图像格式，支持各种类型的图像，支持 Photoshop 图层和通道的存储。在多媒体 CAI 课件制作中，PSD 文件格式一般作为一种过渡文件格式。

（10）PCD（PhotoCD）格式：PCD 文件格式是由 Kodak（柯达）公司开发的将图像存储在 CD 盘上的格式，其文件扩展名为.pcd。许多图像处理软件都可读取该格式，但无法存储为该格式。PCD 格式支持 24bit 颜色，适用于在 CD-ROM 上保存照片。由于 PhotoCD 的应用非常广泛，现在许多图像处理软件都能将.pcd 文件转换成其他标准图像文件。

1.2.2 获取图像素材的方法

在制作多媒体作品时，图形与图像素材一般都是以外部文件的形式加载输入到产品中的，获取图像素材可以有多种方法和途径。

如可以购置图库光盘或从网上下载，也可以通过对印刷品或照片进行扫描输入，或者将数码相机（数码摄像机）拍摄成的数字化图像直接输入计算机，还可以利用图像编辑软件（如 Windows 系统中的“画图”、Photoshop、CorelDRAW 等）直接生成。下面就这些方法择其重点进行讲述。本书第 9 章对 Photoshop 有专门介绍。

（1）从各种光盘中的图像素材库获取。

现在，以光盘形式发行的图像素材库越来越多。电子出版行业已经正式出版了很多种素材光盘。其中有各种类型的位图、矢量图和三维图形可供选择。购置各种出版的图库光盘已经成为了获取图像素材的重要途径。

（2）从网上下载各种图像文件。

从网上下载图像文件，也是获取图像素材既方便又快捷的方法。特别是随着 Internet 的迅速发展和日益普及，网上的信息越来越丰富，这为我们借助网络获取多媒体素材（包括图像素材）提供了方便。Internet 上有很多免费的网站，提供大量的素材，如背景图片、各种按钮、箭头、图标等。而且，Internet 上的许多网站主要是教育网站，都开设有专门用于下载图像素材的图形素材库。

从网上获取的图片大多是.jpg 和.gif 格式的，如要转换成其他格式，可通过专用的图像编辑软件进行转换。

（3）用扫描仪扫描图像。

许多多媒体作品需要的图片都来源于照片、印刷品和其他纸介质的图片，可以通过扫描仪将它们输入到计算机中，变换成真彩色的位图。在转换为数字图像时，要注意图像的扫描分辨率，扫描分辨率越高，其图片细节就越逼真。

（4）用数码相机拍摄。

数码相机拍摄景物时，其拍摄的信息通过光电转化，最终以数字化的形式存入相机内的存储器，最后输入计算机中，并通过计算机处理成我们需要的图片。

如果在多媒体设计中要利用风景、身边的人物等，可以考虑使用数码照相机拍摄。

（5）使用屏幕捕获工具进行截取图片。

捕获图像是指利用软件或硬件的手段，将计算机屏幕上的某个图像进行截取，并且以一定的格式存储下来，成为可以利用的图像资料。用于捕获图像的工具软件有很多，比较常用的如 ACDSee 和豪杰超级解霸所带的捕获功能，还有键盘上的【PrintScreen】键也能捕获屏幕上的图像。此处对捕获屏幕上的图像进行简单介绍：

① 用【PrintScreen】键捕获屏幕上的图像：如果看中了计算机屏幕上的某个图像，可以通过屏幕捕获工具进行截取。其最简单的方法就是通过按下【PrintScreen】键（或按【Alt+PrintScreen】组合键），屏幕上的画面就会被复制到剪贴板上，然后在任何可以调用图像的应用软件中，都可以利用粘贴工具将图像保存下来。

但这种方法只能截取整个屏幕区域，对捕获范围缺少灵活性，同时也不能直接对图像进行处理，而大多数情况下，我们只需要整个屏幕中的一小块图像。这时可以通过图像处理软件将截取的图像进行裁剪，几乎所有的图像处理软件都能进行简单的图像裁剪。

如果想获得满意的屏幕图像，可以使用专门的截图软件来截取图像。

② 用 ACDSee 捕获屏幕上的图像：为了使用 ACDSee，先对其进行简单介绍。ACDSee 是目前最流行的数字图像浏览软件，它能广泛应用于图片的截取、管理、浏览、优化甚至与他人分享。使用 ACDSee，可以从数码相机和扫描仪高效获取图片，并进行便捷地查找、组织和预览。

兼容超过 50 种常用多媒体格式。作为重量级看图软件，它能快速、高质量显示图片，再配以内置的音频播放器，就可以享用它播放出来的精彩幻灯片。ACDSee 还能处理如 MPEG 之类常用的视频文件。此外 ACDSee 是一个得心应手的图片编辑工具，轻松处理数码影像，拥有的功能像去除红眼、剪切图像、锐化、浮雕特效、曝光调整、旋转和镜像等，还能进行批量处理。它简单、易学、强大的功能给用户留下了深刻的印象。

为了捕获图像，首先打开 ACDSee 软件，单击菜单栏中的“工具”/“屏幕捕获”菜单命令，就会弹出如图 1–2 所示的“屏幕捕获”对话框。

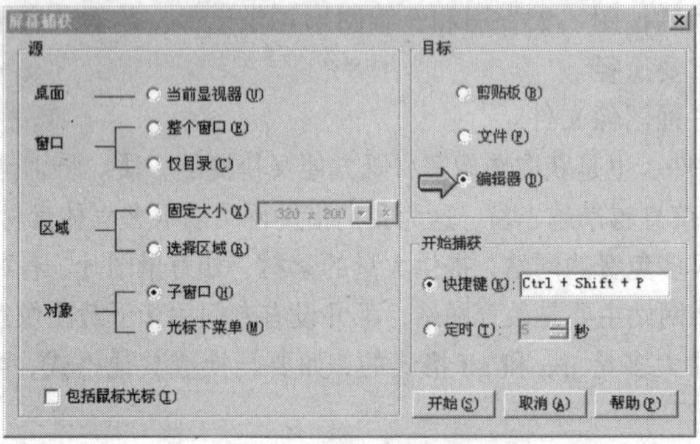

图 1–2　ACDSee 的“屏幕捕获”对话框

ACDSee 的捕获功能很强，在此对话框中选择所需要的选项，然后单击“开始”按钮，就可以开始捕获了。选中想捕获的图片，按【Ctrl+Shift+P】组合键即可捕获到图片，然后进行必要的编辑，保存即可。

③ 用“豪杰超级解霸”软件来捕获 VCD 图像：使用“豪杰超级解霸”可以播放 VCD，也可以直接使用这一软件来进行屏幕图像截取。具体方法是：播放视频文件时，在需要截取图像时单击“豪杰超级解霸”中的“单张抓图”按钮，如图 1–3 所示，在弹出的“保存图片”对话框中给文件命名，保存即可。也可以按【Ctrl+F1】组合键来截取图像。

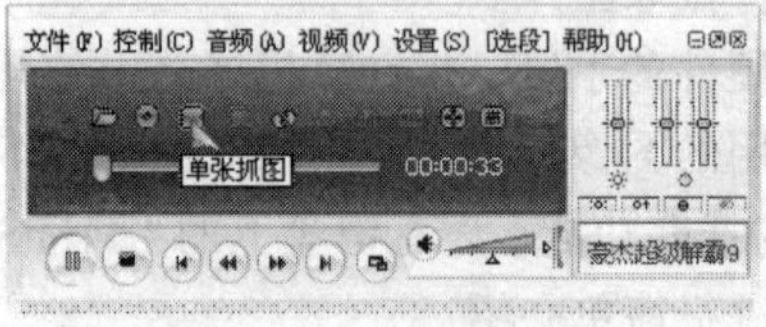

图 1–3　解霸截图图像

1. 图像的简单编辑和格式的转换

（1）图像的简单编辑。

① 使用 Windows 中的画图程序：Windows 的附件中有“画图”程序，可以在此图像编辑程序中对图像进行简单的裁剪、修饰和改变颜色等。由于很多书籍都有对此软件的介绍，此处就不赘述了。

② 使用 ACDSee 看图软件：在多媒体课件制作中需要的图片很多是通过扫描获得的，大量扫描的图片并不能直接用，还需要对图片进行编辑加工。专门处理图像的软件很多，如著名的 Photoshop 软件，图像的处理功能就很强，但需要很长的一段时间去掌握它。如果需要及时上手的软件，ACDSee 软件是不错的选择。下面通过常用的 ACDSee 软件中的 FotoCanvas 图片编辑软件来介绍一些简单的图像编辑。

【实例】常用的图像编辑方法

下面通过一张扫描图片的处理方法介绍常用的图像编辑方法。图 1-4 所示中有一张扫描的图片 birthday.jpg，要求裁剪出其中穿迷彩服的小男孩。

① 将图片旋转 90°。在 FotoCanvas 中打开扫描的图片 birthday.jpg，单击“旋转”按钮。在右边的“旋转”选项卡中选择“右转 90 度”单选按钮。然后单击“完成”按钮，即可看见旋转后的效果，如图 1-4 所示。

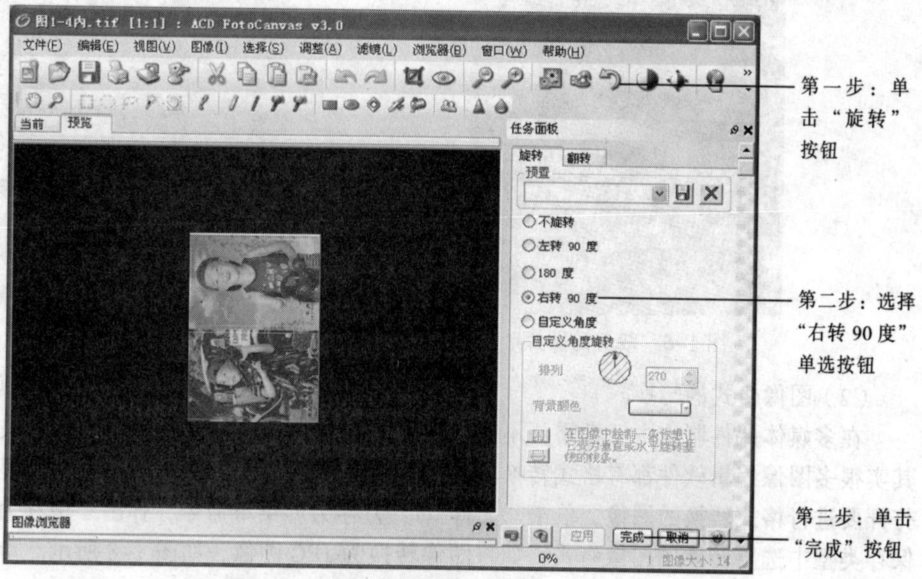

图 1-4　图片旋转操作示意图

② 裁剪图片。要剪切出穿迷彩服的小男孩，单击工具栏中“裁剪”按钮。在图片上就会出现一个较亮的裁剪框，如图 1-5 所示。用鼠标调整裁剪框的大小，直到满意为止。然后单击“完成”按钮，图片即被剪切出来，如图 1-6 所示。

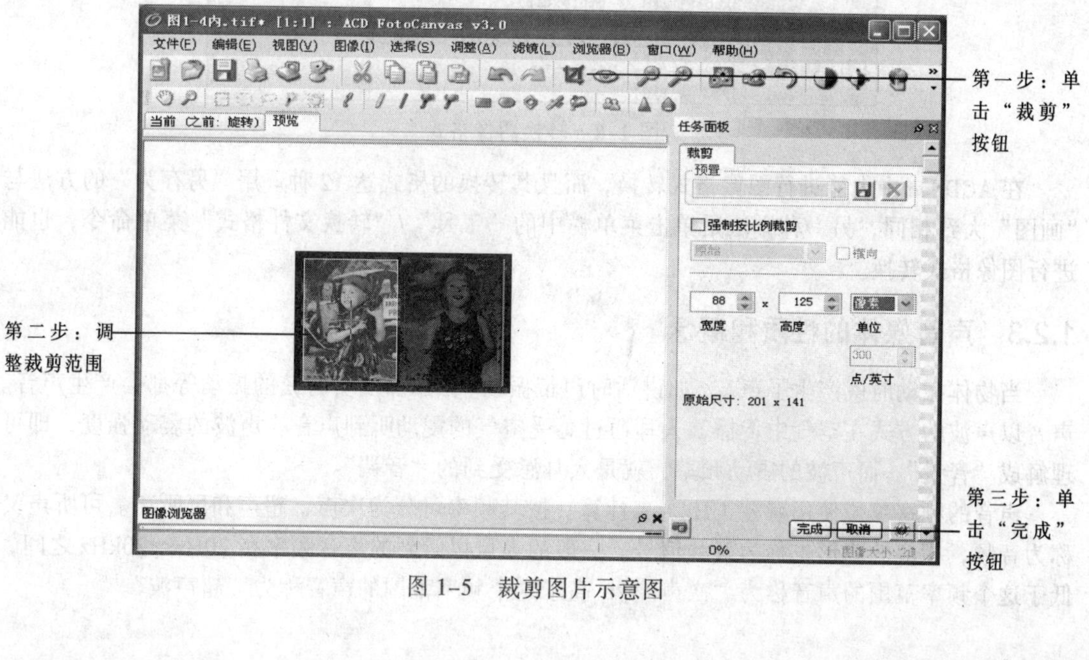

图 1-5　裁剪图片示意图

当然，对图片还可以进行其他的操作。如去除红眼、锐化、浮雕特效、曝光调整、镜像等。如图 1-7 所示为采用了浮雕特效。

图 1-6 裁剪的图片

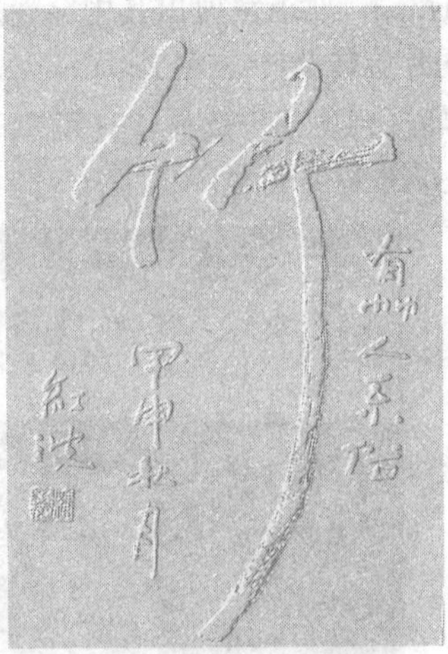

图 1-7 浮雕效果图

（2）图像格式的转换。

在多媒体课件制作中经常需要不同的图像格式文件，这就涉及一个图像格式转换的问题。其实很多图像编辑软件都有格式转换的功能。最简单的如 Windows 的“画图”程序。在画图中打开要进行格式转换的图像，单击“文件”/“另存为”菜单命令，弹出“保存为”对话框，在保存类型中选要转换的图像格式，如将图像转换为 JPG 图像，如图 1-8 所示。单击“保存”按钮即可。

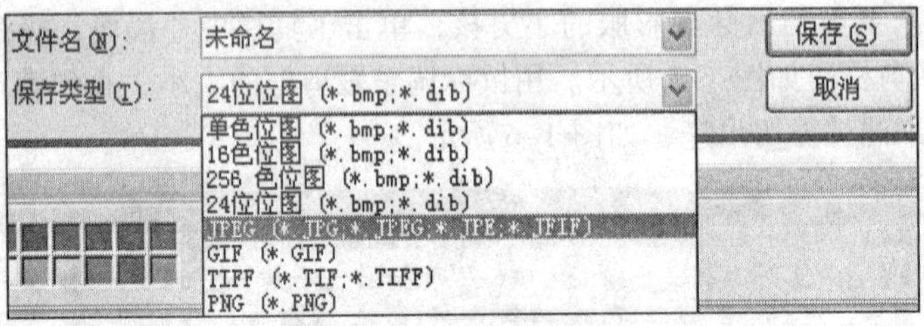

图 1-8 转换图像格式

在 ACDSee 中也能进行图像格式转换，而且其转换的格式达 12 种。用“另存为”的方法与“画图”大致相同，另一种方法是单击菜单栏中的“工具”/“转换文件格式”菜单命令，也能进行图像格式转换。

1.2.3 声音媒体的性质和概念

当物体振动时就产生了声音，如讲话时声带振动、弦乐器演奏时弦的振动等都会产生声音。声音以声波的方式在空气中传播，人耳通过感受空气的震动听到声音。声波的震动强度，即可理解成“音量”。而声波的震动频率，就是人耳感受到的“音调”。

声音的频率单位使用赫兹（Hz）来计算。按其频率可分为次声、超声和可听声。可听声又称为音频，相应的波形也称为音频信号。一般的人可以听到的声音频率在 20Hz～20kHz 之间，低于这个频率范围的声音称为“次声波”，高于这个频率范围的声音称为“超声波”。

1. 几个基本概念

（1）声音的采样频率：即取样频率，指每秒钟取得声音样本的次数。采样频率越高，声音的质量也就越好。人耳的分辨率很有限，所以太高的频率就分辨不出好坏来。采样频率一般共分为 22.05kHz、44.1kHz、48kHz 共 3 个等级，22.05kHz 只能达到 FM 广播级的声音品质，44.1kHz 是 CD 级音质，48kHz 则是 DVD Audio 级或专业领域才会采用。在制作声音文件时，千万不要将声音的“频率”和“采样频率”混淆。

（2）声音的位分辨率：另外一个影响音质的重要因素就是位分辨率（Bit Resolution）。位分辨率（或者叫位深度，位数）是指用于描述每个音频采样点的位数。它是一个指数，8 位声音采样意味着将使用 2 的 8 次方（256）级深度来描述一个采样点。16 位声音采样意味着将使用 2 的 16 次方（65 536）级深度来描述一个采样点。同等长度的 16 位声音文件尺寸要比 8 位声音文件尺寸大很多。但 16 位声音的质量比 8 位的声音质量也会好很多。

以下是位分辨率对音质的影响。

① 16 位：CD 音质，高保真音乐和声音。

② 12 位：接近 CD 音质，数字录像机伴音等。

③ 8 位：收音机音质，短的高质量音乐片断。

④ 4 位：可接受的音质，长音乐片断、高音质语音等。

（3）声道：所谓声道（Sound Channel）是指声音在录制或播放时在不同空间位置采集或回放的相互独立的音频信号，所以声道数也就是声音录制时的音源数量或回放时相应的扬声器数量。理论上声音的完全真实再现需要无限多的拾音器、声道和扬声器，这实际上无法办到，只能利用特定的音效技术尽量真实地再现声音。所以声道数越多，人耳所听到的声音也就越连续，跳跃感就会越少，声音也就越真实越完美。

2. 声音的录制和编辑

（1）波形（WAV）文件与 MIDI 文件。在多媒体课件的制作中，声音的使用是最基本、最常用的，通过声音可以直接表达或传递信息。一个没有声音的多媒体课件是不完整的。获取声音文件的途径很多，可以自己录制或是从 CD 唱盘获得，也可以从网上下载等。

声音素材主要分以 WAV 格式为代表的和以 MIDI 格式为代表的两大类声音。

波形声音是对外界声音进行采样并量化的结果，是按采样的频率间隔不断地获取幅度的量值。其数据代表的是声音的振幅和频率，它的文件大小随着采样和录制精度的变化而变化。采样频率越大，录制精度超高，则文件越大。

波形声音的获取通过声音数字化接口进行，输入的声音经数字化转换后存入计算机中，需要时，再将其恢复为原始波形输出。对声音的处理主要是压缩、编辑和效果处理。

MIDI 文件是以数字存储的音乐符号，它记录的不是乐曲本身，而是电子乐器的演奏过程，例如按下哪个键、用力多大、停留时间多长等。它把音乐动作记录下来，生成一个用数字描述的音乐乐谱，当这些动作被传送到一个 MIDI 合成器上时，声音就可以播放出来了。因为它仅仅存储的是音乐符号，所以它的文件比较小，但是它依赖于 MIDI 设备。

（2）波形声音文件的采集和加工。

① 通过话筒和录音软件采录：波形声音素材可通过话筒采录，话筒采录的声音可以是音乐、人的声音、各种声音效果声等。

虽然现在有很多的声音素材库，包含有丰富的声音素材，但是特殊的效果声，专门设计的音乐声等在素材库中很难寻找到，特别是旁白解说，这需要通过采录才能获得。

各种各样的录音软件很多，如 CoolEdit。Windows 自带了一个录音软件，通过单击“开始”/“所有程序”/“附件”/“娱乐”/“录音机”菜单命令就能打开，如图 1-9 所示。它的操作方法同普通的录音机的方法很相似，只要计算机里有声卡，连接好麦克风，单击右边标有红色圆圈的按钮，计算机就开始录音了。录好音后，还能对声音进行必要的加工，如对声音进行剪切、合并和添加“回音”等。

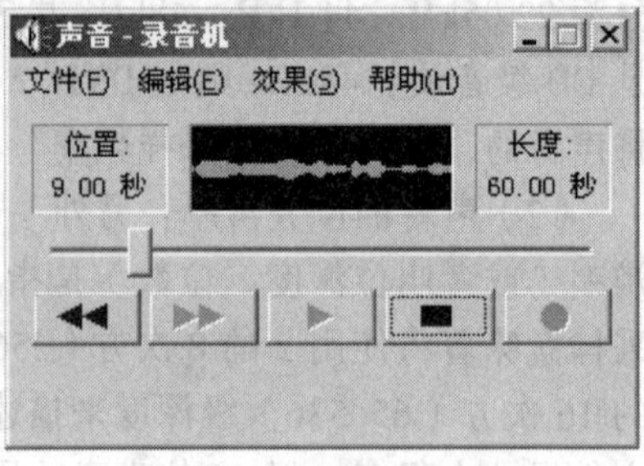

图 1-9 Windows 录音机

② 从 CD 和 VCD 中获取音频：在 CD 和 VCD 碟片中有大量的音频信息，可以通过转换工具将这些声音信息单独保存起来，在多媒体课件制作中调用它们。这样的音频转换工具很多，比较常用的“超级解霸”播放器就自带有音频转换工具。

例如将 CD 碟中的声音转换成 MP3 的具体步骤如下：

- 首先将 CD 碟放入光驱中，然后打开“超级解霸”自带的“CD→MP3 数字抓轨”窗口，如图 1-10 所示。
- 按要求设置好各参数，然后单击“开始抓轨”按钮，即可将 CD 碟中的声音转换成 MP3，存放在相应的文件中。

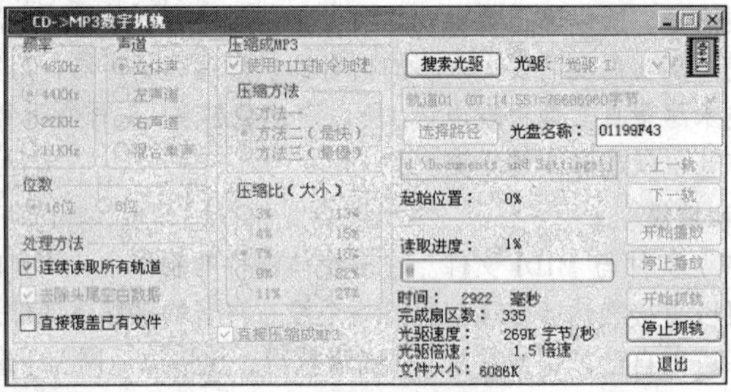

图 1-10 “CD→MP3 数字抓轨”窗口

③ 将视频 VCD 中的声音转换成 MP3

视频 VCD 中也有很多好的声音素材，但是它是和视频一起播放的，如何能做到影音分离呢？具体操作步骤如下：

- 首先使用“音频解霸”播放想要录制 MP3 的 VCD 光盘。
- 然后单击播放面板上的“循环播放”按钮，单击后进度条的颜色发生改变，拖动滑块到想要录取音乐的起始位置，单击“选择开始点”按钮，选定开始点，再将滑块拖至录取区域的终止位置，单击“选择结束点”按钮，这样要录制的区域便确定了。
- 最后单击“转为 MP3”按钮，单击后系统会自动弹出一个对话框，在弹出的对话框中输入生成的文件名称后，就可以将被选的这段 VCD 文件的音频转录成 MP3 了。

1.2.4 视频素材的采集和制作

视频，即平时所看到的电影、电视、VCD 和录像中的动态画面。视频是由一幅幅单独的图像按照一定的序列组成的，这些单独的图像被称为帧。当帧序列以一定的速率播放时，就可以使观察者得到图像连续运动的感觉。如果每秒播放 24 帧以上，对人眼来说就可以产生平滑和连续的画面效果。

多媒体课件制作中使用的初步素材是指将模拟视频数字化处理后的数字视频。视频素材的加入，不仅可以使课件变得更加丰富多彩，而且也会给受众留下深刻的印象，从而增强教学效果。

1．视频制式

目前国际上流行的视频制式标准有 NTSC、PAL 和 SECAM 3 种。

中国及欧洲大多数地区使用 PAL 制式。PAL 制式规定的帧率为 25，每帧 625 行，每行 240～400 个像素点，采用隔行扫描方式。PAL 制式也称为逐行倒相正交平衡调幅制，它通过色彩的倒换，克服了 NTSC 制式中相位的敏感性。

视频制式定义了计算机对视频信号的解码方式。由于不同的制式对色彩处理方式、屏幕扫描等均有不同的规定，因此，如果计算机系统处理视频信号的制式与其相连的视频制式不同，就会明显降低视频图像的效果，甚至根本就不显示图像。

视频文件格式有以下 4 种：

① AVI 格式：是 Windows 开发的一种影像格式，可以在任何 Windows 环境下工作，其扩展名为.avi。在 AVI 格式文件中，运动图像和伴音数据是以交织的方式存储的，并独立于硬件设备。但 AVI 文件格式的数据压缩率较低，虽然图像和声音质量非常好，文件容量却很大。另外，有种 MPEG4 格式高压缩率的视频文件，扩展名也是.avi，许多播放软件不能识别。通常说的 AVI 文件都是指前一种。

② MOV 格式：MOV 文件格式是由苹果公司推出的。可以在 Macintosh 机和 PC 机上播放。MOV 格式的视频文件可以采用压缩和不压缩的方式。

③ MPEG 格式：MPEG 其实就是电影文件的一种压缩格式。MPEG 不仅具有极高的压缩率，而且还有最快的帧率和很好的图像声音质量。MPEG 的出现和发展，使计算机视频应用得到了最大化的普及。

④ WMV 格式和 ASF 格式：这两种格式是由 Microsoft 公司开发的可以直接在网上观看视频节目的视频文件压缩格式，其文件扩展名为.wmv 和.asf。它们的视频部分采用了先进的 MPEG4 格式压缩算法，音频部分则采用了 Microsoft 公司的一种比 MP3 还要好的压缩格式 WMV。应该说，WMV 格式的压缩率和图像质量都相当不错。但作为在网上即时观赏的“视频流”，在单机上播放高质量的视频图像就显得力不从心了。

2．视频文件格式转换

不同格式的视频文件在应用于多媒体课件制作时，同样需进行格式转换。在这些视频文件中，MPEG 格式文件的压缩率是最高的。因此在课件制作中，一般将其他格式的视频文件转化为 MPEG 格式文件。对于 VCD 中的 DAT 文件必须将它的扩展名改为.mpg 才能为 Authorware 所识别。下面介绍使用“超级解霸”软件所带的工具实现 AVI 转 MPEG 格式的方法。

如果要将 AVI 格式的文件转换成 MPEG 格式的文件，可以使用“超级解霸”软件所带的“视频工具”中的“AVI 转 MPEG”组件。具体步骤如下：

（1）在“开始”菜单中单击“超级解霸”中的“视频工具”下的“AVI 转 MPEG”程序。将弹出“AVI 转 MPEG”对话框，如图 1-11 所示。

（2）单击“文件”/“打开”菜单命令，在弹出的“打开”对话框中选择要转换的 AVI 格式文件。其输入文件路径和默认的输出文件路径就会显示在下面的文件列表框中。

如果要改变输出路径，单击“文件”/“输出路径”菜单命令，在打开的对话框中选择转换后的 MPEG 文件保存路径。

如果要调整有关的参数，可调整“音频流”、“视频流”、“系统流”选项组中数据。如果要创建 VCD 格式的 MPEG 的文件，可选中“创建 VCD 格式的 MPEG 文件”复选框。

（3）单击红色的“开始压缩”按钮，系统即开始转换，如图 1-11 所示。

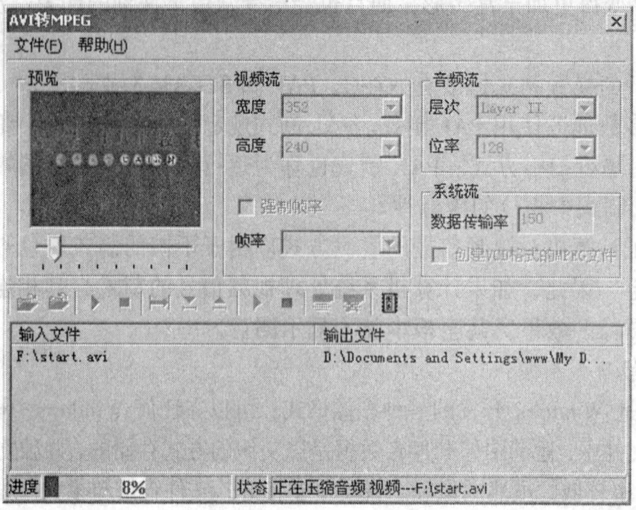

图 1-11 AVI 转 MPEG 界面

3．视频片断的截取

看到 DVD、VCD 的精彩部分时，可以把精彩片断截取下来，用“超级解霸”轻松单击几个按钮就可以实现。

想要截取 VCD 中的片段，通过“循环播放”、“选择开始点”、“选择结束点”、“保存 MPG”这几个按钮就可以实现将指定的片断转录为 MPG 或 MPV（MPV 文件只有视频无音频）文件的功能。具体步骤如下：

（1）播放影碟，单击“循环播放”按钮，可以看到播放进度条变为绿色（即为循环状态），图标变成双箭头，如图 1-12 所示。

图 1-12 截取 VCD 片段画面

（2）拖动滑块到欲截取的片断的起始位置，单击“选择开始点”按钮选定开始点，再将滑块拖至录取区域的终止位置，单击“选择结束点”按钮，绿色的部分就是选定的要截取的片段。

（3）单击“保存 MPG”按钮，将指定区域录制为 MPG 或 MPV 文件。系统会提示输入录像的文件名，选择正确的文件类型即可。至此，一段自制的影音文件便完成了。

其实“超级解霸”不仅能截取视频片断，还能将多个视频剪辑进行合并。在“超级解霸”的视频工具中有“MPG 合并”程序，通过它就能将多个视频剪辑进行合并。

1.3 多媒体课件制作流程与方法

多媒体课件制作作为软件开发的一种，仍要遵循软件开发的一般原则。通常一个多媒体作品的产生要经过选题策划；审定项目的范畴，准备大纲，进行教学设计并创作脚本；根据实际需要确定多媒体开发所需要的硬件与软件；根据作品内容进行素材的选取与加工，进行界面开发，生产出最后的多媒体产品。在制作过程中还要有及时的反馈和修正。下面介绍其中的主要过程。

1. 选题策划

制作多媒体课件应根据市场及广大用户的实际需要，首先明确多媒体课件的基本内容与功能、读者对象，以及技术实现的重点、难点，需要实现的目标等。

选题的选取则要以用户的实际需要为根本原则，从实际需要出发，以充分增加多媒体课件的含金量。开发目标确定后，就可以着手进行教学设计了。

2. 教学设计

选好课题后，就要按照系统的目标来确定课件的内容结构、表现形式及教学顺序。以教学目标为依据，可以将教学过程分为几个相对独立的教学单元，并用模块的形式来体现，如课堂演示、练习和测试等。注意各知识点在模块中的分布，将难点分散，重点突出。

3. 脚本设计

脚本设计是制作课件的重要环节，它包含了对教学内容、人机交互方式、视听形象的表现，声音和界面美术设计等进行全盘考虑与周密安排。制作多媒体课件类似于影视创作，需要事先确定其结构与布局、界面的表现形式、素材的选取等方面的内容。因此，可以预先准备好相应的文字脚本，在理解文字脚本的基础上，反复构思，进行创作。

4. 素材采集与制作加工

在对文字、颜色、声音、图形图像、动画、视频设计时，用户应注意以下几个方面：

（1）文字的设计：文字内容要少而精、突出重点。有些实在舍不得的文字材料，可采用滚屏的方式或超文本方式出现。文字内容要逐步引入，对于文字资料，应该随着读者的阅读逐步显示。引入时，还可采用与内容相结合的动画效果和音响效果。

采用的字体要醒目、字号与字形要有变化。文字和背景的颜色搭配要合理，做到醒目、易读，一般文字颜色以亮色为主，背景颜色以暗色为主。

（2）色彩的应用：色彩的运用在课件中可以起到组织不同信息，增加屏幕的感染力和吸引力等作用，但运用要适度。不恰当的色彩运用会给学生带来不适的感觉，分散学生的注意力。要避免使用过多的色彩，同一页面中的色彩最好不要超过四五种，过多的色彩会使学生产生视觉疲劳。

（3）声音的设计：声音主要包括音乐语音和音响效果声。人声主要用于解说、范读、范唱等。软件中，合理地加入一些背景音乐和音响效果，可以更好地表达所要传达的内容。

背景音乐的音响效果设计要注意音乐节奏与内容的风格相符，使用要适可而止。同时要设定背景音乐的开关按钮或菜单，便于控制，需要背景音乐就开，不需要就关。

（4）图形图像、动画、视频的设计：对于多媒体课件，由于集成了大量的真彩图像，三维动画及高质量的声音，一般多媒体课件的文件都比较庞大，给安装使用带来了一些不便。在设计过程中，只要不影响主要功能，应尽量让成品体积小些。下面是一些常用缩小体积的方法：

如将图像文件全部转换为 JPG 格式，选择合适的分辨率和大小；将所有的视/音频文件转换为 MPG 格式；将 CD 或 WAV 的声音转换成 MP3 格式。在 Authorware 中还可以把经常用的或在一个文件中使用次数较多的图标放入库中，在打包时，把库文件和程序分别打包，大大减小软件占用的空间。

5. 软件的发布

当完成软件的开发后，就可以利用多媒体制作工具进行发布了。具体的发布方法见第 8 章有关内容。

小 结

本章介绍了多媒体课件的基本概念及课件制作的一般过程，特别是较细致地介绍了在课件制作中要用到的各种音、视、图材料的获取及简单修改处理的方法。更高级的处理需要一些更专业的工具软件，在本书第 9 章介绍了最常用的两个。由于 Authorware 的易学特点，本章中的大部分内容也可以在稍后需要时再回过头来学习。

习 题

1. 简述多媒体课件制作的一般步骤。
2. 在计算机中找几幅不同的图像，将它们分别存储为不同的格式，看看它们的文件大小有什么区别。
3. 用扫描仪扫描一张图片，用 ACDSee 软件中的图片编辑工具裁剪出想要的局部图片。
4. 用 Windows 自带的“录音机”录一段解说词。
5. 利用“超级解霸”或 CoolEdit 等音频编辑软件将 VCD 中的声音转换成 MP3 格式。
6. 找两段 MPG 视频素材，将它们合并成一个 MPG。

第2章 Authorware的“显示”、“等待”和“擦除”图标

学习目标

- 认识 Authorware 的工具界面、工具栏、图标栏等；
- 掌握“显示”图标、“等待”图标、“擦除”图标与特殊擦除方式的设置；
- 熟练应用创建文本与使用文本风格；
- 熟练应用创建图片与图片属性设置；
- 熟练应用“等待”图标和“擦除”图标设计课件程序。

在课件中使用最多的素材就是文本，在制作过程中使用频率最高的图标就是“显示”图标。“显示”图标的基本功能之一是显示文本和图形，获取文本和图形方法有直接输入、从其他文件导入或剪贴导入。因此，本章从 Authorware 工具界面介绍入手，了解和掌握显示图标的有关知识。

2.1 Authorware 工具界面介绍

Authorware 是由 Macromedia 公司开发的多媒体制作工具，由于它简单高效、功能强大、界面友好，在世界各地得到应用和推广。Authorware 又是典型的 Windows 应用程序，它的工作界面由标题栏、菜单栏、工具栏、图标栏、设计窗口和演示窗口 6 部分组成，如图 2-1 所示。其中图标栏、设计窗口和演示窗口是 Authorware 独有的结构，下面对它们工作界面的 6 个部分分别进行简单介绍。

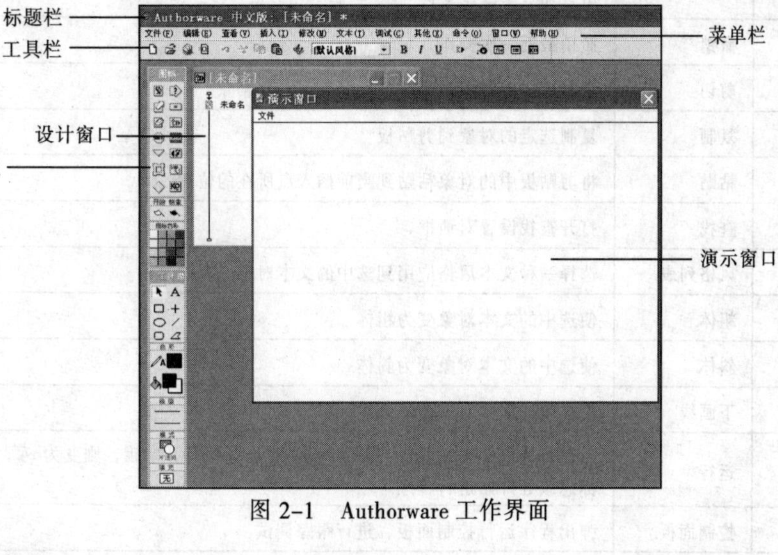

图 2-1 Authorware 工作界面

2.1.1 标题栏

和普通的 Windows 应用程序一样，标题栏位于 Authorware 7.0 工作界面的最顶端，包括 Authorware 软件的标志、名称及窗口控制按钮（最小化、最大化/还原和关闭按钮）。

2.1.2 菜单栏

标题栏的下面是菜单栏，集中了所有操作命令，而菜单操作又是 Authorware 软件设计中非常重要的一项操作，大多数命令都要用到菜单，每个菜单命令都将完成某个特定的指令或设置特殊的控制。它和其他标准 Windows 应用程序一样，从名称上基本可以了解其具体的含义和功能。

2.1.3 工具栏

工具栏是 Authorware 工作界面的组成部分，共有 17 个按钮和一个正文样式的下拉列表框，如图 2-2 所示。其中每个按钮实质上是菜单栏中的某一个命令，是程序开发过程中最常用的一些命令，由于使用频率较高，被放在工具栏中。熟练使用工具栏中的按钮，可以使工作事半功倍。

图 2-2 工具栏

工具栏中各按钮的功能如表 2-1 所示。

表 2-1 工具栏中各按钮的功能列表

按钮	名称	用法描述
	新建	新建一个 Authorware 文件
	打开	打开一个已经存在的 Authorware 文件
	保存	保存当前的 Authorware 文件
	导入	打开导入对话框。用于向流程线、“显示”图标、“交互”图标中导入文本、图片、声音和数字电影文件
	撤销	撤销最近一次操作
	剪切	复制选定的对象到剪贴板上并将该对象删除
	复制	复制选定的对象到剪贴板
	粘贴	将剪贴板中的对象粘贴到当前插入点所在的位置
	查找	打开查找设置对话框
(默认风格)	风格列表	选择一种文本风格应用到选中的文本对象上
B	粗体	使选中的文本对象变为粗体
I	斜体	使选中的文本对象变为斜体
U	下画线	使选中的文本对象带下画线
	运行	运行当前正在编辑的 Authorware 程序。若有开始旗，则变为 ，单击后从开始标志旗处开始运行程序
	控制面板	弹出程序运行控制面板，进行跟踪调试
	函数	显示函数窗口
	变量	显示变量窗口
	知识对象	显示知识对象窗口

2.1.4　图标栏

图标栏是 Authorware 所特有的，它提供了进行多媒体设计创作的基本单元——图标。图标栏中共有 14 个图标，其中每个图标都有丰富而独特的作用，利用 Authorware 编制的程序就是综合应用这 14 个图标的结果。图标栏下面还有 3 个控制按钮：“开始”旗、“结束”旗和“图标调色板”是用来帮助调试程序的。

图标栏中各图标名称及功能如表 2-2 所示。

表 2-2　图标栏中各图标的功能列表

图　标	名　称	功　　能
	显示	显示文本、图片和图像（可以从外部引入，也可直接用 Authorware 提供的绘图工具创建图形和文本对象）
	移动	用于移动屏幕上显示的对象，生成简单的路径动画
	擦除	类似于一个橡皮擦，能以各种特殊效果擦除屏幕上选定的对象
	等待	使程序暂停，直到设计者设定的响应条件得到满足为止
	导航	用于建立超级链接，实现程序内的跳转
	框架	与导航图标相互配合，设置超文本结构
	判断	设置一种判断分支逻辑结构
	交互	提供用户响应方式，实现人机交互，设置交互作用分支结构。它是所有图标中变化最复杂、功能最强大的图标
	计算	执行各种运算
	群组	将多个图标组合在一起，形成下一级流程窗口。它是一个特殊的逻辑功能图标，Authorware 用它来实现模块化的设计思想，从而增加程序的可读性
	电影	用于导入和播放 AVI、FLI、FLC、MOV 等数字电影或动画文件
	声音	用于导入和播放声音文件
	DVD	用于播放并控制外部视频播放设备
	知识对象	通过自己设置知识对象，完成一般设计任务
	开始旗	设置程序运行的起点（用于程序的调试）
	终止旗	设置程序运行的终点（用于程序的调试）
	图标色彩	用来为图标着色，方便程序开发者区分其各类图标的重要性和特殊性。不影响程序的运行

2.1.5　设计窗口

设计窗口是进行程序设计的主要操作窗口，如图 2-3 所示，最终的 Authorware 应用程序是以一种类似于流程图的形式放在设计窗口中。设计窗口主要由程序开始标志、主流程线、支流线、程序结束标志和粘贴指针（手形标记）5 部分组成。

提示：有时对选取的图标对象执行复制操作，“粘贴”工具却无效，这时在流程线上需要粘贴的位置单击，看到出现插入指针时，再选择“粘贴”工具即可。

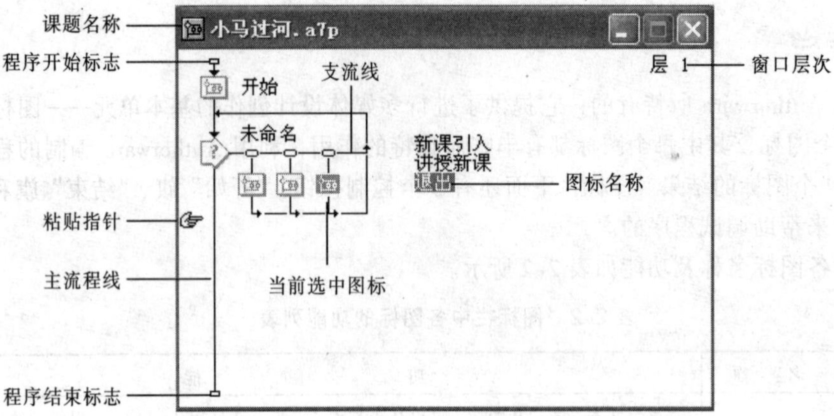

图 2-3　程序设计窗口

在设计程序流程图时，可以使用“群组”图标对流程线上的图标进行分层。这样只有主流程线显示在该设计窗口中，其他流程则在第 2 层、第 3 层等不同的设计窗口中出现，使得程序看起来更有层次感。具体使用“群组”图标的方法在随后的章节中介绍。

现在可以看出，流程图是各种图标的集合，而图标又是由各种多媒体元素或程序代码组成，整个程序是一种层次性的结构。Authorware 这种流程图式的程序结构，其优点是直观形象地体现编程思想、反映程序的执行过程。在后面的学习中要牢记并深刻理解这种程序结构的思想。

2.1.6　演示窗口

演示窗口的大小就是程序运行窗口的大小，它直接关系到多媒体软件的演示效果，也是编辑各元素的场所。在 Authorware 中设计多媒体程序的过程就是从图标栏中拖动图标到设计窗口中，分别打开设计窗口中的各个图标，定义各媒体元素，使其显示在演示窗口中。

基于上述原因，在动手设计程序之前对演示窗口进行设置是非常必要的。单击“修改”/“文件”/“属性”菜单命令，弹出图 2-4 所示的“属性：文件”设置对话框，其“属性”的设置直接影响着演示窗口的特性。

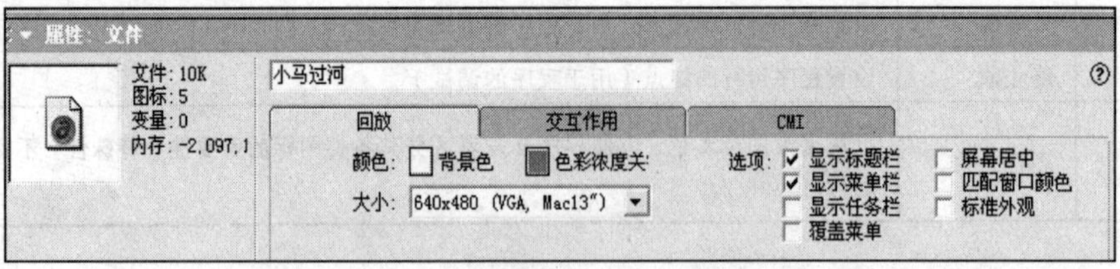

图 2-4　“属性：文件”对话框

2.2　显　示　图　标

“显示”图标是使用频率最高的一个图标，利用“显示”图标可以显示文本、图形、图像、系统变量及自定义变量的值等信息，并为动画设计提供被驱动的对象。

“显示”图标具有强大的文本、图形创建和显示的功能，它具有 4 个主要特点：①文本的创建和编辑；② 图形的编辑处理；③ 强大的动态链接功能；④ 精确的网格线定位设置。

提示：命名在 Authorware 程序设计中是一件非常重要的工作，应该在一开始就养成给图标命名的良好习惯。

将“显示”图标拖到设计窗口中的主流程线上，在其右侧显示“未命名”，如图 2-5（a）所示此时设计者可根据需要为该图标命名，图标的名称最好与图标的内容、作用相关，如图 2-5（b）所示。

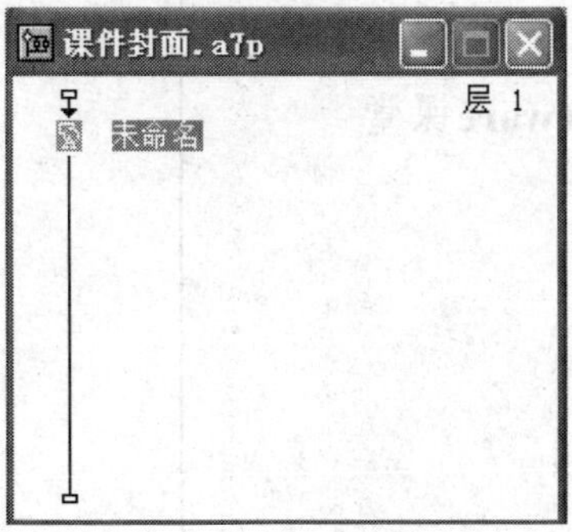

（a）

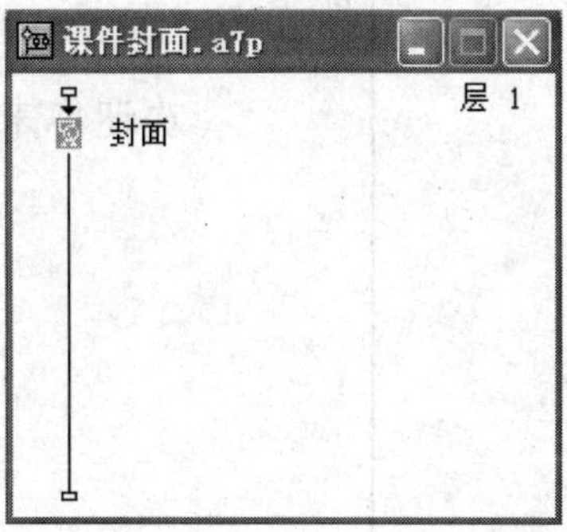

（b）

图 2-5　含“显示”图标的设计窗口

双击“显示”图标进入编辑状态，在弹出演示窗口的同时也会弹出一个绘图工具箱，如图 2-6 所示，利用工具箱中的工具可以在演示窗口中输入文本、绘制图形等对象并进行编辑。

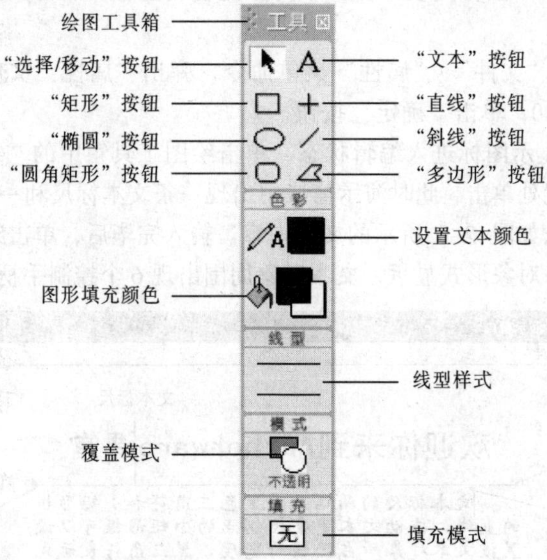

图 2-6　绘图工具箱

当使用绘图工具箱中的工具创建对象后，如果要选中对象，必须单击绘图工具箱中的“选择/移动”按钮，使鼠标指针变为箭头状态，否则无法选中对象。

本节主要通过几个实例的制作，来掌握“显示”图标的有关知识。

2.2.1　文本编辑

文本是多媒体课件中必不可少的内容。Authorware 对文本对象提供了强大的处理功能，使用绘图工具箱中的“文本”按钮，可以方便地对文本进行编辑。

【实例 1】制作课件封面

下面要制作封面显示效果（见图 2-7）和流程图（见图 2-5（b））。

图 2-7　课件封面显示效果

操作步骤：

（1）拖动一个“显示”图标到设计窗口中的主流程线上，命名为“封面”，如图 2-5（b）所示。

（2）单击“修改”/“文件”/“属性”菜单命令，弹出“属性：文件”对话框。将演示窗口的大小设置为 800×600，单击“确定”按钮。

（3）双击“封面”显示图标进入编辑状态，单击绘图工具箱中的“文本”按钮，然后在弹出的演示窗口中相应位置处单击，此时演示窗口中出现一条文本标尺和一个文本插入光标，接着就可以输入文字了，输入如图 2-8 所示的文本内容。输入完毕后，单击绘图工具箱中的“选择/移动”按钮，此时文本以对象形式显示，文本对象周围出现 6 个控制手柄，可以调整文本内容。

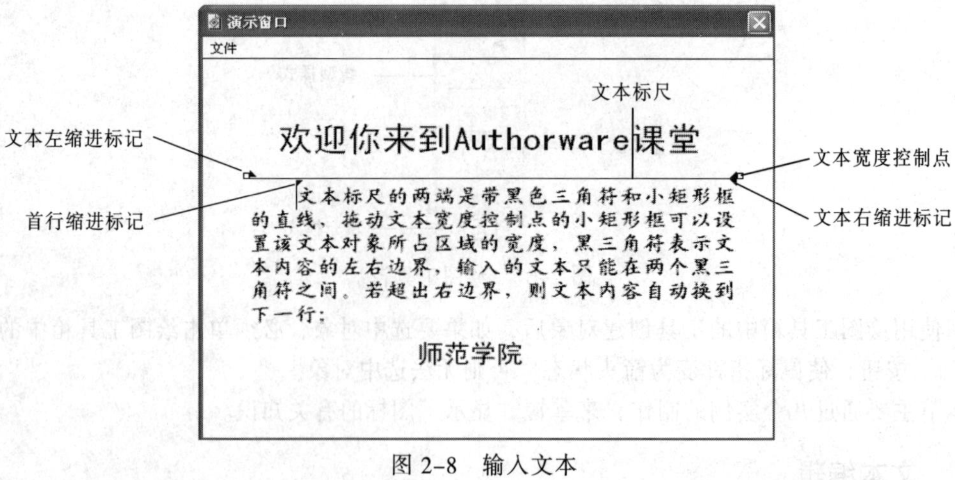

图 2-8　输入文本

文本标尺是两端带黑三角符和小矩形框的直线，如图 2-8 所示，拖动文本宽度控制点的小矩形框可以设置该文本对象所占区域的宽度，黑三角符表示文本内容的左右边界，输入的文本只能在两个黑三角符之间。若超出右边界，则文本内容自动换到下一行，按【Enter】键开始新一段的输入。

（4）使用菜单栏中的“文本”菜单命令对输入的文本进行必要的编辑。将文字设为隶书、字体大小 40、粗体、红色。

① 将文字设为隶书：选中要改变字体的文字，然后单击“文本”/“字体”/“其他”菜单命令，弹出“字体”对话框，在“字体”下拉列表框中选择“隶书”选项。

② 改变字体大小：选中要改变字号的文字，然后在“文本”/“大小”菜单下的级联菜单中选择一种字号，或者单击“文本”/“大小”/“其他”菜单命令，弹出“字体大小”对话框，在其中的“字体大小”文本框中输入所需的字号 40，单击“确定”按钮即可。

如果发现文字的笔画边缘出现锯齿现象，影响多媒体作品的展示效果，可以先选中文本对象，然后单击“文本”/“消除锯齿”菜单命令，可以使文本消除锯齿边界。

改变字号最快捷的方式是用【Ctrl+↑】或【Ctrl+↓】组合键来调整文字大小。

③ 设置文本颜色：Authorware 默认文本颜色为黑色，背景色为白色。可以改变文本的颜色，也可改变文本的背景色。选中要改变文本颜色或背景色的文字，再单击“窗口”/“显示工具盒”/“颜色”菜单命令，打开调色板，先单击“选择自定义色彩”颜色框，然后在调色板中挑选一种颜色，如图 2-9 所示，即可改变文本的颜色。

提示：双击绘图工具箱中的“椭圆”按钮或按【Ctrl+K】组合键，也可打开调色板。

④ 设置文本样式：首先要选中文本对象，将当前文本对象以粗体、斜体、下划线、上标、下标等方式显示，可通过“文本”/“风格”级联菜单中的命令来实现，如图 2-10 所示。也可通过工具栏中的 B、I、U 来分别实现文本对象的粗体、斜体、下画线效果。

（5）将该文件保存到指定的文件夹中，完成制作。

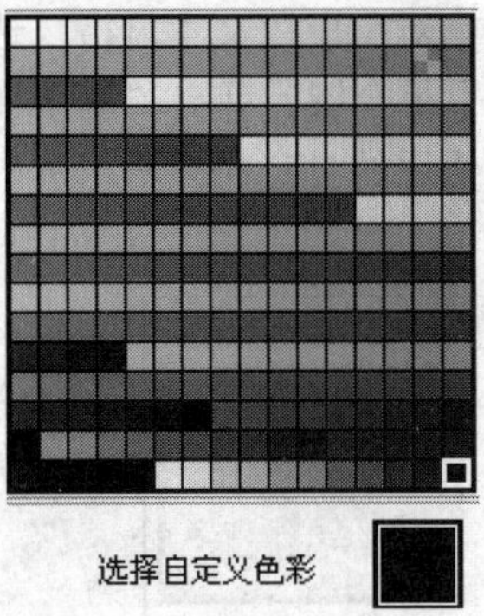

图 2-9　设置文本颜色

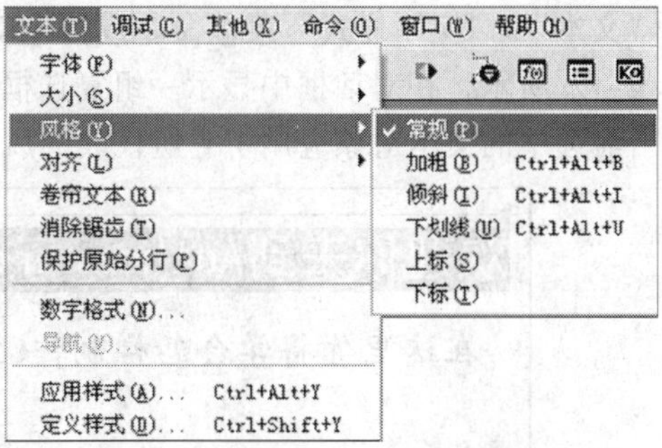

图 2-10　设置文本样式菜单命令

【实例 2】创建自定义文本风格

前面介绍了使用“文本”菜单的有关命令进行文本颜色、字体、字号等风格的设置。如果在一个程序中有大量的文本需要处理，也是一件很麻烦的事。Authorware 提供了自定义常用文本风格的功能，可以像使用普通风格那样统一进行引用。

操作步骤：

（1）单击“文本”/“定义样式”菜单命令或按【Ctrl+Shift+Y】组合键，弹出“定义风格”对话框，如图 2-11 所示。

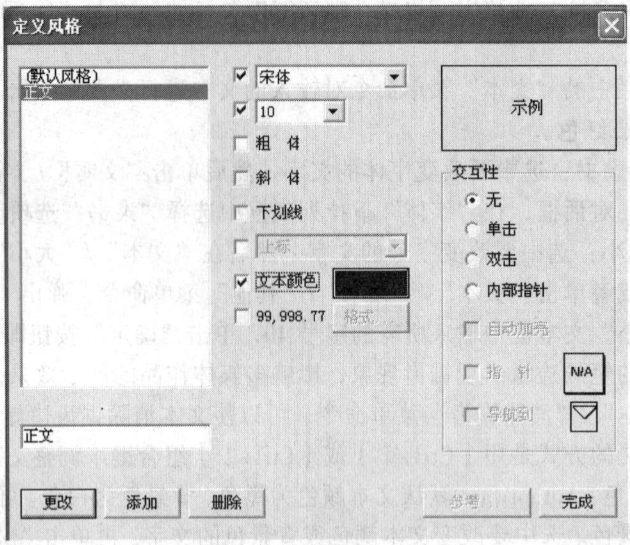

图 2-11 定义文本风格

（2）单击“添加”按钮，在风格名称列表框下方的文本框中输入一个新的名称（标题或正文），输入后按【Enter】键或单击“更改”按钮，新的文本风格名称就出现在风格名称列表框中。

（3）风格名称列表框右边的一组复选框，分别用于设置字体、字号、粗体、斜体、下画线、上标、下标、文本颜色和数字格式。可根据自己的需要分别进行设置。

（4）“定义风格”对话框右上角的风格示例中显示的是当前设置的文本风格。在定义风格列表框中选中一种文本风格后，可对其文本的样式进行修改，单击“更改”命令按钮完成该风格的修改。当设置完成后，单击“完成”按钮保存这种文本风格。

（5）应用文本风格。文本风格定义完成之后，可以对文本对象应用文本风格。选中文本对象，单击“文本”/“应用样式”菜单命令或按【Ctrl+Alt+Y】组合键，弹出“应用样式”对话框，如图 2-12 所示，在对话框中显示一组复选框，代表可使用的自定义风格。选中某个复选框，就对当前选中的文本对象应用了它所代表的风格。

图 2-12 应用自定义文本风格

2.2.2 外部文本文件的导入方法

在多媒体课件中使用最多的素材就是文本。显示文本是“显示”图标的功能之一。获取文本的途径有直接输入、从其他文件导入和剪贴板导入。这里介绍几种从 Authorware 外部导入文本文件的方法。

【实例 3】用复制、粘贴方式导入文本

下面以 Windows 的“写字板”程序为例，介绍如何从外部应用程序向 Authorware 导入文本。

操作步骤：

（1）在“写字板”中打开所需文件，选择并复制文本。

（2）在 Authorware 流程线上添加一个“显示”图标并双击，打开演示窗口，然后单击工具栏中的“粘贴”按钮。

（3）Authorware 会弹出一个“RTF 导入”对话框，如图 2-13 所示，选择适当的单选按钮，选择完毕后，单击“确定”按钮确认。

此时文本就导入到“显示”图标中了，如果复制的文本数量较大，超过了 32KB，一个“显示”图标容纳不下，Authorware 会自动为每 32KB 大小的文本建一个新“显示”图标来容纳它。

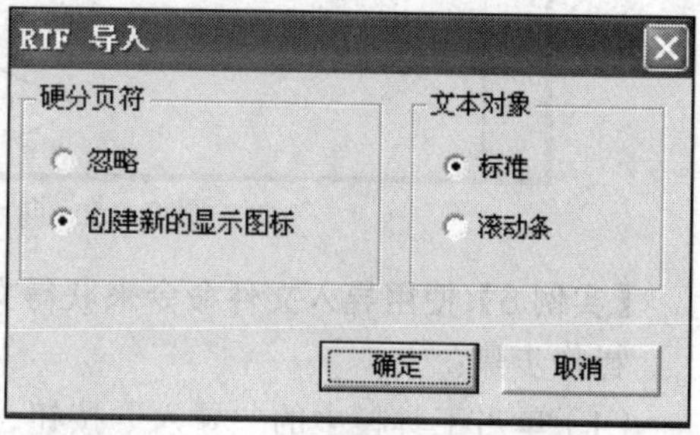

图 2-13　“RTF 导入”对话框

【实例 4】向 Authorware 程序拖入文本

操作步骤：

（1）在“写字板”程序中打开所需文件，选择要复制的文本。

（2）按住鼠标左键，将选中的文本拖动到设计窗口中，如图 2-14 所示。

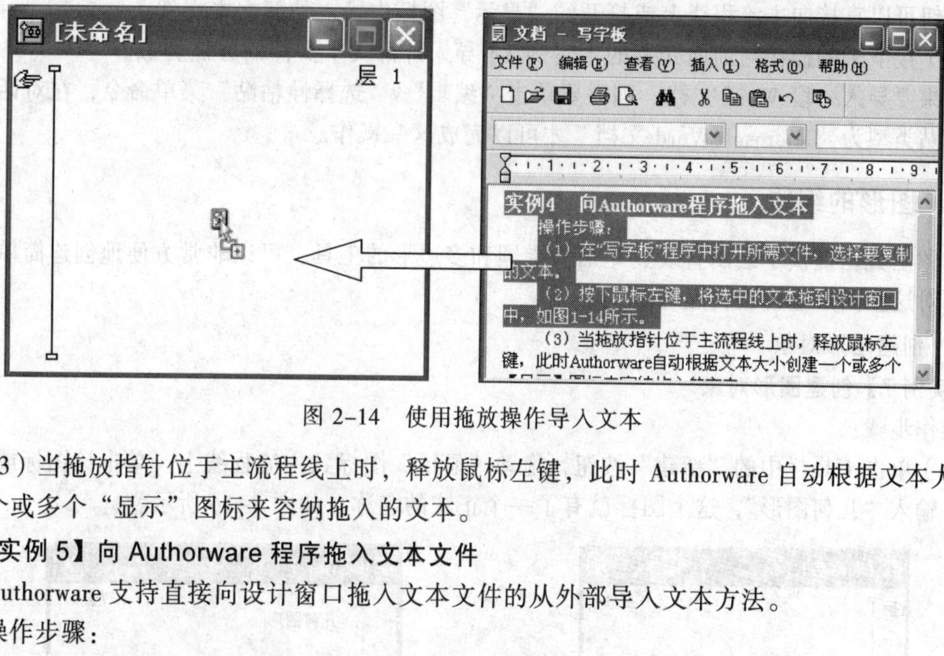

图 2-14　使用拖放操作导入文本

（3）当拖放指针位于主流程线上时，释放鼠标左键，此时 Authorware 自动根据文本大小创建一个或多个“显示”图标来容纳拖入的文本。

【实例 5】向 Authorware 程序拖入文本文件

Authorware 支持直接向设计窗口拖入文本文件的从外部导入文本方法。

操作步骤：

（1）打开 Windows 的资源管理器，选中需要导入的文本文件（*.txt 或*.rtf）。

（2）按住鼠标左键拖动鼠标，此时鼠标指针变为拖动指针。

（3）将文件拖动至设计窗口主流程线上，释放鼠标左键，如图 2-15 所示。此时 Authorware 会自动建立一个与文本文件同名的“显示”图标。

如果要导入 Word 文档，则需要按下鼠标右键拖动鼠标，此时鼠标指针变为拖动指针，Authorware 也会自动建立一个与 Word 文档文件同名的“显示”图标。

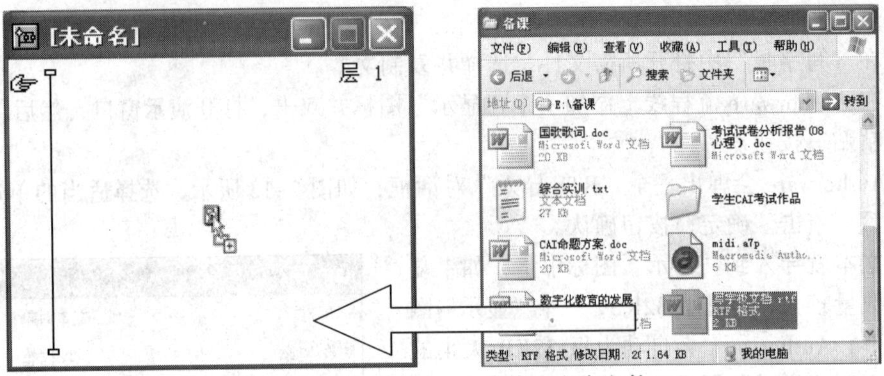

图 2-15　向 Authorware 中拖入文本文件

【实例 6】使用导入文件命令来获得文本

操作步骤：

（1）单击工具栏中的“导入”按钮，或单击“文件”/“导入和导出”/“导入媒体”菜单命令。

（2）在随之打开的“导入哪个文件”对话框中选择一个文本文件（*.txt 或*.rtf），单击“导入”按钮可以直接向主流程线上或打开的“显示”图标中导入外部文本文件。

（3）接下来的操作与前面介绍的【实例 3】导入外部文本文件的方法类似。

如果要导入一段 Word 文档，则需要单击“编辑”/“选择性粘贴”菜单命令，在对话框中选择粘贴类型为“Microsoft Word 文档”才可以完成这一操作。

2.2.3　图形的编辑

绘图工具箱提供了绘制直线、矩形、椭圆和多边形的工具，可以非常方便地创建简单的图形，并对这些图形进行编辑处理。

1. 创建图形对象

【实例 7】创建图形对象

操作步骤：

（1）单击工具栏中的“新建”按钮，拖动“显示”图标到主流程线上。单击该图标或它的标题，输入“几何图形”，这个图标就有了一个正式的名称，如图 2-16 所示。

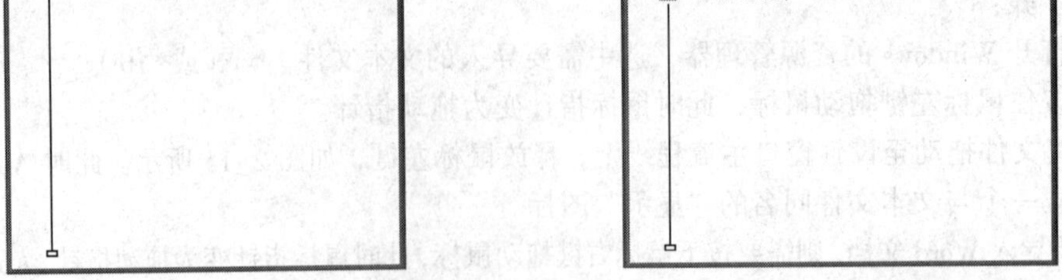

（a）　　　　（b）

图 2-16　给图标命名

（2）双击“几何图形”显示图标，弹出演示窗口。单击绘图工具箱中的“直线”按钮，然后将鼠标指针移到演示窗口中，此时鼠标指针变为“+”形状。

提示：绘图工具箱中各工具的功能如图 2-6 所示。绘制线段的工具有“直线”和“斜线”两种，它们的使用方法基本相同，区别是“直线”工具只能绘制与水平方向成 0°、45° 和 90° 的直线，“斜线”工具可以沿任意方向绘制斜线。Authorware 没有提供绘制曲线的工具。

（3）在演示窗口中要绘制线段的起点位置按住鼠标左键，并移动鼠标至终点位置，然后释放鼠标左键，此时一条直线段绘制完毕，如图 2-17 所示。

刚绘制的直线对象处于选中状态，在直线段的两端各有一个矩形框，该矩形框称为句柄或控制手柄。

（4）单击绘图工具箱中的“斜线”按钮，按上面步骤（3）中的方法绘制一条斜线段，如图 2-17 所示。

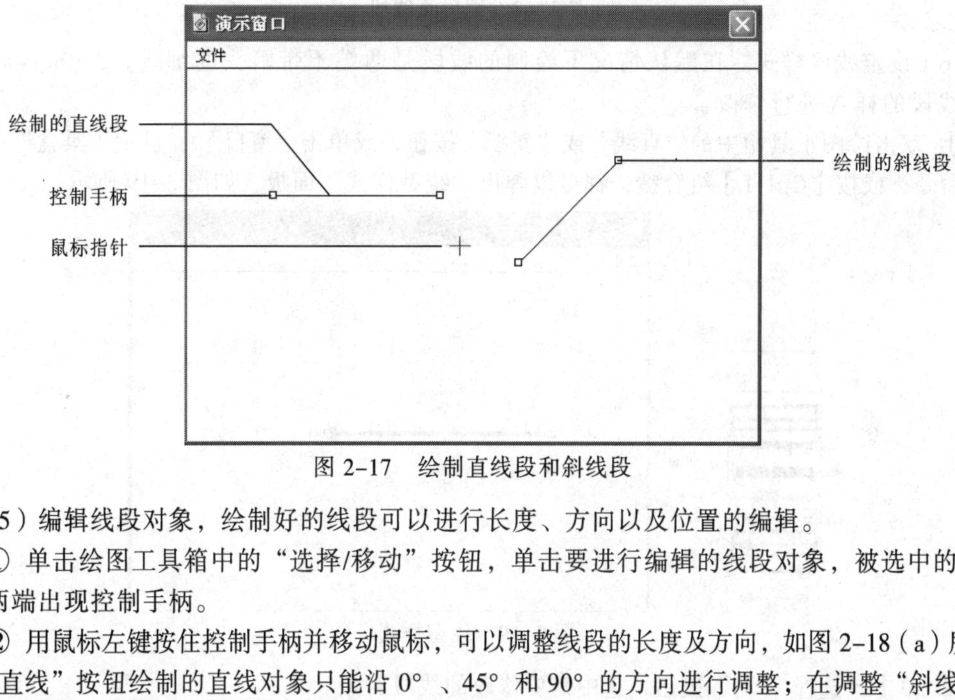

图 2-17　绘制直线段和斜线段

（5）编辑线段对象，绘制好的线段可以进行长度、方向以及位置的编辑。

① 单击绘图工具箱中的“选择/移动”按钮，单击要进行编辑的线段对象，被选中的线段对象两端出现控制手柄。

② 用鼠标左键按住控制手柄并移动鼠标，可以调整线段的长度及方向，如图 2-18（a）所示。“直线”按钮绘制的直线对象只能沿 0°、45° 和 90° 的方向进行调整；在调整“斜线”按钮绘制的斜线对象时按住【Shift】键，可以使斜线沿 0°、45° 和 90° 的方向进行调整。

③ 将鼠标移到线段上的任意位置（两端的控制手柄除外），按住鼠标左键并移动鼠标可以调整线段的位置，如图 2-18（b）所示。

若使用键盘上的上、下、左、右方向键可以精确地调整线段的位置，按一次方向键，对象就沿该方向移动一个像素的距离。

④ 删除对象。先应用“选择/移动”按钮选中要删除的对象，然后按【Delete】键，或单击“编辑”/“清除”菜单命令，或单击工具栏中的“剪切”按钮也可达到删除的效果，不过此时对象保留在剪贴板中。

⑤ 复制对象。先应用“选择/移动”按钮选中要复制的对象，然后，单击工具栏中的“复制”按钮，接着在演示窗口中希望将对象复制到的地方单击，再单击工具栏上的“粘贴”按钮，便完成复制操作。

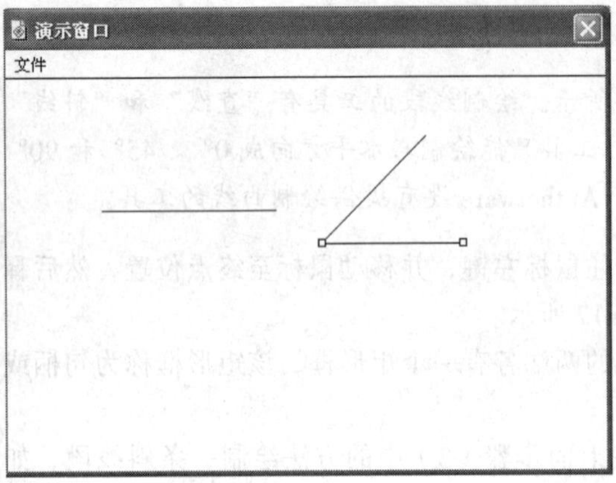

（a）

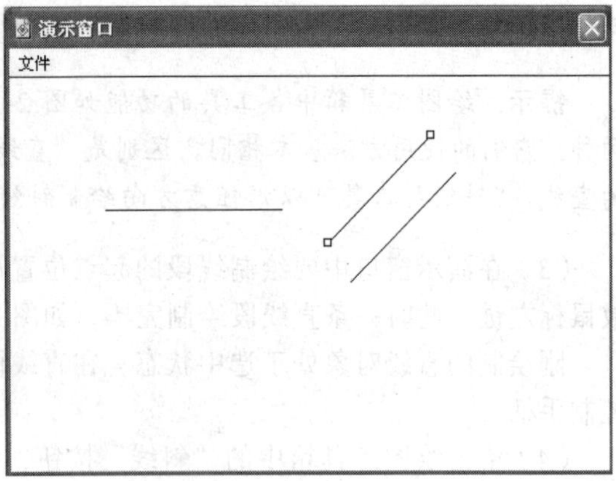

（b）

图 2-18　编辑直线段

（6）设定线段样式。在默认情况下绘制的线段是两端不带箭头的细线，Authorware 允许对线段的样式进行修改。

① 双击绘图工具箱中的“直线”或“斜线”按钮，或单击“窗口”/“显示工具盒”/“线”菜单命令，或按【Ctrl+L】组合键，都可以弹出“线型样式”面板，如图 2-19 所示。

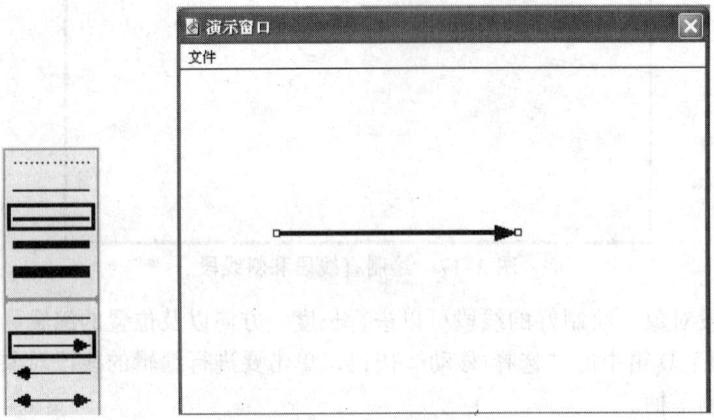

图 2-19　线型样式

② 单击“选择/移动”按钮，选中需要修改的线段对象。

③ 在“线型样式”面板中，选中需要的线型，若选中了虚线，线段线型不是虚线而是隐藏状态。

【实例 8】绘制圆和椭圆

使用绘图工具箱中的“椭圆”按钮，可以在演示窗口中绘制圆和椭圆。

操作步骤：

（1）创建一个以“圆”命名的“显示”图标，单击“圆”显示图标，弹出演示窗口。

（2）单击“椭圆”按钮，在演示窗口中要绘制椭圆形的位置，按住鼠标左键并拖动鼠标，当窗口中显示的椭圆形大小符合要求时释放鼠标左键。

提示：若要绘制一个正圆，在拖动鼠标时按住【Shift】键。

刚绘制的椭圆形对象处于选中状态，它的四周有 8 个方形控制手柄。绘制好的椭圆形对象可以和线段一样，对它的大小、形状及位置进行调整。按【Shift】键的同时用鼠标拖动控制手柄，可按一定比例改变原图形对象的大小，如图 2-20 所示。

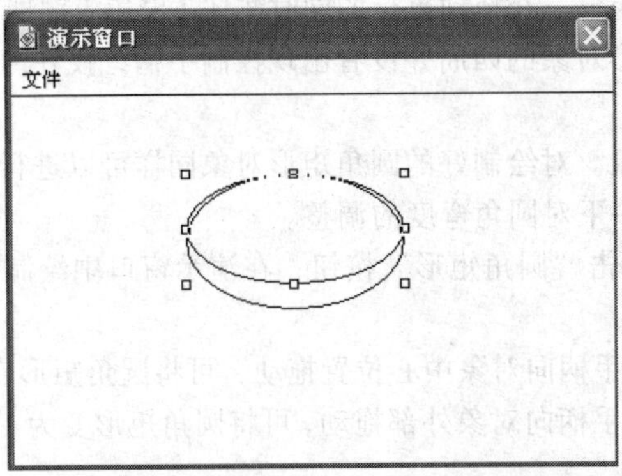

图 2-20　椭圆形对象的绘制和编辑

（3）设定椭圆形样式。在默认情况下，Authorware 用默认的线型、颜色来绘制椭圆形对象的轮廓线，而且不用任何颜色和底纹图案进行填充。Authorware 允许对椭圆形对象进行修改，如图 2-21 所示。

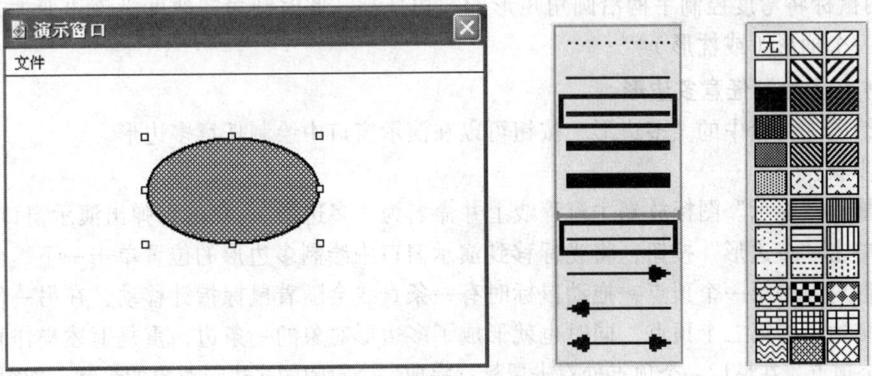

图 2-21　设置椭圆形对象的样式

① 使用“线型样式”面板，可以改变椭圆形对象轮廓线的样式。

② 双击绘图工具箱中的“矩形”或“圆角矩形”或“多边形”按钮，或者单击“窗口”/“显示工具盒”/“填充”菜单命令，或按【Ctrl+D】组合键，都可以调出“填充模式”面板。使用“填充模式”面板可以选择对象的填充模式，如用前景色填充，还是用背景色填充，或是用底纹图案填充等。

【实例 9】绘制圆角矩形

单击绘图工具箱中的“矩形”或“圆角矩形”按钮，可以在演示窗口中绘制矩形或圆角矩形。绘制编辑对象的操作与前面圆形对象的操作方法类似，按住【Shift】键，按住鼠标左键并拖动鼠标绘制出矩形，对绘制好的矩形对象同样可以进行大小、形状、位置以及样式的调整。这里着重介绍圆角矩形对象的绘制。

操作步骤：

（1）拖动“显示”图标到主流程线上并命名为“圆角矩形”，双击它弹出演示窗口。

（2）单击“圆角矩形”按钮，在演示窗口中要绘制圆角矩形的位置按下鼠标左键并拖动鼠标，当窗口中显示的圆角矩形大小符合要求时释放鼠标左键，此时一个圆角矩形对象绘制完毕。如果想绘制一个等边圆角矩形，在拖动鼠标的同时按住【Shift】键即可。

刚绘制完毕的圆角矩形对象的四周并没有出现控制手柄，仅在内部显示一个控制手柄，称为弯度控制手柄。

（3）编辑圆角矩形对象。对绘制好的圆角矩形对象同样可以进行大小、形状、位置以及样式的调整。这里主要介绍一下对圆角弯度的调整。

① 在绘图工具箱中单击“圆角矩形”按钮，在演示窗口中绘制一个圆角矩形对象，此时对象内部出现弯度控制柄。

② 用鼠标将弯度控制手柄向对象中心位置拖动，可将圆角矩形变为一个椭圆形。

③ 用鼠标将弯度控制手柄向对象外部拖动，可将圆角矩形变为一个矩形，如图 2-22 所示。

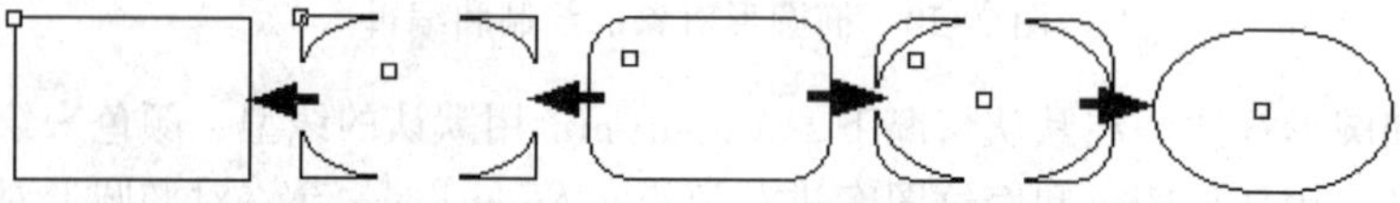

图 2-22 将圆角矩形变为矩形或椭圆形

④ 用鼠标将弯度控制手柄沿圆角矩形的一边拖动，此时圆角的弯度沿该边变大，圆角矩形将变为一个桶形（或枕形）。

【实例 10】绘制任意多边形

使用绘图工具箱中的“多边形”按钮可以在演示窗口中绘制任意多边形。

操作步骤：

（1）拖动“显示”图标放到主流程线上并命名为“多边形”，双击它弹出演示窗口。

（2）单击“多边形”按钮，将光标移到演示窗口中绘制多边形的位置单击一下，就确定了绘制多边形对象的第一个顶点，拖动鼠标时有一条直线会随着鼠标指针移动，在另一位置单击鼠标确定多边形的第二个顶点，同时也就形成了多边形对象的一条边，重复上述操作直至绘制到最后一个顶点，在最后一个顶点处双击鼠标，完成一个封闭的多边形对象的绘制，如图 2-23 所示。拖动当前选中的多边形对象的顶点，可以改变顶点的位置，同时也改变了多边形对象的形状。

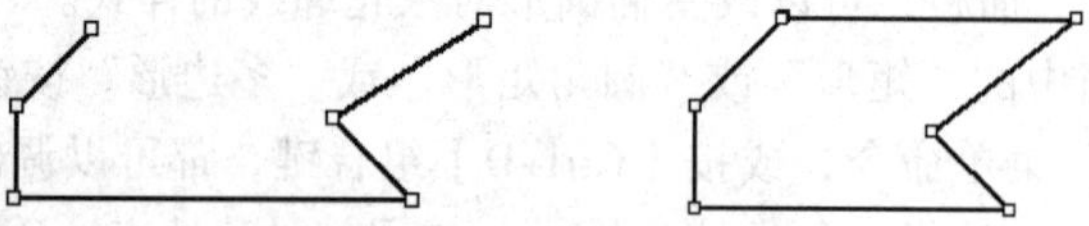

图 2-23 绘制多边形对象

可以增加多边形对象的顶点数目和边的数目。其方法是选中多边形对象，然后单击“多边形”按钮，在按住【Ctrl】键的同时用鼠标单击多边形对象的一条边，这条边上就被插入了一个新的顶点，再移动该点，从而由一条边变为两条边。对于填充过的多边形对象，按住【Ctrl】键的同时用“多边形”工具在其内部单击，也会为该对象增加一个顶点，Authorware 会自动地在新增顶点与最后顶点之间绘制一条边，同时将新增顶点作为最后顶点。

2．对象的放置

（1）一个“显示”图标内各个对象的前后关系。在同一个显示图标中可以绘制多个对象，因此必须了解在演示窗口中如何设置这些对象的前后关系。

【实例 11】两个对象的层次设置

如果几个对象在位置上发生重叠，Authorware 在默认情况下把后绘制的对象放在先绘制对象的前面，如图 2–24（a）所示。

操作步骤：

① 为把图 2–24（a）中三角形对象放在矩形对象之后，可以先选中三角形对象，再单击“修改”/“置于下层”菜单命令，或按【Ctrl+Shift+↓】组合键，结果如图 2–24（b）所示；

② 为了把图 2–24（c）中矩形对象放在三角形对象之前，可以先选中矩形对象，再单击“修改”/“置于上层”菜单命令，或按【Ctrl+Shift+↑】组合键，结果如图 2–24（b）所示。

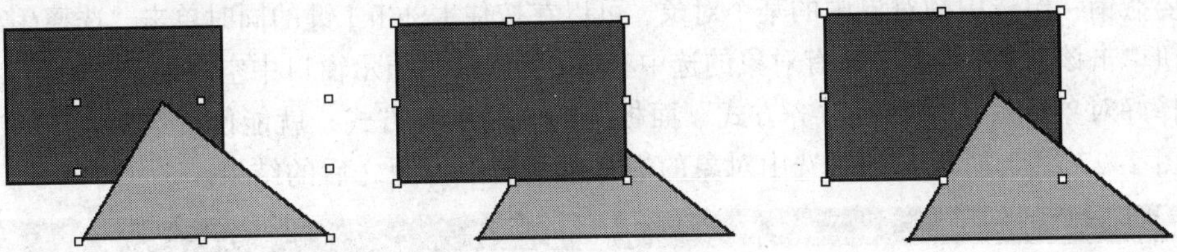

（a）　　（b）　　（c）

图 2–24　改变对象的次序

（2）对象的排列与对齐。

【实例 12】多个对象的排列

操作步骤：

① 使用网格线。单击“查看”/“显示网格”菜单命令，演示窗口中出现一些均匀的交叉线，如图 2–25 所示。以这些交叉线为基准，使用鼠标或键盘可以精确地绘制和定位对象。

单击“查看”/“显示网格”菜单命令之后，再用鼠标绘制和移动对象时，对象自动地以半格为单位缩放或移动，此时使用键盘方向键仍然可以使对象以像素为单位移动。再次单击“查看”/“显示网格”菜单命令可关闭网格显示。网格只在设计期间是可见的，程序运行时不会出现。

② 使用对齐方式面板。单击“修改”/“排列”菜单命令，或按【Ctrl+Alt+K】组合键，弹出对齐方式面板，每种对齐方式都很形象地用图形表示出来了，如图 2–26 所示。用鼠标选择要对齐的对象。

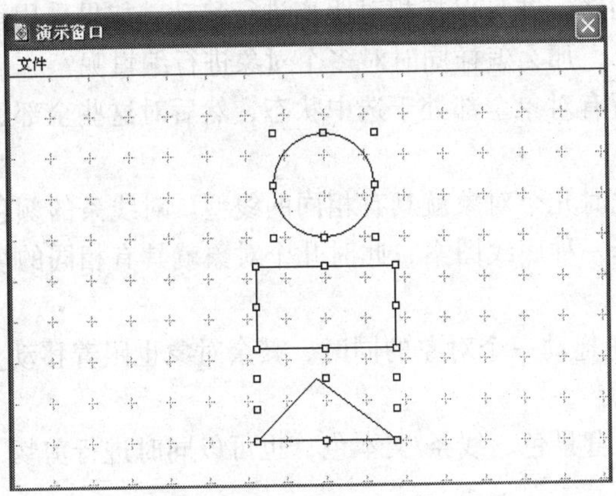

图 2–25　网格线的使用

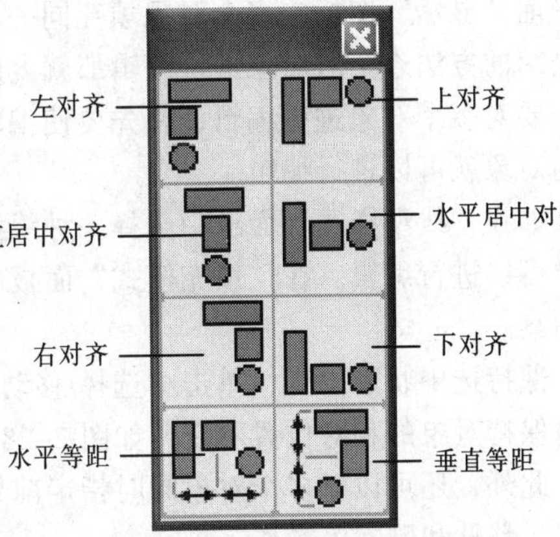

图 2–26　“对齐方式”面板

选择多个对象可以采用以下 4 种方法：

- 单击“编辑”/“选择全部”菜单命令或按【Ctrl+A】组合键，可以选取当前“显示”图标中的所有对象。
- 按住【Shift】键的同时单击“选择/移动”按钮依次单击需要选择的对象，直到所需对象全部被选中为止。这种方法适用于选择一组不相邻的对象。
- 单击“选择/移动”按钮，将鼠标指针移到需要选择对象的左上方，按住鼠标左键并拖动鼠标，直到出现的选择线将所需选择的对象完全包围后释放鼠标左键，如图 2-27（a）所示，被选择线包围的对象此时全部处于选中状态。这种方法适用于选择一组相邻的对象。
- 要撤销一组选中的对象中的某个对象，可以在按住【Shift】键的同时单击“选择/移动”按钮单击该对象；要撤销所有对象的选中状态，可以单击演示窗口中空白处或按一下空格键。

选择好对象之后，单击“对齐方式”面板中的一种对齐方式，就能使所选对象以该方式对齐，如图 2-27（b）所示，是对选中对象的进行水平居中等距之后的结果。

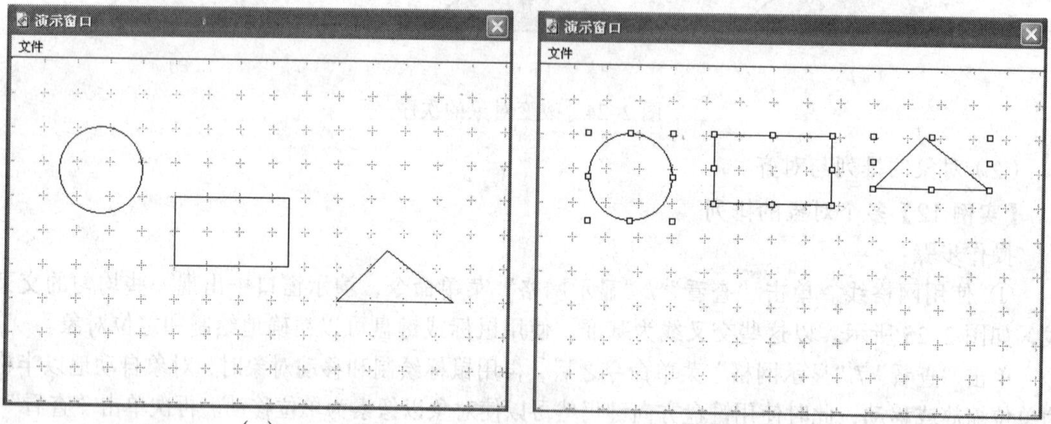

（a）　　（b）

图 2-27　对齐对象

3. 多个对象的编辑

有时对于一个“显示”图标中的多个对象要进行同样的编辑操作或设定同一种样式，例如将当前“显示”图标中多个对象填充同一底纹图案，并且保持相对距离进行移动，如果采用前面介绍的方法逐个对对象进行编辑那就太麻烦了，那么怎样同时对多个对象进行编辑呢？

要对多个对象进行编辑，首先要使编辑的所有对象全部处于选中状态，然后对这些全部选中的对象就可以进行编辑。

如在“线型样式”面板中选择一种线型，此时几个对象就具有相同的线型。对线条的颜色同样可以进行编辑。在“填充模式”面板中选择一种底纹图案，此时几个对象就具有相同的填充图案。

保持选中状态不变，单击“选择/移动”按钮拖动一个对象的同时，其余对象也跟着移动，从而保持对象的相对位置不变，如图 2-28 所示。

此外，还可以对多个对象同时指定前景色、背景色、线条/文本色，也可以同时进行剪切、复制、粘贴和删除等操作。

要注意的是，这种操作方法有一定的局限性，对一组选中的对象进行改变大小或形状的操作时，对象的相对位置会发生错乱。若想通过拖动控制点来同时对各个对象的大小或形状进行调整，所有的对象就会乱作一团。那究竟怎么操作呢？

正确的操作方法是：先将对象进行群组，构成一个整体，再拖动它周围的控制手柄来改变它的大小和形状，对它进行缩小、放大等操作，均不会出现混乱状态；若对它进行解组，当前选中的组合对象又分离成单个的对象。

对多个对象进行群组的方法是：

- 按住【Shift】键的同时单击“选择/移动”按钮依次单击需要选择（群组）的对象。
- 单击“修改”/“群组”菜单命令或按【Ctrl+G】组合键，可以选取当前“显示”图标中的所有对象进行群组。

4．设置对象的显示模式

如果几个对象在位置上发生重叠，Authorware 在默认情况下会用前面的对象覆盖后面的对象，这种覆盖可能发生在对象间的重叠部分，也可能是前面的对象将后面的对象完全覆盖。通过改变对象的覆盖模式可以改变这种状况。

Authorware 提供了 6 种覆盖模式，如图 2-29 所示。单击“窗口”/“显示工具盒”/“模式”菜单命令，或者双击绘图工具箱中的“选择/移动”按钮，或者按【Ctrl+M】组合键，都可以弹出“覆盖模式”面板。

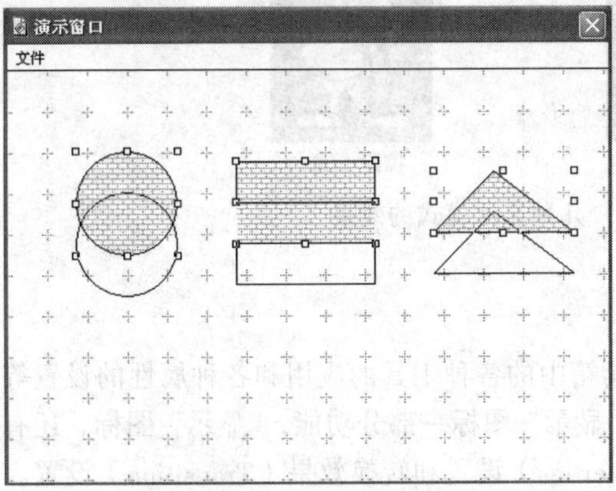

图 2-28　多个对象的操作

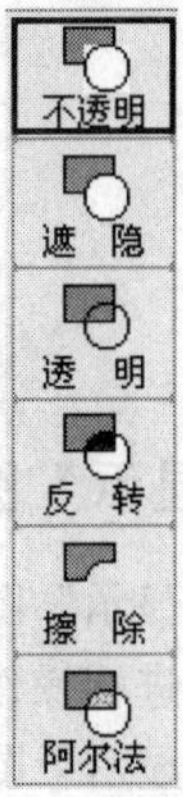

图 2-29　“覆盖模式”面板

下面分别对这 6 种模式进行介绍。

（1）“不透明”模式。这是 Authorware 提供的默认覆盖模式。将对象设置为这种模式时，对象会将其后的内容覆盖。如图 2-30（不透明模式）所示，位图对象设置为“不透明”模式，它完全覆盖了其下方的内容。

（2）“遮隐”模式。“遮隐”模式对在 Authorware 中绘制的图形对象所起的作用与“不透明”模式相同。对于一幅位图而言，选择这种模式将会使位图边沿的白色褪掉，但位图内部的白色部分仍然保留，如图 2-30（遮隐模式）所示。

（3）“透明”模式。“透明”模式下，位图对象的所有白色部分均变为透明，下面的内容会通过透明部分显示出来，如图 2-30（透明模式）所示。对于在 Authorware 中绘制的图形对象来说，如果在调色板中将其背景色设为白色，那这时背景就会变成透明，使其下面的内容显露出来。

（4）“反转”模式。在“反转”模式下，位图对象和图形对象将以反色显示，最终它们究竟呈现什么颜色与其下方对象或演示窗口的背景色有关。此时对象的背景色不管如何设置，对象都会变得透明，如图 2-30（反转模式）所示。

（5）“擦除”模式。在“擦除”模式下，图形对象的背景色将会变为透明，其前景色和线条色所在区域则会变为演示窗口背景色，其效果就好像是将下方的所有对象擦除了一部分露出了窗口底色一样，如图 2-30（擦除模式）所示。位图对象在这种模式下的显示效果是难以预料的。

（6）“阿尔法”（Alpha）通道模式。“阿尔法”（Alpha）通道模式对于文本和图形无效，它的应用对设计人员的要求较高，必须在图像处理程序（如 Photoshop）中为图像制作一个 Alpha 通道。利用图像的 Alpha 通道，可以制作出透明物体、发光体等效果。这时的透明效果与使用“透明”模式达到的效果并不完全一样，它不是简单地使背景完全露出来，而是将图像与背景色混合达成一种半透明效果。

图 2-30　几种显示模式的效果

2.2.4　设置“显示”图标的属性

前面介绍了“显示”图标、绘图工具箱中的各种工具的应用和各种属性的设置等，这些是对图标内单独对象进行操作的。这只是“显示”图标一部分功能，“显示”图标，还有另一部分重要的功能，即“显示”图标属性（Properties）设置和转换效果（Transition）设置。

1.“显示”图标的“属性”对话框

新建文件并命名为 tbsx.a7p，从图标栏中拖动两个“显示”图标到主流程线上，分别命名为“文本”、“几何图形”，在“文本”显示图标中输入相关文本内容，在“几何图形”显示图标中创建一个矩形对象、一个三角形对象和一个椭圆对象，如图 2-31 所示。对象创建完毕之后保存程序文件。

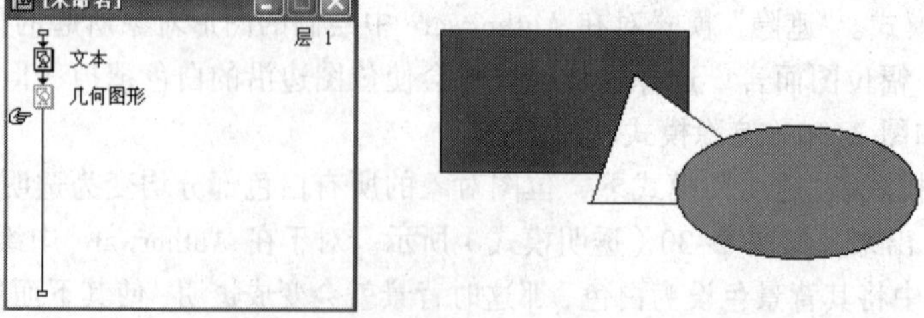

图 2-31　添加显示图标并编辑

单击“几何图形”显示图标、单击“修改”/“图标”/“属性”菜单命令或按【Ctrl+I】组合键（或按住【Ctrl】键的同时双击显示图标；若“几何图形”显示图标已经打开，就按住 Ctrl

键的同时双击显示图标的对象），都可以弹出该显示图标的“属性：显示图标[几何图形]”对话框，如图 2-32 所示。

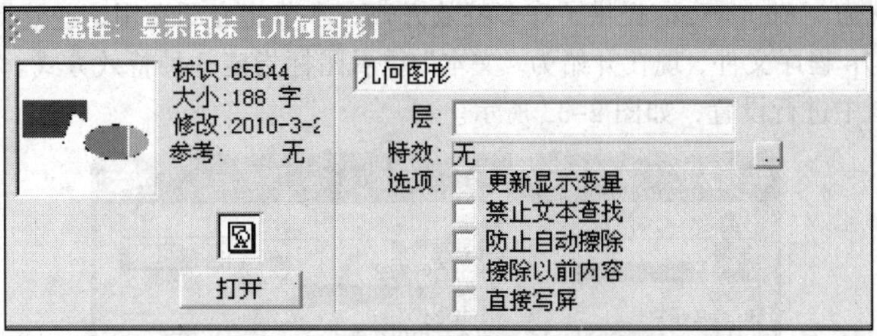

图 2-32　“属性：显示图标[几何图形]”对话框

对话框中包含了很多选项的设置，所呈现的内容对将来的设计很重要，现在就来快速浏览一下这里面的内容。

（1）图标内容预览框：对话框的左边部分是对图标内容的一个大致浏览，是一些图标本身的数据。

- 标识：代表“显示”图标的标识号，一个“显示”图标可以和其他显示图标重名，但每个“显示”图标都有唯一的标识号，Authorware 实际是通过标识号来区别每一个显示图标的。
- 大小：是当前“显示”图标的大小，这和图标的内容有关。
- 修改：反映出最近一次修改图标的时间。
- 参考：反映程序中是否在其他地方通过图标名称引用该“显示”图标，“无”表示不存在引用。

（2）图标预览框表示当前“显示”图标的种类，因为不只“显示”图标存在这种属性对话框。单击“打开”按钮就弹出该“显示”图标的演示窗口。

（3）显示图标名称文本框：该文本框用于显示当前“显示”图标的名称。

（4）“层”文本框：用于设置图标对象所处的层数，层数较高的“显示”图标的内容会放置于层数较低的“显示”图标内容之前。

（5）“特效”文本框：用于指定图标内容的特殊显示效果。单击右边的按钮可以弹出一个对话框，在那里可以从众多的特殊效果中挑选一种应用于当前的“显示”图标。

（6）“选项”复选框组，包含 5 个复选框：

- “更新变量显示”复选框：选中后程序运行期间会不断地更新嵌入到文本对象中的变量值，并刷新显示结果。
- “禁止文本查找”复选框：选中后就会将此“显示”图标中的文本对象的内容排除在 Authorware 进行的字符串搜索范围之外。
- “防止自动擦除”复选框：选中后程序运行到此“显示”图标，该图标的内容可避免于被具有自动擦除属性的“显示”图标擦除。
- “擦除以前内容”复选框：选中后程序运行到此“显示”图标时，在显示图标内容时会将演示窗口中层数较低的显示内容自动擦除。
- “直接写屏”复选框：选取后此“显示”图标的内容会放置在演示窗口的最前面，而不管它的层数是如何设置的。在这种情况下大多数过渡显示效果会失效。

2. 使用特殊效果

显示对象可以在屏幕上应用各种特殊显示效果，使画面效果更加生动，极大丰富了多媒体程序的视觉表现力。Authorware 提供了许多特效方式，本节将介绍选用这些效果的方法。

打开 tbsx.a7p 程序文件，现在开始为“文本”显示图标指定一种特效方式。特效方式在“特效方式”对话框中进行设置，如图 2-33 所示。

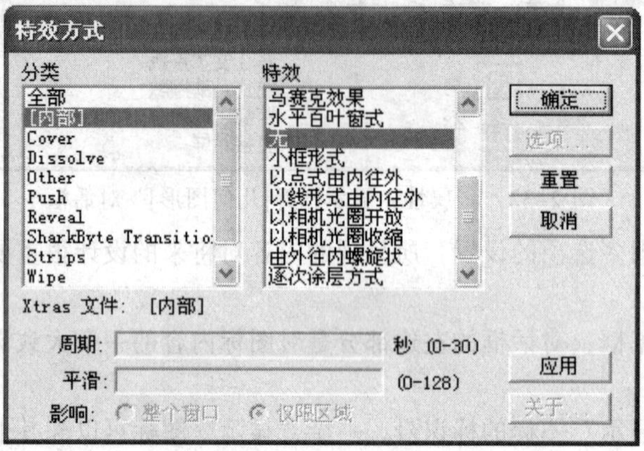

图 2-33 “特效方式”对话框

可以采取以下两种方法打开“特效方式”对话框：

方法 1：按【Ctrl】键的同时双击“文本”显示图标，或者在演示窗口中按【Ctrl】键的同时双击文本对象，弹出图标的“属性：显示图标[文本]”对话框，单击“特效”文本框右边的[...]按钮。

方法 2：单击选中“文本”显示图标，再单击“修改”/“图标”/“特效”菜单命令或按【Ctrl+T】组合键。

现将“特效方式”对话框的内容简介如下：

- “分类”列表框：列出了特效方式的种类。默认的特效种类为“内部”。
- “特效”列表框：列出了在当前效果种类中包含的特效方式。
- “Xtras 文件”：指出当前类的效果都包含在哪个 Xtras 文件中。“马赛克效果”是 Authorware 内置的效果，其他各类效果都包含在 Authorware 系统目录下的 Xtras 文件夹的.x32 及.x16 文件中。
- “周期”文本框：设置特效方式的持续时间，以秒为单位。
- “平滑”文本框：设置特效方式运行的平滑程度。
- “影响”单选按钮组：设置特效方式影响的区域。选择“整个窗口”单选按钮将影响到整个窗口，选择“仅限区域”单选按钮则仅影响该显示图标的内容所在区域。并不是所有特效方式都可以采用这两种方式。
- “选项”按钮：有的过渡效果可以使用此按钮来进行更进一步设置。
- “重置”按钮：用于将当前特效方式的参数设置为默认值。
- “应用”按钮：单击此按钮可以预览当前设置的特效方式。

现在选择“内部”效果类中的“垂直百叶窗”方式，单击“应用”按钮，预览一下过渡效果，如图 2-34 所示。可以看到几行文字以百叶窗的形式显示出来。特效持续时间可以在特效方式对话框中的“周期”文本框中输入，输入的数值越小，过渡得越快。

过渡的平滑程度在“平滑”文本框中输入，输入的数值越小，过渡越平滑。反复调整这两个参数，满意之后单击“确定”按钮确认。

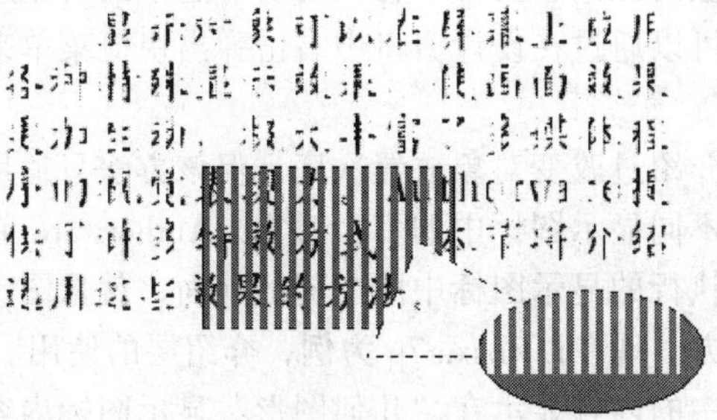

图 2–34　垂直百叶窗效果

常用技巧主要有以下几种：

（1）在设计窗口中预览图标内容。在不打开图标的情况下可以预览图标中的内容，这样就不必总是打开图标来查找所需要的内容。方法是按【Ctrl】键的同时在设计窗口中右击主流程线上的图标，此时图标的内容会出现在该图标的右下方，如图 2–35（a）所示，或右击主流程线上的图标，在弹出的快捷菜单中单击“预览”菜单命令，如图 2–35（b）所示，此时图标的内容会出现在该图标的右下方。

用这种方法可以预览“显示”图标、“数字电影”图标、“声音”图标、“交互”图标、“导航”图标、“移动”图标以及“擦除”图标等。

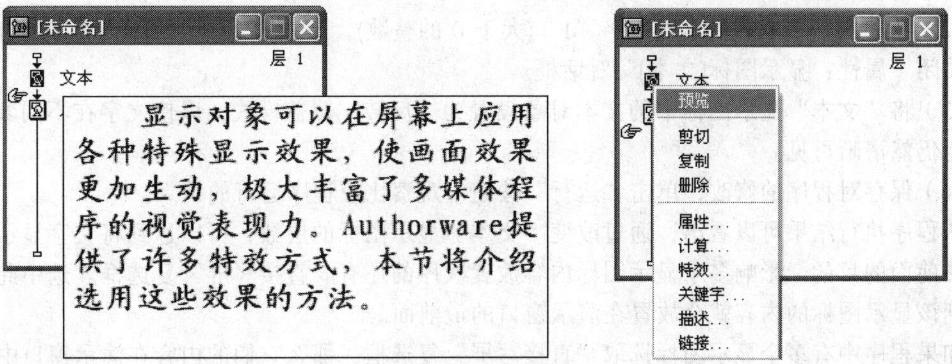

图 2–35　预览图标内容

（2）同时显示多个“显示”图标的内容。按【Shift】键的同时依次双击需要显示的图标，被双击过的“显示”图标内容会同时出现在演示窗口中。最终停留在最后双击的“显示”图标上，该显示图标中所有对象呈选中状态。

（3）同时编辑多个“显示”图标中的显示对象。当所需的“显示”图标内容出现在演示窗口中之后，就可以采取如下方法进行编辑。

- 双击一个显示对象，打开它所属的“显示”图标，同时其他显示图标中的内容仍然显示在演示窗口中。随后就可以参照其他图标内容的位置及大小，对该图标中的所有对象进行缩放、移动等操作。
- 按住【Ctrl+Shift】组合键的同时单击演示窗口中的显示对象，可以同时选取处于不同“显示”图标中的显示对象，非当前显示图标中的对象周围会出现灰色的控制手柄。在这种状态下，可以使用前面介绍过的方法对选取中的对象进行对齐；也可以拖动控制手柄进行缩放操作，此时非当前显示图标中的显示对象也会移动，以保持相对位置，但是不会改变大小；拖动灰色的控制手柄可以将当前所有选中的对象进行移动。

以上各项菜单命令也可以通过在设计窗口中右击弹出快捷菜单来实现。

3. 层的使用

在“对象的放置”中介绍过改变对象放置次序，但该方法只适用于同一“显示”图标中的多个显示对象。对于处在不同显示图标中的多个对象，Authorware 在默认情况下，将后执行显示图标中的内容放置在先执行的显示图标中的内容的前面，就像图 2-34（b）中表现出来的一样，文字显示在图形的下方。现在以 tbsx.a7p 为例，介绍层的使用。

将“文本”显示图标中的内容显示在“几何图形”显示图标内容的前面，可以采取以下两种办法。

方法 1：在主流程线上将“文本”显示图标拖到“几何图形”图标的下方。这种方法同时改变了程序的执行顺序，在显示完几何图形之后，才会显示文字。

方法 2：改变“文本”显示图标层的属性。Authorware 在默认情况下，所有“显示”图标中的内容在第 0 层上显示。通过设定更高的层数（大于 0 的整数），可以在不改变程序执行顺序的前提下，先执行层数高的“显示”图标。

下面重点介绍第二种方法的使用。

操作步骤：

（1）打开 tbsx.a7p 程序文件，在按【Ctrl】键的同时双击“文本”显示图标，或者在演示窗口中按【Ctrl】键的同时双击文本对象，弹出“属性：显示图标[文本]”对话框。

（2）在“层”文本框中输入数字“1”(大于 0 的整数)，这样“文本”显示图标就处于第 1 层。关闭“属性：显示图标[文本]”对话框。

（3）将“文本”显示图标中的文本对象设置为“反转”覆盖模式，以使文字在不同颜色的背景上仍然清晰可见。

（4）保存对程序的修改，单击“运行”按钮。观察比较程序运行的结果。

从程序执行结果可以看出，通过改变“文本”显示图标的层数，可以达到将文字显示在几何图形前面的目的。影响多个显示图标内容放置次序的还有“直接写屏”复选框。选中此复选框，则该显示图标的内容就会放置在演示窗口的最前面。

如果程序中有多个显示图标选取“直接写屏”复选框，那么它们的内容在演示窗口中的放置次序取决于程序执行的顺序。如果想在不改变程序执行顺序的前提下，将一个显示图标的内容放置在其他所有设置为“直接写屏”的“显示”图标的内容前面，可以在选取“直接写屏”复选框的同时增大该“显示”图标的层数。

2.2.5 导入外部图像文件

在 Authorware 中进行多媒体程序设计可以直接使用外部的图像，这样就可以将复杂的图像处理工作留给那些重量级的专业工具来做，比如 Photoshop、CorelDRAW 等。Authorware 支持以下格式的图像文件：.pict、.tiff、.lrg、.gif、.png、.bmp、.rle、.dib、.jpeg、.tga、.wmf、.emf。

Authorware 导入外部图像文件的方法同前面介绍的导入外部文本文件的方法相似。如果有图像浏览器的话，使用直接向主流程线上拖入图像文件夹的方法导入图像，这样可以大大提高工作效率，如图 2-36 所示。

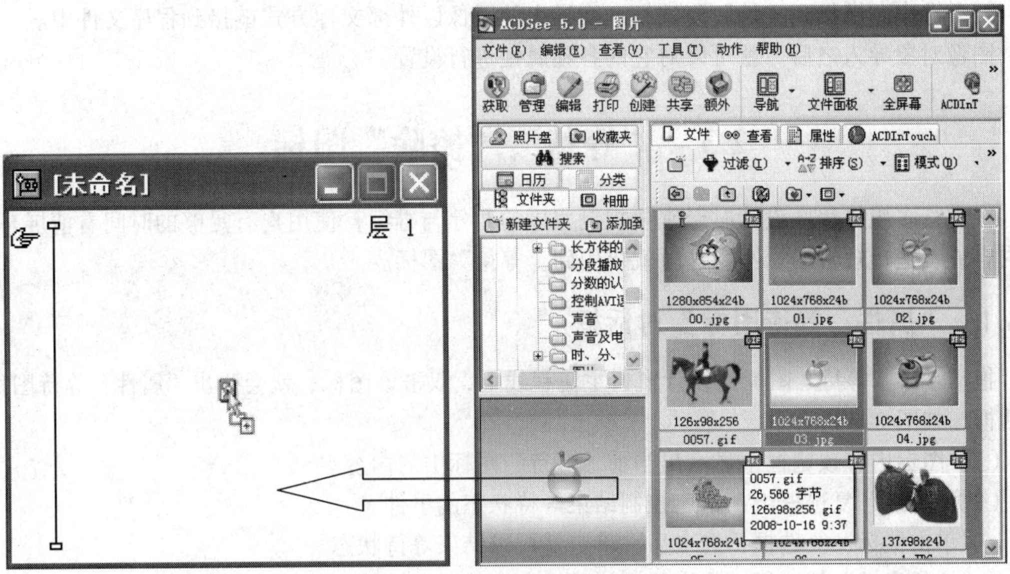

（a）　　　　　　　　　　　　　　（b）

图 2-36　从图像浏览器向 Authorware 中导入图像文件

【实例 13】使用导入命令导入外部图像

使用工具栏中的导入按钮可以导入外部图像文件，其操作方法如下：

操作步骤：

（1）打开一个“显示”图标，单击“导入”按钮，弹出“导入哪个文件？”对话框。

（2）在对话框中选择要导入的文件，选中“显示预览”复选框，可以预览当前选中的图像文件。

（3）单击右下角“+”（展开）按钮，会将对话框扩大，出现一个“导入文件列表”列表框和几个按钮，如图 2-37 所示。单击“添加”按钮可以将当前文件夹下的所有图像文件添加到文件列表中，在列表中选择某个文件名后单击“删除”按钮可以将该文件从列表中删除。

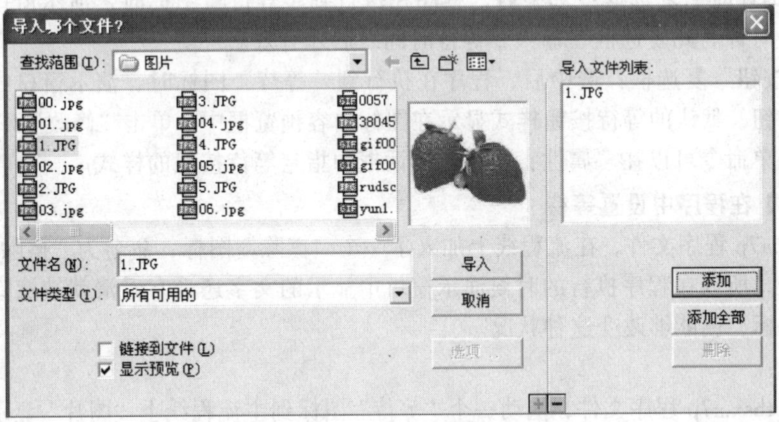

图 2-37　“导入哪个文件？”对话框

（4）单击“导入”按钮，可以将当前选中的图像文件导入到“显示”图标中，完成图像对象的导入。

（5）选中“链接到文件”复选框，则导入的图像以外部文件方式链接到程序文件中。

图像对象导入之后，就可以对它的各项属性进行设置。

2.3 “等待”、“擦除”图标

在进行多媒体程序设计时经常要控制程序的暂停与继续，使用户有足够的时间看清屏幕上的内容或者进行短暂的思考，这时就要用到“等待”图标。

2.3.1 “属性：等待图标”对话框

拖动一个“等待”图标到设计窗口主流程线上，双击该图标，就会弹出“属性：等待图标”对话框，如图 2-38 所示。

（1）图标内容预览框中显示出当前“等待”图标中的内容。

（2）“事件”复选框组：指定控制结束等待状态的事件。

- “单击鼠标”复选框：选中后，单击就可以结束等待状态。
- “按任意键”复选框：选中后，按下键盘上的任意键就可以结束等待状态。

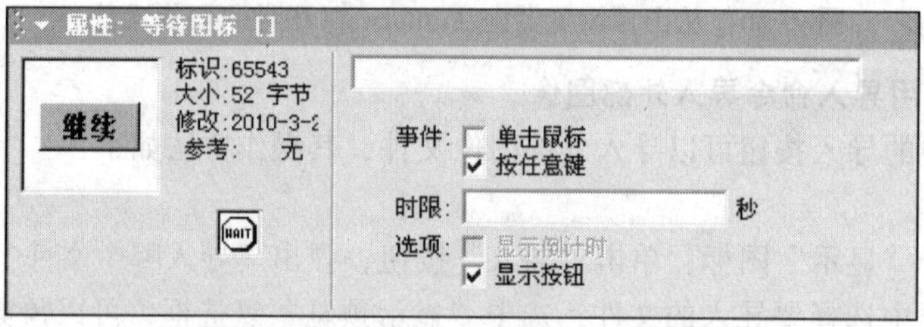

图 2-38 “属性：等待图标”对话框

（3）“时限”文本框：输入等待时间，单位为秒。在输入等待时间后，到了设定的时间即使没有进行任何操作，也会结束当前的等待状态。

（4）“选项”复选框组：指定“等待”图标的内容。

- “显示倒计时”复选框：选中后，程序在执行到“等待”图标时，演示窗口中会显示一个倒计时钟。此复选框在输入了等待时间之后才有效。
- “显示按钮”复选框：选中后，程序在执行到“等待”图标时，演示窗口中会显示一个等待按钮。默认的等待按钮样式显示在图标内容预览框中。单击“修改”/“文件”/“属性”菜单命令可以在“属性：文件”对话框中指定等待按钮的样式。

【实例 14】在程序中设置等待

打开 tbsx.a7p 程序文件，在流程线上加入了一个“擦除”图标，命名为“擦除图片”，由于没有设置等待，所以在程序执行的时候演示窗口中显示的文字还没有看清就被擦除了。现在有了“等待”图标，就能够改变这种状况。

操作步骤：

（1）打开 tbsx.a7p 程序文件，拖动一个“等待”图标到主流程线上“图片”显示图标和“擦除图片”图标之间释放，然后将它命名为“等待 3 秒”，如图 2-39 所示。

（2）双击“等待 3 秒”图标，弹出“属性：等待图标[等待 3 秒]”对话框，如图 2-40 所示设置等待状态。

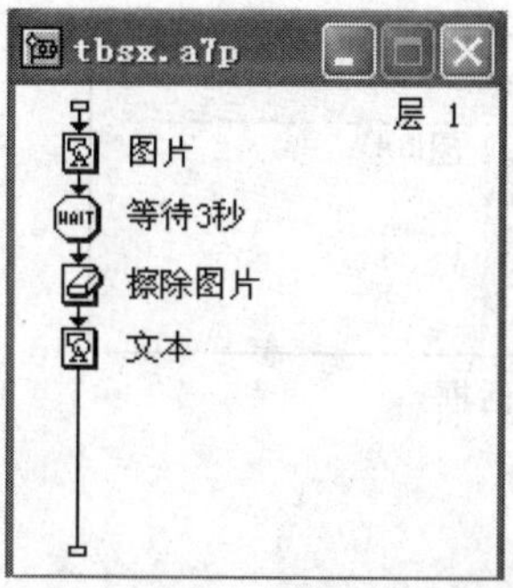

图 2-39　设置等待图标

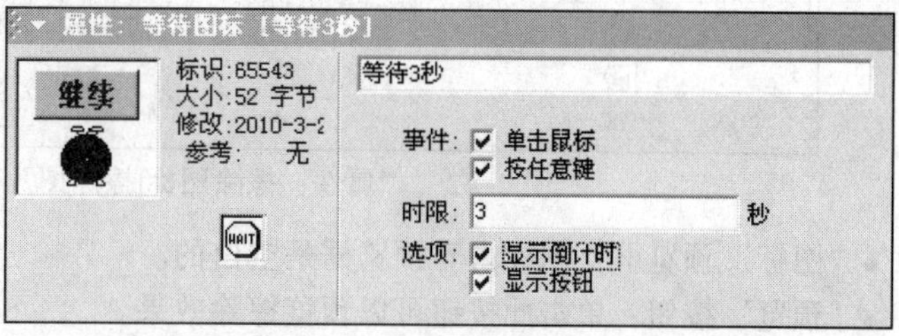

图 2-40　设置等待状态

（3）单击工具栏的“运行”按钮运行程序，可以看到在显示出图片之后，一个倒计时钟和一个“继续”按钮出现在演示窗口中。此时根据“属性：等待图标[等待 3 秒]”对话框中的设置，单击“继续”按钮、单击或者按下键盘上任意键均可结束等待状态，否则在倒计时 3s 后等待状态自行结束。

倒计时钟和“继续”按钮通常出现在 Authorware 提供的默认位置上，这个位置往往很不合适。此时用鼠标是无法拖动两者在演示窗口中移动，因为一旦单击，倒计时钟和“继续”按钮都从窗口中消失了，导致等待状态结束。想要调整两者的位置可以采取另外一个办法，即按【Ctrl+P】（暂停/播放）组合键或单击“调试”/“暂停”菜单命令，此时程序暂停执行，就可以拖动倒计时钟或“继续”按钮在演示窗口中重新定位了，如图 2-41 所示。摆放停当之后再次按【Ctrl+P】组合键，程序就会继续执行下去。

图 2-41　暂停程序运行

2.3.2　“属性：擦除图标”对话框

如果要想擦除演示窗口中特定“显示”图标的内容，必须使用“擦除”图标。

拖动一个“擦除”图标到设计窗口主流程线上，命名为“擦除图片”。双击该擦除图标，就会弹出“属性：擦除图标[擦除图片]”对话框，如图 2-42 所示。

图 2-42 “属性：擦除图标[擦除图片]”对话框

- “图标”预览框：图标内容预览框是空白的。
- “预览”按钮：单击此按钮可以预览擦除效果。
- “特效”文本框：用于设置擦除特效方式，作用与“显示”图标设置显示特效方式类似。
- “防止重叠部分消失”复选框：防止交叉过渡。由于在 Authorware 中对“显示”图标既可以设置显示特效方式，又可以设置擦除特效方式，此复选框的目的就是处理这些过渡效果之间的关系。选中此复选框，则在显示下一“显示”图标内容之前，将选定的“显示”图标内容完全擦除，未选中此复选框，则 Authorware 会在擦除当前目标的同时“显示”下一显示图标的内容。
- “点击要擦除的对象”选项：用于选择擦除目标。
- “列表”：选择“被擦除的图标”，则处右方的图标列表中的图标将被擦除；选择“不擦除的图标”，则处于右方的图标列表中的图标将不擦除即为保留图标。
- 显示图标列表框： 单击演示窗口中的显示对象，则该对象所属的显示图标就被列入到列表之中。
- “删除”按钮：单击此按钮，将显示图标列表框中选中的显示图标删除。

提示：当程序执行完“擦除”图标时，不清楚该擦除屏幕上的哪些图标对象，但很清楚屏幕上应该保留的对象的时候，选择“不擦除的图标”选项非常有效。如果想擦除当前演示窗口中的所有对象时，可以选中“不擦除的图标”选项，而让擦除对象图标列表为空。

【实例 15】实现特殊擦除效果

操作步骤：

（1）打开 tbsx.a7p 程序文件，拖动一个“擦除”图标到主流程线上“几何图形”显示图标和“文本”显示图标之间释放，现在准备用它擦除“几何图形”显示图标的内容，因此将它命名为“擦除图片”。

（2）双击“几何图形”显示图标，使图片对象出现在演示窗口中。

（3）双击“擦除图片”图标，弹出“属性：擦除图标[擦除图片]”对话框，单击演示窗口中的图片对象，此时“图片”显示图标出现在“被擦除的图标”显示图标列表框中，如图 2-42 所示。

（4）随意设置一种擦除过渡效果，然后单击“预览”按钮，可以在演示窗口中看到图片对象的擦除效果。

（5）现在为“擦除图片”图标设置“从左往右”效果，与“文本”显示图标的显示特效方式相同，然后取消选中“防止重叠消失”复选框。关闭对话框之后运行程序，可以看到在擦除图片的同时显示出文本，如图 2-43 所示，很像为“文本”显示图标选中“擦除以前的内容”复选框时的情形。但这次有所不同，具有自动擦除属性的“显示”图标只能擦除层数低于自己的“显示”图标，而“几何图形”显示图标的层数为 1，“文本”显示图标的层数为默认值 0。这是使用“擦除”图标的结果。

图 2–43　交叉过渡效果

（6）保持第 4 步中的其他设置不变，选中“防止重叠消失”复选框。再次运行程序，可以看到由于使用了“防止重叠消失”功能，图片在完全擦除之后文本才慢慢显示。

（7）现在为“擦除图片”图标设置“从上往下”擦除效果，与“几何图形”显示图标的显示特效方式相同，然后取消选中“防止重叠消失”复选框。关闭对话框之后运行程序，你会发现图片根本就没有在演示窗口出现过——图片在显示的同时就被擦除了，这是由于取消选中了“防止重叠消失”复选框。选中“防止重叠消失”复选框再次运行程序，图片就会像设想的一样从上往下出现，又从上往下消失。

正如在上面第 4 步至第 6 步看到的那样，根据图标的显示（擦除）特效方式并结合可使用“防止重叠消失”功能，设置对该图标的擦除（显示）效果，可以使一连串显示对象的展示非常连贯平滑。

“擦除”图标作用的对象是“显示”图标而不是某个显示对象，这一点一定要记清楚。为了给某个显示对象设置一种与众不同的擦除效果，只有将它单独设置在一个“显示”图标中，并且专门为它建立一个“擦除”图标，因为同一个“擦除”图标对它作用的所有对象采用的是同一种特效方式。

在本例中指定被擦除图标的方法是通过打开“属性：擦除图标”对话框，然后单击演示窗口中的显示对象来完成。Authorware 7.0 提供了一种更为快捷的方法：那就是在设计窗口中直接将需要被擦除的显示图标拖放到“擦除”图标上。

2.4　针对图标的操作

在本章前面各节中，详细介绍了针对各种显示对象的设置、群组与分解群组等操作。在本节中介绍一下针对图标的各种操作。

2.4.1　图标的复制与移动

如果要复制一个图标到流程线上另一位置，只需单击选中该图标，然后单击工具栏中的“复制”按钮，就将该图标复制到系统剪贴板上，再在流程线上目标位置处单击，此时手状的插入指针就出现在该位置处，单击工具栏中“粘贴”按钮后，就可将图标复制在那里。同一个图标可以复制到多处，但有时多个图标同名会带来麻烦，所以尽量将它们重新命名。

移动一个图标到流程线上另一个位置处有两种方法：一是采用剪切复制图标的方法，将“复制”操作改为“剪切”操作；二是用鼠标直接拖动图标到目标位置处释放。

也可以一次复制或移动多个图标。首先必须选中要复制或移动的多个图标，如图 2-44 所示，在设计窗口中单击并拖动，可以选中多个在位置上连续的图标；在按【Shift】键的同时单击不同的图标，也可以选中多个在位置上不连续的图标，也可以用来撤销已选中图标的选中状态。选中多个图标之后，就可以按照对单个图标操作的方法对多个图标同时进行删除、复制和移动等操作。

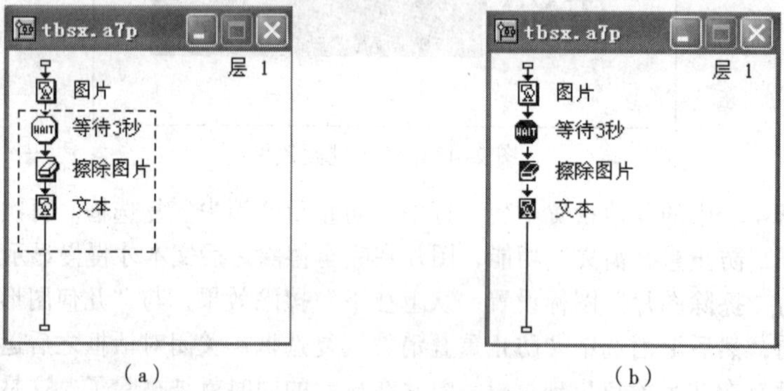

图 2-44　同时选中多个设计图标

提示：拖动单个图标的方法不适用于拖动多个图标。

2.4.2 “群组”图标

前面曾经介绍过显示对象的群组与解组，对图标而言也可以进行类似的操作，但意义大不一样。设计几个小程序之后，你可能已经发现由于受到屏幕尺寸的限制，设计窗口中能够同时显示的图标数量是有限的。当图标的数量超过目前设计窗口可以显示的程度时，就必须使用设计窗口的滚动条。在设计窗口中右击，在弹出的快捷菜单中单击“滚动条”菜单命令，就可以为设计窗口增加滚动条，如图 2-45 所示。

尽管增加滚动条之后设计窗口内部可以容纳更多的图标，但是一味地向主流程线上增加各种独立的图标，会使查找图标所用的时间延长，同时流程的可读性也大大降低。为避免出现这种情况，需要用到图标的群组功能。

提示：单个程序文件可容纳图标的总量是有限的。尽管可以反复向主流程线上增加各种各样的图标，但是一个程序文件中图标的最大数量不能超过 32 760 个。

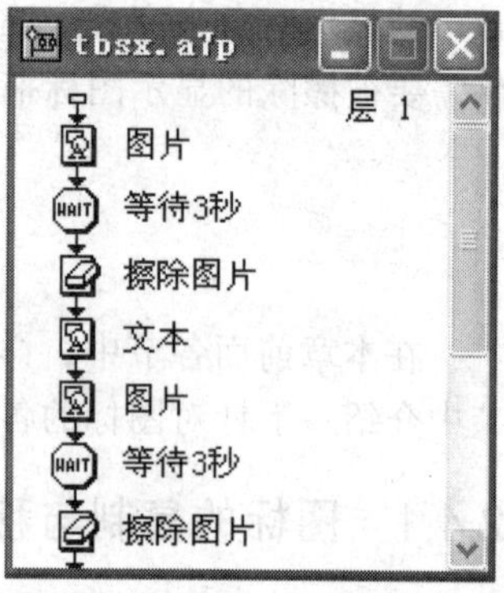

图 2-45　为设计窗口增加滚动条

“群组”图标可以将多个图标集合在一起放置。单击“修改”/“群组”菜单命令或按【Ctrl+G】（群组）组合键，可以将当前选中的多个连续的图标组合为一个“群组”图标。

“群组”图标具有以下特点：

（1）“群组”图标可以嵌套，即一个“群组”图标还可以包含其他一个或多个“群组”图标。

（2）双击一个“群组”图标可以为该“群组”图标所包含的图标打开一个新的设计窗口，新的设计窗口以该“群组”图标的名称命名，具有自己的流程线及程序入口和出口，其层次低于该“群组”图标所处的设计窗口的层次（层数越大其层次越低），嵌套层次最大的“群组”图标的设计窗口具有最低的层次。

（3）按【Ctrl】键并双击“群组”图标，可以弹出“属性：群组图标”对话框，其中清楚地表现了当前“群组”图标的嵌套层次结构，单击“打开”按钮可以弹出“属性：文件”对话框进行编辑。

（4）可以通过多种方式向已有的“群组”图标中增加新的图标：将主流程线上其他位置的图标拖放到“群组”图标之上；将图标拖放到打开的“群组”图标之中；向已打开的“群组”图标中粘贴位于剪贴板中的图标。

由于一个“群组”图标可以容纳多个图标，这就直接减少了主流程线上的图标数量，然而它带来的好处远不止这些，通过赋予“群组”图标一个与其内容相关的名字，可以大大增加程序的可读性，使主流程线上的内容一目了然。更进一步的细节可以通过打开“群组”图标来进行了解。

对“群组”图标，可以像对其他单个图标那样进行复制或移动操作，其中包含的所有图标被同时复制或移动。

单击“修改”/“取消群组”菜单命令或按【Ctrl+Shift+G】组合键（取消群组），可以将一个“群组”图标解组，将其中的图标分散为群组前的状态。

在有了多个“群组”图标和多层设计窗口之后，就需要对它们进行管理，将它们合理地摆放在 Authorware 工作界面中，以便于开展更进一步的设计工作。通过 Windows 菜单组中的下列菜单命令，可以对多个“群组”图标进行管理，具体操作方法有如下几种：

（1）单击“窗口”/“打开父群组”菜单命令，可以沿当前“群组”图标的嵌套路径打开所有高层“群组”图标。

（2）单击“窗口”/“关闭父群组”菜单命令，可以沿当前“群组”图标的嵌套 路径关闭所有高层“群组”图标。

（3）单击“窗口”/“层叠群组”菜单命令，可以使当前“群组”图标的所有高层设计“群组”图标沿嵌套路径层叠显示。

（4）单击“窗口”/“层叠所有群组”菜单命令，可以使当前所有被打开的“群组”图标层叠显示。

（5）单击“窗口”/“关闭所有群组”菜单命令，可以关闭当前所有处于打开状态的“群组”图标。

（6）单击“窗口”/“关闭窗口”菜单命令，可以关闭当前处于打开状态的“群组”图标。

小　结

本章通过对 Authorware 的窗口（设计窗口、演示窗口）、工具栏、图标栏等的认识，了解和掌握了“显示”图标、“等待”图标、“擦除”图标功能及属性设置，文本、图形和图像的导入方法；显示对象的特殊效果与擦除效果的设置，提高程序的交互性，增强演示过程的生动性、形象性和趣味性；“等待”设置用于控制对象的显示速度，增强程序的可读性，以适应不同用户的需求。在以后的章节其他知识的学习中，还将进一巩固本章所学内容的使用技巧。

习　题

1. 如何利用工具箱建立正方形和圆形？

2. 如何利用工具箱建立带圆角的矩形，并改变圆角的弧度？对于一个没有被选中的圆角矩形如何改变其圆角的弧度？

3. 单击“修改”/“置于上层”或“修改”/“置于下层”菜单命令可以改变“显示”图标内各对象的前后覆盖关系，怎样改变各个图标内容之间的前后覆盖关系？

4. 如何对齐和等距排列同一显示图标中的内容？

5. 如何设计在某个程序中，希望得到前一屏慢慢消失，后一屏慢慢出现的效果，且两屏之间自然过渡？

6. 在程序的某个执行状态下有 10 个显示图标的内容都出现在演示窗口中，而要擦除的某个图标被其他 9 个图标覆盖，如何正确设置擦除？

7. 在程序设计中最常用的结束等待的控制是：单击鼠标、按任意键和限时，体会一下这样用的好处。

第3章 “移动”图标

学习目标

- 了解移动的5种方式；
- 掌握“移动”图标的属性设置；
- 理解有关“层”的概念；
- 熟练利用变量控制移动的过程。

在Authorware中进行动画设计简单而直观。设计动画效果上主要使用“移动”图标，利用该图标提供的功能可以非常简单、方便、快捷地制作出平面动画效果。

Authorware的“移动”图标提供了5种移动方式：①“指向固定点”的移动；②“指向固定路径的终点”的移动；③“指向固定直线上的某点”的移动；④“指向固定路径上的任意点”的移动；⑤“指向固定区域内的某点”的移动。

3.1 “指向固定点”移动方式

“指向固定点”的移动：其核心是指被移动对象从演示窗口中的当前位置沿直线段移动到终点位置。这是一种最简单、最常用的移动类型，系统将其设置为缺省选项。

【实例1】升旗

通过本实例，学习“指向固定点”的移动并学会设置移动图标的一些属性。该实例的流程图如图3-1所示，旗杆与红旗的相对位置如图3-2所示。

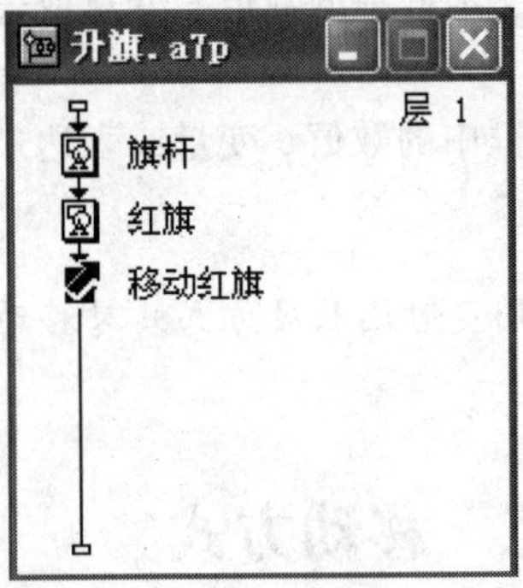

图3-1 流程图

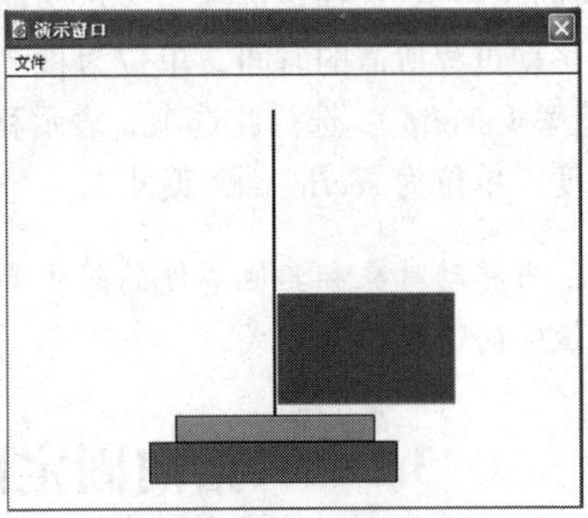

图3-2 旗杆与红旗的相对位置

操作步骤：

（1）拖动一个“显示”图标到主流程线上，命名为“旗杆”，双击该图标弹出演示窗口，画一根旗杆和两个矩形底座。再拖动一个“显示”图标到主流程线上，命名为“红旗”，双击该图标弹出演示窗口，画一面红旗，如图3-1、图3-2所示。

（2）单击工具栏中的“运行”按钮运行程序，此时需要编辑的两个对象在同一演示窗口中，双击需要编辑的对象即可进入该图标对象的编辑状态，将旗杆与红旗摆放在适当（初始）的位置，如图 3-2 所示。

在调试程序的时候采用这种方法来编辑不同图标中对象的位置和大小等非常方便，请认真领会步骤 2 的方法。

（3）拖动一个“移动”图标到主流程线上，命名为“移动红旗”，这时流程图如图 3-1 所示。双击“移动”图标，弹出“属性：移运图标[移动红旗]”对话框，如图 3-3 所示。采用系统默认的“指向固定点”移动方式，将鼠标指针移到演示窗口中的“红旗”上，按住鼠标左键，拖动“红旗”到它的终点位置（旗杆的顶部），这样就设置好了“红旗”的移动路径。在“定时”组合框中的下拉列表框中选系统默认的“时间（秒）”，并在其下的文本框中输入“5”，表示红旗从起点移动到终点要 5s。

（4）单击工具栏中的“运行”按钮运行程序，就会看到冉冉升起的红旗。将文件用“升旗.a7p”存盘保存。

“移动”图标的部分属性：

- 图标内容预览框：用于预览被移动的图标中的内容。
- 图标名称文本框：用于给当前移动图标命名。
- “预览”按钮：用于预览当前设置的动画效果。
- “类型”下拉列表框：移动类型列表，其列表中有 5 种移动类型可供选择。

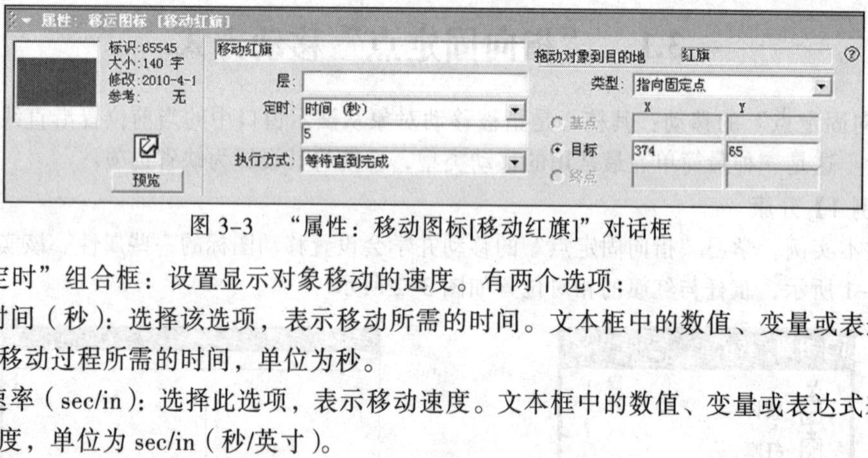

图 3-3 “属性：移动图标[移动红旗]”对话框

- “定时”组合框：设置显示对象移动的速度。有两个选项：

a. 时间（秒）：选择该选项，表示移动所需的时间。文本框中的数值、变量或表达式表示对象完成移动过程所需的时间，单位为秒。

b. 速率（sec/in）：选择此选项，表示移动速度。文本框中的数值、变量或表达式表示对象移动的速度，单位为 sec/in（秒/英寸）。

提示：当移动对象和其他事件的同步要求较高时，用固定时间长度方式；对移动速度要求较高时用恒定的速度控制方式。

3.2 “指向固定路径的终点”移动方式

在上一节中，介绍了“移动”图标的第一种移动方式“指向固定点”，现在介绍另一种类型的移动：“指向固定路径的终点”。这两种移动类型有一个共同点，就是使对象移动到固定的终点，后者在移动方式上与“指向固定点”不同，“指向固定路径的终点”的移动方式比较复杂一点，它是控制对象沿设定的路径移动到终点的一种移动方式。

【实例 2】白云飘飘

其流程图和效果如图 3-4、图 3-5 所示。

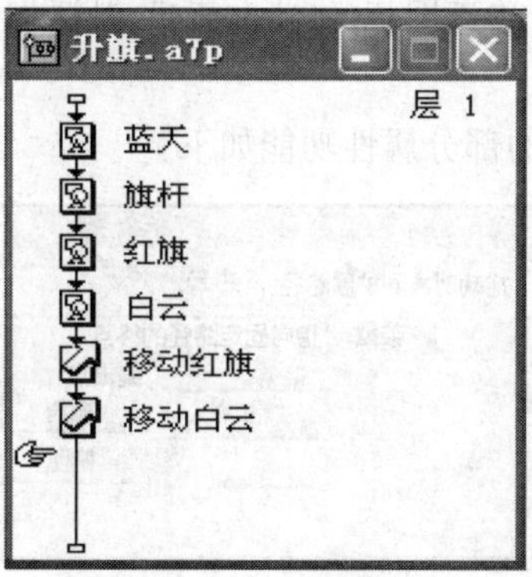

图 3-4 流程图

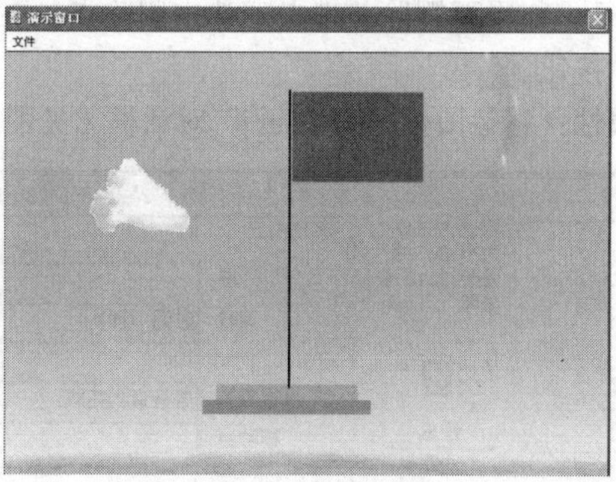

图 3-5 效果图

操作步骤：

（1）打开实例 1 的“升旗.a7p”文件。

（2）拖动一个“显示”图标到主流程线上，命名为“蓝天”。双击弹出演示窗口，画上一个蓝色的矩形作为蓝天，如图 3-5 所示。

（3）制作白云。拖动一个“显示”图标到主流程线上，命名为“白云”。双击弹出演示窗口，用绘图工具箱中的画图工具画一朵白云，也可以单击工具栏上的“导入”按钮，在随后的对话框中选择一幅白云图片。如图 3-5 所示。

（4）将“停止”标志旗拖到“白云”显示图标的下面，然后单击工具栏中的“运行”按钮运行程序，拖动对象来调整好各对象的位置关系。最后将标志旗放回。

（5）再拖动一个“移动”图标到主流程线上，命名为“移动白云”。

（6）单击工具栏中的“运行”按钮运行程序，当红旗升起后，程序会弹出“属性：移运图标”对话框，在“类型”下拉列表框中选择“指向固定路径的终点”，如图 3-6 所示。

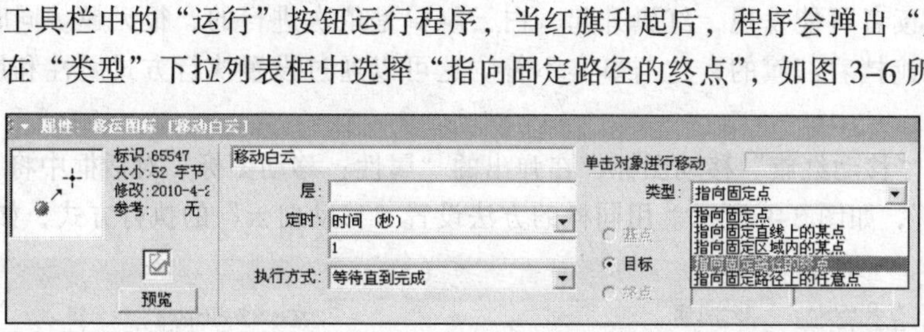

图 3-6 “移动”图标的“属性”窗口

（7）在演示窗口中单击被移动的对象“白云”，“移动图标”属性的左边预览框中出现了“白云”。同时会看到在“白云”中间出现一个黑色的三角形标记，这就是所建立的移动路经的起点；然后拖动“白云”（不要拖动黑色的三角形标记），随着每一次释放鼠标左键，就相应地建立路径的一个关键点，双击关键点就变为圆形标记，如图 3-7 所示。

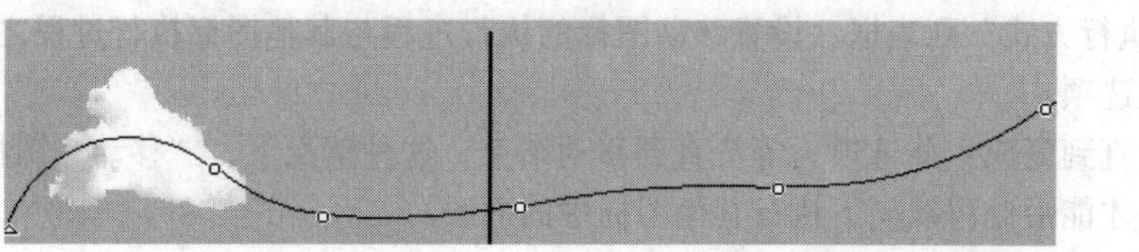

图 3-7 “指向固定路径的终点”移动的路径设置

如果要修改路径，在移动路径上单击增加关键点（黑色三角形标记），双击黑色三角形标记就变为圆形标记，此时两个相邻标记之间的路径成为一段曲线。也可拖动路径上的关键点来改变路径，如果要删除关键点，选中删除点，在“属性：移运图标[移动白云]”对话框中单击“删除”按钮。

“属性：移运图标[移动白云]”对话框（见图 3-8）中的部分属性功能如下：

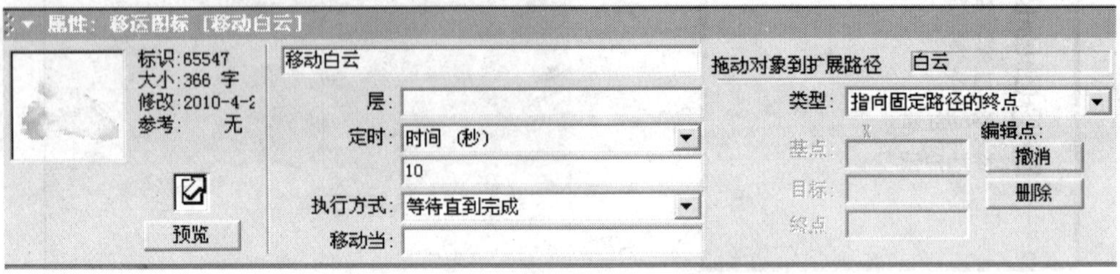

图 3-8 设置“移动白云”的路径属性

① “对象”：被移动对象的名称。根据不同的移动类型，下面 3 个文本框会表现出不同的可设置和不可设置状态。

- 基点：表示该对象在移动路径上的初始点位置。
- 终点：表示该对象在移动路径上的结束点位置。
- 目标：表示该对象在移动路径上的目标点位置。

② “编辑点”：用鼠标左键单击选中路径上的关键点，单击“删除”按钮可删除该关键点；在已有路径上单击鼠标可以为路径增加关键点；拖动关键点可以改变关键点的位置，从而改变路径的形状，在拖动圆形关键点的同时也改变了曲线的弧度；单击“撤销”按钮撤销上一步对关键点的操作。

（8）将文件存盘。运行程序，可看到红旗升起，白云飘飘的效果。

但细心的读者可能发现，红旗升起，白云飘飘是依次进行的，很无趣。同时当白云移动到红旗上时是遮挡着红旗的，这与事实不符。这可以通过设置执行方式属性和层属性来达到目的。

（9）双击“移动红旗”移动图标，在弹出的“属性：移动图标”对话框中将“执行方式”设置为“同时”，如图 3-9 所示。用同样的方法设置“移动白云”的执行方式，如图 3-8 所示。

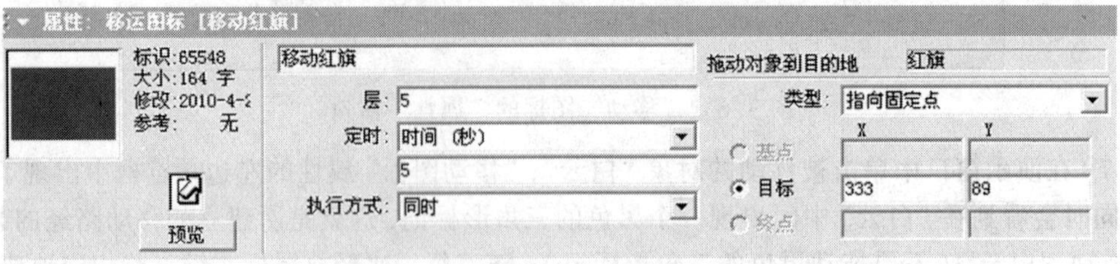

图 3-9 移动红旗图标属性设置

① “执行方式”列表框：设置移动图标的执行进程与其他图标执行过程之间的同步方式。有以下 3 个选项：

- 等待直到完成：此选项为等待直到移动结束。这种情况下，“移动”图标执行结束后，程序才能沿流程线向下执行其他图标中的内容。

- 同时：此选项为同步选项。这种情况下，表示只要“移动”图标一启动，系统便自动同步执行流程线上“移动”图标之后的图标中的内容。在课件的实际开发中“同时”执行方式经常用到。
- 永久：系统随时监视该“移动”图标的参数。当设置的参数满足移动的条件时，会重新激活该“移动”图标。

② “移动时”的属性：

- 其为自定义逻辑变量，可输入一个表达式（包括常量、变量），通过表达式的值对是否进行移动实施控制。只有当值为真时该移动图标才被执行。
- 在默认状态下“移动时”为空，等效于逻辑值为真，移动将被执行；如果“执行方式”的设置是“等待直到完成”或“同时”，而执行到该图标时，“移动时”的值为 FALSE，该图标将被忽略，程序继续执行。
- 如果将“执行方式“设置为“永久”，同时“移动时”用变量控制，可以实现启动移动图标后的任何时刻（程序运行到该图标时，变量值可能为 FALSE）只要使变量值为 TRUE 便开始移动。

（10）设置层。实际上从视觉上看白云是在蓝天的前面，在旗杆和红旗的后面。因此只要将三者之间的层设置为：旗杆和红旗的层 > 白云的层 > 蓝天的层即可。本例只须设置旗杆和红旗的层大于等于 1 即可。

关于显示图标的层在第 1 章中已简单介绍，移动对象在移动过程中的显示层次可通过“移动”图标的层次设置来改变移动对象的层次关系。

“移动”图标也有视觉表现，如果将它看作一个特殊的“显示”图标，那么它们在层次上的意义和用法也就一致了。

提示：一个对象的显示层数与被移动时对象的层数是两回事。

3.3 “指向固定直线上的某点”移动方式

这种移动方式是终点沿直线定位的移动方式，可以理解为“指向固定点”和“指向固定的终点”两种移动方式的结合，其终点由常量、变量或表达式的返回值来确定。它使对象从演示窗口中的当前位置，移动到指定的一条直线路径上的某一指定位置停止，被移动的对象可以在直线上，也可以在直线外。

【实例 3】使小球沿直线移动到指定的位置

操作步骤：

（1）拖动一个“显示”图标到主流程线上，命名为“小球”，双击该图标弹出演示窗口，利用绘图工具箱上的绘图工具绘制一个小球。

（2）拖动一个“显示”图标到主流程线上，命名为“盒子”，双击该图标弹出演示窗口，利用绘图工具箱中的绘图工具绘制 5 个“盒子”并编号，即“小球”的终点位置。单击工具栏中的“运行”按钮运行程序，效果如图 3-10 所示。

（3）拖动一个“移动”图标到主流程线上，命名为“移动小球”，双击“移动”图标，弹出“属性：移运图标[移动小球]”对话框。

（4）将“类型”设置为“指向固定直线上的某点”的移动方式，如图 3-11 所示。

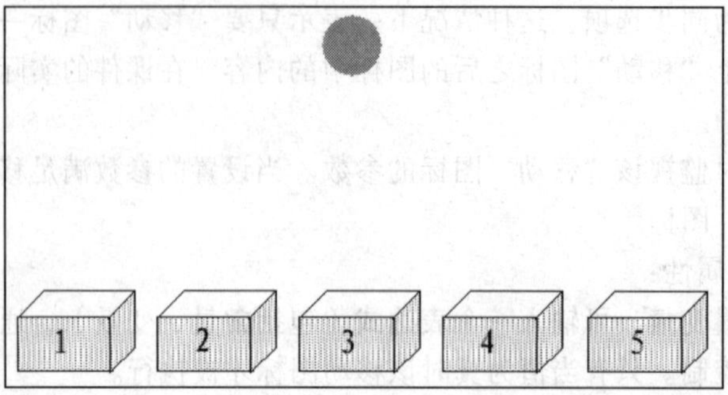

图 3-10 运行效果

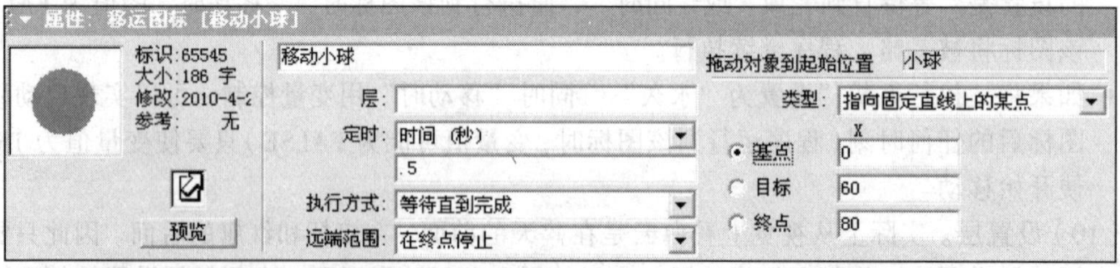

图 3-11 设置“指向固定直线上的某点”移动方式及属性设置

“属性：移运图标[移动小球]”对话框中的“远端范围”下拉列表框中有 3 个选项：

- “循环”选项：选择该选项时，如果“目标”数值不在“基点”和“终点”的范围内，对象会移动到某个端点然后返回到某个位置，如“基点”的值是 0，“终点”的值是 80，“目标”的值是 100 时，则小球落在 100–80=20 处。
- “在终点停止”选项：对象会移动并停在离“目标”的值最近的端点处，如“基点”的值是 0，“终点”的值是 80，“目标”值是 100 时，则对象将移动到“终点”位置。
- “到上一终点”选项：“基点”和“终点”值的范围不会限制对象的移动，只是给对象的移动提供一个距离的度量，如果“目标”的值不在“基点”和“终点”的范围内，对象会越过边界并移动到适当的位置，如“基点”的值是 0，“终点”的值是 80，“目标”值是–20 时，则小球落在“基点”和“终点”的延长线上且距“基点”的距离为 20 的位置处。

（5）“指向固定直线上的某点”移动方式，必须在“移动”图标属性中设置移动目标的“基点”、“目标”和“终点”的值，如图 3-11 所示。先定义“基点”的坐标，拖动被移动对象“小球”到如图 3-12 所示的“直线路径的起点”处，再用鼠标选中“终点”，定义“终点”坐标，拖动移动对象“小球”到如图 3-13 所示处，会看到在“基点”与“终点”之间出现一条直线，这条直线就是小球要移动的路径。移动到什么位置，要由“目标”的值来确定。在“目标”文本框中输入被移动的目标位置值，可以是常量、变量或表达式。“基点”与“终点”的系统默认值分别是 0 和 100，根据需要可以对该值进行修改。在本例中“基点”与“终点”的值分别是 0 和 80。

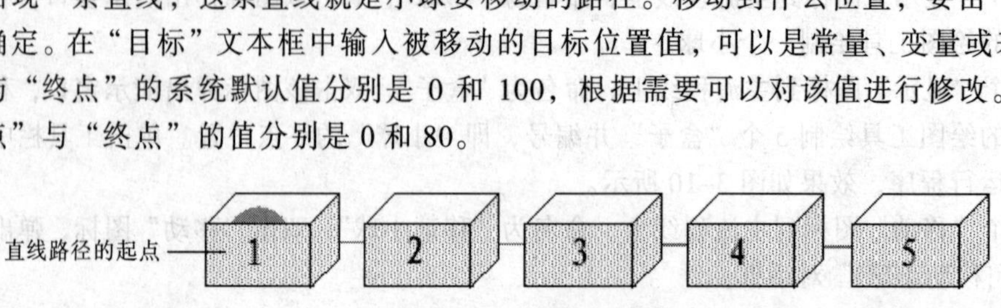

图 3-12 设置直线路径的起点

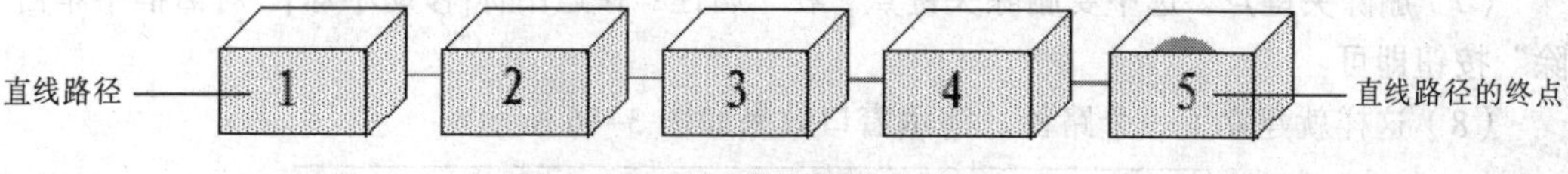

图 3-13 设置直线路径的终点

提示：为了使小球落在任一区域内，可通过计算图标引入随机函数 Random，(x=Random (0,80,20) 关于计算图标的应用参见第 7 章有关章节)，在“属性：移运图标[移动小球]”对话框中的“目标”文本框中输入变量 x，则小球随机地落入相应的位置。

（6）单击工具栏中“运行”按钮运行程序并保存文件。

3.4 “指向固定路径上的任意点”移动方式

“指向固定路径上的任意点”的移动是基于常量、变量或表达式的返回值来确定运动终点的移动方式，该方式也要定义一段路径，定义的方法与“指向固定路径的终点”定义方法完全相同。两种方法的区别是：“指向固定路径上的任意点”的移动方式必须在其属性设置对话框中的“目标”中输入一个表达式，来确定移动对象的终点位置；而前面所讲的“指向固定路径的终点”的移动方式是移动对象到固定终点。其属性相关设置与“指向固定路上的任意点”的设置类似。

【实例 4】使小球移动到固定路径上的任意点

操作步骤：

（1）拖动一个“显示”图标到主流程线上，命名为“小球”，双击该图标弹出演示窗口，利用绘图工具箱上的绘图工具绘制一个小球。

（2）拖动一个“移动”图标到主流程线上，命名为“移动小球”。如图 3-14 所示。

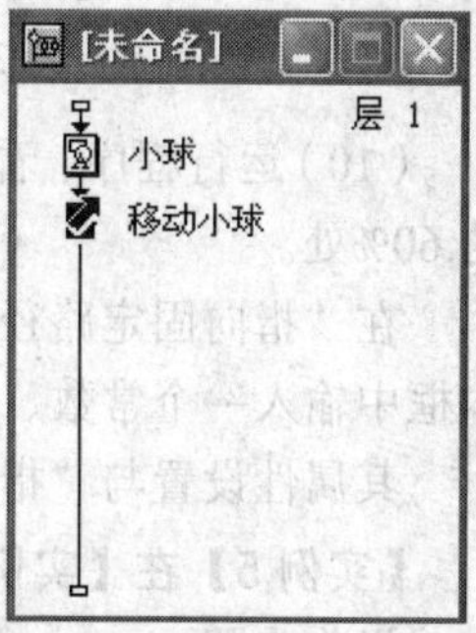

图 3-14 移动方式流程图

（3）双击“移动”图标，弹出“属性：移运图标[移动小球]”对话框，设置移动“类型”为“指向固定路径上的任意点”，如图 3-15 所示。

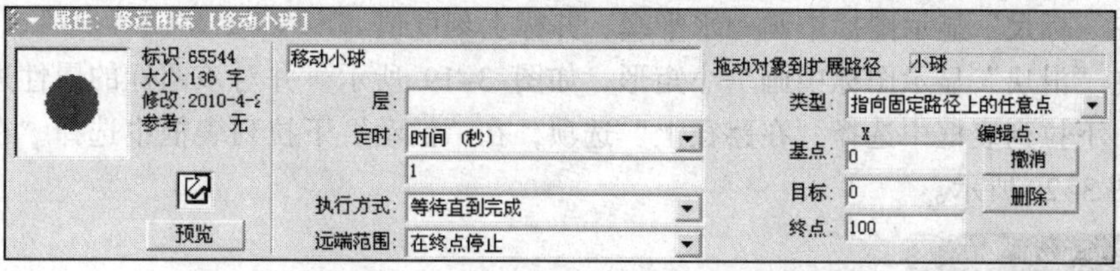

图 3-15 设置“指向固定路径上的任意点”移动属性

（4）单击被移动的对象“小球”，确定被移动的图标，如图 3-15 所示。

（5）设置移动路径。首先在被移动的对象上单击，会看到在被移动对象中间出现一个黑色的三角形标记，这就是所建立移动路径的起点；然后拖动该对象（不要拖动黑色的三角形标记），随着每一次释放鼠标左键，就相应地建立路径的一个关键点。

（6）修改路径。在移动路径上单击可增加关键点（黑色三角形标记），双击黑色三角形标记就变为圆形标记，此时两个相邻标记之间的路径成为一段曲线，如图 3-16 所示。也可拖动路径上的关键点来改变路径。

（7）删除关键点。选中要删除关键点，在“属性：移运图标[移动小球]”对话框中单击“删除”按钮即可。

（8）这样就建立了一个路径，演示窗口效果如图 3-16 所示。

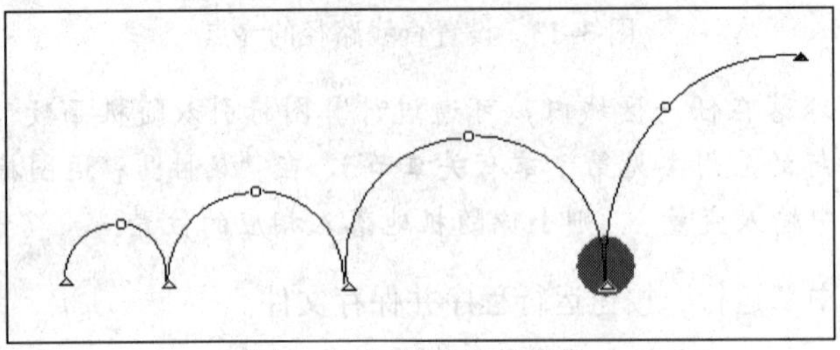

图 3-16　设置移动路径

（9）在“属性：移运图标[移动小球]”对话框中“目标”文本框中输入常数 60，如图 3-17 所示。

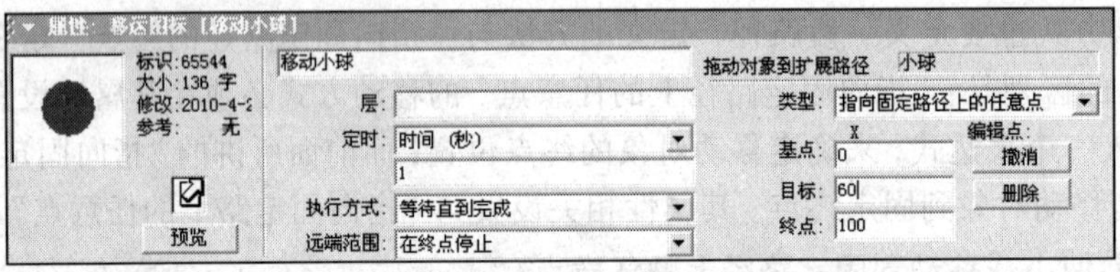

图 3-17　设置“指向固定路径上的任意点”的版面布局属性

（10）运行程序，看到小球沿着设置的路径进行运动，但并没有运动到终点而是运动到路径的 60%处。

在“指向固定路径上的任意点”移动方式中，必须在移动图标属性对话框中的“目标”文本框中输入一个常数、变量或表达式，否则运行程序时，对象不会移动。

其属性设置与“指向固定直线上的某点”移动方式相同，故不再赘述。

【实例 5】在【实例 4】的基础上用标尺来控制小球的运动位置

操作步骤：

（1）在主流程线上添加两个“显示”图标，分别命名为“标尺”和“滑块”，如图 3-18 所示。

（2）在“标尺”显示图标中画一水平线，并标上刻度值。

（3）在“滑块”显示图标中画一小矩形，如图 3-19 所示。并对该图标的属性进行设置。在“位置”下拉列表框中选择“在路径上”选项，在“活动”下拉列表框中选择“在路径上”选项，如图 3-20 所示。

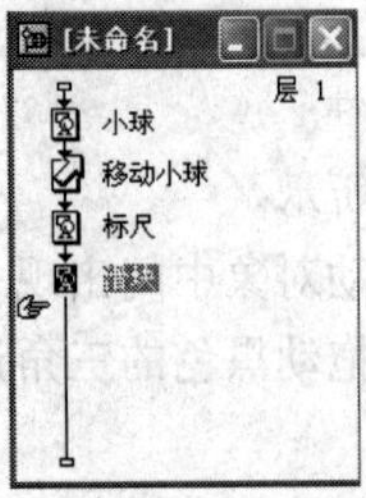

图 3-18　修改后的流程图

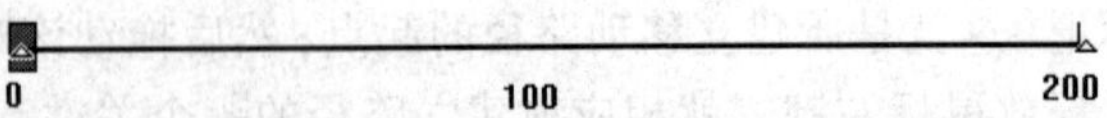

图 3-19　滑块及标尺

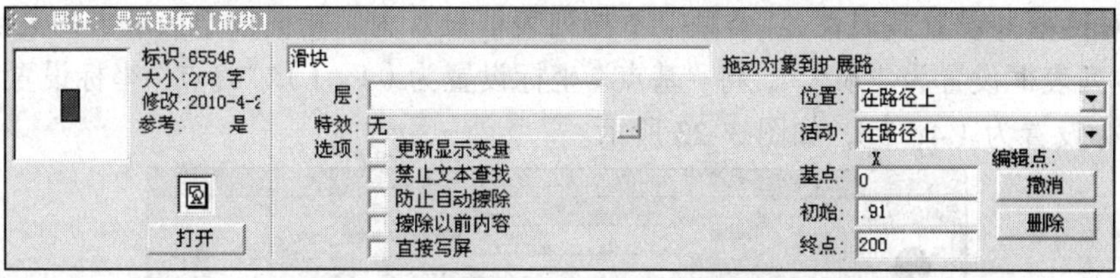

图 3-20 设置“滑块”显示图标属性

（4）将“移动”图标的“属性：移运图标[移动小球]”对话框中的“目标”文本框中常数 60 修改为 PathPosition@“滑块”，在“远端范围”下拉列表框中选择“在终点停止”选项，在“执行方式”下拉列表框中选择“永久”选项，如图 3-21 所示。

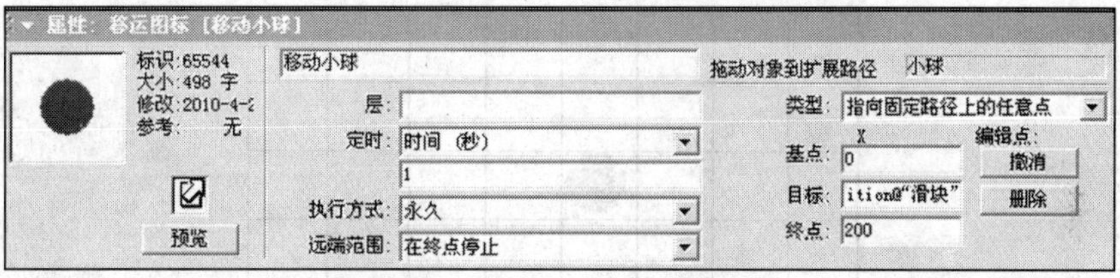

图 3-21 设置移动图标属性

（5）将“滑块”显示图标的显示路径的“基点”和“终点”的值分别设置为 0 和 200。

（6）给标尺加上一个简单的数值刻度，清楚地表示小球在指定的路径上的位置与标尺刻度之间的关系。

（7）单击工具栏中的“运行”按钮运行程序，观察其运行结果，用鼠标拖动滑块，可以看到小球沿指定的路径移动，最后停在标尺刻度指示的位置处。

3.5 “指向固定区域内的某点”移动方式

“指向固定区域内的某点”是沿平面定位的移动，实际上是终点沿直线定位移动方式（一维坐标系）的平面扩展（二维坐标系确定的平面），与沿直线定位移动仅区别于前者是类似建立了一个二维坐标系，后者建立的是一个一维坐标系。

【实例 6】小球按照设置的值移动到指定的平面位置上

操作步骤：

（1）单击“修改”/“文件”/“属性”菜单命令，在弹出的“属性：文件”对话框中的“大小”下拉列表框中选择 512×384（Mac12"）选项。将演示窗口定义为 512×384。也可使用函数 ResizWindow(x,y) 来调整演示窗口的大小。其方法为：拖动一个“计算”图标到主流程线上，双击打开该图标，输入“Resize Windows(512,384)”。

（2）拖动一个“显示”图标到主流程线上，命名为“小球”，打开该图标绘制一小球。

（3）拖动一个“显示”图标到主流程线上，命名为“方格”，将整个方格区域分成若干个小方格，水平方向设置 8 个方格，垂直方向设置 5 个方格，然后群组。

（4）拖动一“移动”图标到流程线上，命名为“移动小球”，其流程图如图 3-22 所示。双击移动图标弹出“属性：移运图标[移

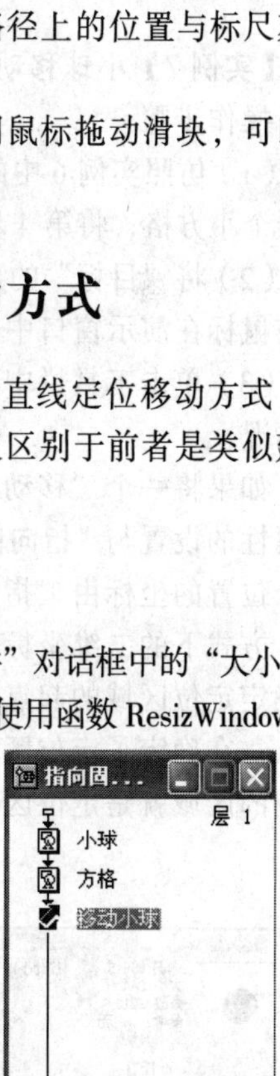

图 3-22 “指向固定区域内的某点”移动的流程图

动小球]”对话框并设置其属性，“类型”下拉列表框设置为“指向固定区域内的某点”，“执行方式”下拉列表框设置为“永久”，将“基点”坐标设置为（1，1），“终点”坐标设置为（8，5），“目标”坐标设置为（4，3），如图 3-23 所示。

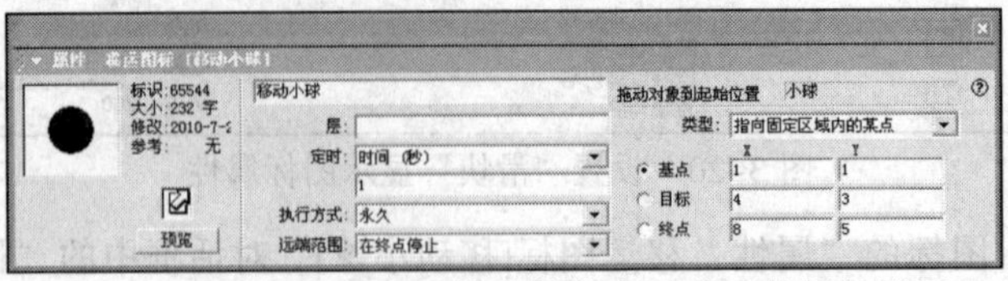

图 3-23 “指向固定区域内的某点”移动的属性设置

（5）单击工具栏中的“运行”按钮运行程序，观察小球落入的区域，如图 2-24 所示。

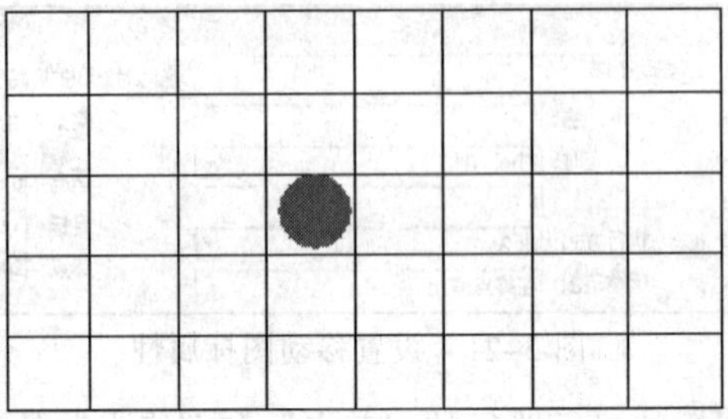

图 3-24 “指向固定区域内的某点”的移动效果图

【实例 7】小球移动到鼠标单击的位置

操作步骤：

（1）仿照实例 6 中的第 3、4 步进行设置，把【实例 6】中的第 3 步改为将整个演示窗口分成若干个小方格，将第 4 步中的“终点”的坐标设置为（512，384），即与演示窗口大小一致。

（2）将“目标”的坐标设置为（ClickX，ClickY）。ClickX 和 ClickY 是两个系统变量，反映当前鼠标在演示窗口中位置。

（3）单击工具栏中的“运行”按钮运行程序，在演示窗口中任一位置单击，观察小球的移动情况。

如果将一个“移动”图标属性中的“类型”设置为“指向固定区域内的某点”，“移动”图标属性的设置与“指向固定直线上的某点”方式下没什么不同，属性对话框中的 3 个定位坐标，每个位置的坐标由“指向固定直线上的某点”方式下的一维坐标变成了“指向固定区域内的某点”方式下的二维坐标，如图 3-25 所示。选中“基点”后，用鼠标在演示窗口中拖动对象可以确定定位区域的起点；选中“终点”后，用鼠标在演示窗口中拖动对象可以确定定位区域的终点。在确定了定位区域的起点和终点之后，演示窗口中出现一个黑色的矩形框，该矩形框所包围的区域就是定位区域，对象只能在该区域内移动。

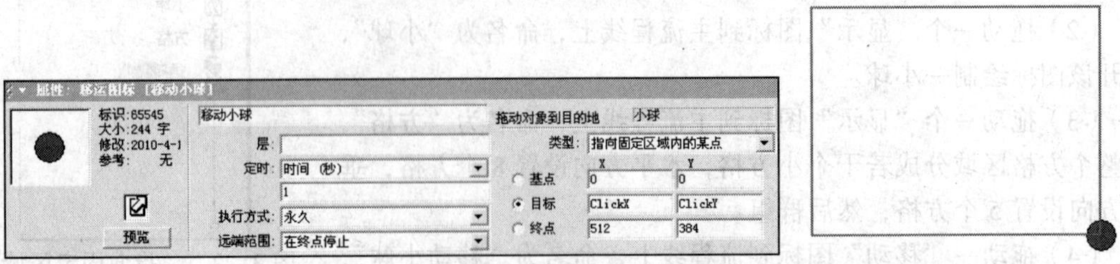

图 3-25 “指向固定区域内的某点”移动方式的设置

3.6 移动图标的层

在第 1 章中介绍了“显示”图标的层。由于“移动”图标也有视觉表现，如果将它看作是一个特殊的“显示”图标，那么“移动”图标与“显示”图标在层上的意义和用法就趋于一致。

下面通过一个简单实例程序来介绍“移动”图标中层的使用。

【实例 8】小鸟飞进又飞出云层

操作步骤：

（1）拖动两个“显示”图标到主流程线上，分别命名为“白云”和“白云 2”，再对这两个显示图标分别进行编辑，绘制云层，将其层数设为大于 0 的整数（设为 2）。

（2）在主流程线要导入动画文件处单击，此处出现手形粘贴指针。单击“插入”/“媒体”/Animated GIF 菜单命令，弹出 Animated GIF Asset Properties（GIF 动画属性）对话框，单击 Browse（浏览）按钮，弹出 GIF 文件对话框，选择一个 GIF 动画，单击“打开”按钮，将其导入到 Animated GIF Asset Properties 对话框中，单击 OK 按钮完成 GIF 动画导入到流程线上，命名为“小鸟”。整个程序的结构如图 3-26 所示。

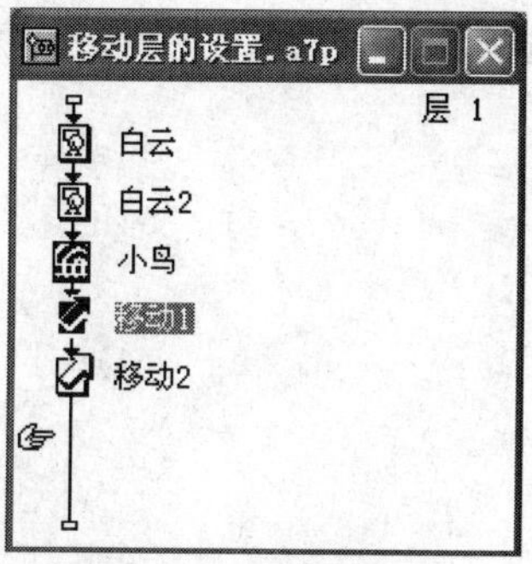

图 3-26 程序结构图

（3）拖一个“移动”图标到主流程线上，命名为“移动 1”，编辑该“移动 1”图标，使小鸟飞进“白云”，此时“移动 1”图标的默认层次为 0 层，小鸟在“白云”的后面；“移动 1”图标的属性设置对话框如图 3-27 所示。

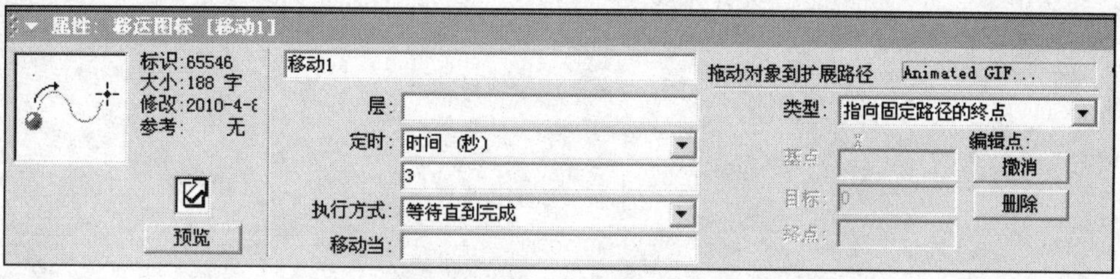

图 3-27 “移动 1”图标的属性设置

（4）再拖一个“移动”图标到主流程线上，命名为“移动 2”，编辑该“移动 2”图标，使小鸟从“白云”中飞出来，此时“移动 2”图标的层次设为 2（或大于 2 的整数）层，小鸟在“白云 2”的前面；“移动 2”图标的属性设置对话框如图 3-28 所示。

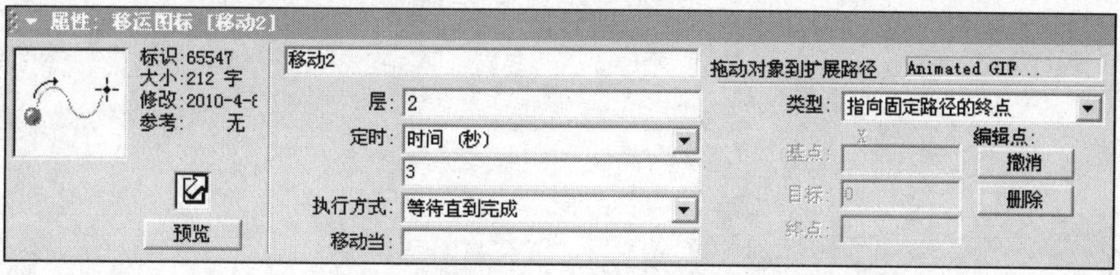

图 3-28 “移动 2”图标的属性设置

（5）运行程序，将会看到对于“移动”图标的层次。

提示：一个对象的显示层数与被移动时的层数是两回事，可以分别进行设置。

小 结

本章主要通过五种移动方式来设计通常的二维动画，注意目标对象的显示层和移动层的设置，掌握本章介绍的几个系统函数和变量的用法，以及自定义变量的使用和设置方法。希望同学们在实践训练中不断掌握它的相关操作技能。

习 题

1. 在设置【移动】图标时，如何确定被移动的对象？
2. 怎样限制滑块在标尺范围内移动？
3. 为什么在“指向固定路径上的任意点”的定位移动方式中没有“到过去的结束点”这个选项？

第4章 “交互”图标

学习目标

- 了解本章详细介绍的10种交互响应方式;
- 掌握“交互”图标的使用。

本章将详细介绍10种交互响应方式。它们是：按钮交互响应方式、热区域交互响应方式、热对象交互响应方式、目标区域交互响应方式、下拉菜单交互响应方式、按键交互响应方式、文本输入交互响应方式、条件交互响应方式、时间限制交互响应方式和重试限制交互响应方式。

交互图标的各种属性和选项特别多，而且繁杂。因此能否设置好交互图标的属性是非常重要的。为了使设置属性的难度降低，将把交互属性的设置分散在10种交互中。每种交互方式的实例中只详细讲解一两种属性或选项。在一种响应类型中介绍过的选项，在后面的讲解中一般不重复。

每种交互都通过一个实例来讲，在讲解中包括操作步骤和相关知识介绍，以操作带动相关知识的学习。读者在具体实践中，可把两部分分开对待。当制作实例时，可只看操作部分，忽略知识介绍。而想了解具体使用方法时，可详细查看相关介绍。

4.1 Authorware的“交互”图标

交互是多媒体应用系统中最具特色的功能之一。在教学过程中，能否与计算机进行便捷、高效的交互，是多媒体课件成败的关键因素。可以说，一个多媒体课件如果没有交互，那么这个课件不会是一个好的多媒体课件。在Authorware环境下，“交互”图标正是其强大功能的体现。

在Authorware中，为“交互”图标提供了11种交互响应方式（本章详细介绍了其中的10种），这为设置丰富多样的交互形式提供了可能。因此，本章是该书的一个重点。在具体介绍交互响应设置方法之前，先来了解一下“交互”图标的基础知识。

4.1.1 “交互”图标的作用

“交互”图标兼有“显示”图标、“擦除”图标和“判断”图标的以下功能：

- 具有存储交互作用中显示信息的功能。
- 具有强大的分支功能。
- 具有擦除交互对象的功能。

上述的功能使得交互作用应用程序既有丰富的提示信息，又可以对每一个响应作出正确的反应。用户可以将需要显示的文字、图形等对象放置在交互图标的演示窗口中，同样可以设置各种擦除方式擦除这些对象。

“交互”图标只能放置在应用程序的主流程线上，不能直接附属于其他的“交互”图标。

4.1.2 “交互”图标的结构

Authorware 的交互结构由一个“交互”图标和它下面的若干个其他图标组成。它的 5 个组成元素分别是：交互图标、交互响应类型符号、交互响应图标、交互响应标题以及交互后的程序流向，如图 4-1 所示。

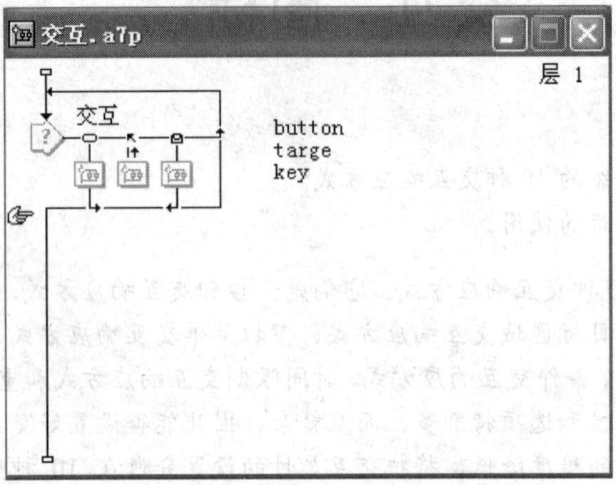

图 4-1 “交互”图标的结构

4.1.3 交互响应类型符号

交互响应类型符号位于交互响应图标的上方（见图 4-1）。Authorware 提供了 11 种交互响应方式，每种交互响应方式都具有其固定的响应类型符号，如图 4-2 所示。

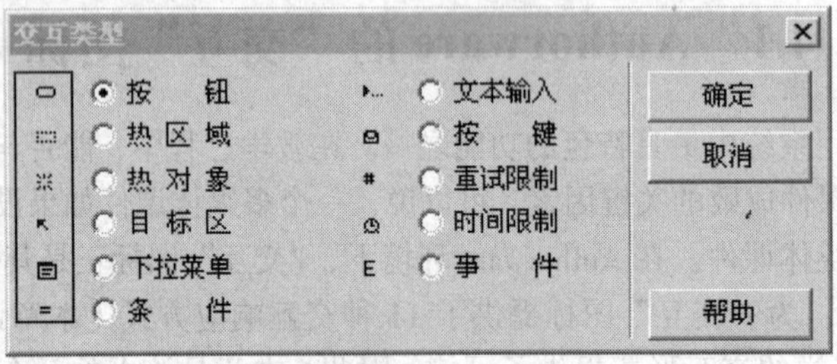

图 4-2 响应类型符号

在交互结构中，可以双击交互响应类型符号，打开交互属性对话框来设置相应的属性。

4.1.4 交互响应图标

在交互图标右边的各分支图标被称为交互响应图标，也称结果图标。它与交互响应类型符号标记相连且对应，其主要功能是当对应的交互响应方式发生后，Authorware 要去响应执行的一段程序。虽然所有图标都可直接或间接作为交互响应图标使用。但交互响应图标一般为群组图标。

4.1.5 程序流向

Authorware 执行完交互响应图标中的内容后，将按照预先设定的程序流向继续执行。

Authorware 的程序流向分为 4 种，它们分别是：重试（Try Again）、继续（Continue）、退出（Exit）和返回（Return），如图 4-3 所示。

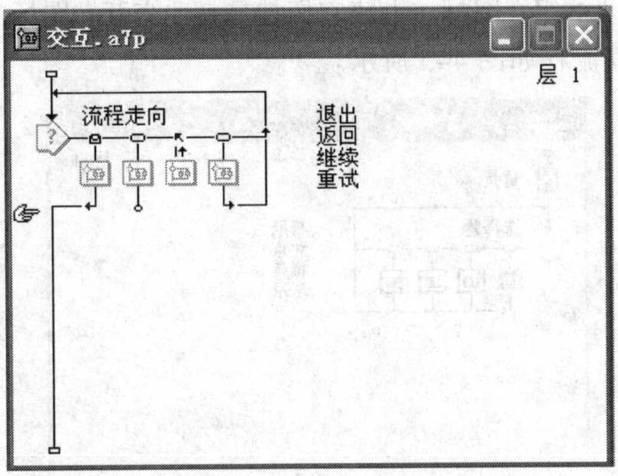

图 4-3　4 种流程走向

4.2　按钮交互响应方式

按钮响应是 Authorware 中最常用的交互响应方式。选择按钮交互响应，当程序进入交互结构时，在演示窗口上会出现按钮。单击按钮，即可激活交互响应，使程序转入相应的交互分支。如果同时设置了多个交互响应的按钮，可以方便地在不同的交互分支之间切换。

本节主要通过一个选择题的制作，来介绍在 Authorware 中设置按钮交互响应方式的有关知识。

【实例 1】设计选择题

操作步骤：

（1）拖动一个“显示”图标到主流程线上，命名为“背景”。双击打开此图标，单击工具栏中的“导入”按钮，在随后弹出的“导入哪个文件？”对话框中选择一幅背景图片，如图 4-4 所示。

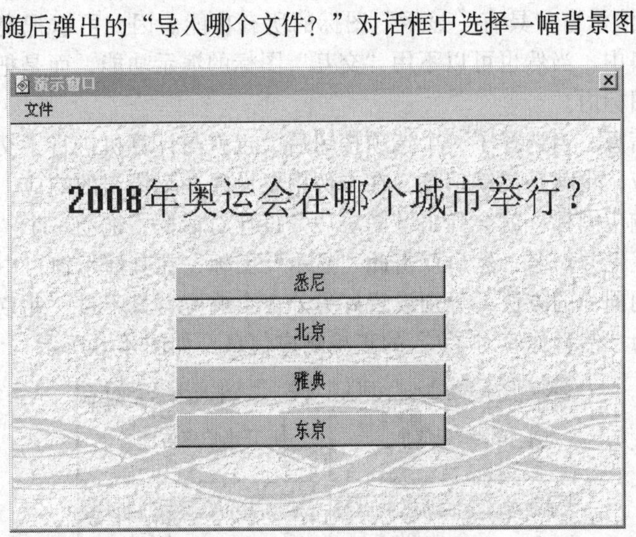

图 4-4　选择背景图片

（2）拖动一个“交互”图标到主流程线上，命名为“选择题”。再拖动一个“群组”图标到交互图标右侧，该图标自动挂靠在“交互”图标右侧，并弹出“交互类型”对话框，如图 4-2

所示。选择“按钮”交互响应方式，也就是系统默认方式，单击“确定”按钮退出。再将交互响应图标命名为“悉尼”。

（3）再依次拖入3个“群组”图标，也使它们挂靠在“交互”图标右侧，并分别命名为“北京”、“雅典”、“东京”，其流程如图4-5所示。

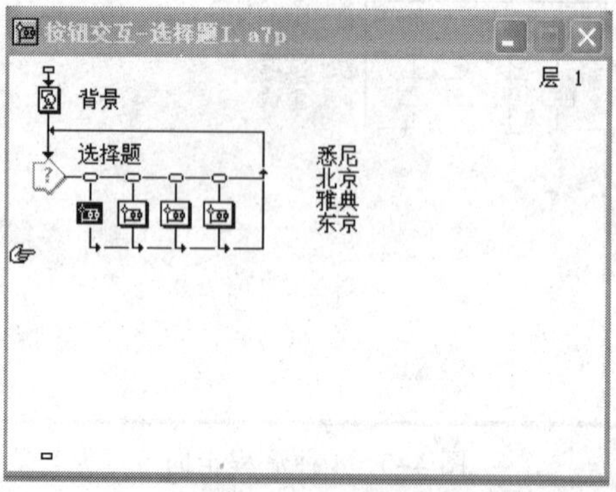

图4-5 选择题流程图

一旦设置一个分支交互响应图标的属性之后，Authorware将自动地为后继的分支交互响应图标设置相同的响应属性。也就是说，后一个分支将继承前一个分支的各种相关设置。如果要修改分支交互响应图标的属性，可以双击该分支对应的交互响应类型符号。

（4）双击“选择题”交互图标，便会弹出一个演示窗口，它与显示图标的演示窗口几乎一样。在绘图工具箱中单击“文本”按钮，在演示窗口的适当位置上输入选择题的题目“2008年奥运会在哪个城市举行？”，如图4-4所示。

由图4-4可以看出给响应图标所取的标题名称，就是按钮上的文字。实际上在本例中就是4个选项分支。因此给交互响应图标命名时，虽然这个标题是随意输入的，但该标题的命名最好要能反映创作者的意图或能指导用户使用。

“交互”图标的演示窗口具有“显示”图标的所有功能。因此可以把交互过程中要显示的信息放在此演示窗口中。当然也可以不用“交互”图标的演示功能，而是把要“显示”的信息单独放在“显示”图标内。

（5）设置反馈信息。当选择了一个选项按钮后，也就与计算机进行了交互，这时计算机要给出一个交互的响应，也就是反馈信息。在本例中要设置3个错误的响应，一个正确的响应。双击“悉尼”交互响应图标，就会弹出“图层 2”设计对话框，拖动一个“显示”图标到此交互响应图标的流程线上并命名，然后双击此“显示”图标，在其演示窗口中输入错误的响应信息“你再想想!”。用同样的方法，分别设置好另外3个响应，只不过“北京”交互响应图标中的响应信息要设置为“恭喜你答对了!”的正确响应信息，如图4-6所示。

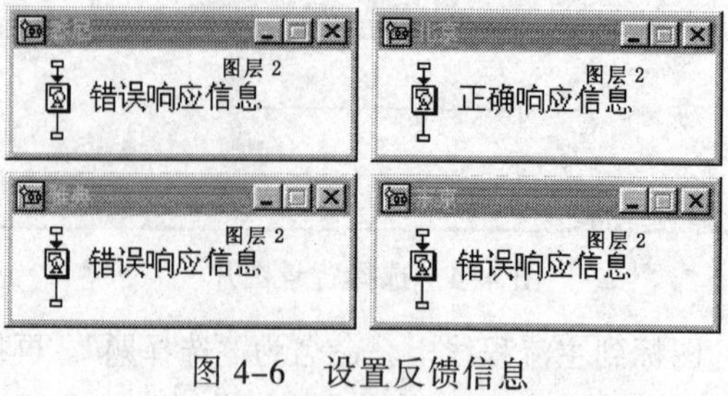

图4-6 设置反馈信息

(6) 双击“悉尼”交互响应图标上方的交互响应类型符号-ᗜ-，在弹出的“属性：交互图标[悉尼]”对话框中选择“响应”选项卡，在“擦除”下拉列表框中选择“在下一次输入之后”选项，如图 4-7 所示。

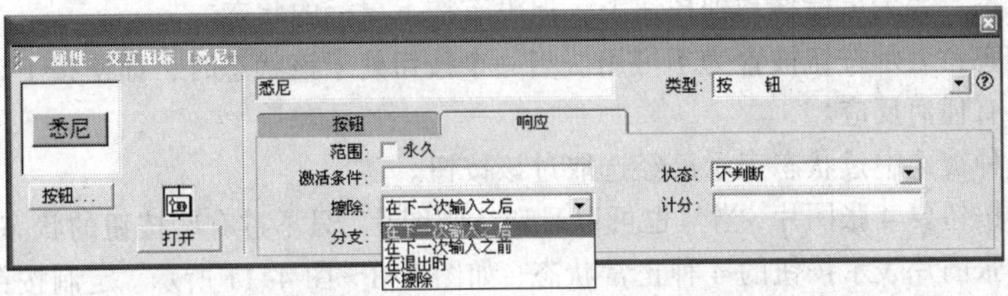

图 4-7 设置“悉尼”交互响应图标属性

“擦除”下拉列表框用于对该交互作用分支结构中所显示的信息进行擦除控制。一共有 4 个选项，它们的作用就是控制在什么时候对交互响应图标中的信息进行擦除。在交互中有意识地使用它们，会产生意想不到的效果。各选项的功能如下：

- “在下一次输入之后”选项：选择该选项后，Authorware 将保留该交互分支产生的信息，直到在进入另一个交互响应才自动擦除它。
- “在下一次输入之前”选项：选择该选项后，当分支交互响应图标执行完后，将自动擦除该分支中交互响应图标所产生的反馈信息。
- “在退出时”选项：选择该选项后，Authorware 将保留该分支产生的信息，直到退出交互时才被擦除。
- “不擦除”选项：选择该选项后，即使是程序退出了分支结构，该分支的交互响应图标所产生的内容仍会保留在演示窗口中，直到用“擦除”图标擦除。

在“激活条件”文本框中，可以设置匹配该交互响应的激活条件。当文本框中输入的数值、变量或表达式的值为真，对应的交互响应才有效，否则此交互响应将不能激活。假如在文本框中输入 0，则该按钮将灰色显示，表示不可用。

(7) 调试程序。单击工具栏中的“运行”按钮，在运行过程中，可以通过鼠标调整好各个对象间的位置关系。最后以“按钮交互－选择题 I.a7p”作为文件名保存。

到此，本实例就设计好了。美中不足的是，本实例总是不停地显示这个例子，无法退出。不过这个问题将在以后的例子中解决。

4.3 定制按钮

在实例 1 中，系统定义的按钮样式非常有限，并不能很好地满足需要，而且这些按钮样式也不能很好地与界面协调。其实 Authorware 不仅有系统定义的按钮，还可以按照需要定制按钮，制作出非常生动活泼、有个性、有创意的按钮。

【实例 2】定制按钮

本实例通过制作一个图像按钮来学习按钮的定制方法。在制作之前，先了解一下 Authorware 是如何定义按钮的。设计一个按钮，需要定义按钮的 8 种状态，其中包括 4 种正常状态和 4 种被选中过状态。每一种都可以单独编辑，而且可以与其他状态有完全不同的外观、声音信息和图像信息。

按钮的 4 个正常状态包括：

- 等待状态：表示该按钮可用，且处于等待被选择的状态。
- 选中状态：表示鼠标移动到按钮上，并且按下了鼠标的状态。
- 越过状态：表示鼠标移动到按钮上，但没有按下鼠标的状态。
- 屏蔽状态：表示按钮被置为不可用。当一个按钮处于该状态时，即使按下该按钮，系统也不会有任何反应。

按钮的 4 种被选中过状态表示已经选取过该按钮。

定制一个按钮要 4 张图片，当然也可以只选 2 张图片，只不过有些按钮的状态要共用图片。本例准备了 4 张图片表示按钮的 4 种正常状态，如图 4–8～图 4–11 所示。定制按钮流程图如图 4–12 所示。

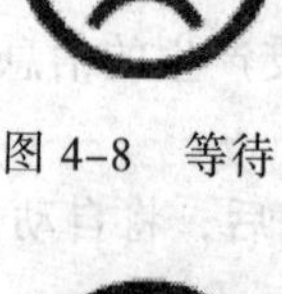

图 4–8　等待

图 4–9　屏蔽

图 4–10　选中

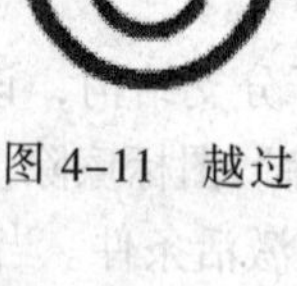

图 4–11　越过

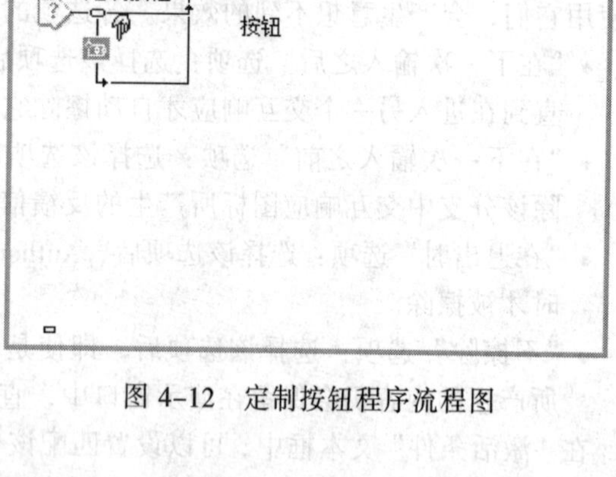

图 4–12　定制按钮程序流程图

操作步骤：

（1）拖动一个“交互”图标到主流程线上，命名为“定制按钮”。再拖动一个“群组”图标挂靠在“交互”图标的右侧，按照【实例 1】中的方法选择交互类型为“按钮”，命名为“按钮”。

（2）双击“按钮”交互响应图标上面的交互响应类型-⚲-，弹出“属性：交互图标[按钮]”对话框，如图 4–13 所示。

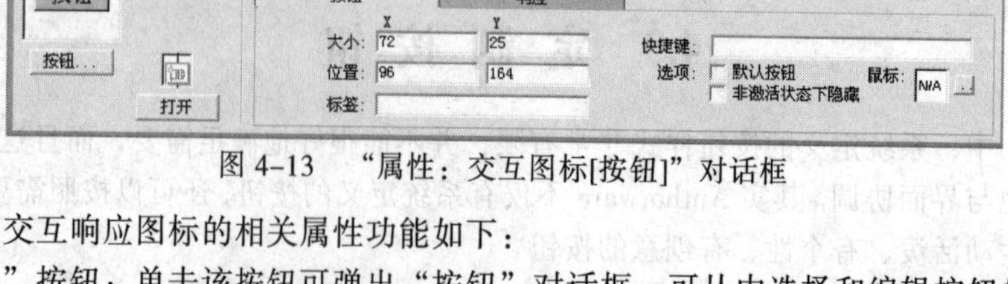

图 4–13　“属性：交互图标[按钮]”对话框

“按钮”交互响应图标的相关属性功能如下：

- “按钮”按钮：单击该按钮可弹出“按钮”对话框，可从中选择和编辑按钮的形式。
- 分支显示标志：可通过该显示标志观察流程线上相应分支的结构情况。
- “打开”按钮：单击该按钮关闭“属性：交互图标[按钮]”话框，并保存对该对话框的设置和修改，同时打开相应分支的交互响应图标，可对该图标的内容进行编辑。
- 响应对象名称文本框：可在该文本框中为交互响应对象设置一个名称，名称中可以包含空格。该名称也就是相应分支的名称。

- “类型”下拉列表框：可在该下拉列表框中选择更换交互响应方式。
- “大小”、“位置”文本框：X、Y 分别表示按钮的宽度和高度以及按钮在演示窗口中的横纵坐标值。改变 X、Y 的值将会改变按钮的大小和在演示窗口的位置。
- “标签”文本框：可输入按钮的标签，系统根据标签文字的长短调整按钮的大小，自定义的按钮除外。
- “快捷键”文本框：该文本框的功能将在后面的按键交互响应方式中介绍。
- “选项”复选框组：其中的“默认按钮”复选框被选中后，在按钮上出现一个黑框。程序在运行时，此按钮将首先响应。当“非激活状态下隐藏”复选框选中时，按钮在不可用时会隐藏起来，只有当按钮可用时，才重新显示出来。如果不选中此复选框时，按钮不可用时会以灰色显示。

（3）单击“按钮”按钮或者预览框，弹出如图 4-14 所示的“按钮”对话框。

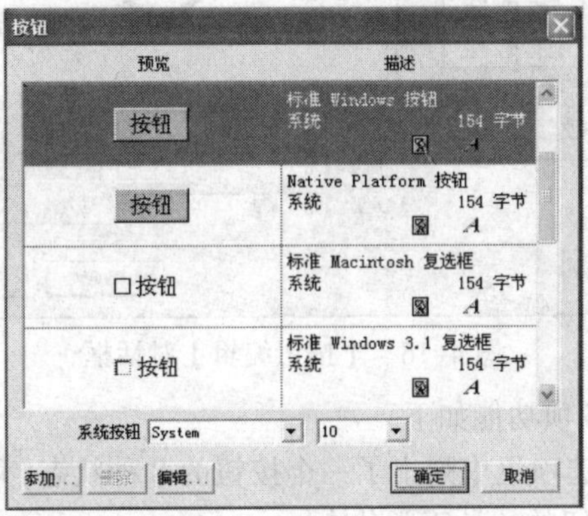

图 4-14 “按钮”对话框

“按钮”对话框的各项主要功能如下：

- “描述”栏：列出了相应的按钮信息，包括该按钮是系统按钮还是自定义的按钮。如果是系统按钮，则显示该按钮的设计平台，是否包含图片和声音的特征，所占存储空间的大小等；如果是自定义的按钮，则显示是否包含图片和声音的特征，所占存储空间的大小，有多少个设计图标使用了该按钮等。图 4-15 所示中有本例定义的按钮信息。

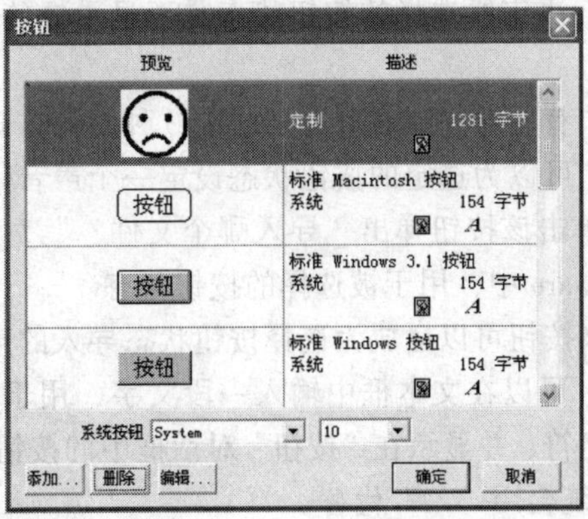

图 4-15 本例按钮信息

- “系统按钮”下拉列表框组：可以通过它设置系统按钮标题的字体和字号。
- “添加”按钮：单击该按钮可弹出“按钮编辑”对话框，可以在其中导入自定义的按钮。
- “编辑”按钮：可以从按钮列表中选择按钮形式进行编辑。
- “删除”按钮：单击该按钮可以删除在按钮列表中选择的按钮形式。只能删除自定义的按钮，或者复制的系统按钮，而不能删除系统按钮本身。

（4）单击“添加”按钮，弹出“按钮编辑”对话框。选中“未按放”状态，单击下方“图案”下拉列表框右边的“导入”按钮，导入预先做好的图片，如图 4-16 所示。然后选中“按下时”状态，用同样方法导入按下状态的图片。依次对“在上面”、“不允许”的状态导入图片。

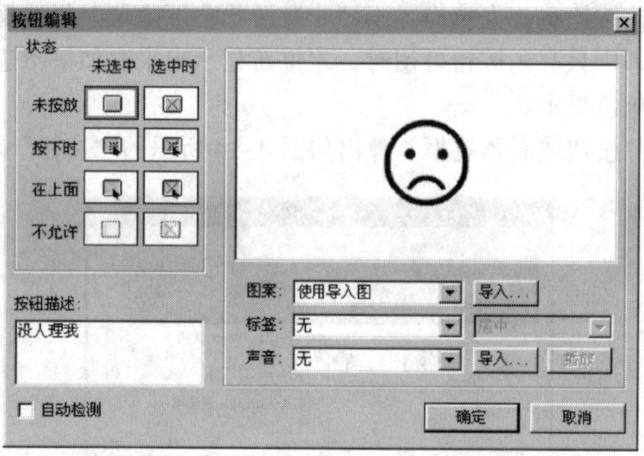

图 4-16 【按钮编辑】对话框

“按钮编辑”对话框的各项功能如下：

- “状态”选项组：在该选项组中列出了一个按钮的 8 种状态，可以单击某个状态进行编辑。其具体含义可参看按钮的 4 种正常状态。
- 预览区域：该区域中显示所选按钮状态的外观。编辑自定义的按钮时，可以在该区域中拖动按钮图像的各个部分来进行编辑。
- “图案”下拉列表框：可以为所选择按钮状态的外观选定图像。
- “导入”按钮：单击该按钮，弹出“导入哪个文件？”对话框，可以将一个图像文件导入 Authorware，用于被选择的按钮状态。如果编辑的是一个系统按钮，则“导入”按钮会变灰（即不可用），因为 Authorware 不允许加载图像在系统按钮上。
- “标签”下拉列表框：决定所选择的按钮状态是否显示标签，标签的内容随着选择的按钮状态而改变。
- “对齐”下拉列表框：有左对齐、右对齐、居中 3 种对齐方式。
- “声音”下拉列表框：可以为选定的按钮状态设定一个声音信息。
- “导入”声音按钮：单击该按钮弹出“导入哪个文件？”对话框，通过该对话框将一个声音文件导入 Authorware 中，用于被选择的按钮状态。
- “播放”按钮：单击该按钮可以播放为选择按钮状态导入的声音。
- “按钮描述”文本框：可以在文本框中输入一段文字，用于描述所编辑的按钮。该信息最多可以包括 80 个字符，并显示在“按钮”对话框中的按钮描述文本框中的第一行。当一行显示不下时，系统会用“...”代替。
- “自动检测”复选框：选中该复选框后，若用鼠标再次选择已选中的按钮时，该按钮从选中状态自动变为正常状态。使用时，可以用系统变量来观察按钮的状态，并且可以在选中和正常状态间转换。

（5）单击工具栏中“运行”按钮运行程序，可爱的“小人”按钮就出来了，当鼠标在按钮进行不同操作时，按钮就会有不同的反应。最后保存文件即可。

4.4 热区域交互响应方式

热区域交互响应是当程序进入交互结构时，将在屏幕上提供一个矩形区域，当单击、双击或将鼠标移入此区域都可以激活交互响应，使程序转入相应的交互响应方式。

与按钮交互响应方式相比，这种交互响应方式更直观且容易与背景风格协调一致。在丰富多彩的背景下，把其中一部分设为热区域，而对界面却没有任何改变。因此，这种交互响应方式深得设计者喜爱。

【实例 3】认识水果

在许多应用程序里，如果把鼠标移入对应的工具按钮上，会出现一行提示信息，这实际上使用了热区域技术。在 Authorware 中，当鼠标移入工具按钮上，也会出现一行提示信息，读者不妨一试。

本实例就是通过热区域交互响应技术来模拟这种效果。在演示窗口中显示 4 幅水果图片，当把鼠标移到某幅水果图片上时，出现水果的名称。当把鼠标移出水果图片时，名称消失，如图 4-17 所示。其流程图如图 4-18（a）所示。

操作步骤：

（1）拖动一个“显示”图标到主流程线上，命名为“水果图片”。双击展开此图标弹出演示窗口。单击绘图工具箱中的“文本”按钮，在演示窗口中输入“认识水果”。单击工具栏中的“导入”按钮，依次导入 4 幅水果图片，并排列好它们的位置，如图 4-17 所示。

提示：也可以把 4 幅图片放在“交互”图标的演示窗口中。

（2）拖动一个“交互”图标到主流程线上，命名为“认识水果”。然后依次拖入 4 个“群组”图标挂靠在“交互”图标的右侧，并分别命名为 banana、apple、pear、grape，如图 4-18（a）所示。

（3）设置响应。当鼠标移到某幅水果图片上时，要出现水果的名称，这就必须在交互响应图标里放置一个有水果名称的文本。双击 banana 交互响应图标，拖动一个“显示”图标到 banana 交互响应图标流程线上，命名为“香蕉”。如图 4-18（b）所示。再在显示图标内输入文本“香蕉”。用同样的方法，分别在其他交互响应图标里做类似的操作，只是“显示”图标内输入的文本不同，它们分别是“苹果”、“梨”、“葡萄”。

（4）单击工具栏中的“运行”按钮，并把鼠标移到某幅水果图片上时，并没有出现水果的名称。其实还有一步更重要的操作没有做，那就是把系统设定的热区与图片之间建立一个对应的关系，也就是让两者位置重合。这样当鼠标移到某幅水果图片上时，也就是移动到系统设定的热区域中，系统才会响应。按住【Shift】键，双击“水果图片”显示图标，再双击“交互”图标，演示窗口的效果如图 4-19 所示。其中用虚线框住的区域是系统设定的热区。这个热区可以用鼠标来调整大小。

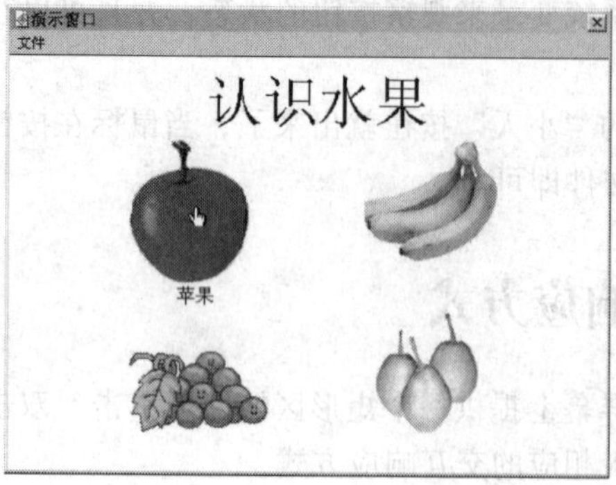

图 4-17　认识水果界面

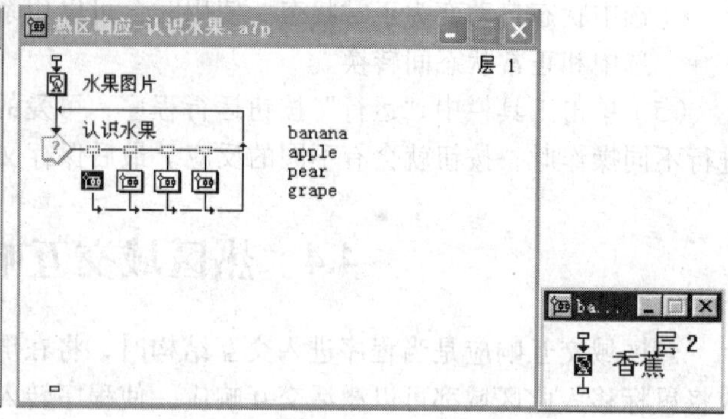

（a）　（b）

图 4-18　认识水果程序流程图

（5）用鼠标选中虚线框，把它拖到对应的图片上，并调整它的大小，使之正好框住图片。用同样的方法，把其他几个虚线框拖到对应的图片上，调整大小，使它们也正好框住图片，如图 4-20 所示。

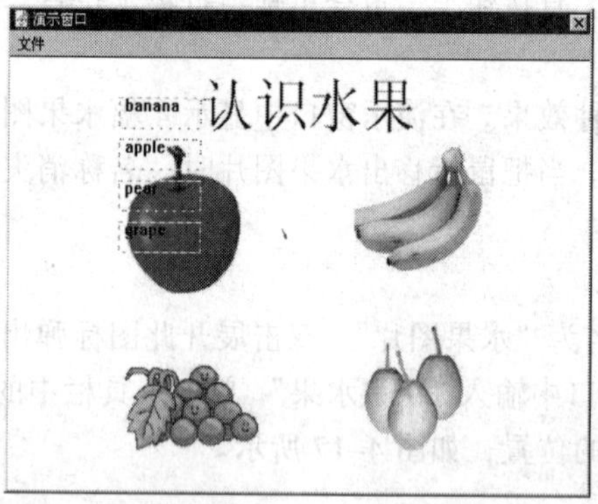

图 4-19　虚线框区域是系统定义的热区

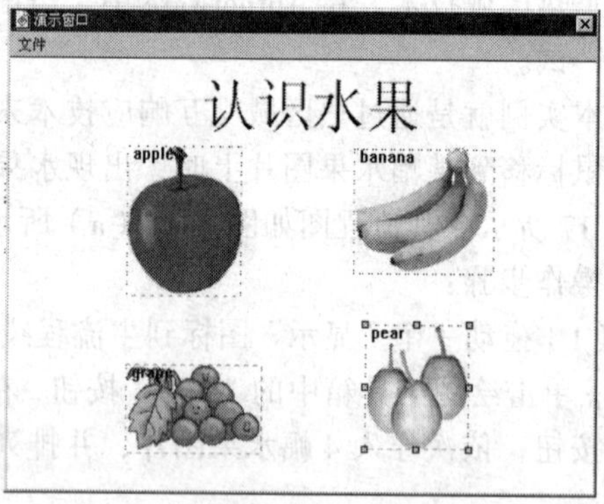

图 4-20　热区和图片对应后的效果

为了使不同的图标中的图片、文本和其他内容出现在同一个演示窗口中，以便观察和调整它们的位置和层次关系。可以按住【Shift】键，用鼠标依次单击相应的图标，各图标中的内容就会出现在演示窗口中。

（6）再次单击工具栏中的“运行”按钮，当鼠标移到某幅水果图片上时，名称提示出现了。如果提示文本的位置不是很好，可用鼠标调整图片和提示文本之间的位置关系，拖动提示文本到合适的位置。

有时为了调整各个对象间的位置关系，可能要用到上面提到的【Shift】+单击图标的技巧。还有一种方法就是在需要调整对象间的位置关系时，单击工具栏中的“运行”按钮，此时，所有的对象都出现在演示窗口中，再用鼠标去调整它们的位置即可。本例中的第 6 步就是采用这样的技巧。

（7）到此为止，程序基本设置完成，但当鼠标移到某幅水果图片上时，鼠标指针并没有改变成手形。如何才能做到呢？这就需要设置热区域交互响应方式的属性。

用鼠标双击“交互”图标右侧的 banana 交互响应图标上方的交互响应类型符号，弹出“属性：交互图标[banana]”对话框，如图 4-21 所示。在“热区域”选项卡的“鼠标”组合框中，单击小方框按钮，弹出“鼠标指针”对话框，如图 4-22 所示。拖动对话框右边的滚动条，选择手形鼠标指针，单击“确定”按钮退出。

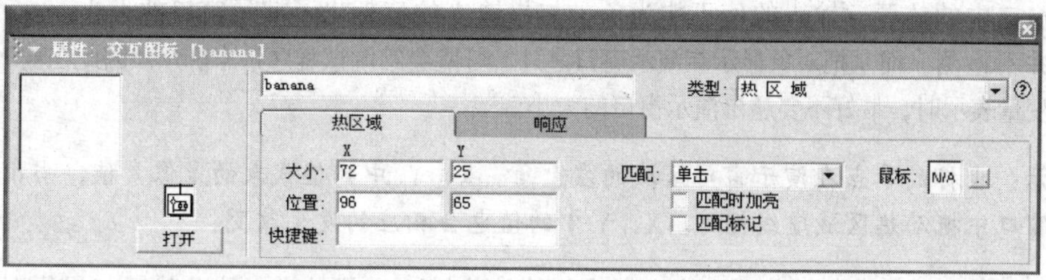

图 4-21 “属性：交互图标[banana]”对话框

在“鼠标指针”对话框中有两列，左边的一列是Authorware提供的Windows标准指针形状，右边的一列是指针的类型号和指针的属性，是系统的标准指针或客户定制的指针以及用函数设定的指针形状。要选择合适的指针形状，单击该指针区域即可。选定的指针会变成蓝色高亮，表示被选定为变化后的指针形状。在程序的设计中，还可以用函数SetCursor(n)来设定指针的形状。其中n为指针的类型号。还可以通过指针的外部文件来创建其他形状。单击“鼠标指针”对话框中的“删除”与“编辑”按钮可删除或修改用户定制的指针。不过系统的标准指针形状是不可修改的。

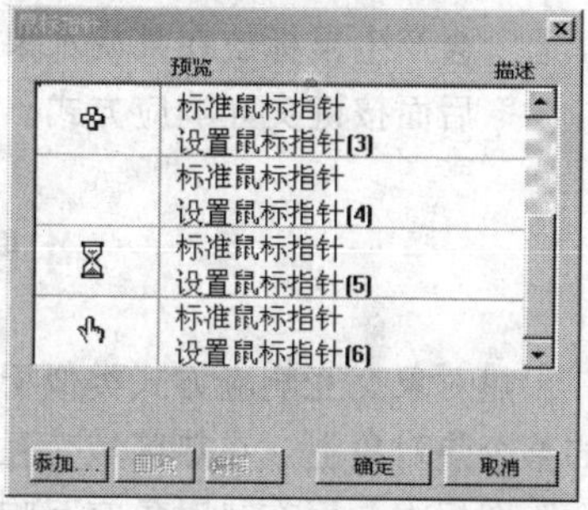

图 4-22 “鼠标指针”对话框

如果不想在弹出属性对话框的同时也弹出演示窗口，可先按住【Ctrl】键，双击交互响应类型符号，则只弹出属性对话框，而不弹出演示窗口。

（8）单击“匹配”下拉列表框，选择“指针处于指定区域内”选项，如图 4-23 所示。退出属性设置。再次运行此程序，程序已经完全符合要求。

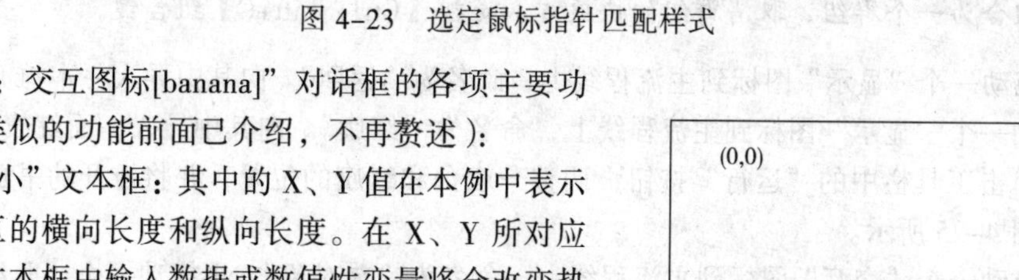

图 4-23 选定鼠标指针匹配样式

“属性：交互图标[banana]”对话框的各项主要功能如下（类似的功能前面已介绍，不再赘述）：

- “大小”文本框：其中的X、Y值在本例中表示热区的横向长度和纵向长度。在X、Y所对应的文本框中输入数据或数值性变量将会改变热区的大小。
- “位置”文本框：在本例中用来设置热区在演示窗口中的位置。X代表水平方向的坐标，Y代表垂直方向的坐标，Authorware的参考坐标如图 4-24 所示。当在X、Y所对应的文本框中输入数据或数值型变量将会改变热区域在演示

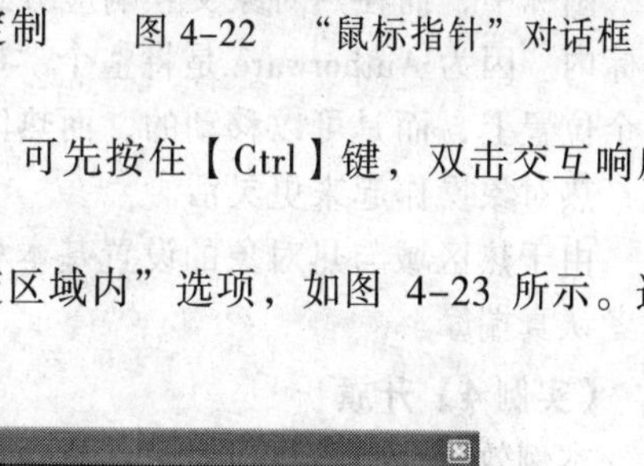

图 4-24 Authorware 的参考坐标

窗口中的位置，输入的值不能为负。如果输入的值超出了演示窗口的大小，Authorware 并不检测，而是把对象显示在演示窗口之外。可能会给调试程序带来麻烦。因此在输入值或用变量表示时，最好不要超出演示窗口的大小。

提示： 坐标的零点在演示窗口区域的左上角。X、Y 中的值代表的是像素值。当用户直接在演示窗口中拖动热区域虚线框时，X、Y 中的值也会相应的发生改变。

- "快捷键"选项：用来设置响应方式的等效热键。也就是说，按此热键与鼠标对交互的响应方式操作产生的效果是相同的。在本例中，如果设置好热键，当按热键时，系统也会产生鼠标放在某幅水果图片上时显示对应的文本的效果。至于热键的设置方法，参见后面按键交互响应方式。

4.5 热对象交互响应方式

热对象交互响应方式类似于热区域交互响应方式，也需要单击、双击或将鼠标移动到选定的某个热对象上。在热区域交互响应方式中，可以将多个要设置的热区域的对象放在一个"显示"图标中，而在热对象交互响应方式中却不可以。每一个热对象必须单独放在一个"显示"图标内。因为 Authorware 是将整个"显示"图标的内容设置为一个热对象。热对象不必固定在某个位置上，而是可以移动的，而热区域必须要和对象放在同一个位置，不可以移动。相对来说，热对象操作起来更灵活。

由于热区域与热对象的设置基本相似，下面通过一个升旗的实例来讲解热对象的应用，望读者认真揣摩。

【实例 4】升旗

本例效果为单击红旗时，红旗徐徐升起。

操作步骤：

（1）建立一个新的程序文件，将其命名为"热对象"。拖动一个"显示"图标到主流程线上，命名为"升旗台"。利用"显示"图标的绘图工具箱，制作一个升旗台和旗杆，并将其群组。

提示： 将两个或多个对象组合成一个群组的快捷方法是：选中多个对象，按【Ctrl+G】组合键即可组合为一个群组。取消群组的快捷方式是按【Ctrl+Shift+G】组合键。

（2）拖动一个"显示"图标到主流程线上，命名为"返回"。向其中导入一本摊开的书的图片。再拖动一个"显示"图标到主流程线上，命名为"红旗"。向其中导入一面红旗。

（3）单击工具栏中的"运行"按钮，调整升旗台和红旗的位置，并将摊开的书放在适当的位置，如图 4-25 所示。

（4）拖动一个"交互"图标到主流程线上，命名为"热对象"。再拖动一个"群组"图标挂靠在"交互"图标的右侧，在弹出的"交互类型"对话框中选择"热对象"单选按钮，并将其命名为"升红旗"。

（5）双击"升红旗"交互响应图标，在弹出的"层 2"设计对话框的流程线上拖入一个"移动"图标，命名为"移动旗"。双击"移动旗"移动图标，弹出"属性：移运图标[移动旗]"对话框，在"类型"下拉列表框中选择系统默认的"指向固定点"选项，用鼠标拖动演示窗口中的红旗到旗杆顶。

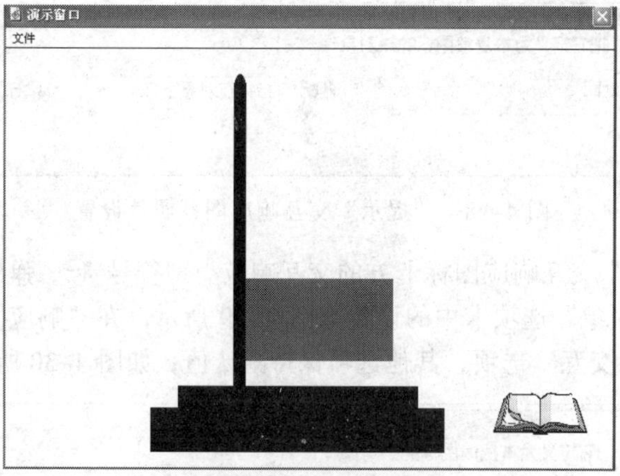

图 4-25　升红旗界面

（6）再次单击工具栏中的“运行”按钮，弹出“属性：交互图标[升红旗]”对话框，系统要求定义一个热对象，单击演示窗口中的红旗，此时“升红旗”交互响应图标名称出现在“热对象”文本框中，该图标的内容也显示在预览窗口中。将“鼠标”指针设置为手形，其他选项按默认值，如图 4-26 所示。

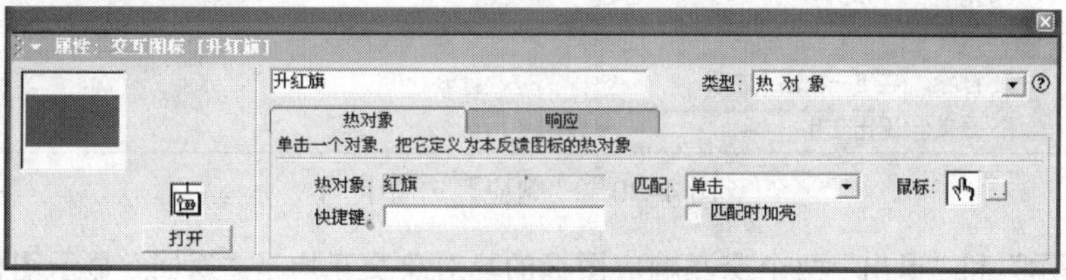

图 4-26　热对象的属性设置

提示：其实定义一个热对象也可以通过双击“升红旗”图标上方的交互类型符号来设置。读者可以使用两种方法中的任一种。

（7）再次运行程序，当单击“红旗”时，红旗就升起来了，但程序却不能退出。再拖动两个“群组”图标挂靠在交互图标的右侧，分别命名为“提示”、“退出”。并在其设计对话框中放入相应的图标，其流程图如图 4-27 所示。在 text exit 显示图标内输入文本“退出”。双击“提示”交互响应图标上方的交互响应类型符号，弹出“属性：交互图标[提示]”对话框。在“热对象”选项卡中的“匹配”下拉列表框中选择“指针在对象上”选项，且“鼠标”指针设为手形，如图 4-28 所示。并在演示窗口中单击“书”图片作为热对象，也就是返回图标的内容。

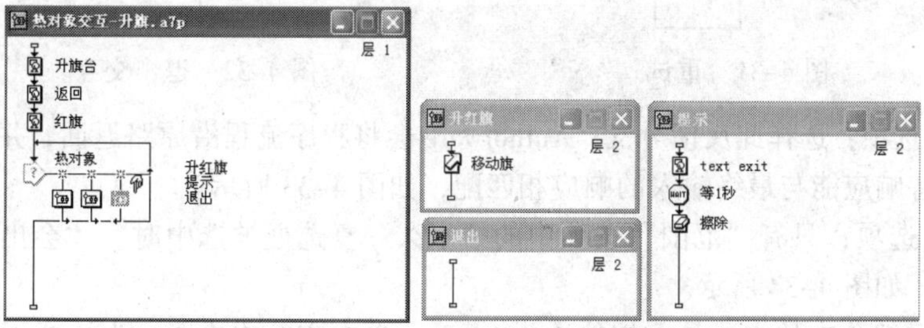

图 4-27　升红旗流程图

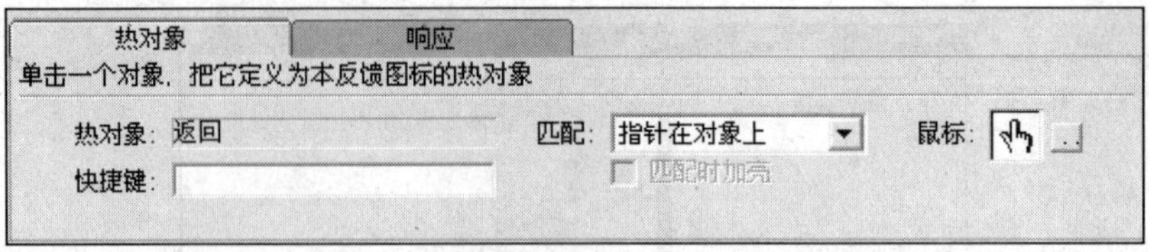

图 4-28 “提示”交互响应图标属性设置

（8）再双击“退出”交互响应图标上方的交互响应类型符号-※-，弹出“属性：交互图标[退出]”对话框。在“热对象”选项卡中的设置如图 4-29 所示。在“响应”选项卡的“分支”下拉列表框中选择“退出交互”选项，其他选项保持默认值，如图 4-30 所示。

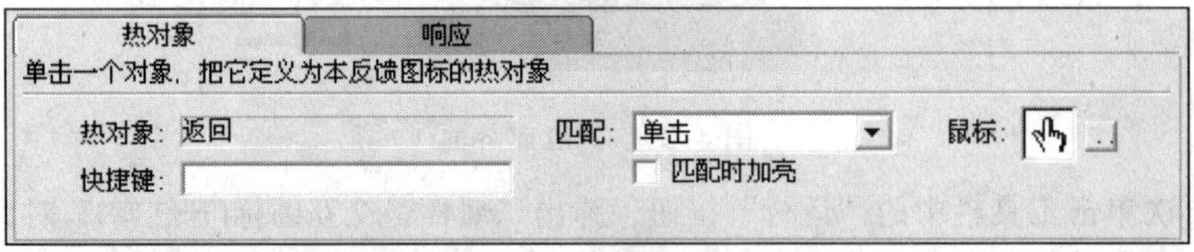

图 4-29 “热对象”选项卡

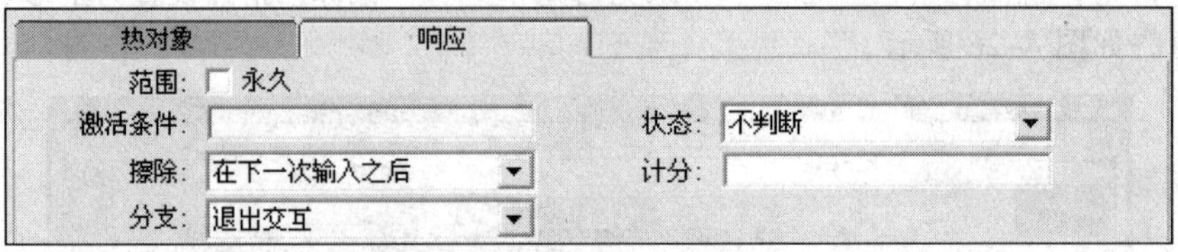

图 4-30 “响应”选项卡

虽然“提示”和“退出”两个交互响应图标的热对象交互均是“返回”显示图标中的“书”，但它们交互响应的操作方式不同，系统会根据交互响应方式的不同作出不同的响应。

“响应”选项卡中的“分支”列表框中有 4 个常用反馈分支：

- “重试”选项：选择此反馈分支，Authorware 程序流程将在交互分支结构中循环以要求重新输入一个响应，如图 4-31 所示。
- “退出交互”选项：选择此反馈分支，Authorware 在执行完该交互响应图标中的内容后，就退出该交互，如图 4-32 所示。

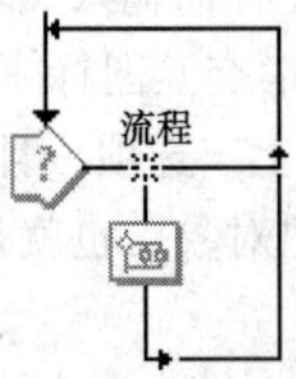

图 4-31 重试

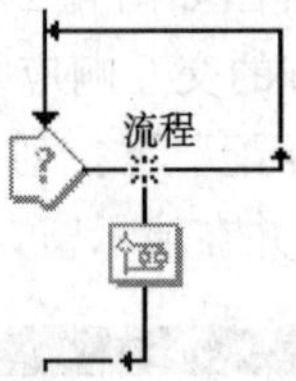

图 4-32 退出交互

- “继续”选项：选择此反馈分支，Authorware 会将程序流程沿原路返回，并检查是否有其他的等待响应能与最终输入的响应相匹配，如图 4-33 所示。
- “返回”选项：只有“范围”选项中的“永久”复选框被选中时，才会出现“返回”反馈分支，如图 4-34 所示。

快速设置反馈分支的方法是：按住【Ctrl】键，单击交互响应图标上方或下方的分支流程线，可以快速地在 3 种反馈分支之间转换。

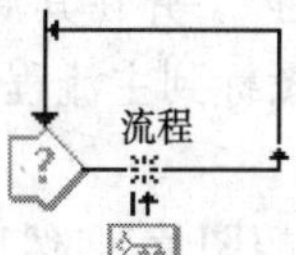

图 4-33 继续

图 4-34 返回

（9）重新运行程序，当单击“红旗”时，红旗就升起来了。当把鼠标放在“书”图片上时，出现提示文本“退出”，当单击此图片时，程序就退出了。最后将文件保存为“热对象交互 - 升旗.a7p”。

4.6 目标区域交互响应方式

目标区域交互响应方式是将一个特定的对象拖放到指定的区域而产生的交互。利用该交互响应方式，可以创建很多有趣的交互作用。比如化学实验仪器的组装，当把一个实验仪器放在正确的位置上，该仪器就停留在该位置上，否则，该仪器就回到原来的位置上。还有如拼图游戏，要求把几幅残缺的画拼成一幅完整的图片。总之，利用该交互响应方式，可以设计出很多有趣的交互作用。

要设置目标区域交互响应，必须满足两个条件：

（1）特定的对象必须可以移动。

（2）要在特定的对象与目标区域之间建立一个对应关系。

【实例 5】拼图游戏 I

下面，利用一个有趣的拼图游戏来学习目标区域交互响应的有关知识。本实例程序的流程图如图 4-35 所示。

先介绍本实例的效果。首先是一个欢迎画面，如图 4-36 所示。然后是等待单击进入下一画面。接下来的画面是一幅完整的图片，如图 4-37 所示。让游戏者看 3s，就进入拼图游戏。

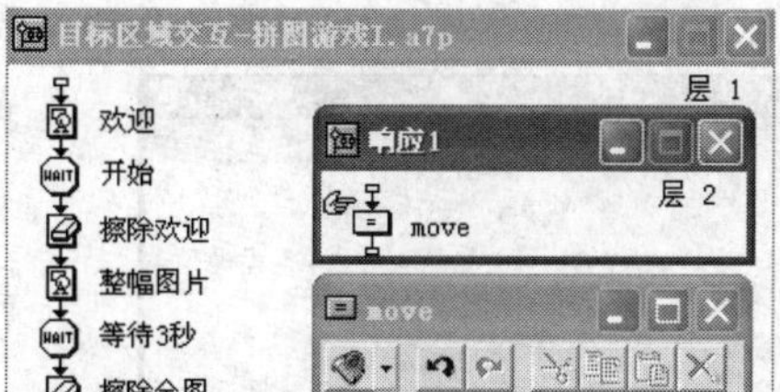

图 4-35 流程图

图 4-36 欢迎画面

操作步骤：

（1）拖动一个“显示”图标到主流程线上，命名为“欢迎”。并在其演示窗口输入如图 4-36 所示的文字。再分别拖动一个“等待”图标和一个“擦除”图标到主流程线上，分别命名为“开始”、“擦除欢迎”。

（2）拖动一个“显示”图标到主流程线上，命名为“整幅图片”。然后在其演示窗口中插入拼图，如图 4-37 所示。再拖入一个“等待”图标，命名为“等待 3 秒”。按【Ctrl+I】组合键，弹出“等待”图标的属性对话框，如图 4-38 所示进行设置。再拖入一个“擦除”图标到主流程线上，命名为“擦除全图”。

图 4-37　整幅图片

（3）单击工具栏中的“运行”按钮。在弹出的“属性：擦除图标[擦除绘图]”对话框中设置好擦除的对象。

（4）将图 4-37 所示的图片在 Windows 的绘图程序、ACDSee 中或 Photoshop 图片处理软件中分成 4 块小图。

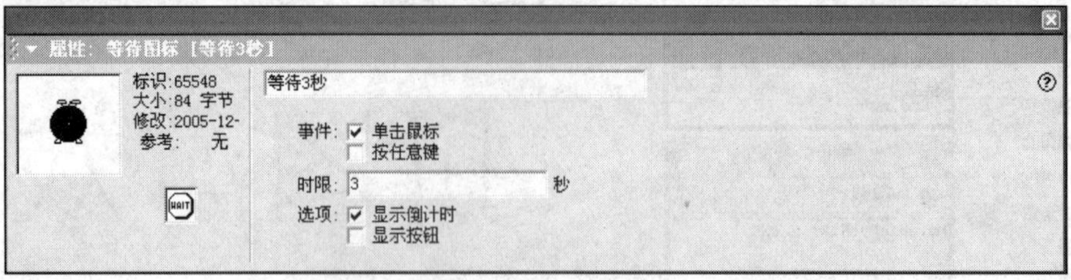

图 4-38　“等待”图标属性设置

（5）拖动一个“显示”图标到主流程线上，命名为“框图”。在其演示窗口中画上图 4-39 所示的方框并写上提示文字。

（6）拖动一个“群组”图标到流程线上，命名为“子图”。双击“子图”图标，在打开的层 2 设计对话框中创建 4 个“显示”图标，将它们分别命名为“图 1”、“图 2”、“图 3”和“图 4”，再分别将 4 块小图导入各显示图标中。关闭层 2 设计对话框。

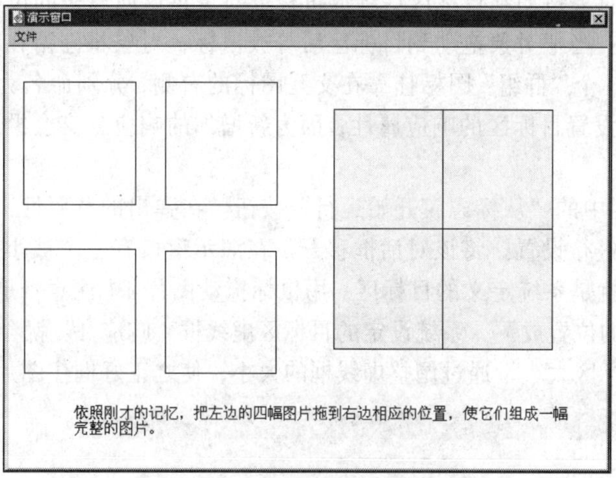

图 4-39 图片分块位置

为了使界面更生动，可以设置图片的显示特效方式和擦除模式。方法是：选中“显示”图标或“擦除”图标，按【Ctrl+T】组合键，在弹出的“特效方式”或“擦除模式”对话框中进行设置。

（7）将绘图工具箱中的“开始”标志旗拖到主流程线“子图”群组图标的上面，单击工具栏中的“从标志旗开始运行”按钮。在演示窗口上调整图片和框格的位置关系，如图 4-40 所示。

（8）拖动一个“交互”图标到主流程线上，命名为“拼图游戏”。再拖动一个“群组”图标挂靠在“交互”图标的右侧，在弹出的“交互类型”对话框中选择“目标区”单选按钮后单击“确定”按钮。给响应群组图标命名为“响应 1”。双击目标区响应类型标记，弹出“属性：交互图标[响应]”对话框，如图 4-40 所示的对话框。单击“目标区”选项卡中的“放下”下拉列表框，其中有 3 个选项，本例选择“在中心定位”选项，退出该对话框。

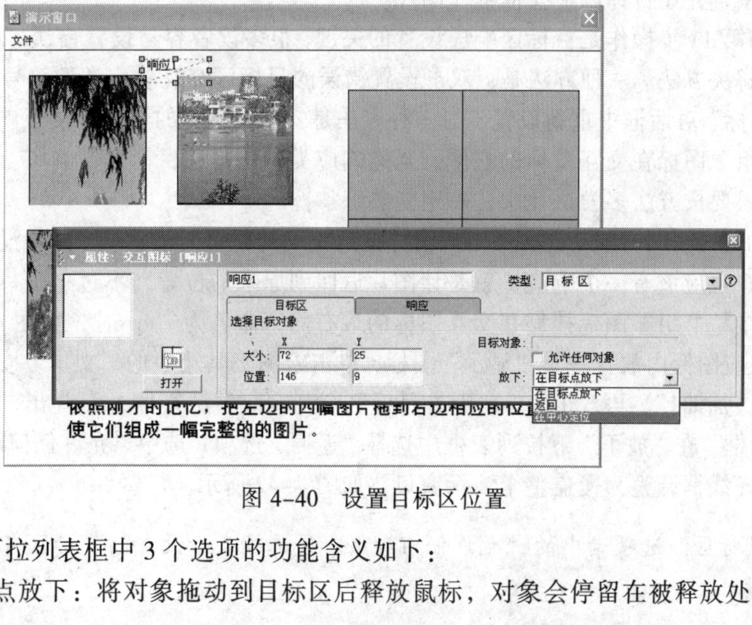

图 4-40 设置目标区位置

“放下”下拉列表框中 3 个选项的功能含义如下：

- 在目标点放下：将对象拖动到目标区后释放鼠标，对象会停留在被释放处。

- “返回”：当把对象拖动到目标区后释放鼠标，对象将返回原来的位置。
- “在中心定位”：当把对象拖动到目标区后释放鼠标，对象将停留在目标区的中心位置。

（9）再依次拖动 3 个“群组”图标挂靠在交互图标的右侧，分别命名为“响应 2”、“响应 3”和“响应 4”。不必再设置目标区的响应属性，因为新增加的响应分支会继承前一个响应分支的响应属性。

（10）单击工具栏中的“从标志旗开始运行”按钮。在弹出的“属性：交互图标[响应]”对话框中对目标区响应进行设置。将该对话框移开。在演示窗口有一个被小控制点包围的中间有交叉线的虚线框，这就是系统定义的目标区。用鼠标拖动图片 1（注意：是拖动图片 1，而不是虚线框）到右边正确的位置放下，系统设定的目标区虚线框“响应 1”就会自动定位到图片的中心，但系统默认的目标区太小，通过调整虚线框的大小，使之正好框住图片，如图 4–41 所示。

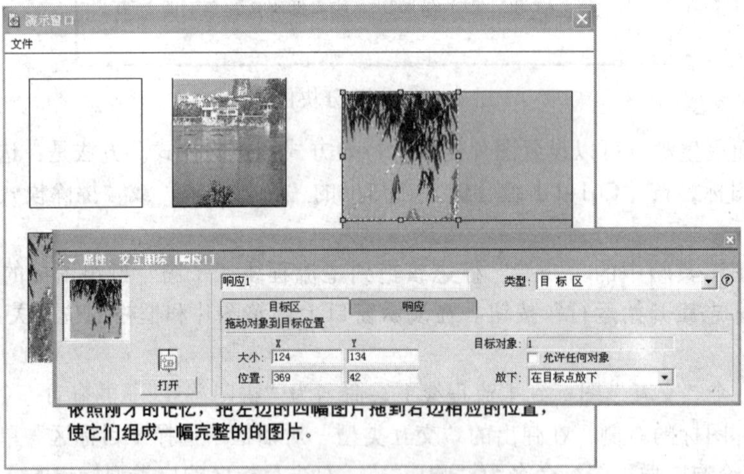

图 4–41 将响应区与图片对应

（11）按步骤 10 的方法，依次将另外的 3 个响应设置好，使每一张图片都与右边的方框建立一个对应关系，并让目标区虚线框框住图片。

第 10 步和第 11 步操作是目标区响应设置的关键，很多读者容易设置错误。万一设置错误，这里提供两种解决方法。一种方法是：双击设置错误的目标区交互响应类型符号-↖-，在弹出的“属性：交互图标”对话框中重新设置。另一种方法是：删除出错的目标区交互响应图标，重新挂靠一个“群组”图标在交互图标的右侧，当然响应类型还是“目标区”响应。然后重新设置目标区响应。只要按方法多尝试几次，一定能熟练掌握。

（12）第 10 步和第 11 步设置的是当把图片拖到正确的位置时的响应。如果没有把图片拖到正确的位置时，也应该有一个响应，就是让图片返回到原来的位置，不过这是一个错误位置的响应。拖动一个“群组”图标挂靠在交互图标的最右侧，命名为“error”，如图 4–35 所示。并在 error 交互响应图标内放置一个“显示”图标，单击绘图工具箱中的“文本”按钮输入错误提示“你拼错了，加油！”。再双击 error 上方目标区交互响应类型符号-↖-，弹出“属性：交互图标[error]”对话框。在“放下”下拉列表框中选择“返回”选项，选中“允许任何对象”复选框，将有交叉线的虚线框调整为覆盖整个演示窗口，如图 4–42 所示。

提示：“目标区”选项卡中的“允许任何对象”复选框表示设定的目标区可以响应任何被拖放进去的对象。

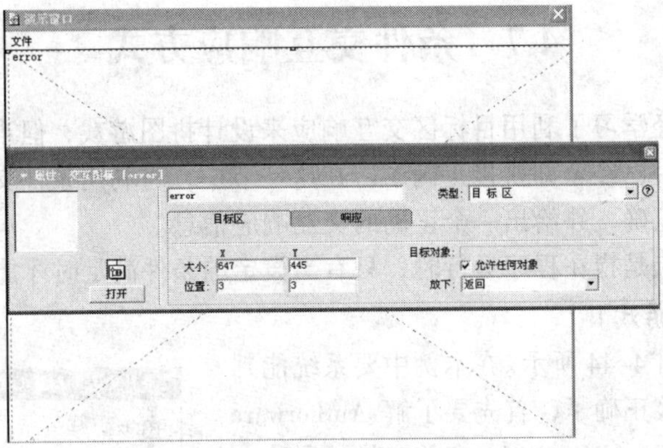

图 4-42 设置错误响应区

（13）取消主流程线上的“开始”标志旗，单击工具栏中的“运行”按钮。当读者拼图正确后，移动图片时，会提示“你拼错了，加油!”的错误信息。为了避免这种情况的发生，可以在图片放置在正确的位置后不允许它移动，这要使用系统变量 Movable。方法是：双击“响应 1”交互响应图标，在弹出的层 2 设计对话框中拖入“计算”图标，命名为“move”。并在“计算”图标中输入代码“Movable@"图 1":=FALSE”。如图 4-35 所示的“群组”图标“响应 1”的设计窗口和“计算”图标 move 窗口。用同样的方法对交互响应图标“响应 2”、“响应 3”、“响应 4”加入反馈信息。最后将文件保存为“目标区域交互-拼图游戏.a7p”。只是相应计算图标中的代码要作改动，将其中的“图 1”分别要换成“图 2”、“图 3”、“图 4”。计算图标和变量的用法详见第 6 章。

如果想使某个图标中的对象可以让用户移动，则设置成：

```
Movable@"IconTitle":=True
```

或：

```
Movable@"IconTitle":=1;
```

否则设为：

```
Movable@"IconTitle":=
False 或 Movable@"IconTitle":=0。
```

问题讨论：双击交互图标“拼图游戏”弹出演示窗口，发现系统定义的目标响应区域中，错误的响应区域和正确的响应区域有重叠，如图 4-43 所示。当操作到这个重叠的区域时，系统是响应正确的目标区域响应，还是响应错误的区域响应呢？当把交互图标右侧的 error 交互响应图标移到最左边，运行程序，会出现什么情况呢？

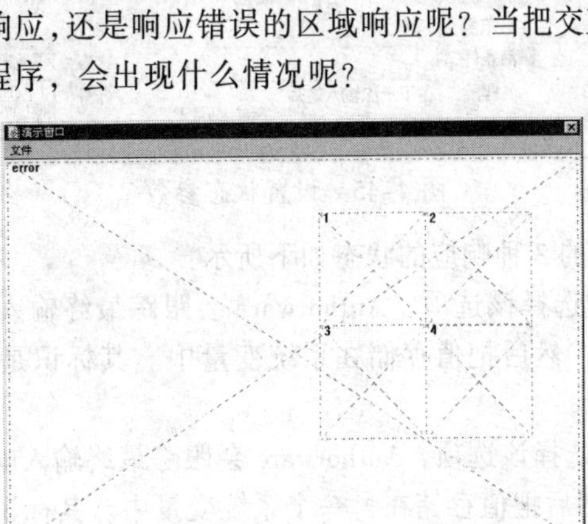

图 4-43 5 个目标响应区域示意图

4.7 条件交互响应方式

在上一节里，已经学习了利用目标区交互响应来设计拼图游戏，但当所有的图都拼好后，系统并不能判断出是否已经全部拼接正确了。在这一节中，将利用条件交互响应方式来判断用户是否已经全部拼接正确，并给出一个正确的交互响应信息。

所谓条件交互响应是指在程序运行时，只有当设定的条件满足时才能响应的交互方式。

【实例 6】 拼图游戏 II

本实例的流程如图 4-44 所示。在本例中要系统能判断出是否已经全部拼接正确了，首先要了解 Authorware 的一个系统变量 AllCorrectMatched。有关变量的用法，将在随后的章节中介绍。

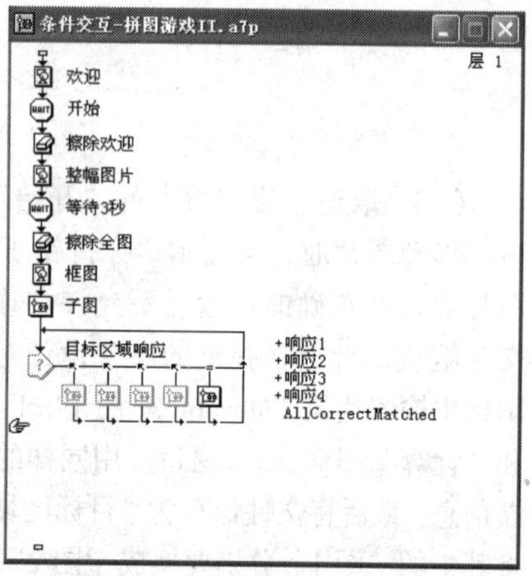

图 4-44 拼图游戏 II 流程图

AllCorrectMatched 变量的说明如下：

当它单独使用时，如果指定的分支结构的所有标为“正确响应”响应状态的附属分支都已经匹配，则该变量为 True，否则为 False。

操作步骤：

（1）在 Authorware 中打开上一节的文件“目标区域交互－拼图游戏.a7p”，再另存为“条件交互－拼图游戏 II.a7p”。

（2）双击“响应 1”交互响应图标上的目标区交互响应类型符号-↖-，弹出“属性：交互图标[响应]”对话框，在“响应”选项卡中的“状态”下拉列表框中选择“正确响应”选项，如图 4-45 所示。退出该对话框。这时，在交互响应图标名称“响应 1”前多了一个“+”。用同样的方法，设置“响应 2”、“响应 3”、“响应 4”为正确的响应。

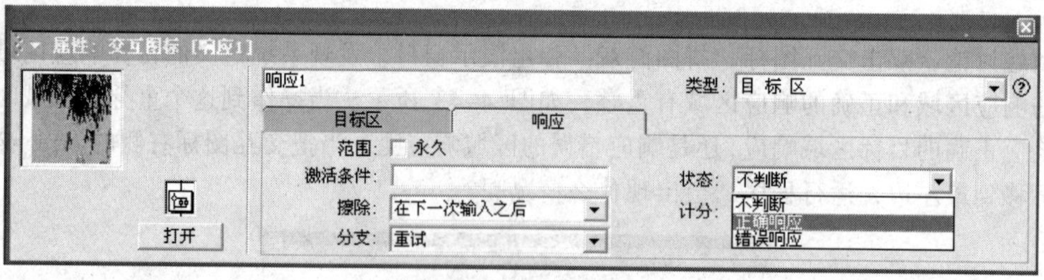

图 4-45 设置状态参数

“状态”下拉列表框中的 3 种响应的状态如下所示：

- “正确响应”选项：选择该选项，Authorware 会跟踪最终输入响应的正确程度，并将输入的正确响应累加，然后把值存储在系统变量中。其标识是在交互响应图标名称前有一个“+”。
- “错误响应”选项：选择该选项，Authorware 会跟踪最终输入响应的错误程度，并将输入的错误响应累加，然后把值存储在另一个系统变量中。其标识是在交互响应图标名称前有一个“-”。
- “不判断”选项：选择该选项，Authorware 不会跟踪该选项。

按住【Ctrl】键，在交互响应图标名称前单击，可以在 3 种响应状态之间转换。

（3）为了增加游戏的难度，不给出错误的响应信息。删除 error 交互响应图标。同时删除目标区交互响应图标中的“计算”图标。

（4）拖动一个“群组”图标挂靠在交互图标的最右边，双击其上的目标区响应类型符号-↖-，弹出“属性：交互图标”对话框，如图 4-46 所示，在“类型”下拉列表框中选择“条件”选项。

（5）在“条件”文本框中输入系统变量 AllCorrectMatched 作为条件判断。同时，该变量将作为条件交互响应的标题出现在设计窗口的流程线上。在“自动”下拉列表框中选择“为真”选项。退出该对话框。

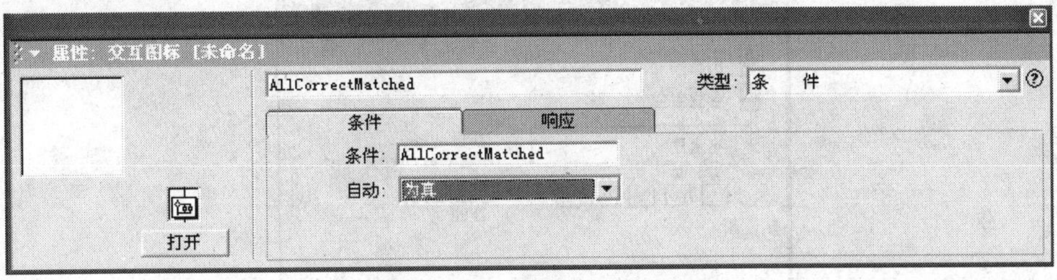

图 4-46　条件交互的属性设置

“条件”选项卡中的“条件”文本框用以输入设定的条件表达式，表达式可以是函数和变量。根据设定的条件表达式以及在“自动”下拉列表框中的设置，Authorware 决定何时进入条件响应分支，执行该分支中的响应信息。

设定的条件表达式的运算结果为 0 值，则系统认为是假（False），否则为真（True）。系统认定所有的数字除 0 表示“假（false）”以外，其余都表示“真（True）”；所有字符除 True、T、Yes 表示“真”外，其余都表示“假”。

一般情况下，Authorware 只有在遇到一个交互作用的条件交互响应分支时，才会对“自动”下拉列表框中的内容进行是否匹配的检测。可以利用它，使 Authorware 在交互作用的任何位置，一旦该条件交互响应的条件为真时，Authorware 都可以匹配该响应，并执行该响应分支结构的响应信息。“自动”下拉列表框的 3 个选项分别表示：

- “关”：关闭自动匹配。Authorware 只有在遇到一个交互作用的条件交互响应分支时，才会对该响应方式进行是否匹配的检测。检测为真时，才会匹配该条件交互响应。
- “为真”：在整个交互过程中，Authorware 将不断监视条件的变化，一旦条件满足，即该值为真时，就执行该分支中的响应信息。
- “为假”：在交互过程中，如果响应条件的值由“假”变为“真”时，Authorware 将执行该响应分支中的信息。

（6）双击 AllCorrectMatched 交互响应图标，弹出演示窗口，在其流程线上拖入一个“显示”图标，命名为“正确响应”，并单击绘图工具箱中的“文本”按钮在“显示”图标内输入文本“恭喜你，拼接完全正确”，如图 4-47 所示。

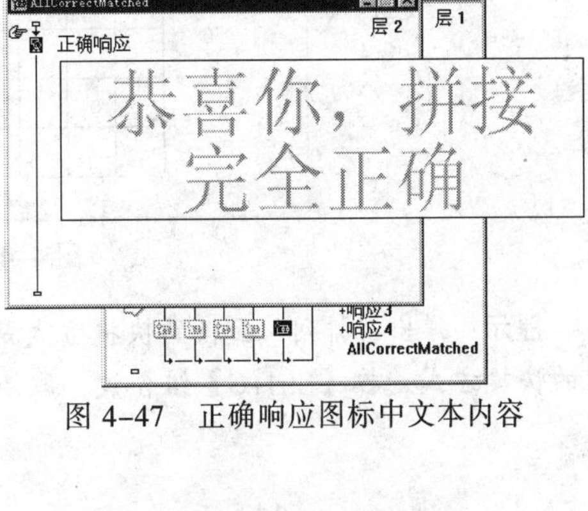

图 4-47　正确响应图标中文本内容

（7）运行程序，当拼接完全正确后，Authorware 就会显示正确的响应。

4.8 按键交互响应方式

按键交互响应方式，当应用程序执行到按键交互结构时停下来，等待用户的响应，此时，用户通过按某个按键发出响应。

【实例 7】吃金豆 I

本游戏的功能是当用户按方向键时，能控制金豆宝宝在屏幕上的方格中移动。程序的流程如图 4-48 所示。

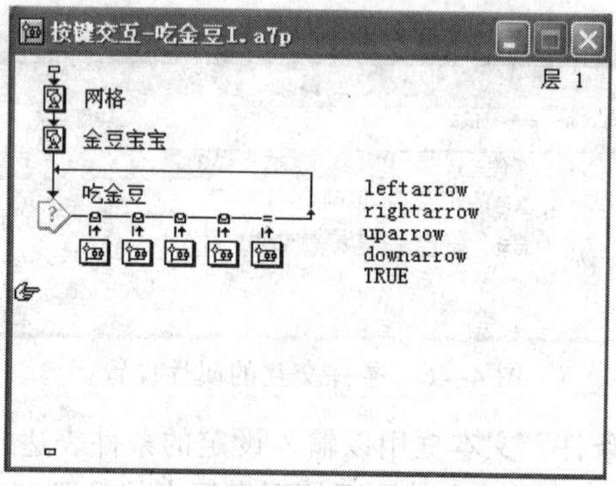

图 4-48 流程图

操作步骤：

（1）单击菜单栏上的“查看”/“显示网格”菜单命令，使“显示网格”前打“√”。拖动一个“显示”图标到主流程线上，命名为“网格”。单击绘图工具箱中的“直线”按钮和菜单中的“修改”/“排列”菜单命令，弹出“排列”面板，在演示窗口中画出 9×9 的方格，并且把它们群组成一个对象。如图 4-49 所示。

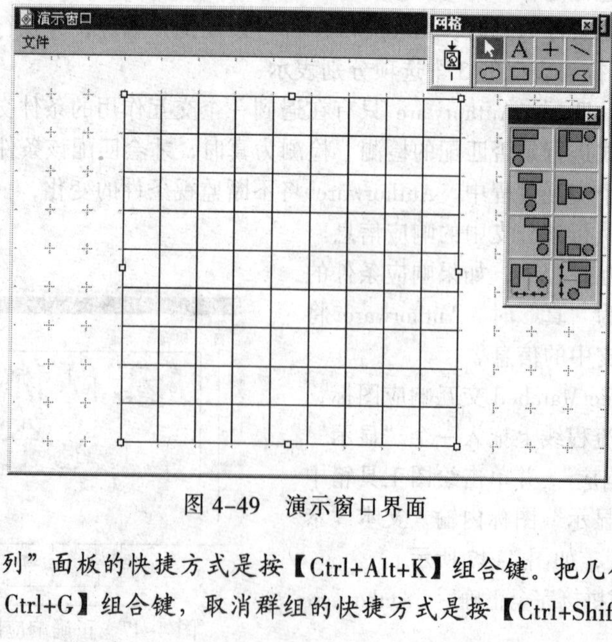

图 4-49 演示窗口界面

提示： 弹出“排列”面板的快捷方式是按【Ctrl+Alt+K】组合键。把几个对象组合成一个群组的快捷方式是按【Ctrl+G】组合键，取消群组的快捷方式是按【Ctrl+Shift+G】组合键。

（2）拖动一个“显示”图标到主流程线上，命名为“金豆宝宝”。双击打开该图标利用绘图的工具箱画一个“金豆宝宝”。

（3）拖动一个“交互”图标到主流程线上，命名为“吃金豆”。再拖动一个“群组”图标挂靠在交互图标的右边，在弹出的“交互类型”对话框中选择“按键”单选按钮。将图标命名为 leftarrow。它是键盘左方向键的键名，按它可控制“金豆宝宝”在演示窗口中向左移动。

提示：交互响应图标的名称其实就是按键交互响应的匹配键。本例输入的 leftarrow 代表键盘上的←方向键。当应用程序执行到按键交互结构时，按【←】方向键，Authorware 就会响应该动作。

在 Authorware 中，按键的设置对大小写是严格区分的。按【A】键与按【a】键，Authorware 并不认为是同一个键，如果希望在最终输入按键的过程中忽略大小写，可以设置成“A | a”。

在设置响应按键时，Authorware 支持使用组合键。组合键就是一个或几个功能键加上一个字母键。假如要设置功能键【Shift+D】组合键作为响应按键，在按键响应的名称文本框中要输入“Shift+D”。能作为功能键的有：

Alt、BackSpace、Break、Ctrl、Delete、downarrow、End、Enter、Escape、F1–F12、Home、Ins or Insert、leftarrow、PageDown、PageUp、Pause、Return、rightarrow、Shift、Tab、uparrow

欲了解更多的键名，请看 Authorware 的帮助。

如果希望输入任何按键都能匹配该响应，可以使用通配符“？”。只需在按键响应的名称文本框中输入“？”即可。

（4）双击交互响应图标上方的按键交互响应类型符号，弹出“属性：交互图标[leftarrow]”对话框。单击“响应”选项卡，在“分支”下拉列表框中选择“继续”选项。使得当按键响应发生后，先执行交互响应图标内容，然后返回交互起点，继续检查是否有新的按键动作。在“激活条件”文本框中输入“x>0”，当发生按键响应时，只有当 X 的值为大于 0 的整数时，才能向左移动，否则就会移到方框以外。关闭该对话框同时又弹出一个“新建变量”对话框，在“初始值”文本框中输入“0”。单击“确定”按钮退出，如图 4-50 所示。

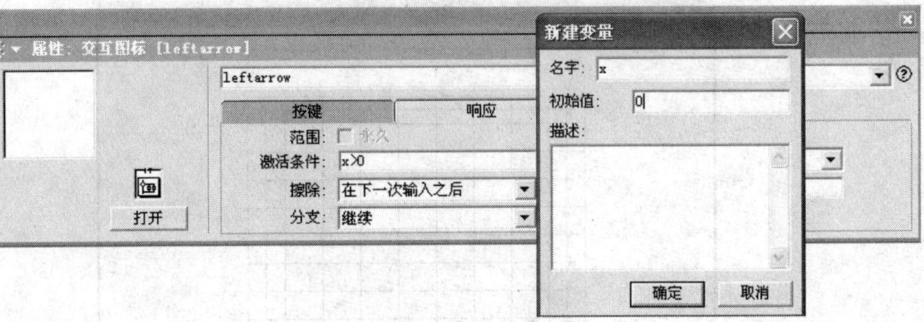

图 4-50 设置变量

在“响应”选项卡中的“激活条件”文本框设置了条件，在 Authorware 的执行过程中，只有该文本框中输入的内容为真，该按键响应才起作用。若希望最终能响应某一范围的按键，如 a～g 之间的按键。可以在该文本框中输入“key>=a&key<=g”，则当按下 a～g 之间的任何键，Authorware 都会做出响应。

（5）再拖动 3 个“群组”图标挂靠在交互图标的右侧，分别命名为 rightarrow、uparr-ow、downarrow。3 个交互响应图标自动继承了第一个交互响应图标的设置属性。

（6）由于 4 个方向键用于控制“金豆宝宝”在演示窗口的移动，也就是坐标点的改变。当按【←】方向键时，横坐标 x 的值减 1，当按【→】方向键时，横坐标 x 的值加 1。当按【↑】方向键时，纵坐标 y 值加 1，当按【↓】方向键时，纵坐标 y 值减 1。在 leftarrow 交互响应图标中拖入一个“计算”图标，命名为 x-1。在其中输入 x:=x-1，表示向左移动一次“金豆宝宝”后，水平方向的位移量 x 的值减 1，如图 4-51 所示。

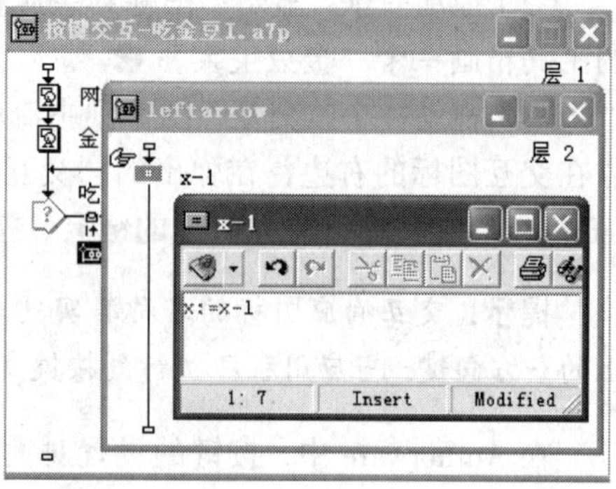

图 4-51 “计算”图标中内容

提示：打开“计算”图标的快捷方式是按【Ctrl+=】组合键。

（7）用同样的方法，在交互响应图标 rightarrow、uparrow 和 downarrow 中分别放置一个“计算”图标，命名为“x+1”、“y+1”、“y-1”。输入“计算”图标的内容分别为“x:=x+1”、“y:=y+1”、“y:=y-1”。在“激活条件”文本框中分别输入 x<9、y<9、y>0，以确保“金豆宝宝”不被移出指定的方框。

（8）在“交互”图标的最右侧挂靠另一个“群组”图标，命名为 TRUE，设定它为条件响应方式。此条件响应图标的名称就是“属性：交互图标”对话框中“条件”选项卡中的条件设置为真，表示这个条件始终成立。然后在“自动”下拉列表框中选择“关”选项。

（9）拖动一个“移动”图标到 TRUE 交互响应图标中，命名为 move。在弹出的“属性：移运图标[move]”对话框中选择“类型”下拉列表框中的“指向固定区域中的某点”选项，选择“基点”单选按钮，单击“金豆宝宝”并输入 X 和 Y 的初始值 0，选择“终点”单选按钮，在其中输入 8,8，并将“金豆宝宝”从网格的左下方拖到右上方的方格中。在“目标”文本框中输入变量名 x、y，其实就是用 X 和 Y 的值控制小球的当前位置，如图 4-52 所示。

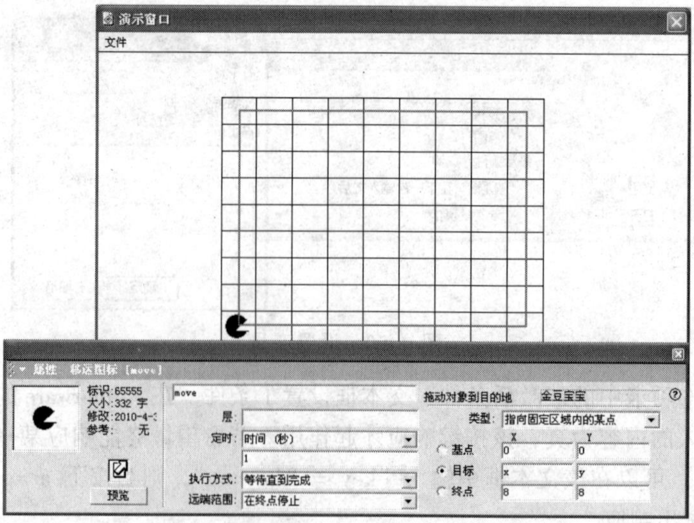

图 4-52 “移动”图标属性设置

（10）运行调试程序。“金豆宝宝”就会根据对方向键的操作相应的移动。最后保存文件即可。

4.9　文本输入交互响应方式

在多媒体交互程序中，常常会遇到输入文本的时候。比如在登录时，要求输入密码和用户名。在 Authorware 中提供了一个比较快捷的方式来制作这种响应。这就是文本输入交互响应方式。所谓文本输入交互响应，就是 Authorware 在屏幕上定义一个文本输入区，通过用户在指定的区域中输入文本来响应交互。

【实例 8】填空题 I

本例将通过制作一个填空题来学习文本输入交互的制作与设置。其流程如图 4-53 所示。

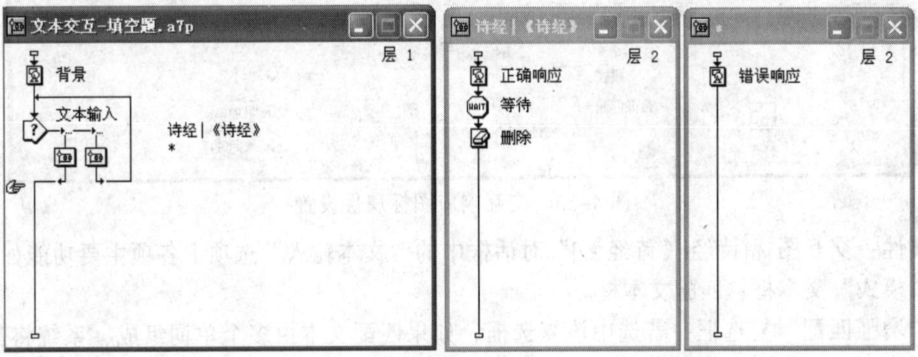

图 4-53　流程图

操作步骤：

（1）建立一个新的程序文件，拖动一个“显示”图标到主流程线上，命名为“背景”。在此图标内输入一幅背景图片。

（2）拖动一个“交互”图标到主流程线上，命名为“文本输入”。双击交互图标，弹出演示窗口，单击绘图工具箱中的“文本”按钮输入图 4-54 所示的填空题内容。

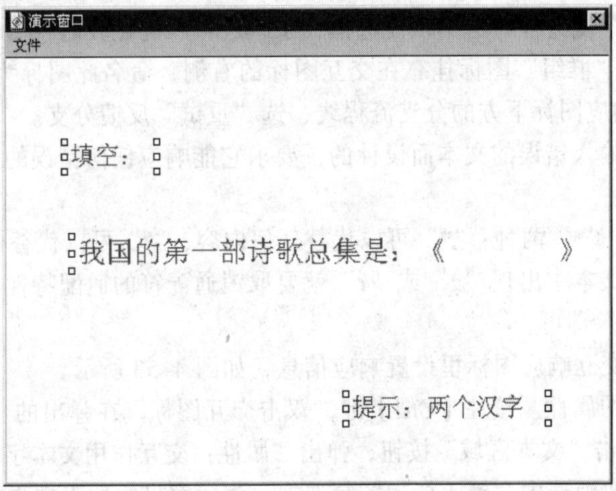

图 4-54　演示窗口

（3）拖动一个“群组”图标挂靠在“交互”图标的右侧，在弹出的“交互类型”对话框中选择“文本输入”单选按钮，双击此图标上方的交互响应类型符号，弹出“属性：交互图标

[诗经|《诗经》]”对话框，在名称文本框中命名此图标为“诗经 |《诗经》”，如图 4-55 所示。在“响应”选项卡中设置反馈分支为“退出交互”。名称文本框中输入的内容就是文本交互响应预设的标准响应文本。

注意：用户的输入并不一定要与设置的标准输入完全一致，这取决于标准响应文本的设置。如果要求用户的响应与标准响应文本设置中的一个匹配，可在各匹配文本之间用“|”符号分隔，本例中为“诗经|《诗经》”。

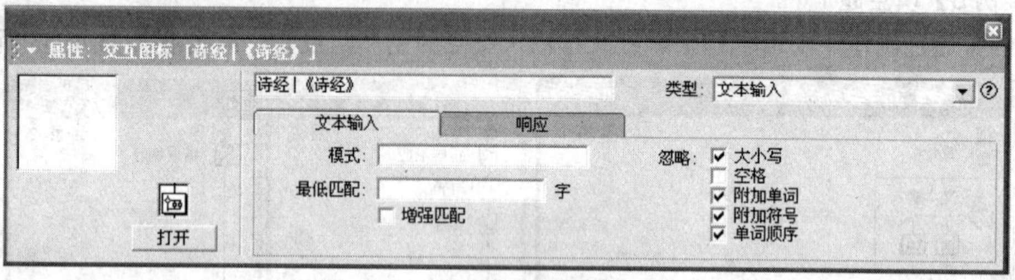

图 4-55　交互响应图标属性设置

“属性：交互图标[诗经|《诗经》]”对话框中的“文本输入”选项卡各项主要功能如下：

- “模式”文本框：匹配文本框。
- “增强匹配”复选框：若选中该复选框，如果匹配文本由多个单词组成，系统将给多次机会，允许分别输入各个单词与匹配文本相匹配。如果匹配文本是“I am a Chinese”，系统允许分多次分别输入“I”、“am”、“a”、“Chinese”来完成对匹配文本的匹配响应。
- “忽略”复选框组：
  - ◆“大小写”复选框：选中该复选框，系统进行匹配比较时不区分大小写。
  - ◆“空格”复选框：选中该复选框，系统进行匹配比较时忽略输入的所有空格。
  - ◆“附加单词”复选框：附加单词。
  - ◆“附加符号”复选框：选中该复选框，系统进行匹配比较时忽略输入的所有标点符号。
  - ◆“单词顺序”复选框：选中该复选框，系统进行匹配比较时忽略输入的单词顺序。

（4）再拖动一个“群组”图标挂靠在交互图标的右侧，命名此图标为“*”。按住【Ctrl】键，单击“*”交互响应图标下方的分支流程线，选“重试”反馈分支。

此响应分支是为输入错误的文本而设计的，要求它能响应任何错误的文本。因此预设的通配符是“*”。

通配符有“?”和“*”两种：“*”可以代替任何内容；“?”可以代替任何一个字符。

如果希望在匹配文本中出现“*”或“?”就要取消通配符的通配特性，只需要在通配符的前面加一个反斜杠“\”即可。

（5）分别在两个交互响应图标里设置响应信息，如图 4-53 所示。

（6）设置文本框的属性。按住【Ctrl】键，双击交互图标，在弹出的“属性：交互图标[文本输入]”对话框中单击“文本区域”按钮，弹出“属性：交互作用文本字段”对话框，在“交互作用”选项卡中，取消选中“输入标记”复选框，演示窗口中的正文文本框前的黑色小三角不见了，如图 4-56 所示。在“版面布局”选项卡中设置输入文本框的大小和位置，如图 4-57 所示，也可在“交互”图标的演示窗口中选中文本框，调整它的大小和在演示窗口中的位置。“文本”选项卡中的设置如图 4-58 所示。

“交互作用”选项卡中的各项功能如下：

- “作用键”文本框：该文本框用于设置最终用户以什么功能键来结束输入文本响应。在 Authorware 中缺省的功能键是 Enter 键。用户也可改变该默认值，方法是在该文本框中输入功能键名称即可。
- 选项（Options）复选框组：

  a. “输入标记”：选择此复选框，在文本框前会出现一个黑色小三角的提示标记。

  b. “忽略无内容的输入”：选择此复选框，如果输入的内容为空，Authorware 将不对其作出响应。

  c. “退出时擦除输入的内容”：选择此复选框，当退出交互时会自动擦除输入的文本，否则，输入的文本会保留在演示窗口中，直到擦除图标才将其擦除。

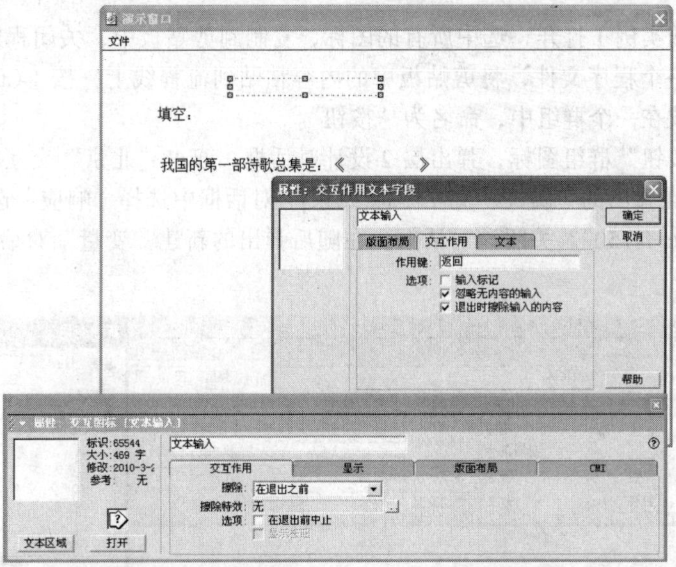

图 4-56 “文本输入”交互图标属性设置

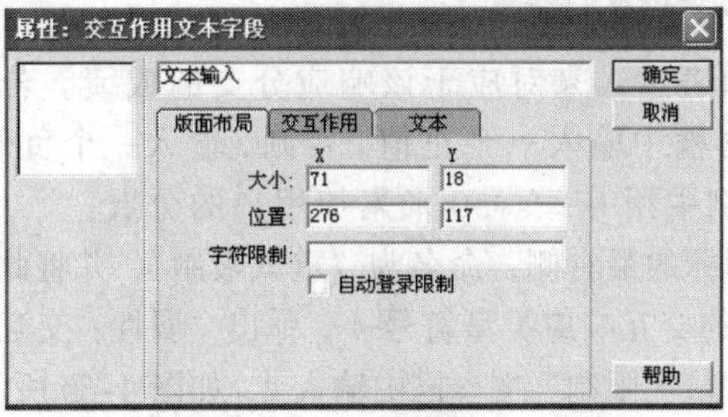

图 4-57 “版面布局”选项卡

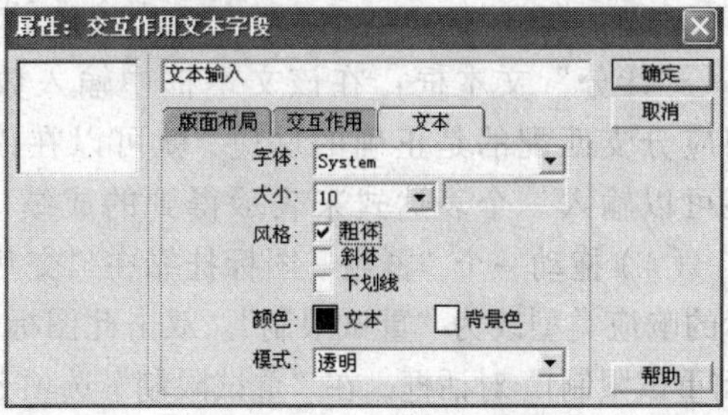

图 4-58 “文本”选项卡

“版面布局”选项卡各项功能如下：

- “大小”文本框：调整文本框的大小
- “位置”文本框：调整文本框在演示窗口的位置。
- “字符限制”文本框：设置文本框中可容纳的字符数，多余的字符将被忽略。
- “自动登录界限”复选框：当输入的字符数达到界限设置的数值时，Authorware 会自动结束输入而无需按【Enter】键。

4.10 重试限制响应与时间限制响应方式

重试限制响应与时间限制响应一般很少单独使用，而是作为其他交互响应方式的辅助设置。重试限制是用来限制输入响应的次数，多用于不希望无限制地重试某一响应时，对其重试次数加以限制。时间限制响应是用来限制输入响应所花费的时间。

【实例 9】选择题和填空题 II

本实例是一组使用不同交互响应方式的选择题和填空题。在这组试题中将采用重试限制和时间限制两种交互来限制用户做题的次数和时间，并进一步熟悉其他几种交互响应方式。本例中做对一个题目，系统就加 50 分，最后显示总分。

操作步骤：

（1）将本章的实例 1 打开，选中所有的图标，复制到剪贴板中，关闭程序。

（2）再新建一个程序文件，将剪贴板中的内容粘贴到流程线上，按【Ctrl+G】组合键，将粘贴的图标全部放在一个群组中，命名为“按钮”。

（3）双击“按钮”群组图标，弹出层 2 设计对话框。双击“北京”交互响应图标上方的交互类型符号-?-，在弹出的“属性：交互图标[北京]”对话框中选择“响应”选项卡，在“计分”文本框中输入“fs:=fs+50”。关闭该对话框，在随后弹出的新建“变量”对话框中设置 fs 为 0，如图 4-59 所示。

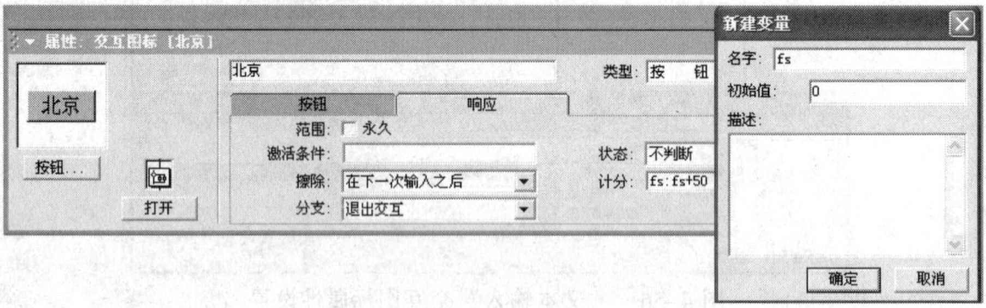

图 4-59 fs 变量设置

“计分”文本框：在该文本框中输入数字和表达式来对应于该响应分支的成绩。若该响应分支匹配的是正确的反应，就可以在该文本框中输入一个正值，否则，输入一个负值。还可以输入一个表达式来表示得到的成绩。本例中用 fs:=fs+50 来累加用户的分数。

（4）拖动一个“群组”图标挂靠在“交互”图标的最右侧，命名为“重试限制”，并将此图标的响应类型改为“重试限制”。双击此图标上方的交互响应类型符号-#-，弹出“属性：交互图标[重试限制]”对话框，在“重试限制”选项卡的“最大限制”文本框中输入 2，如图 4-60 所示。

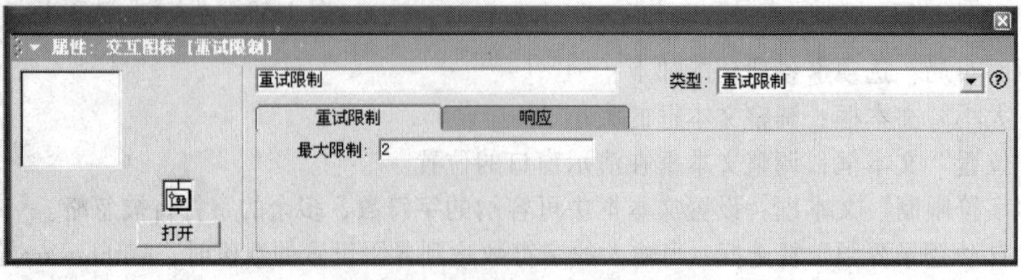

图 4-60 设置“最大限制”值

（5）再拖动一个“群组”图标挂靠在“交互”图标的最右侧，命名为“时间限制”，并将此图标的响应类型改为“时间限制”。双击此图标上方的交互响应类型符号-⏲-，弹出“属性：交互图标[时间限制]”对话框，在“时间限制”选项卡的“时限”文本框中输入 8，选项中“显示剩余时间”复选框，如图 4-61 所示。

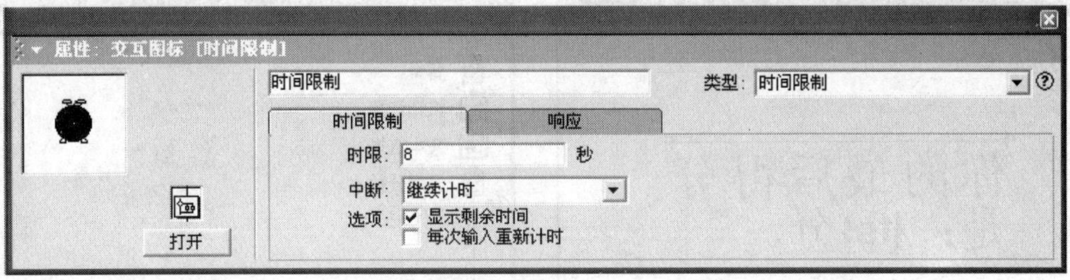

图 4-61 设置“时间限制”选项卡

“时间限制”选项卡的各项主要功能如下：

- “时限”文本框：该文本框中输入的是该响应所限制的时间，单位为秒。本例设置为 8 秒。
- “显示剩余时间”复选框：选中该复选框，在程序运行时，如果有时间限制响应，可在演示窗口显示倒计时时钟，并显示剩余时间，可把此时钟放在演示窗口的任意位置。
- “每次输入重新计时”复选框：选中该复选框，则在该交互分支结构中，每匹配一个响应，时间限制响应将重新计时。

（6）在“重试限制”与“时间限制”交互响应图标中设置反馈信息。方法是双击交互响应图标，在弹出的层 3 设计对话框中，拖入“显示”图标和“等待”图标，图标设置如图 4-62 所示，设置好反馈信息。在“次数”显示图标中输入文本信息“你已经超过了尝试次数，请做下一题”，在“超时”显示图标中输入文本信息“你已经超时，请做下一题”，其流程图如图 4-62 所示。

（7）至此，第一个选择题已经做好了，可以接着做第二个选择题。但本例将使用【实例 8】的素材来做第二个选择题。打开【实例 8】的程序，将所有图标复制到剪贴板中。通过剪贴板将图标粘贴到当前流程线上。按【Ctrl+G】组合键，将粘贴的图标全部放在一个群组中，命名为“文本选择”。

（8）将“按钮选择”群组图标中的“时间限制”与“重试限制”图标复制到“文本”交互图标的最右侧，流程如图 4-63 所示。

（9）在“文本”交互图标中，单击“诗经”交互响应图标上方的交互响应类型符号-▸...-，在弹出的“属性:交互图标[诗经]”对话框中选择“响应”选项卡,在“计分”文本框中输入“fs:=fs+53”，单击“确定”按钮即可。

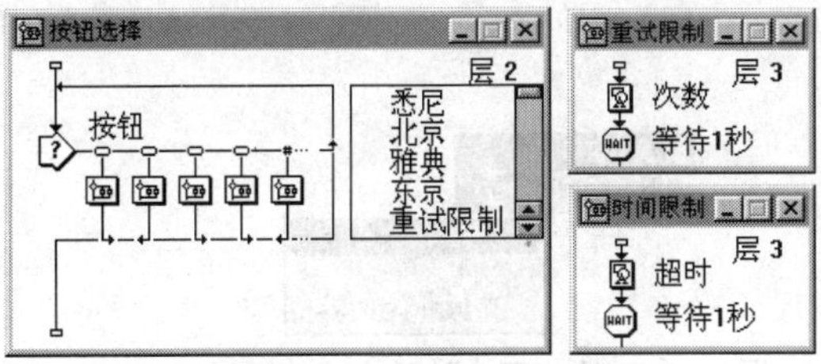

图 4-62 流程图

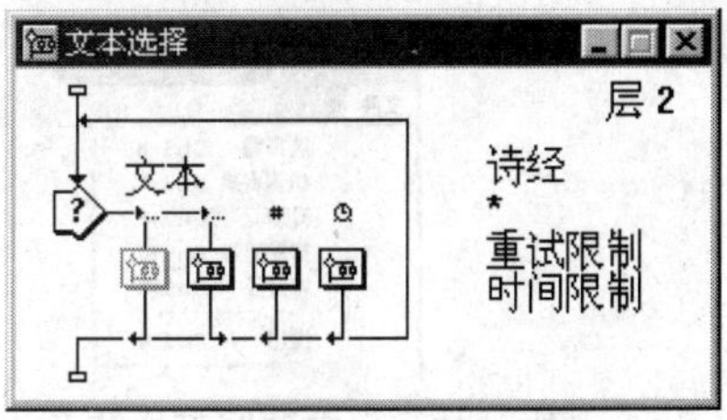

图 4-63 流程图

（10）拖动一个“显示”图标到层 1 对话框主流程线上，命名为“显示分数”。单击绘图工具箱中的“文本”按钮在演示窗口输入图 4-64 所示内容。最后的流程图如图 4-65 所示。

提示：如果要显示变量的值，那么在“显示”图标中，必须用大括号“{ }”将变量括起来。

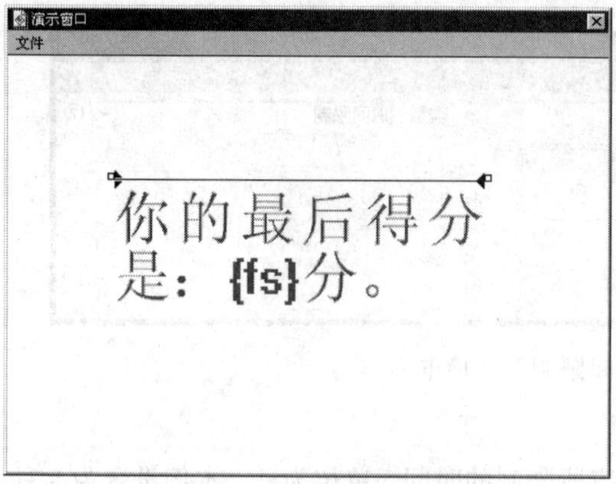

图 4-64　变量的显示设置

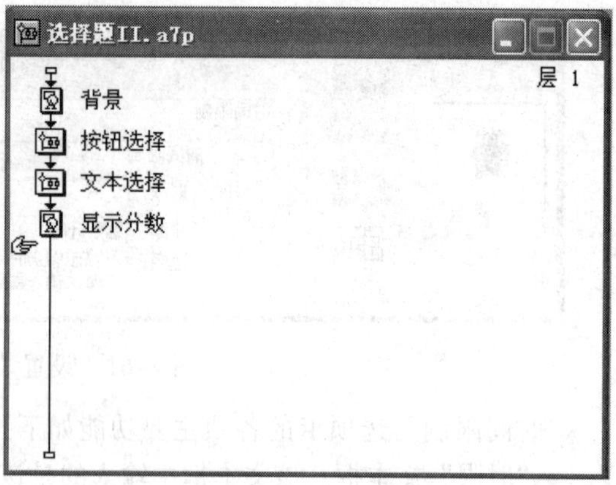

图 4-65　流程图

4.11　下拉菜单交互响应方式

下拉菜单交互响应方式是一种使用比较普遍的 Windows 图形界面。在计算机软件中是一种常用的操作方式。一般情况下，在 Authorware 应用程序运行过程中，演示窗口中只有一个“文件”菜单，并且菜单下面只有一个“退出”命令。为了丰富 Authorware 的菜单，Authorware 允许自定义程序下拉菜单。

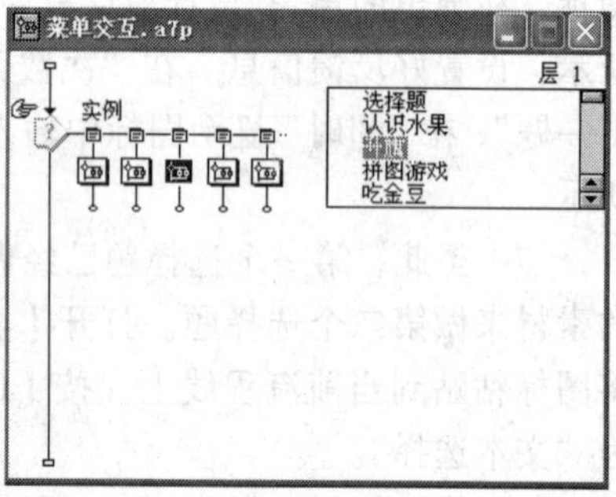

图 4-66　流程图

【实例 10】复习各种交互

到本节为止，已经学习了 9 种交互响应方式。本实例就是通过下拉菜单交互响应方式来复习这 9 种交互方式。本例设计的菜单项是“实例”，它的子菜单分别是已经制作过的几个主要实例名称。其流程图如图 4-66 所示，效果如图 4-67、图 4-68 所示。

操作步骤：

（1）新建一个程序文件，命名为“菜单交互”。

（2）拖动一个“交互”图标到主流程线上，命名为“实例”。此即为第一个下拉菜单项的项目名称，如图 4-66 所示。

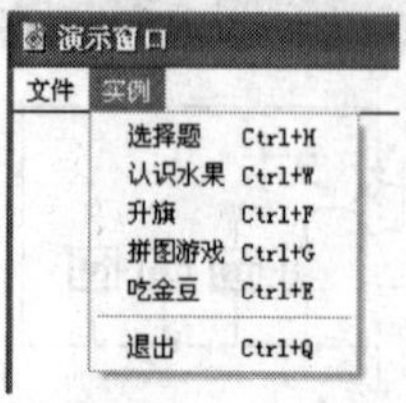

图 4-67　“实例”下拉菜单显示

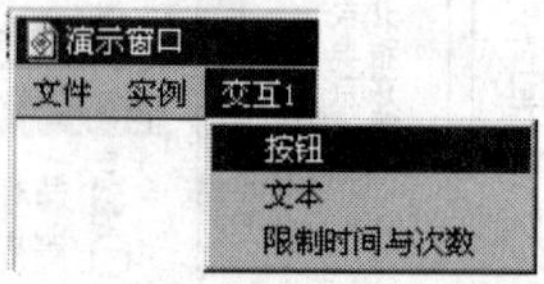

图 4-68　“交互 1”下拉菜单显示

（3）在“交互”图标下挂一个“群组”图标，交互响应类型设置为“下拉菜单”，命名为“选择题”。此即为第一个下拉菜单下的第一个菜单命令的名称。双击交互响应类型符号-⊟-，打开下拉菜单响应的属性对话框，如图 4-69 所示。设置按钮的快捷方式为【Ctrl+S】组合键。方法是在“菜单”选项卡中的“快捷键”文本框中输入“s”、“S”、“CtrlS”或“ctrls”中的任何一个均可。单击“响应”选项卡，在“范围”选项中选中“永久”复选框，在“分支”下拉列表框中选择“返回”选项，如图 4-70 所示。

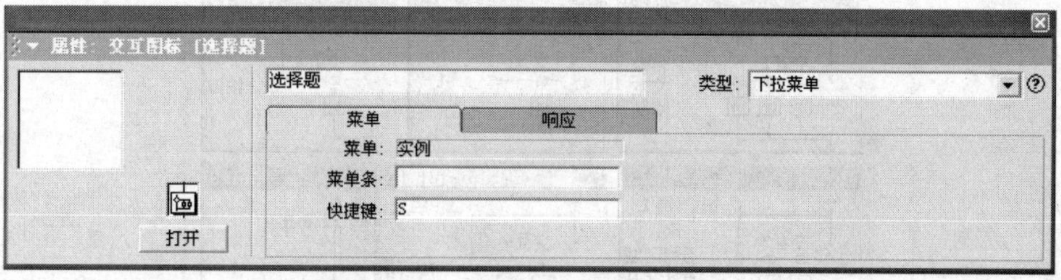

图 4-69 “菜单”选项卡的设置

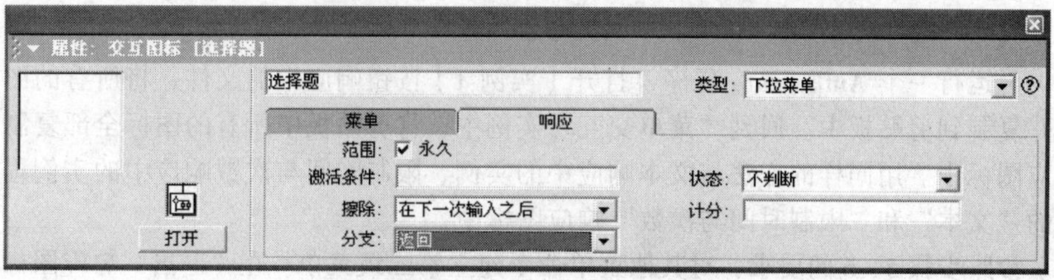

图 4-70 “响应”选项卡的设置

“菜单”选项卡的各项主要功能如下：

① “菜单”文本框：文本框中的“内容”就是菜单项的名称。在菜单项的名称中，可以使用一些特殊的符号来控制菜单的显示，这些符号包括：

- “(”：若菜单项的名称以左括号开头，Authorware 会使该菜单命令变灰（不可用）。
- “(－”：若菜单项的名称以左括号与减号开头，Authorware 则将该菜单命令显示为一条分隔线，而不再是菜单命令。
- “&”：若在菜单项的名称中某个字符前加上“&”字符，则“&”字符后的字符被 Authorware 设置为该菜单命令的快捷字符。

② “快捷键”文本框：用来设置该菜单命令的等效热键。也就是说，当设置好等效热键后，敲击热键和执行菜单中该命令选项所产生的反馈效果是相同的。在 Authorware 中快捷键并不区分大小写。如果使用【Ctrl】键与其他键的组合，则输入该键的字母或“Ctrl 字母”均可。图 4-69 所示在“快捷键”文本框中填写字母“s”或“Ctrls”均可。如果使用【Alt】键和【s】键的组合，则必须需要输入“alts”。

“响应”选项卡中的“范围”选项中选中“永久”复选框，可使该响应永久地保留在演示窗口中，便于随时与系统进行匹配响应。可使用这项功能的交互响应有：按钮交互响应、热区域交互响应、热对象交互响应、目标区域交互响应、下拉菜单交互响应、条件交互响应和事件交互响应。

（4）再将 6 个“群组”图标挂靠在“实例”交互图标的右侧，分别命名为“认识水果”、“升红旗”、“拼图游戏”、“吃金豆”、“(-”和“退出”。

提示：“(-” 菜单项的用途是产生一条分隔线。其效果如图 4-67 所示。

（5）建立第二级菜单。双击“选择题”交互响应图标，弹出层 2 设计对话框。拖动一个“交互”图标到层 2 流程线上，响应类型设置为“下拉菜单”，命名为“交互 1”。此即为“实例”菜单项的第二级菜单项。将分支设为“退出交互”。再分别将 3 个“群组”图标挂靠在交互图标“交互 1”的右侧，命名为“按钮”、“文本”、“限制时间与次数”，如图 4-71 所示。

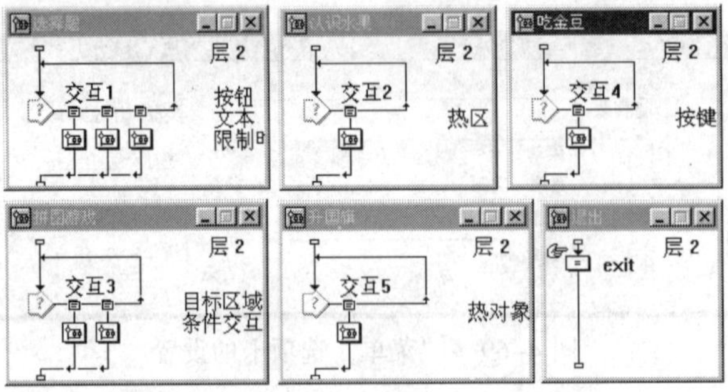

图 4-71　流程图

（6）再运行一个 Authorware 程序，打开【实例 1】按钮响应中的文件，将所有的图标全部选中，并复制到剪贴板中。回到“菜单交互”实例中，将剪贴板中所有的图标全部复制到“按钮”响应图标中。用同样的方法将文本响应中的实例、限制时间与次数响应中的实例程序复制到对应的“文本”和“限制时间与次数”响应图标中。

（7）参照步骤 5、6 的要求，对其他菜单命令建立第二级菜单。在“退出”响应图标中是一个“计算”图标“exit”，在“计算”图标里输入代码 quit(0)。最后的流程图如图 4-71 所示。

提示：quit()函数用法：

格式：quit(x)

该函数的作用是使 Authorware 直接退出演示过程。x=0 返回到 Authorware 窗口；x=1 返回到 Windows 资源管理器；x=2 重启 Windows；x=3 关闭 Windows。

由于 Authorware 默认的文件菜单始终和自定义的菜单显示在一起，显得不是很协调。可采用下面的两种方法将它从菜单上去掉，读者任选其一。其流程图如图 4-72、图 4-73 所示。具体设置由读者完成。

注意：在图 4-73 中“条件”交互图标属性中的“自动”下拉列表框要设置为“为真”，否则不能删除“文件”菜单。

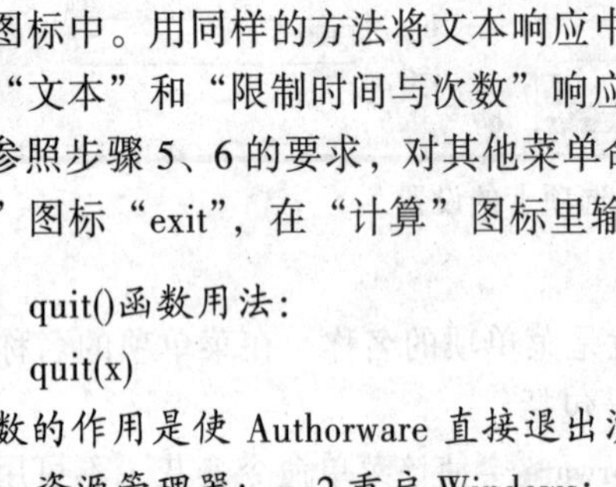

图 4-72　删除文件菜单流程图 1

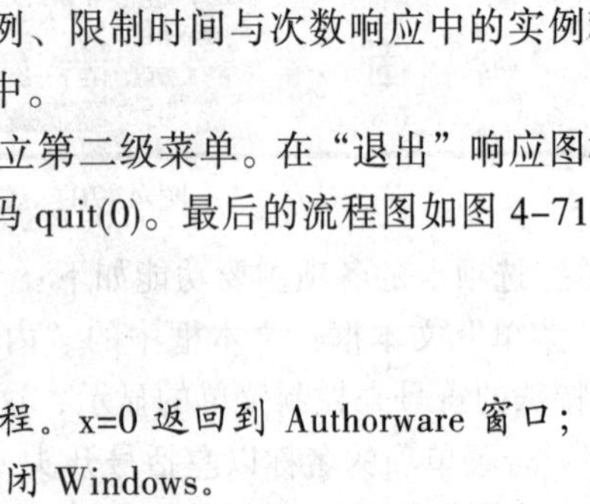

图 4-73　删除文件菜单流程图 2

4.12 交互分支类型的比较

由前面的学习，读者可以看出，在利用 Authorware 进行多媒体程序设计过程中，交互响应的合理选用十分重要。这其中，交互的及时反馈与流程的自由跳转是交互设计中的重点。在 Authorware 中交互反馈有图 4-74 所示的 4 种交互反馈类型：退出交互、继续、返回和重试。程序流程默认的是“重试”。在前面的章节中读者已经对分支流程有所了解，在本节将进一步讨论它们的区别和使用方法。为了叙述的方便，在讨论中，如无特别的需要，将采用“按钮”交互响应说明。

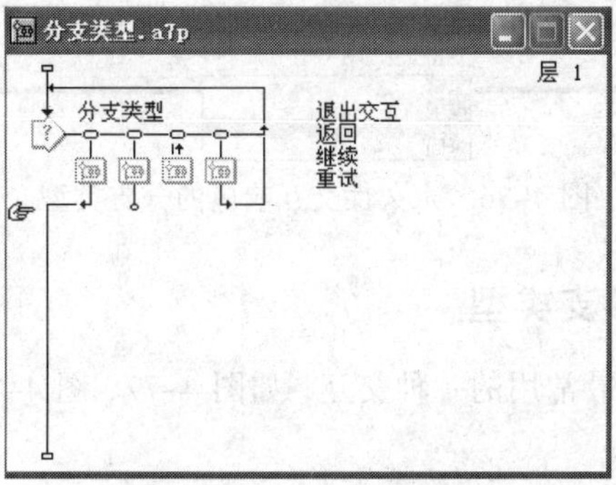

图 4-74 4 种交互反馈类型程序流程

读者可以在不打开“交互”图标属性对话框的情况下，通过按住【Ctrl】键，单击交互项的分支出口位置，改变该交互的反馈类型，这是常用的一种快捷方法。

4.12.1 永久性交互响应与非永久性交互响应

在前面的交互学习中，读者了解到当 Authorware 执行到交互分支结构时，通常都要等待用户输入一个响应，然后 Authorware 给出反馈响应信息，并继续执行程序。但有些情况下，也有随时需要匹配响应的，如应用程序的帮助菜单就是随时要求匹配的。根据 Authorware 的交互响应方式可把它分为两类：一类是永久性交互，一类是非永久性交互。所谓永久性交互与非永久性交互的区别，例如就是在“属性：交互图标[退出]交互”对话框的“响应”选项卡中是否选中“范围”选项中的“永久”复选框，如图 4-75 所示。能设定为永久性交互的响应类型是：按钮响应、热区域响应、热对象响应、目标区域响应、下拉菜单响应、条件响应和事件响应。

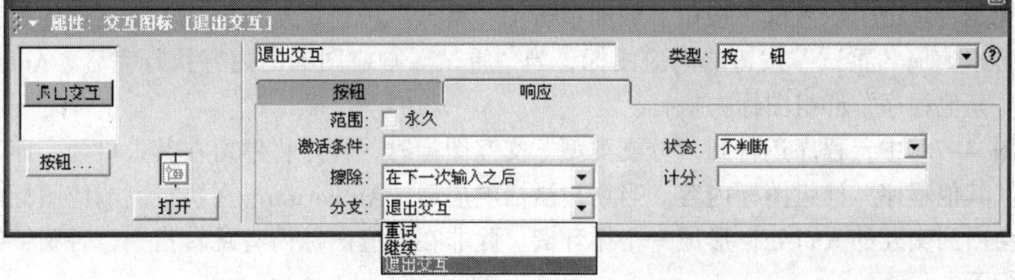

图 4-75 未选中“永久”复选框

4.12.2 非永久性交互响应的流程分支及响应后的走向

在非永久性交互响应中有“重试”、“继续”和“退出交互”3 种分支响应，如图 4–75 所示。在永久性交互响应中不但有非永久性交互响应所有分支类型，还有一种后者没有的分支类型，那就是“返回”类型的分支响应，如图 4–76 所示。

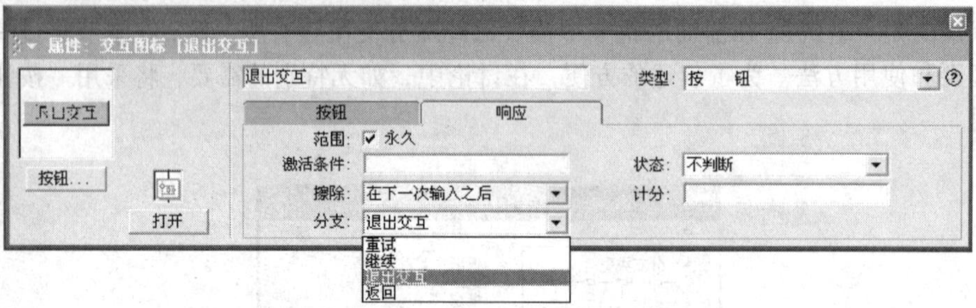

图 4–76 永久性交互响应的分支类型

4.12.3 “重试”交互分支类型

“重试”交互分支类型是最常用的一种交互，如图 4–77、图 4–78 所示的两个程序流程是有区别的。

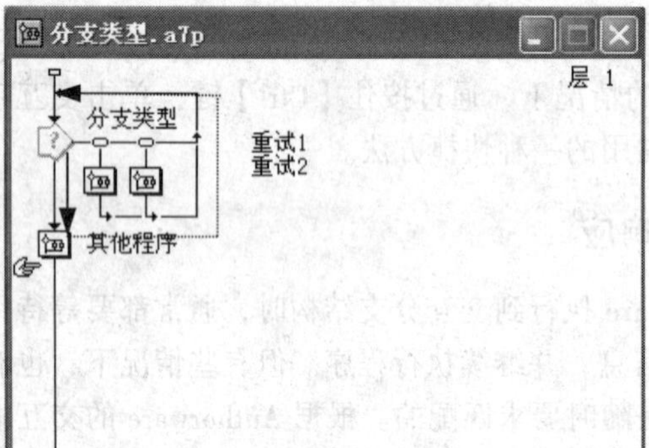

图 4–77 “重试”交互分支类型 1

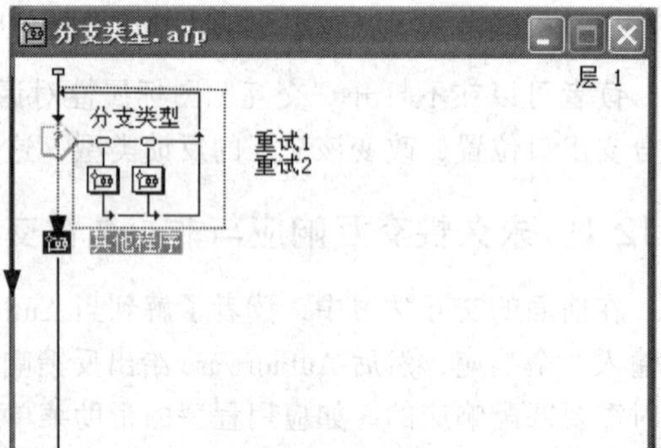

图 4–78 “重试”交互分支类型 2

在图 4–77 是永久性交互响应方式，程序流程将自动运行“其他程序”群组图标内容，而不会停留在“分支类型”的入口处，但“重试”按钮会保留在演示窗口中，而且 Authorware 会时刻监视是否单击了“重试”按钮。假如单击了“重试”按钮，Authorware 将立即停止其他图标的执行来响应“重试”按钮的响应图标，当“重试”响应图标的内容执行完后，Authorware 就转到“其他程序”群组图标去执行。

在图 4–78 中，程序运行到“分支类型”交互图标时，程序将停留在其入口处，而不会自动运行“其他程序”群组图标内容。当用户激活响应后，Authorware 在执行完响应图标的内容后，又会回到交互的入口处，形成一个循环圈。除非在响应图标内有跳转指令，否则，循环将一直进行下去。

图 4–77、图 4–78 中的实线箭头表示没有响应时的程序执行流向；虚线箭头表示响应激活后的程序执行流向。

4.12.4 “继续”交互分支类型

“继续”反馈分支主要适合交互一次，但希望 Authorware 能响应多次的情况，如实例“吃金豆”中的交互。

图 4-79 中的交互是永久性交互响应，当没有响应时，也是直接执行交互图标后的群组图标“其他程序”，并随时监测是否有“分支”交互图标中的响应。如果检测到响应，就会立刻终止其他图标的执行，返回去执行该响应下挂的交互响应图标，执行完后原路返回去检测其他响应是否能激活，如果有匹配的响应，执行其下挂的交互响应图标并原路返回，如果无匹配的响应，就去执行该交互图标后的图标内容。

图 4-80 中的交互是非永久性交互响应，其流程的走向与图 4-78 基本相似。不同的是，当对操作作出响应后，不是回到交互的入口处，而是沿原路返回，并检查是否有其他的等待响应能与最终用户输入的响应相匹配。如图 4-80 所示当响应了“继续 1”后，又原路返回检测条件交互是否能响应，发现能响应，就去执行“TRUE”响应图标，执行完后，又原路返回去检测其他响应。没有发现响应，就回到交互的入口处等待新的响应。

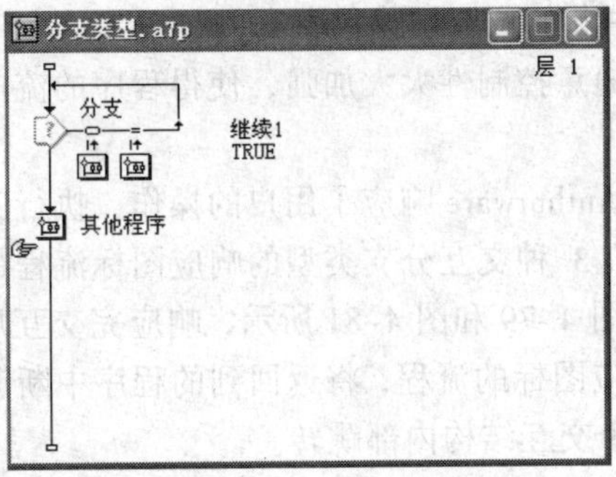

图 4-79 永久性交互响应

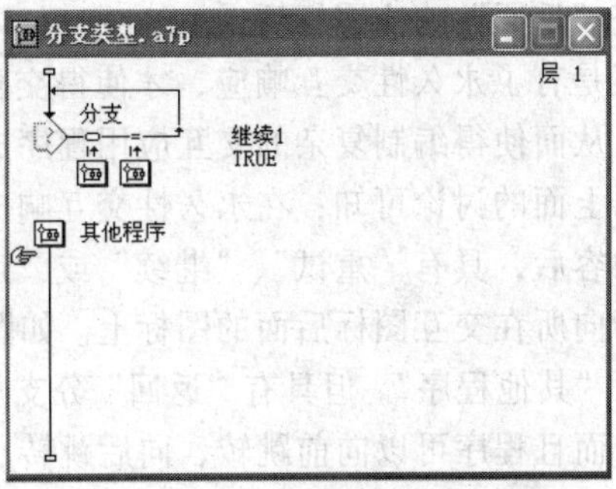

图 4-80 非永久性交互响应

4.12.5 “退出交互”交互分支类型

相对于“重试”、“继续”交互分支类型来说，“退出交互”分支容易理解些，也容易掌握。在图 4-81、图 4-82 的流程图中，它们相同的地方是当响应了“按钮”交互后，Authorware 执行完“退出 1”交互响应图标后，程序流程将退出交互结构，转去执行交互图标后面的“其他程序”群组图标的内容。所不同的是，图 4-81 中的交互是永久性交互响应，即使退出交互，Authorware 仍不断检测是否有响应。

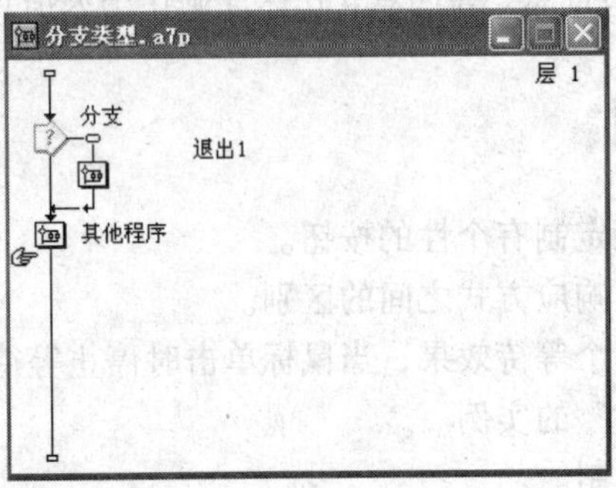

图 4-81 选中了“永久”的交互响应

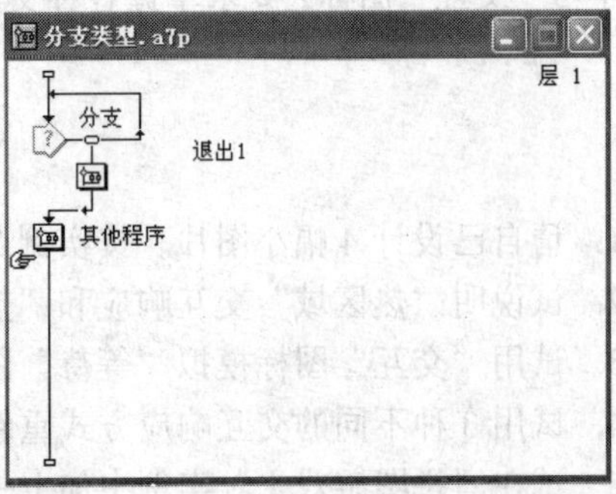

图 4-82 未选中“永久”的交互响应

4.12.6 “返回”交互分支类型

只有设置交互为“永久”交互，“分支”下拉列表框中才有“返回”交互分支类型可选，如图 4-76 所示。程序在任意位置调用具有“返回”分支的交互响应图标，执行完该部分内容后，程序将返回到程序中断调用的地方，继续执行被中断的程序流程，如图 4-83 所示。假如 Authorware 在执行“其他程序 1”群组图标时响应了“返回”按钮，Authorware 就会中断正在执行的程序，向后跳转调用交互响应图标“返回”。当执行完“返回”响应图标后，Authorware 又回到“其他程序 1”中被中断的位置继续程序流程。假如 Authorware 在执行“其他程序 3”群组图标时响应了“返回”按钮，Authorware 就会向前跳转调用交互响应图标“返回”。在执行完“返回”响应图标后，Authorware 又回到被中断的位置继续程序流程。

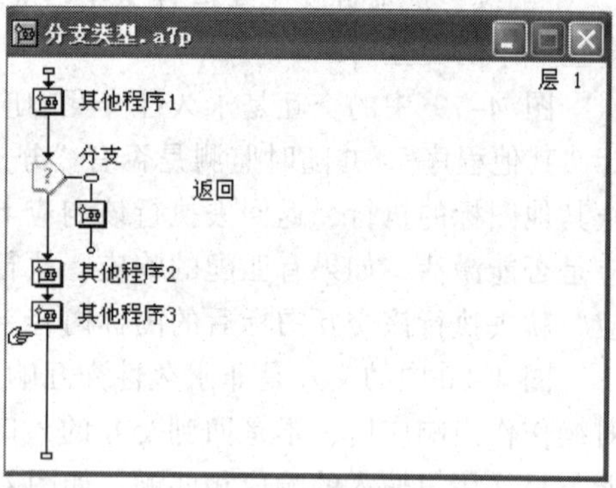

图 4-83 流程图

正是有了永久性交互响应，才使得交互作用的随意控制性大大加强，使得程序的流向更加复杂，从而使得编制复杂的交互应用程序成为可能。

由上面的讨论可知：在永久性交互响应中，当 Authorware 响应了用户的操作，执行完响应图标内容后，具有“重试”、“继续”或“退出交互”3 种交互分支类型的响应图标流程最终都固定指向所在交互图标后面的图标上。如图 4-77、图 4-79 和图 4-81 所示，响应完交互后，都指向了“其他程序”。但具有“返回”分支类型的响应图标的流程，将返回到的程序中断调用的地方，而且程序可以向前跳转、向后跳转、在同一个交互结构内部跳转。

小　结

交互是课件制作的核心，通过交互可以实现用户与计算机之间的交流，从而达到在教学中突出重点、突破难点，提高教学效率的效果。Authorware 具有丰富的交互功能。本章比较完整地介绍了 Authorware 的“交互”图标。其中包括按钮交互响应方式、热区域交互响应方式、热对象交互响应方式、目标区域交互响应方式、下拉菜单交互响应方式、按键交互响应方式、文本输入交互响应方式、条件交互响应方式、时间限制交互响应方式、重试限制交互响应方式等。通过学习“交互”图标，要求掌握各种交互响应方式的特点、异同点，在课件制作中灵活运用。

习　题

1. 请自己设计 4 幅小图片，按实例 3 的操作步骤定制有个性的按钮。
2. 试说明“热区域”交互响应和“热对象”交互响应方式之间的区别。
3. 试用“交互”图标模拟“等待”图标，设计一个等待效果，当鼠标单击时停止等待。
4. 试用 3 种不同的交互响应方式重新设计“升旗”的实例。
5. 试在“拼图游戏 I ”实例中加上一定的时间限制。
6. 说说几种交互响应分支结构的特点，并设计出不同的实例。

第5章 “声音”图标和“电影”图标

学习目标

- 掌握“声音”图标的使用，MIDI 声音的应用方法以及如何压缩 WAV 文件；
- 掌握“电影”图标的使用，以及如何在作品中应用 GIF 和 Flash 动画的方法；
- 理解不同媒体的同步问题。

多媒体作品中的基本媒体元素有：文本、图形、图像、声音、视频和动画。其中，文本、图形和图像带给人的是视觉感受；声音带给人的是听觉感受；视频与动画则带给人的是既有视觉的又有听觉的综合感受。正是由于有了多种元素的参与才使得多媒体作品有了更丰富的内容，使人从多方位多层次地感知信息。

5.1 声音图标的使用

声音包括音乐、语音和音响效果。在 Authorware 中使用声音可以增强演示的效果，使应用程序变得更加生动有趣。

Authorware 可以使用的声音文件在格式上有一些限制，如要确保声音文件在 Authorware 中可用，其扩展名必须为.wav、.mp3、.aiff、.pcm、.swa 和.vox 的声音文件。对于支持的格式，要在保证声音品质的前提下，尽可能选择容量小的格式；对于容量大的格式，如果是 WAV 格式，可以在 Authorware 中进行压缩；如果容量确实太大，可以采取外部链接的方式引用。

以下是几种声音格式的简介：

- WAV 格式声音：标准的 Windows 声音格式，广泛支持各种 Windows 的应用程序。这种格式声音无压缩，有较高的声音品质，但文件容量较大。
- SWA 格式声音：在 Authorware 中，可以将 WAV 格式声音压缩成这种 SWA 格式声音。这种格式声音容量相对较小，并具有较好的声音品质。声音容量和声音品质可以在压缩时进行设置。
- VOX 格式声音：通过 Authorware 提供的 Voxware Encoder 软件，可以将 WAV 格式声音更大程度地压缩成这种 VOX 格式声音。这种格式声音容量更小，但声音品质较差，一般用在对声音容量要求苛刻且声音品质要求较低的场合，例如网络应用。
- MP3 格式声音：目前极为流行的一种压缩声音格式。这种格式声音既有很大的压缩比，也有较好的声音品质。
- AIFF 格式声音：一种在 Windows 平台和 Macintosh 平台都能使用的通用声音格式。

【实例 1】引用声音

要加载一个声音，首先要将“声音”图标放置在主流程线上需要的位置，然后打开“声音”图标加载，如图 5-1 所示。

操作步骤：

（1）首先拖动一个“显示”图标到主流程线上，命名为“背景”，再拖动一个“声音”图标放置到 Authorware 文件的主流程线上，对该“声音”图标命名为“引用声音”，如图 5-1 所示。

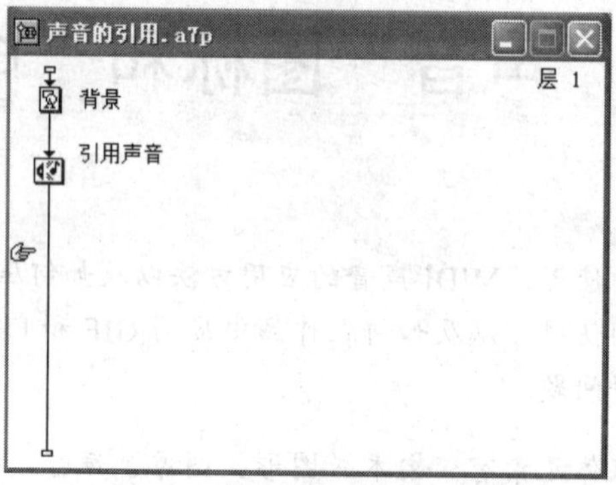

图 5-1 声音的引用

（2）双击该声音图标，弹出“属性：声音图标[引用声音]“对话框，如图 5-2 所示。再单击对话框中左下角的“导入”按钮，弹出“导入哪个文件？”对话框。

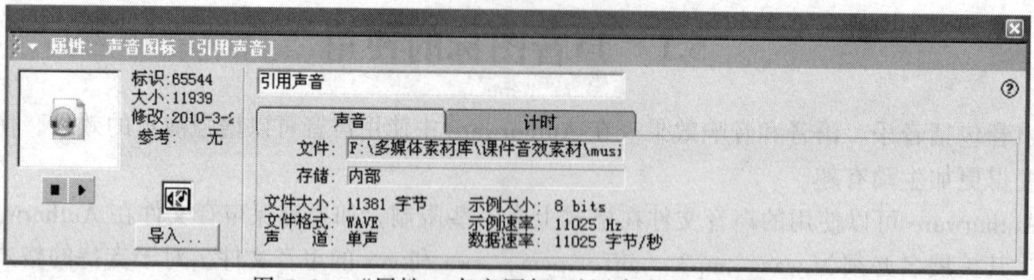

图 5-2 “属性：声音图标[引用声音]”对话框

（3）在对话框中指定要引用的声音文件，并选择是内部引用还是链接引用，单击“导入”按钮引用文件。

如果文件的容量较大，不宜引用程序内部声音文件，可选中“链接到文件”复选框。

（4）在“属性：声音图标[引用声音]”对话框中预听声音，按需要修改相应的设置。

（5）最后关闭“属性：声音图标[引用声音]”对话框。

“属性：声音图标[引用声音]”对话框由两部分构成。左边部分用于引用声音和预听声音；右边部分又包括两个选项卡：“声音”和“计时”。其中，“声音”选项卡显示了引用声音文件的相关信息。“计时”选项卡则用于设置声音播放时的相关属性，如图 5-2、图 5-3 所示。

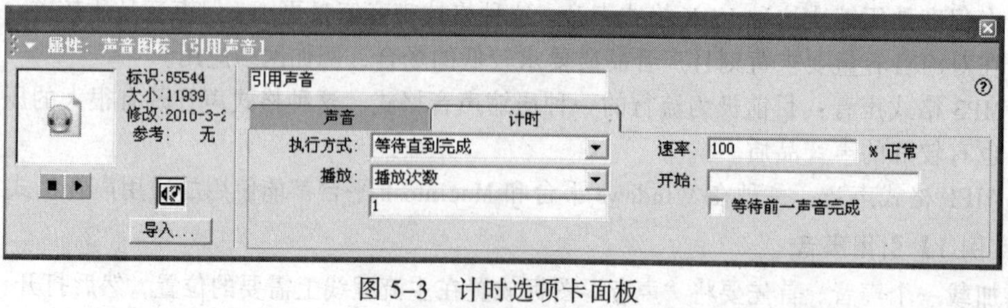

图 5-3 计时选项卡面板

① “声音”选项卡，该选项卡记录了选用的声音文件的一些信息，相关概念在概述里已经作了说明，此处不再赘述。

② “计时”选项卡，该选项卡包含如下属性设置：

- “执行方式”下拉列表框：设置声音播放的方式，包含3个选项。
  - ◆ 等待直到完成：控制等待“声音”图标播放完毕后再执行流程线上的下一个图标。
  - ◆ 同时：控制启动“声音”图标播放后立刻执行后面的图标。这种设置可以使声音与后面的程序同步。
  - ◆ 永久：控制“声音”图标在整个程序运行期间处于等待执行的状态，系统将监视“开始”文本框的内容，当表达式的值为真时就会启动播放声音。
- “播放”下拉列表框：控制声音播放的次数。包含两个选项。
  - ◆ 播放次数：在该选项下面的文本框中输入要播放的次数，系统将按指定次数播放声音文件。
  - ◆ 直到为真：在该选项下面的文本框中输入表达式，当表达式为真时，系统将停止播放声音文件。

③ “速率”文本框：设置声音文件的播放速度。100%为正常播放，大于或小于100%将加快或减慢播放的速度。

④ “开始”文本框：设置声音文件开始播放的条件。在文本框内输入变量或表达式，系统将根据其值确定何时开始播放声音。

⑤ “等待前一声音完成”复选框：在选择了“同时”或“永久”选项时，该复选框设置等待前面的一个声音播放完毕后才开始播放当前的声音文件。

5.2 MIDI音乐的使用

在Authorware中，并不直接支持MIDI文件的播放，必须通过使用多媒体扩展函数库提供的MIDI类外部函数才能调用和控制MIDI文件的播放。下面通过一个实例来说明在Authorware中使用MIDI文件的方法。

【实例2】MIDI音乐的使用

使用MIDI音乐作为程序的背景音乐，控制和播放该MIDI音乐。流程图如图5-4所示。

操作步骤：

（1）新建程序文件“MIDI文件.a7p”。

（2）单击“窗口”/“面板”/“函数”菜单命令，弹出“函数”对话框在“分类”下拉列表框中选择“MIDI文件.a7p”选项，如图5-5所示。

（3）单击“载入”按钮打开事先已安装在硬盘上的多媒体扩展函数库文件A7wmme.u32（一般在Authorware 7.0的安装目录中），也可以选择低版本的函数库A6wmme.u32、A5wmme.u32，如图5-6所示。

（4）从A7wmme.u32中选择导入MIDIPause()、MIDIPlay()、MIDIPlaying()、MIDI PlaySegment()、MIDIResume()、MIDIStop()，如图5-7所示。

（5）将MIDI音乐文件kzhs.mid放到当前程序所在文件夹中。

（6）在主流程线上拖放一个“计算”图标并将其命名为“play”，双击该图标并在弹出的窗

口中输入如下语句：MIDIPlay(FileLocation^ "kzhs.mid",100 , FALSE)

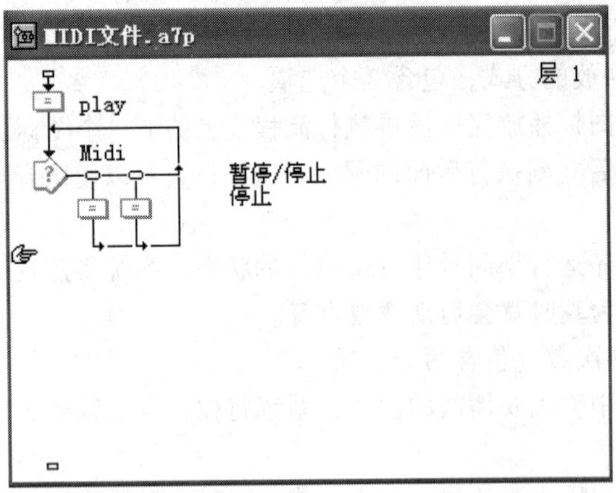

图 5-4　使用 MIDI 文件的流程图

图 5-5　选择“MIDI 文件.a7p”选项

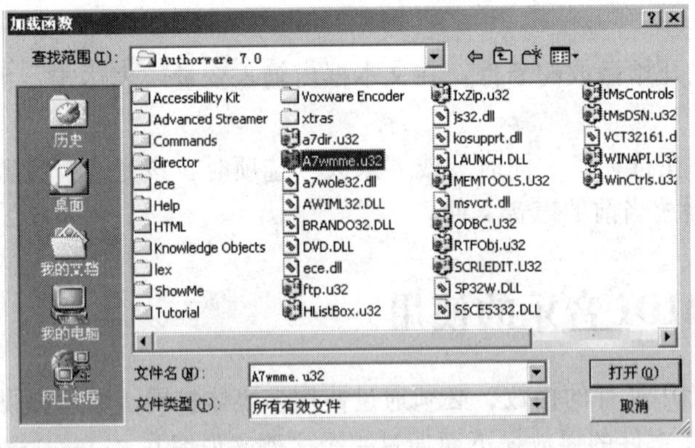

图 5-6　“加载函数”对话框

图 5-7　加载 MIDI 函数

该语句的作用是播放当前文件夹内的 kzhs.mid 文件。FileLocation 是一个系统变量，表示当前文件夹，“^”表示连接两个字符串。第 2 个参数用于指定播放的速度，相对于默认速度的百分比，100 表示以默认速度播放。第 3 个参数用于指定同步属性。FALSE 指定在播放 MIDI 音乐的同时，程序流程可以继续执行；TRUE 指定只有在 MIDI 音乐播放完毕后，后面的程序才能继续执行。

（7）创建交互作用分支结构，向交互作用分支结构中添加两个 MIDI 播放控制响应按钮，“暂停/开始”和“停止”，两个按钮均设为永久性响应，如图 5-4 所示。

（8）双击“暂停/开始”计算图标，在弹出的窗口中输入如下语句：

```
if MiDiPlaying then
  MIDIPause()
else
  MIDIResume()
end if
```

（9）双击“停止”计算图标，在弹出的窗口中输入如下语句：

```
MIDIStop()
```

（10）运行程序，kzhs.mid 文件被播放，单击"暂停/开始"按钮声音停止播放，再次单击该按钮则声音继续播放，该按钮可反复使用。单击"停止"按钮声音文件终止播放。

5.3 声音文件的格式转换

一般情况下，WAV 格式的声音文件容量都比较大，为了减小容量而又不会明显地降低声音的质量，Authorware 提供了将 WAV 格式声音压缩成 SWA 格式声音的方法。

【实例 3】压缩声音

在 Authorware 中引用两个声音文件，一个是 msc.wav，另一个则是先将 msc.wav 文件压缩转化为 msc.swa 文件后再引用。比较这两个文件的大小、质量及相关信息。流程如图 5-8 所示。

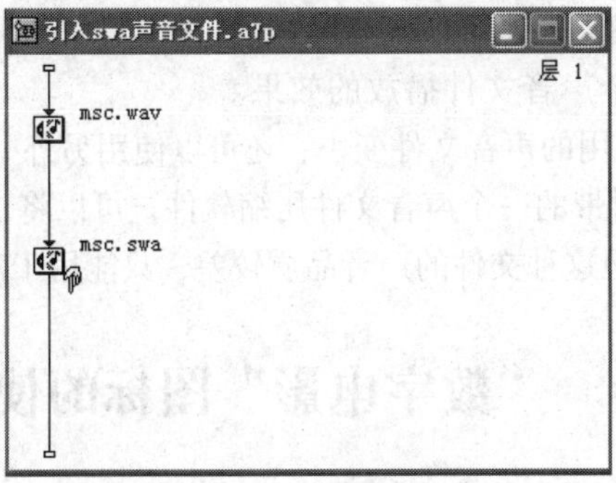

图 5-8 流程图

操作步骤：

（1）进入 Authorware，按照实例 2 所述的方法在程序的主流程线上引用声音文件 msc.wav。

（2）单击菜单栏中的"其他"/"其他"/"转换.WAV 到.SWA"菜单命令，弹出"转换.WAV 文件到.SWA"对话框如图 5-9 所示。

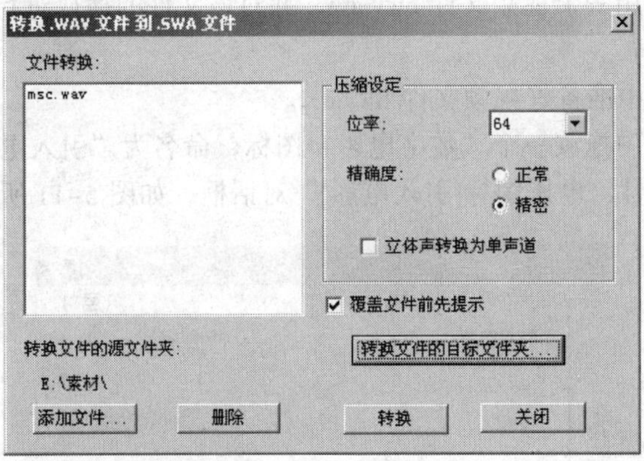

图 5-9 "转换.WAV 文件到.SWA 文件"对话框

"转换.WAV 文件到.SWA 文件"对话框中内容主要含义如下：

- "位率"下拉列表框：设置比特率。该值越小声音质量越好，但压缩比越小；该值越大声音质量越差，压缩比越大，默认值为 64。
- "精确度"单选按钮组：设置转换精度。"正常"为普通精度，"精密"为高精度，默认值为精密。

- “立体声转换为单声道”复选框：设置将双声道转换成单声道。默认为不选择该复选框。
- “覆盖文件前先提示”复选框：设置在覆盖原文件前显示提示信息。

（3）在“转换.WAV 文件到.SWA 文件”对话框中单击“添加文件”按钮，弹出“选择.WAV 文件转换到.SWA”对话框，找到所需 WAV 格式文件，双击该文件，关闭“选择.WAV 文件转换到.SWA”对话框。所选择的 WAV 文件即出现在图 5-9 所示的“文件转换”列表框中。

（4）单击“转换文件的目标文件夹”按钮，弹出“选择文件夹”对话框，指定压缩转换以后的 SWA 文件存放的路径。

（5）在“转换.WAV 文件到.SWA 文件”对话框中的“压缩设定”选项组中进行压缩选项的设置，然后单击“转换”按钮开始文件压缩转换，完成后生成 SWA 文件。

（6）在主流程线上拖放另一个“声音”图标，引用 msc.swa 文件。

（7）分别打开两个“声音”图标的属性对话框，比较其中的“声音”选项卡的内容。

（8）运行程序，比较两个声音文件播放的效果。

在 Authorware 中为了使引用的声音文件变小，还可以使用另外一个工具——Voxware Encoder。这个工具是 Authorware 专门附带的一个声音文件压缩软件，可以将 WAV 文件转换为 VOX 文件，其压缩比可达到 30～60 倍。但这种文件的声音品质较差，只能用于对声音品质要求较低的场合。

5.4 “数字电影”图标的使用

数字电影包含了画面和声音，能表现逼真的活动影像。在 Authorware 中使用数字电影，能使多媒体作品有更丰富的表现力，带给人更丰富的视听感受。但是，也不能过多的使用数字电影。因为视频文件的容量一般都相对较大，只能以外部链接的形式引用，不能引用到 Authorware 程序的内部，因此在发行作品时必须带上相应的视频文件。

【实例 4】引用视频和电影

在 Authorware 中引用一个视频文件 bwy.avi，并对该文件的播放进行相应的设置。

操作步骤如下：

（1）在当前文件夹中准备好视频文件 bwy.avi。

（2）在 Authorware 中拖放一个“数字电影”图标，命名为“引入电影”，如图 5-10 所示。双击该图标，打开“属性：电影图标[引入电影]”对话框，如图 5-11 所示。

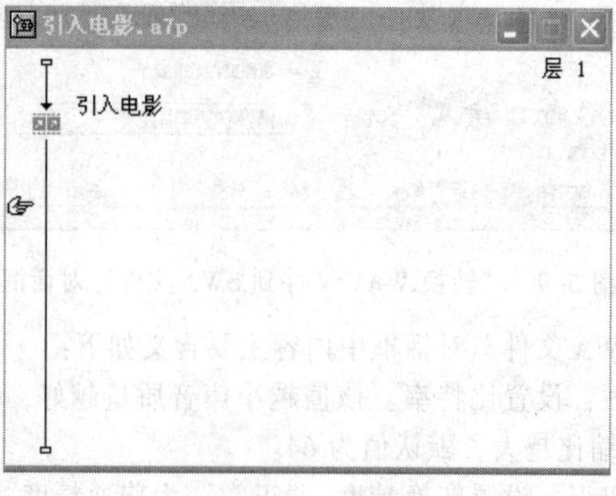

图 5-10 流程图

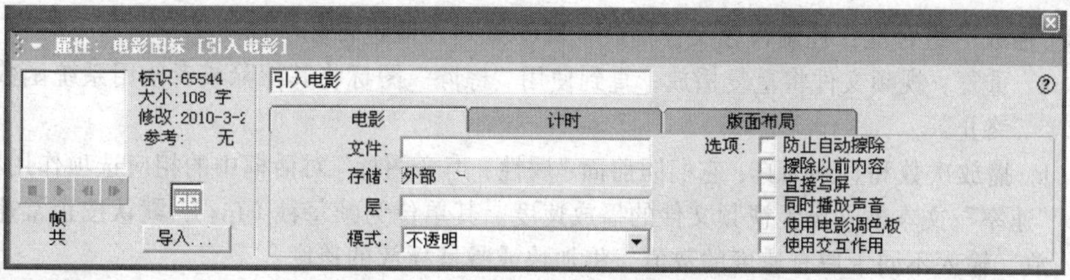

图 5-11　“电影”图标属性对话框

（3）单击该对话框左下角的“导入”按钮，弹出“导入哪个文件？”对话框。在对话框中指定要引用的视频文件，单击“导入”按钮引用文件。

（4）在“属性：电影图标[引入电影]”对话框中预览电影效果，按需要修改相应的设置。

（5）最后关闭“属性：电影图标[引入电影]”对话框，运行程序并观看视频文件播放的效果。

“属性：电影图标[引入电影]”对话框由两部分构成。左边部分用于引用视频文件和预览该视频文件；右边部分又包括 3 个选项卡：“电影”、“计时”和“版面布局”。

① “电影”选项卡，该选项卡的有关信息如下，如图 5-11 所示。

- “存储”文本框：“外部”表示视频文件是以外部文件链接的方式存在。
- “层”文本框：指定该视频文件在演示窗口中显示的层次。
- “模式”下拉列表框：显示视频文件的显示模式，参看第 1 章有关内容。
- “选项”复选框组：这个复选框组包含 6 个复选框。

a. 防止自动擦除：表示防止被其他图标所设置的自动擦除功能所擦除。如果选择了该复选框，则只能用“擦除”图标擦除本视频对象。

b. 擦除以前内容：表示执行到该“数字电影”图标后，擦除前面所有图标显示的内容。

c. 直接写屏：表示将视频对象显示在其他所有显示对象之上。

d. 同时播放声音：表示如果视频文件中包含声音时，选择此复选框则可以播放声音；不选此复选框则不播放声音。

e. 使用电影调色板：选中此复选框则表示使用视频对象本身的调色板；不选此复选框则将使用 Authorware 调色板。

f. 使用交互作用：选中此复选框表示可以保留引用对象中的交互性。由于视频文件不包含交互性，因此该复选框不可选。

② “计时”选项卡，该选项卡包含如下信息，如图 5-12 所示。

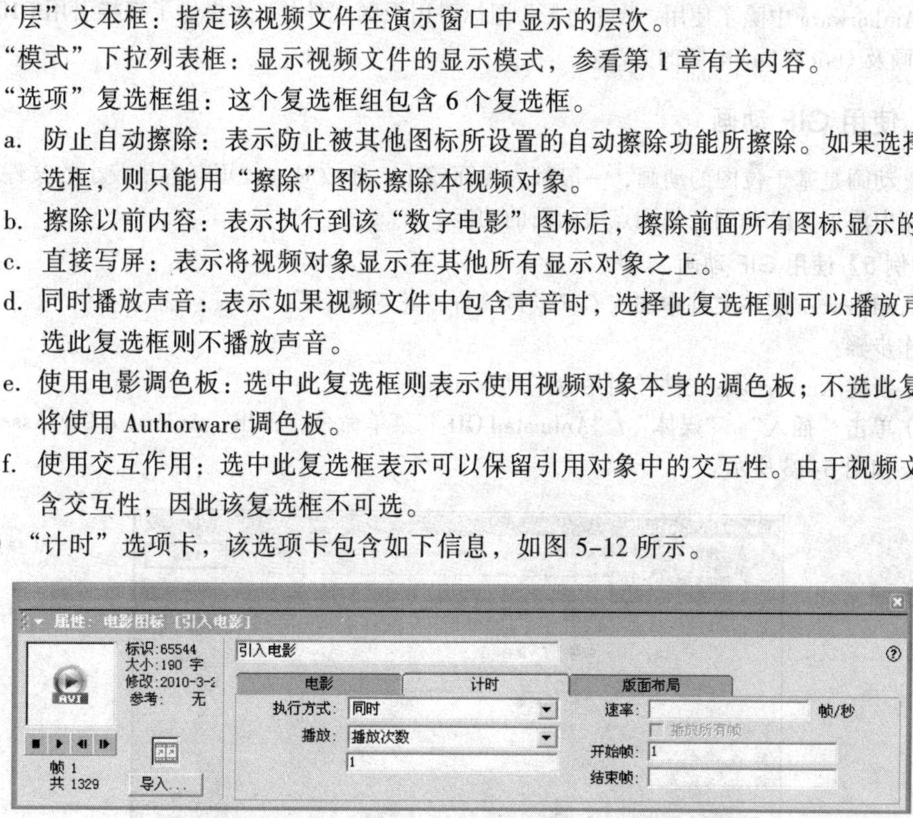

图 5-12　“计时”选项卡

- “执行方式”下拉列表框：设置视频文件播放的同步方式，包含 3 个选项：等待直到完成、同时和永久，它们同前面“属性：声音图标”对话框中的相应选项作用相同。

- “播放”组合框：控制视频文件播放。其下拉列表框包含 3 个选项：
  a. 重复：视频文件将重复播放，直到使用“擦除”图标将其擦除或者使用系统函数将其终止。
  b. 播放次数和直到为真：它们同前面“属性：声音图标”对话框中的相应选项作用相同。
- “速率”文本框：设置视频文件的播放速度。其单位为帧每秒（fps），默认按正常速度播放，输入不同于原有速度的数值，将加快或减慢播放的速度。
- “开始帧”文本框：设置视频文件播放的起始帧。
- “结束帧”文本框：设置视频文件播放的终止帧。默认为从第一帧播放到最后一帧。当输入的“起始帧”小于结束帧时，可播放视频文件的一部分。当输入的“起始帧”大于“结束帧”时，可倒着播放视频文件。

③ “版面布局”选项卡，该选项卡用于设置视频文件在演示窗口中的显示位置和可移动的属性。这些设置选项与前面的“显示”图标属性对话框中的“版面布局”选项卡的设置相同，这里不赘述。

5.5 GIF 动画、Flash 动画及 QuickTime 电影的使用

在 Authorware 中除了使用“数字电影”图标引用视频文件外，还提供了直接引用 GIF 动画、Flash 动画及 QuickTime 电影的方法。

5.5.1 使用 GIF 动画

GIF 动画是基于位图的动画，一般都为幅面较小、播放时间较短、容量较小的文件。在多媒体作品中添加 GIF 动画能起到点缀画面的功能。

【实例 5】使用 GIF 动画

在 Authorware 程序文件中加入 GIF 动画文件“花与蝶.gif”。

操作步骤：

（1）新建 Authorware 文件“引用 GIF 动画.a7p”。

（2）单击“插入”/“媒体”/“Animated GIF”菜单命令，弹出“Animated GIF Asset 属性”对话框。如图 5-13 所示。

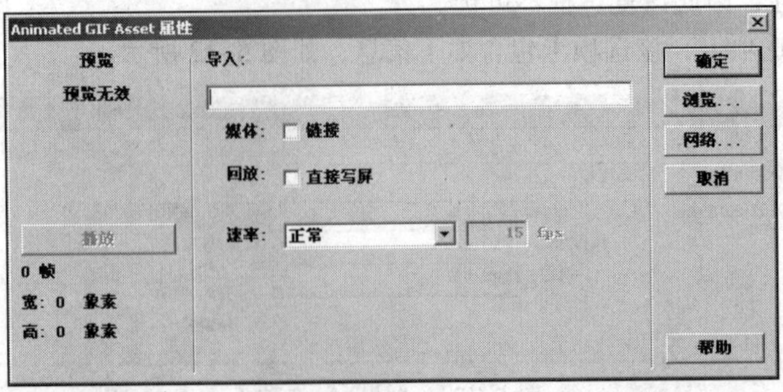

图 5-13 “Animated GIF Asset 属性”对话框

（3）单击对话框右端的“浏览”按钮，弹出“GIF 动画”对话框，选择动画文件“花与蝶.gif”（读者可选用其他文件来操作）。

在“Animated GIF Asset 属性”对话框中将显示出该动画文件的帧数、幅面、路径及文件名等信息。

（4）单击“确定”按钮完成动画的引用。在程序设计窗口将“GIF 动画”图标的名字改为“花与蝶”。

（5）双击“GIF 动画”图标，打开 GIF 动画的“属性：功能图标[Animated GIF...]”对话框，按需要修改相应的设置，如图 5-14 所示，运行程序并调整该动画出现的位置。

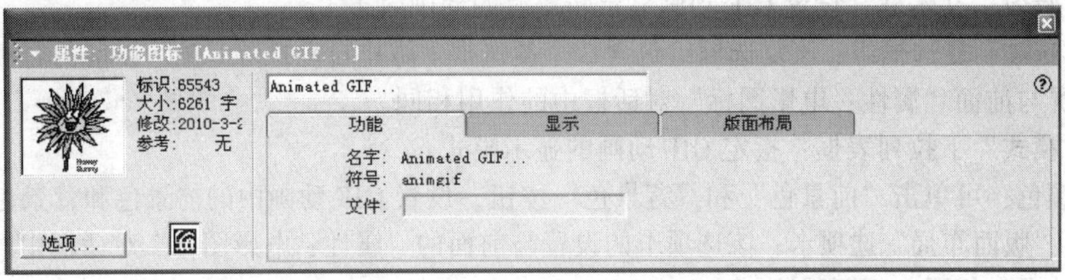

图 5-14 “属性：功能图标[Animated GIF...]”对话框

1. GIF 动画属性的设置

单击“属性：功能图标[Animated GIF...]”对话框左端的“选项”按钮，可以弹出“Animated GIF Asset 属性”对话框。在该对话框中的左边区域可用于预览动画效果，并显示该动画文件的相关信息。有的动画文件不能预览，则“播放”按钮不可用。

在“Animated GIF Asset 属性”对话框中的中间区域有一些选项的含义如下：

- “导入”文本框：显示已打开的动画文件的路径和文件名。
- “链接”复选框：若选中则表示将所打开的动画文件作为外部文件链接引用，否则为内部引用。
- “直接写屏”复选框：表示将所打开的动画文件显示在演示窗口所有对象的最前面。
- 速率：控制动画文件的播放速度，包含 3 个选项：
  a. 正常：表示按动画文件的原有速度播放。
  b. 固定：表示 fps 文本框中给定的速度播放。
  c. 锁步：表示按当前 Authorware 文件中指定的速度播放动画文件。

在“Animated GIF Asset 属性”对话框中的右边区域一些选项的含义如下：

- “浏览”按钮：用于打开 GIF 动画文件对话框，选择所需的动画文件。
- “网络”按钮：用于从网络上选择打开 GIF 动画文件。

2. GIF 动画的功能图标属性的设置

通过双击主流程线上的“GIF 动画”图标，将弹出“属性：功能图标[Animated GIF...]”对话框。这个对话框包含 3 个选项卡：“功能”、“显示”和“版面布局”，如图 5-15 所示。

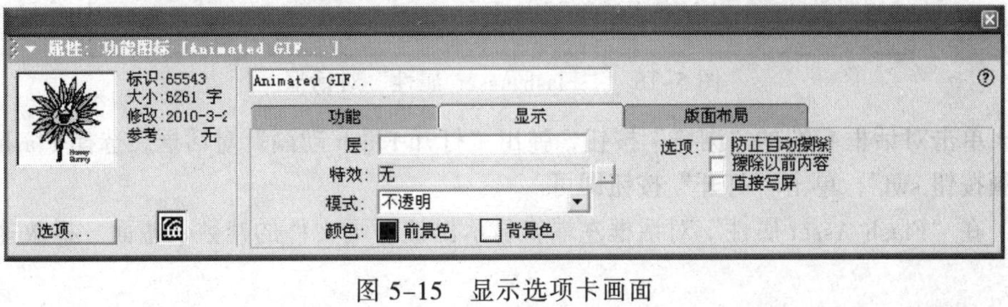

图 5-15 显示选项卡画面

（1）“功能”选项卡：

- 名字：表示该图标的默认名称，GIF 动画的默认名称为 Animated GIF。
- 符号：表示该图标的类型。
- “文件”文本框：显示播放 GIF 动画所使用的 Xtras 文件的路径和名称。

（2）“显示”选项卡：

- “层”文本框：可在该文本框内设置 GIF 动画显示的层次。
- “特效”文本框：设置 GIF 动画显示转场时的动画效果。
- “选项”复选框组：该复选框组包含 3 个复选框。防止自动擦除、擦除以前内容和直接写屏与前面“属性：电影图标”对话框中的作用相同。
- “模式”下拉列表框：指定 GIF 动画的显示模式。
- 颜色：可单击“前景色”和“背景色”按钮，设置 GIF 动画中的前景色和背景色。

（3）“版面布局”选项卡：该选项卡的设置与前面的“属性：电影图标”对话框中的“版面布局”选项卡相同，不再赘述。

5.5.2 使用 Flash 动画

Flash 动画是基于向量图的动画，改变大小后不会影响画面的质量，且具有一定的交互功能，特别适合于网络环境运行。

【实例 6】使用 Flash 动画

在 Authorware 程序文件中加入 Flash 动画文件“动画按钮.swf”。

操作步骤：

（1）新建 Authorware 文件“使用 Flash 动画.a7p”。

（2）单击“插入”/“媒体”/“Flash Movie...”菜单命令，弹出“Flash Asset 属性”对话框，如图 5-16 所示。

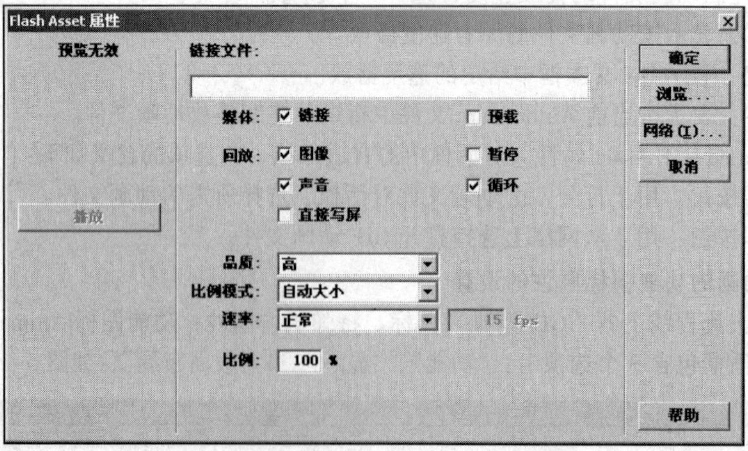

图 5-16 “Flash Asset 属性”对话框

（3）单击对话框右端的“浏览”按钮，弹出“打开 Flash 动画”对话框，选择 Flash 动画文件“动画按钮.swf”，单击“打开”按钮即可。

（4）在“Flash Asset 属性”对话框左端将显示出该动画文件的帧数、幅面、播放速度等相关信息。

（5）单击“确定”按钮完成动画的引用，在程序设计窗口将“Flash 动画”图标的名字改为“动画按钮”。

（6）双击 Flash 动画图标，弹出“属性：功能图标[动画按钮]”对话框，按需要修改相应的设置，如图 5-17 所示。运行程序并调整该动画出现的位置。

图 5-17　“属性：功能图标[动画按钮]”对话框

1. Flash 动画属性的设置

“Flash Asset 属性”对话框中的左边区域可用于预览动画效果，并显示该动画文件的相关信息，同 GIF 动画文件属性对话框相同。

在“Flash Asset 属性”对话框中的中间区域有一些选项含义如下：

（1）“链接文件”文本框：显示已打开的动画文件的路径和文件名。

（2）“媒体”复选框组，有 2 个复选框：

① 链接：若选中则表示将所打开的动画文件作为外部文件链接引用，否则为内部引用。

② 预载：在打开的动画文件作为外部文件时可选，表示在播放该动画文件前，预先将动画载入内存。

（3）“回放”复选框组，有 5 个复选框：

① 图像：选择是否显示 Flash 动画中画面。

② 声音：选择是否播放 Flash 动画中声音。

③ 暂停：选择是否仅播放 Flash 动画的第一帧就暂停，若不选中则为立即播放动画。

④ 循环：选择是否循环播放 Flash 动画，不选择表示播放一遍后就停止。

⑤ 直接写屏：选择是否将所打开的 Flash 动画显示在演示窗口所有对象的最前面。

（4）“品质”下拉列表框：控制动画的显示质量，包含 4 个选项。

① 高：动画显示质量高，具有抗锯齿特性，但运行速度会较慢。

② 低：动画显示质量低，不具有抗锯齿特性，但运行速度会较快。

③ 自动-高：开始播放时动画时具有抗锯齿特性，但当播放速度不能满足需要时将自动关闭抗锯齿特性。

④ 自动-低：开始播放时动画时不具有抗锯齿特性，但当播放速度不受影响时将自动打开抗锯齿特性。

（5）“比例模式”下拉列表框：用于对 Flash 动画文件的显示幅面进行控制，包含 5 个选项。

① 显示全部：表示改变动画显示的幅面后，将显示动画的全部内容并保持长宽比，多余的空间用动画的背景色填充。

② 无边界：表示改变动画显示的幅面后，将不会出现多余空间，但不保证显示动画的全部内容和保持长宽比。

③ 精确适配：表示改变动画显示的幅面后，将不会出现多余空间，但不保持长宽比。

④ 自动大小：表示改变动画显示的幅面后，将不会出现多余空间，不保持长宽比，同时不受选项的影响。

⑤ 无比例：表示改变动画显示的幅面后，将保持动画的长宽比，但不保证能显示动画的全部画面。

（6）“比例”文本框：用于设置动画的显示比例的大小。

“速率”下拉列表框及“浏览”和“网络”按钮的设置属性与前面所述“GIF 动画”属性对话框相同。

2．Flash 动画的功能图标属性的设置

通过双击主流程线上的 Flash 动画图标，将弹出 Flash 动画的“属性：功能图标[Flash Movie...]”对话框。这个对话框包含三个选项卡：“功能”、“显示”和“版面布局”。各个选项卡的设置与 GIF 动画的“属性：功能图标[Animated GIF...]”对话框设置相同，可参照设置。

5.5.3 使用 QuickTime 电影

要引用 QuickTime 电影离不开 Authorware 的插件 QuickTime Asset Xtra。它可以控制播放多种格式的多媒体数据，包括 GIF 动画、MP3 音乐和数字电影等。但在引用 QuickTime 电影之前一定要确保在系统中安装了 QuickTime 3.0 或更高版本的软件。

【实例 7】使用 QuickTime 电影

在 Authorware 程序文件中加入 QuickTime 电影文件“lz.mpeg”。

操作步骤：

（1）新建 Authorware 文件“引用 QuickTime 电影.a7p”。

（2）单击“插入”/“媒体”/“QuickTime”菜单命令，弹出“QuickTime Xtra 属性”对话框，如图 5-18 所示。

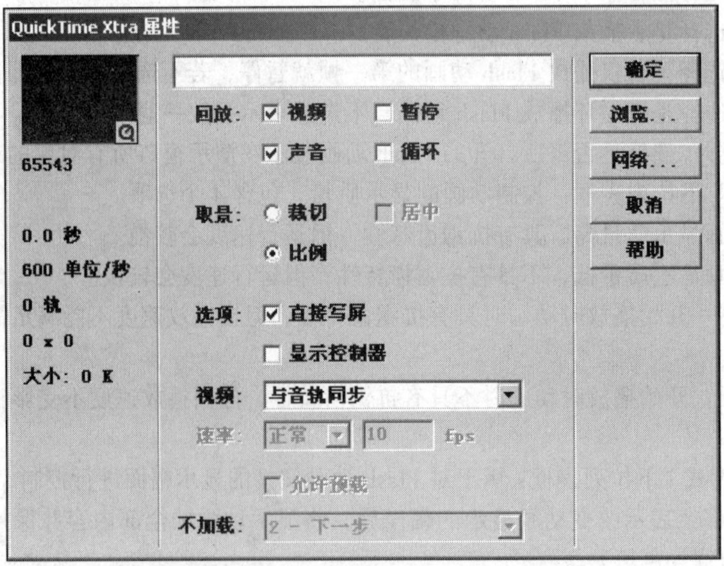

图 5-18 “Quick Time Xtra 属性”对话框

（3）单击对话框右端的“浏览”按钮，弹出“打开 QuickTime 电影文件”对话框，选取 QuickTime 电影文件“lz.mpg”，单击“转换”按钮。

（4）在“QuickTime Xtra 属性”对话框左端将显示出该文件的帧数、幅面、尺寸等相关信息。

（5）单击“确定”按钮完成 QuickTime 电影文件的引用，在设计窗口将“QuickTime 电影”图标的名字改为“QuicTime 电影”。

（6）双击“QuickTime 电影”图标，弹出 QuickTime 电影的“属性：功能图标[QuickTime...]”对话框，按需要修改相应的设置，如图 5-19 所示。运行程序并调整该影片出现的位置。

图 5-19 “属性：功能图标[QuickTime...]”对话框

1. QuickTime 电影属性的设置

在“QuickTime xtra 属性”对话框中的中间区域有一些选项含义如下：

（1）“回放”复选框组，有 4 个复选框：

① 视频：选择是否显示 QuickTime 电影中画面。

② 声音：选择是否播放 QuickTime 电影中声音。

③ 暂停：选择是否仅播放 QuickTime 电影的第一帧就暂停，若不选中则为立即播放动画。

④ 循环：选择是否循环播放 QuickTime 电影，不选中表示播放一遍后就停止。

（2）“取景”复选框组，有 3 个复选框。

① 比例：按比例显示画面。

② 裁剪：设置当画面的尺寸超出限制时，是否将画面以裁剪方式显示出来。

③ 居中：在选择裁剪选项时可选，设置画面的裁剪是否保留中心区域。

（3）“选项”复选框组有两个复选框。

① 直接写屏：选择是否将所打开的动画显示在演示窗口所有对象的最前面。

② 显示控制器：选择是否打开控制影片播放的控制器。

其他选项及“浏览”和“网络”按钮的设置属性与前面所述“Flash Asset 属性”对话框相同。

2. QuickTime 电影的功能图标属性的设置

通过双击主流程线上的“QuickTime 电影”图标，将弹出 QuickTime 电影的“属性：功能图标[QuickTime...]”对话框。这个对话框的各个选项卡的设置与 Flash 动画的“属性：功能图标[Flash Movie...]”对话框设置相同，可参照设置。

5.6 多媒体的同步

在 Authorware 7.0 中给“声音”图标和“数字电影”图标都增加了同步功能，通过这个同步功能就可以准确地控制声音或是视频在播放过程中，能按要求在特定的时刻伴随其他媒体（如文字、图片和动画等）同步出现。过去为了能实现声音与视频同其他媒体的严格同步，只能使用系统函数 SyncPoint 和 SyncWait 及其相关的函数和变量来控制程序的执行，操作较复杂。现在利用“声音”图标和“数字电影”图标可以使用类似交互结构一样的分支结构来实现多媒体的同步，操作起来更为简单、方便。

【实例 8】声音同步

在 Authorware 中实现声音文件 music.wav 与四幅卡通图片的同步。从中体会利用同步结构如何实现声音与其他媒体的同步。流程如图 5-20 所示。

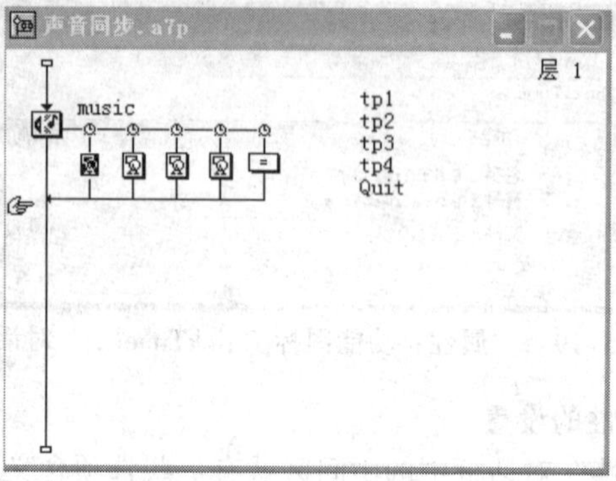

图 5-20　声音同步的流程图

操作步骤：

（1）在 Authorware 中新建文件，首先在主流程线上拖放一个“声音”图标并引用 music.wav 文件。双击该“声音”图标，在“属性：声音图标[music]”对话框中将“计时”选项卡中的执行方式设置为“同时”。

（2）在“声音”图标的右下端建立 5 个分支，tp1、tp2、tp3、tp4 分别为 4 个“显示”图标，存放 4 幅卡通图片。最后一个分支为“计算”图标 Quit，写入退出函数 Quit()，如图 5-20 所示。

（3）双击 tp1 子图标上面的分支符号，打开“属性：媒体同步[tp1]”对话框。在“同步于”下拉列表框中选择“秒”选项，并在下面的文本框输入 1，如图 5-21 所示。

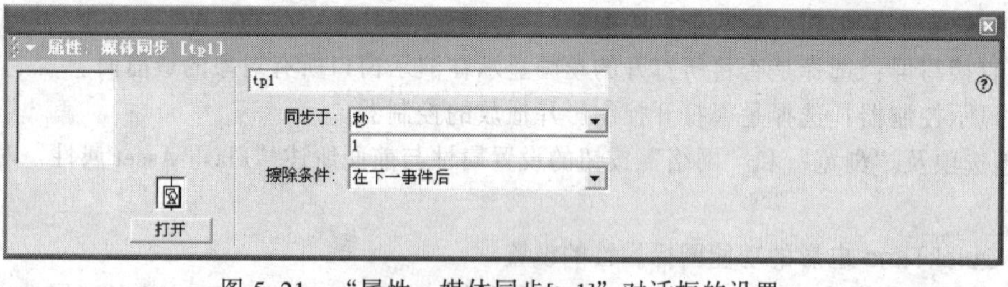

图 5-21　“属性：媒体同步[tp1]”对话框的设置

在“属性：媒体同步[tp1]”对话框中有一些选项含义如下：

①“同步于”下拉列表框：用于设置同步单位，包含两个选项。

- 位置：选择同步将以电影图标中视频或动画的绝对位置（即帧数）来决定何时执行子图标中的内容。
- 秒：选择同步将以声音或电影图标启动播放的时间为起点，用时间来控制何时执行图标中的内容。

②“擦除条件”下拉列表框：控制擦除子图标的内容，包含 4 个选项。

- 在下一事件后：表示执行完当前子图标的内容并执行下一个子图标时擦除。

- 在下一事件前：表示执行完当前子图标的内容并在执行下一个子图标前擦除。
- 在退出前：表示一直保留子图标的内容直到退出同步结构时再擦除。
- 不擦除：表示始终都不擦除，除非用“擦除”图标。

（4）同样方法，在 tp2、tp3、tp4 和 Quit 子图标的“属性：媒体同步”对话框中，分别设置时间为 3 秒、5 秒、7 秒和 9 秒。

（5）完成设置后，保存文件为“声音同步.a7p”。运行程序，观察图片出现的时间，即程序关闭的时间。

【实例 9】实现视频同步

在 Authorware 中实现数字电影文件 baiwan.avi 与文字解说出现的同步。从中体会如何利用同步结构实现视频与其他媒体的同步。流程如图 5-22 所示。

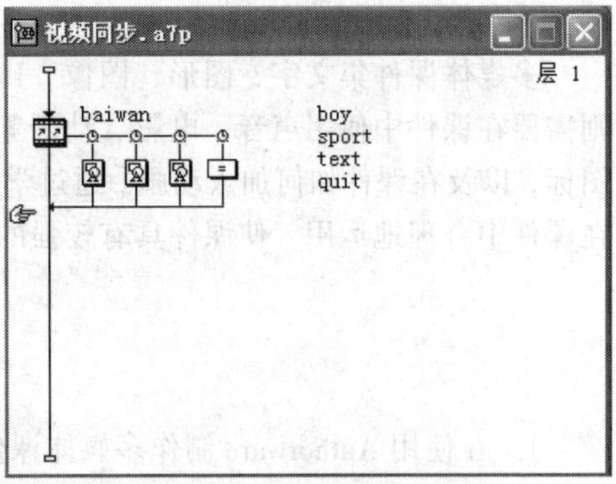

图 5-22 视频同步的流程图

操作步骤：

（1）在 Authorware 中新建文件，首先在主流程线上拖放一个“数字电影”图标引用 baiwan.avi 文件。双击该电影图标，在“属性：电影图标[baivan]”对话框中将“计时”选项卡中的“执行方式”下拉列表框设置为“同时”。

（2）在“数字电影”图标的右下端建立 4 个分支子图标：boy、sport、text 和 quit。其中，前 3 个分支为“显示”图标分别显示 3 段文字（“男孩骑自行车”、“运动员骑自行车”、“出现徽标图案”）。最后一个分支为“计算”图标 quit，写入退出函数 Quit()。

（3）双击 boy 子图标的分支符号，打开“属性：媒体同步[boy]”对话框。在“同步于”下拉列表框中选择“位置”选项，并在下面的文本框输入 1，表示第一个子图标将在视频文件执行第一帧时开始执行，如图 5-23 所示。

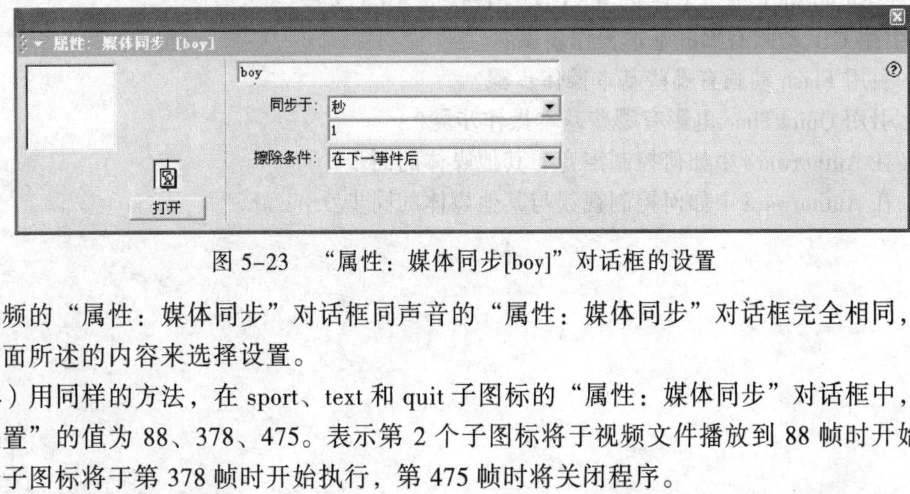

图 5-23 “属性：媒体同步[boy]”对话框的设置

视频的“属性：媒体同步”对话框同声音的“属性：媒体同步”对话框完全相同，读者可参照前面所述的内容来选择设置。

（4）用同样的方法，在 sport、text 和 quit 子图标的“属性：媒体同步”对话框中，分别设置“位置”的值为 88、378、475。表示第 2 个子图标将于视频文件播放到 88 帧时开始执行。第 3 个子图标将于第 378 帧时开始执行，第 475 帧时将关闭程序。

（5）完成设置后，保存文件为视频同步。运行程序，观察视频的播放与文字的出现时间是否吻合。

在图 5-23 所示“同步于”下拉列表框中有两个选项：“位置”和“秒”，如果选择“位置”

选项，同步将以“数字电影”图标中的视频（或动画）的绝对位置为标准，而与具体的硬件条件无关，从而能保证在数字电影的特定位置播放特定的其他媒体，适合要求视频（或动画）和画面的精确同步的场合；如果选择“秒”选项，同步将以“数字电影”图标开始播放为时间起点，至于播放过程中，因为硬件或其他原因，“数字电影”图标本身的播放被延迟，可能造成视频（或动画）和其他媒体的配合不是非常精确，这种设置，对要求其他媒体在需要的时刻播放的情况比较适合。

小　结

多媒体课件集文字、图形、图像、声音、动画、视频等于一体。为达到较好的教学效果，则需要在课件中使用声音、电影、动画等多媒体素材。本章介绍了“声音”图标、“数字电影”图标，以及在课件如何加入动画。通过学习，能熟练设置这些图标的属性，掌握多种媒体同步，在课件中合理地运用，使课件具有较强的艺术性、趣味性。

习　题

1. 在使用 Authorware 制作多媒体课件时，可使用哪些类型的媒体素材？
2. 在 Authorware 中可以引用的声音文件的类型有哪些？
3. 引用声音文件有哪些基本操作步骤？
4. 在 Authorware 的安装文件夹下找到 Voxware Encoder 文件夹，启动 VCTEncod.exe，将实例 3 中 msc.wav 文件转换为 VOX 文件，并引用到程序中。
5. 在“声音”图标的属性设置中，“等待直到完成”选项与“同时”选项有什么区别？
6. 如何在 Authorware 中添加扩展函数？
7. 如何利用扩展函数库引用和控制 MIDI 文件？
8. 在 Authorware 中，怎样将 WAV 文件转换成 SWA 文件？
9. 引用 GIF 动画有哪些基本操作步骤？
10. 引用 Flash 动画有哪些基本操作步骤？
11. 引用 QuickTime 电影有哪些基本操作步骤？
12. 在 Authorware 中如何控制声音与其他媒体的同步？
13. 在 Authorware 中如何控制视频与其他媒体的同步？

第 6 章 程序流程的控制

学习目标

- 掌握分支（判断）图标的属性设置和使用方法；
- 掌握“框架”图标和“导航”图标的属性设置和使用方法；
- 掌握超文本的用法；
- 掌握使用函数实现跳转的方法。

Authorware 的程序是由图标和流程线构成的，这种流程图式的程序能直观地表达程序结构和设计思想。Authorware 能方便地控制程序的流向，实现结构复杂的程序设计。前面介绍的交互响应方式应用程序一般是沿着流程线自顶向下地运行的，但有时候程序设计需要根据设定条件来控制从一部分进入到另一部分。此时，Authorware 提供了两种有效的途径以控制程序的流向：一是通过使用“判断”图标，使 Authorware 能自动运行到指定的地方；二是使用“框架”与“导航”图标，使用户能自己选择程序运行的路径。另外，Authorware 还提供了在当前程序中调用其他文件的方法。

6.1 判断图标的使用

Authorware 的“判断”图标提供了类似于编程语言中的循环和判断语句的综合功能，它的执行与“交互”图标不同。交互分支结构是由一个“交互”图标和一些反馈图标所组成的，Authorware 运行到这个分支结构时，将根据用户输入的响应来执行某一分支。使用“判断”图标实现的分支结构是一个判断分支结构，它是由一个“判断”图标和附属于它的结果图标组成的。当 Authorware 运行到这个结构时，Authorware 会根据程序设计指定的不同方式来执行相应的分支路径，这个路径的选择并不由用户选择，而是由判断分支结构自行决定。

【实例 1】闪烁的文字

建立程序，利用“判断”图标实现文字循环显示，从而达到闪烁的效果。其流程图和效果图如图 6–1、图 6–2 所示。

操作步骤：

（1）在 Authorware 中新建一个文件，拖放一个“显示”图标到主流程线上，命名为“文字”，如图 6–1 所示。

（2）在“显示”图标里面输入文字“闪烁的文字”，文字的颜色可选为黑色，如图 6–2 所示。

（3）拖放一个“判断”图标在“显示”图标的后面，命名为“闪烁”。再拖放一个“群组”图标在“判断”图标的右下端，命名为“闪三次”，如图 6–1 所示。

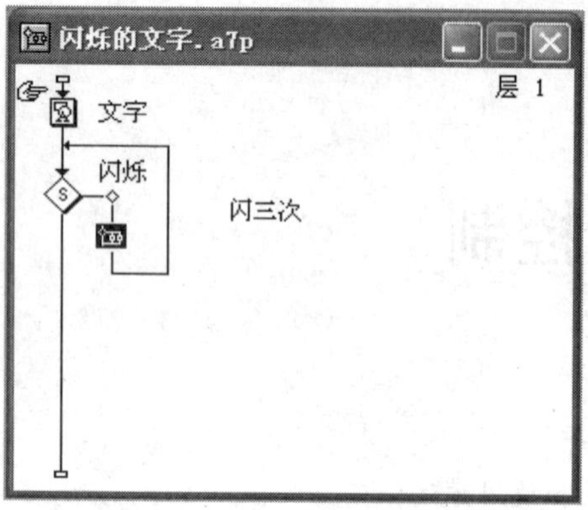

图 6-1 流程图

图 6-2 效果图

（4）在“群组”图标中放置一个“等待”图标，设置等待 0.5 秒。

（5）将显示图标“文字”复制到“群组”图标中，放置在“等待”图标的后面。并将“显示”图标中的文字颜色改为白色。在该图标的后面再放置一个“等待”图标，设置等待 0.5 秒。“群组”图标流程如图 6-3 所示。

（6）单击“闪烁”判断图标，出现“属性：决策图标[闪烁]”对话框，将“重复”下拉列表框设置为“固定的循环次数”，并在其下面的文本框中输入 3，如图 6-4 所示。

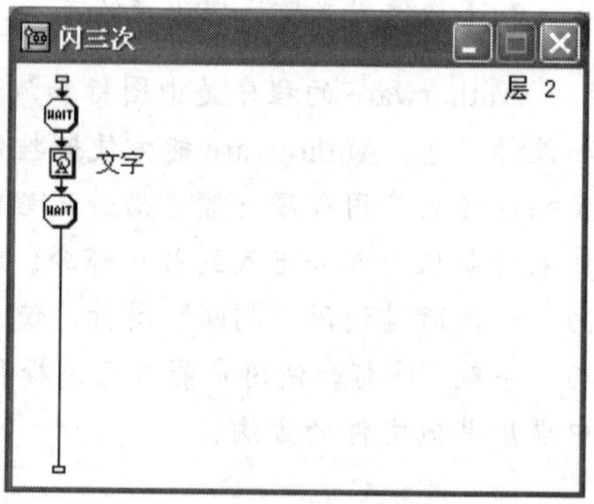

图 6-3 流程图

图 6-4 “属性：决策图标[闪烁]”对话框

建立分支结构必须通过属性对话框对各个分支的属性进行设置。“属性：决策图标[闪烁]”对话框包含以下一些选项：

① “时限”文本框：用来控制程序在“判断”图标中执行的时间。在执行“判断”图标时，一旦超过了所限定的时间，无论当前执行到哪个分支都将退出“判断”图标，执行流程线上的下一个图标。

② “显示剩余时间”复选框：该复选框在设置了限制时间时才可选，若选中此复选框将在演示窗口中出现一个时钟，显示执行当前分支结构的剩余时间。

③ “重复”下拉列表框：控制在分支结构中执行分支的总次数，包含 5 个选项：

- 固定的循环次数：选择该选项时，它下方的文本框变为可用，在其中输入数值将控制分支结构执行的总次数。
- 所有路径：控制当分支结构中的每一个分支都被至少执行过一次后，才退出分支结构。

- 直到单击鼠标或按任意键：控制不断循环地执行分支结构中的分支，直到用户单击鼠标或者按下任意键时才退出分支结构。
- 直到判断值为真：选择该选项在它下方的文本框可用，在其中输入表达式或变量，程序将按该表达式或变量的逻辑结果来决定是否终止分支结构的执行。结果为真，就退出；结果为假，继续执行。
- 不重复：控制各分支只执行一次。

④ "分支"下拉列表框：控制在分支结构中执行分支的方式，包含 4 个选项：

- 顺序分支路径：表示从左至右顺序地执行各个分支。
- 随机分支路径：表示每次执行的分支都是在分支结构中随机选择的任意一个分支。可能出现连续重复地执行同一分支的情况。
- 在未执行过的路径中随机选择：表示每次执行的分支都是在分支结构中还没被执行过的分支中随机选择。当"重复"选项决定的总次数小于等于分支数时，不会出现重复，且分支执行的顺序是随机的。当"重复"下拉列表框中决定的总次数大于分支数时，先将所有分支随机执行一遍，然后重新开始随机执行。可能会出现重复。
- 计算分支结构：表示根据该选项下方文本框内的表达式、常量或变量的值来决定执行第几个分支。

⑤ "复位路径入口"复选框：该复选框在"分支"下拉列表框选择了"顺序分支路径"或者"在未执行过的路径中随机选择"选项时可用，表示程序从分支结构内跳到分支结构外，当返回该分支结构执行时，系统的自动记录都将被初始化。

（7）单击"群组"图标上方的菱形分支符号 ，打开"属性：判断路径[闪烁]"对话框，按需要修改相应的设置，如图 6-5 所示。

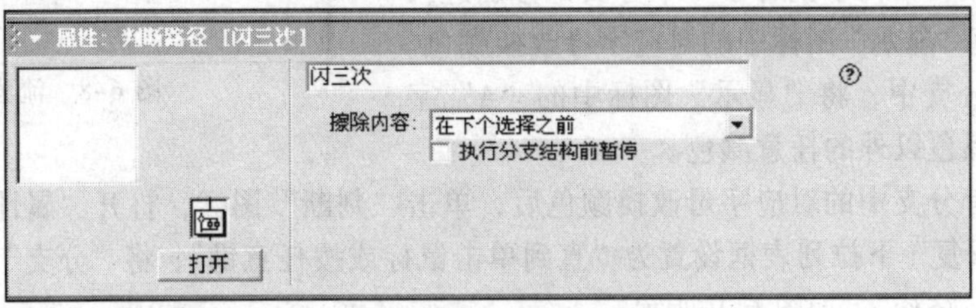

图 6-5　"属性：判断路径[闪三次]"对话框

"属性：判断路径[闪三次]"对话框使用于对每个特定分支进行相关设置。它包含以下几个选项：

① "擦除内容"下拉列表框：控制该分支中的内容在什么时候被动擦除，包含 3 个选项：

- 在下个选择之前：表示在执行下一个分支之前擦除当前分支的内容。
- 在退出之前：表示在退出整个分支结构时再擦除。
- 不擦除：表示不擦除当前分支的内容。

② "执行分支结构前暂停"复选框：选择该复选框，表示程序在执行完当前分支后将暂停并显示"继续"按钮，单击该按钮程序再继续运行。

（8）运行程序，观察文字闪烁的效果。保存文件，命名为"闪烁的文字.a7p"。

【实例 2】闪烁的字母

将实例 1 中的文字改为字母序列"ABCDE"，在分支结构中设置 5 个分支，实现 5 个字母顺序闪烁或随机出现闪烁。其流程图和效果图如图 6-6、图 6-7 所示。通过此例，来体会“属性：决策图标”对话框和“属性：判断路径”对话框的设置对程序的影响。

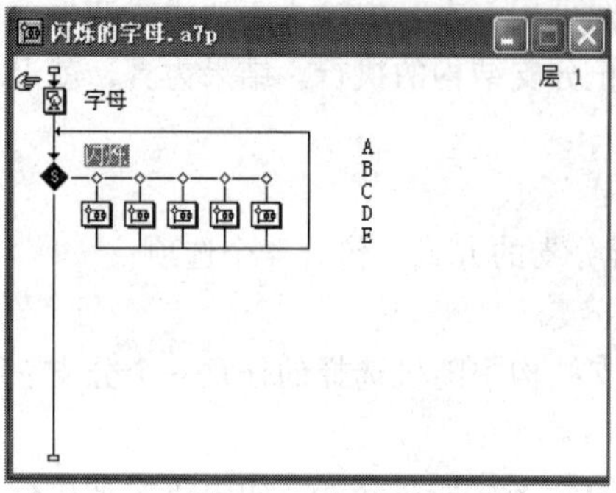

图 6-6　流程图

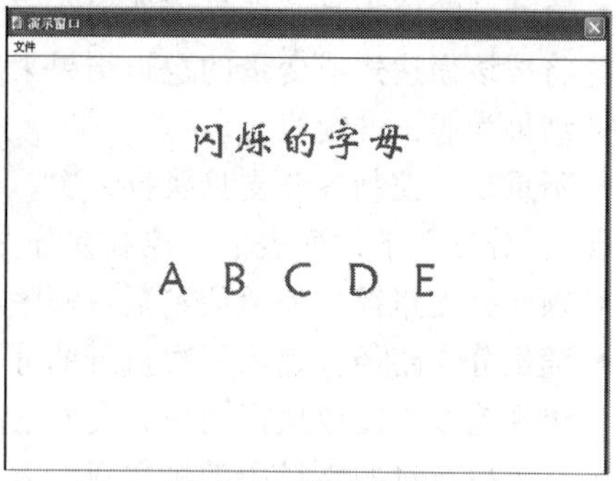

图 6-7　演示效果

操作步骤：

（1）仿照实例 1 的做法，新建文件，将“显示”图标的内容换为字母串“ABCDE”，如见图 6-6 所示。

（2）在“判断”图标的右下端建立一个分支，将“显示”图标“ABCDE”复制到“群组”图标中，做法同实例 1，如图 6-8 所示。

（3）将该“群组”图标命名为“A”，然后将该“群组”图标选中并复制，在右端连续粘贴 4 次，并分别命名为“B”、“C”、“D”、“E”。

（4）现在分支结构中就有了 5 个分支。分别进入每个分支中，将“显示”图标中的对应字母改换颜色。比如在第一个分支中，将“显示”图标中的“A”字母改为红色或黑色以外的任意颜色。

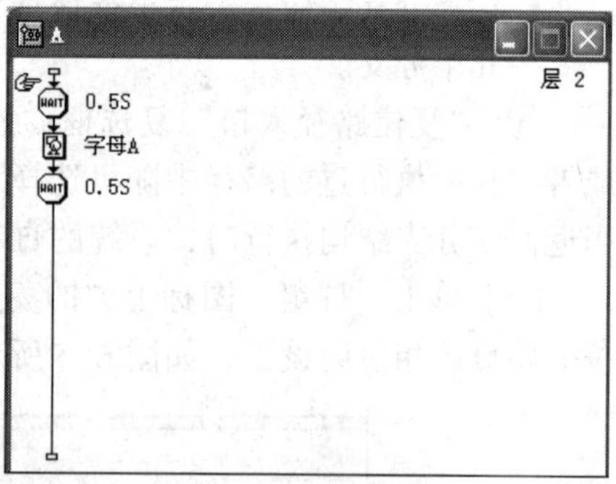

图 6-8　流程图

（5）将所有分支中的对应字母改换颜色后，单击“判断”图标，打开“属性：决策图标”对话框。将“重复”下拉列表框设置为“直到单击鼠标或按任意键”，将“分支”下拉列表框设置为“顺序分支路径”，如图 6-9 所示。

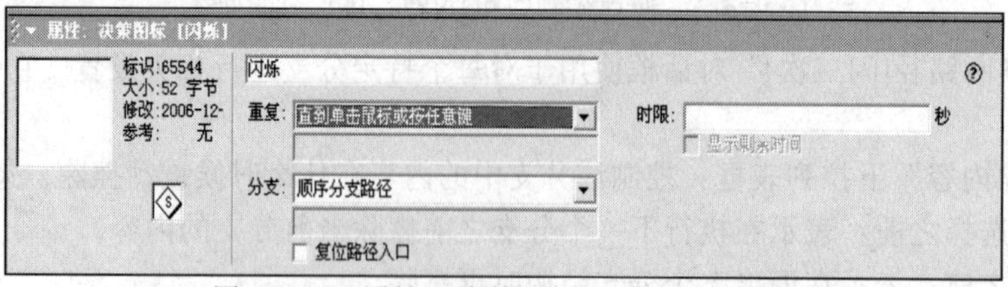

图 6-9　“属性：决策图标[闪烁]”对话框

（6）运行程序并观察结果，将文件保存为“闪烁的字母.a7p”。

（7）重新单击“判断”图标，打开“属性：决策图标[闪烁]”对话框。分别将“分支”下拉列表框改为“随机分支路径”以及“在未执行过的路径中随机选择”和“计算分支结构”，观察程序运行结果。

（8）分别重新设置“属性：决策图标”对话框和“属性：判断路径”对话框，将“重复”下拉列表框同“分支”下拉列表框中的选项进行不同的组合，观察程序的运行结果。

6.2　框架图标与导航图标的使用

在 Authorware 中可以控制程序的流向，利用“框架”图标和“导航”图标能使程序从一个地方跳到另一个地方。

“框架”图标和“交互”图标类似，是一个功能图标，通常要和其他图标配合起来使用。

在框架结构当中，其他图标用来生成类似于分支的“页”，它是框架结构的基本单元。“框架”图标和附着在它上面的页就构成了框架结构，这种结构能方便地进行页面管理和查询，经过内部修改能对程序进行灵活方便地控制。

“导航”图标有点类似 Authorware 中的 GoTo 函数，用来控制程序的跳转。但“导航”图标跳转的目标位置只能是框架结构中的页。另外作为一个图标，Authorware 为它提供了许多功能，通过不同的设置可以使程序不仅在框架内跳转，还可以在不同的框架结构之间跳转。在“框架”图标的内部也包含了“导航”图标，因此“框架”图标和“导航”图标是紧密联系在一起的。

6.2.1　使用框架图标

“框架”图标本身是由一个“显示”图标及一个包含 8 个分支的按钮交互结构构成，如图 6-10 所示。框架结构之所以能够实现跳转正是由于内部的这个交互结构，它由 8 个“导航”图标构成，为用户提供了 8 个按钮，能实现多种方式的跳转，如图 6-11 所示。

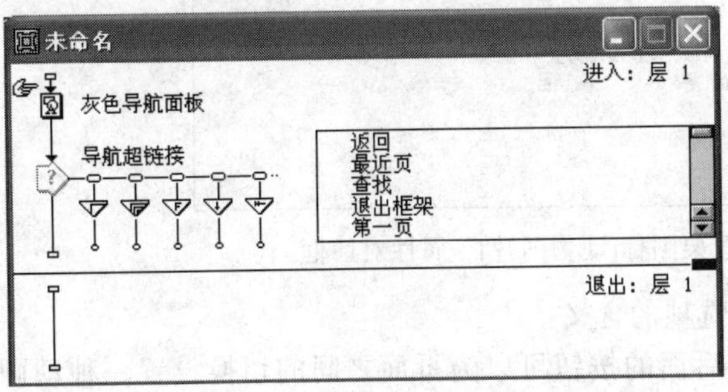

图 6-10　“框架”图标结构

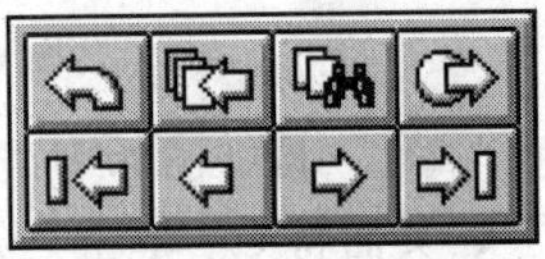

图 6-11　“导航”面板

【实例 3】浏览动物图片 1

制作一个包含框架结构的程序，该框架结构包含 4 页，每一页为一张动物的图片，通过框架结构能实现在不同页面之间的跳转。其流程图和效果图如图 6-12、图 6-13 所示。

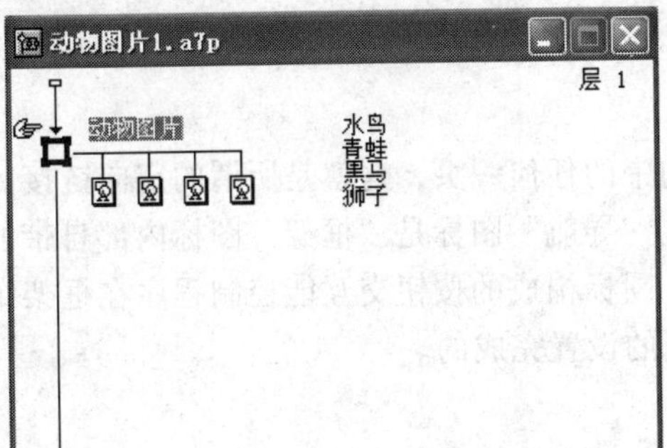

图 6-12　流程图

图 6-13　演示效果图

操作步骤：

（1）新建文件，拖动一个“框架”图标到主流程线上，命名为“动物图片”。

（2）拖动一个“显示”图标在该“框架”图标的右下端，构成第一页，如图 6-14 所示（为便于扩展程序通常可使用“群组”图标构成页）。

（3）在“显示”图标导入一幅水鸟的图片，并命名该“显示”图标为“水鸟”。

（4）拖动新的“显示”图标到“框架”图标的右下端构成新的一页，并导入青蛙的图片，命名该页为“青蛙”。

（5）用同样的方法，分别建立第 3 页“黑马”和第 4 页“狮子”。

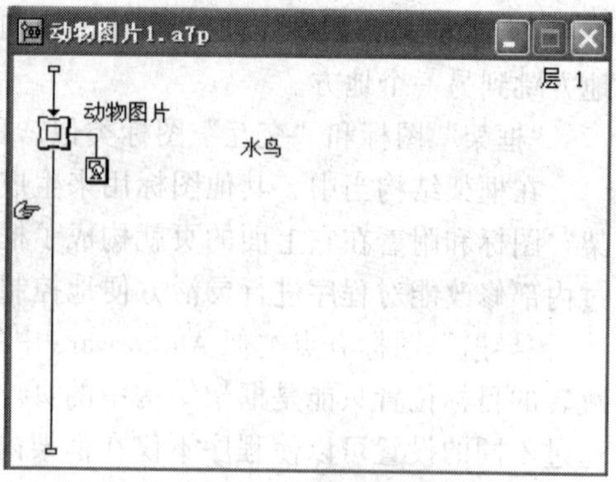

图 6-14　流程图

（6）设置图片的过渡效果。选中“框架”图标，单击“修改”/“图标”/“属性”菜单命令，或者按【Ctrl+I】组合键，弹出“属性：框架图标[动物图片]”对话框，如图 6-15 所示。单击“页面特效”处的“…”按钮，在弹出的“页特效方式”对话框中设置过渡效果。具体操作参见第 1 章的有关内容。

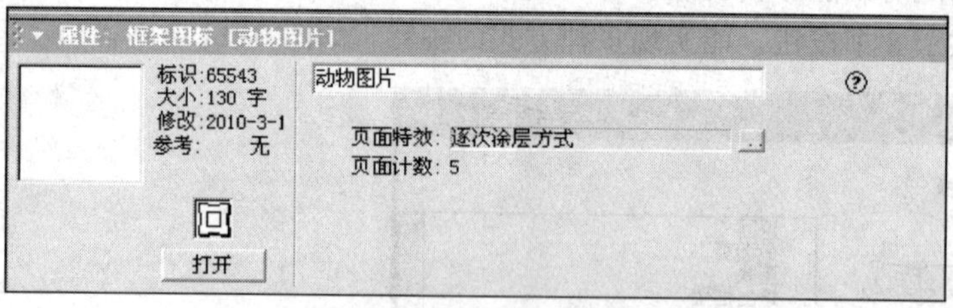

图 6-15　“属性：框架图标[动物图片]”属性对话框

“属性”框架图标[动物图片]对话框中选项的含义：

- 页面特效：单击“页面特效”选项后面的按钮可以为页面之间的切换设置一种动画效果。
- 页面计数：该项后面的数值显示了当前框架结构中所包含的页面数。
- “打开”按钮：可用来打开“框架”图标的内部结构。

（7）运行程序，单击演示窗口中出现的各个按钮，观察程序运行的结果。

（8）保存文件，命名为“动物图片 1.a7p”。

6.2.2　使用导航图标

利用“导航”图标可以使程序跳转到框架结构中的任何一页，这就是所谓的定向链接。前面在【实例 3】中已经用到了“导航”图标，这些“导航”图标是“框架”图标内部自带的。从【实例 3】的运行结果可以看到通过由“导航”图标构成的按钮交互能控制程序在框架结构中跳转，这些都是通过对“导航”图标进行了不同的设置完成的。

【实例 4】浏览动物图片 2

建立一个应用导航图标的程序文件“动物图片 2.a7p”，其流程图和效果图如图 6-16、图 6-17 所示。在这个程序中除了在“框架”图标内部交互结构中使用了“导航”图标，在框架结构的页中也添加了由“导航”图标构成的交互。从这个例子中可以学习“导航”图标的一般用法和设置。

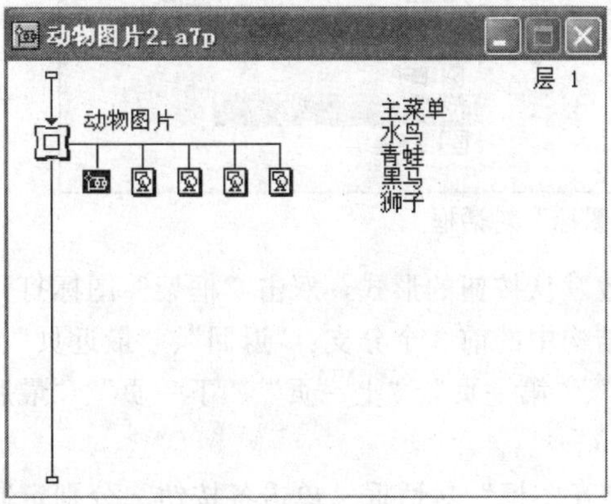

图 6-16 流程图

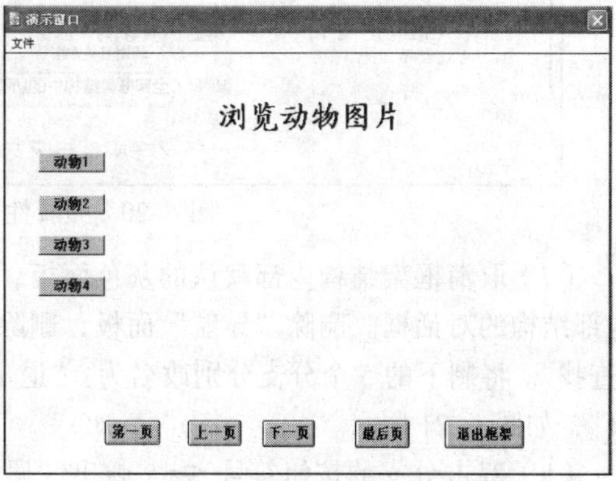

图 6-17 演示效果图

操作步骤：

（1）将前面【实例 3】中制作的文件“动物图片 1.a7p”打开，在框架结构的最左端插入一个“群组”图标，命名为“主菜单”，使其成为该框架结构的第一页。

（2）双击展开“主菜单”群组图标，在其中添加一个“显示”图标，输入文字“主菜单”。再拖入一个“交互”图标放在“显示”图标的后面，命名为“选择图片”。仿照“框架”图标的内部结构，在“交互”图标的右端插入 4 个“导航”图标作为交互结构的按钮交互分支，并分别命名为“动物 1”、“动物 2”、“动物 3”、“动物 4”，流程如图 6-18 所示。

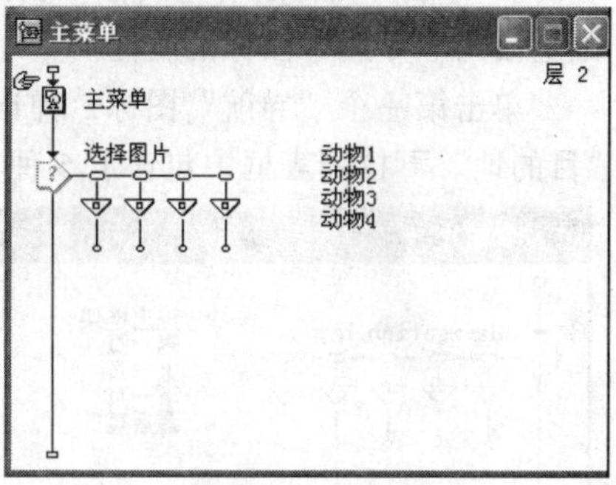

图 6-18 流程图

（3）双击第一个分支的按钮符号 -⌔-，弹出“属性：交互图标[动物 1]”对话框，将“交互”选项卡中的“范围”选项中选中“永久”复选框，将“分支”下拉列表框设置为“返回”，如图 6-19 所示。

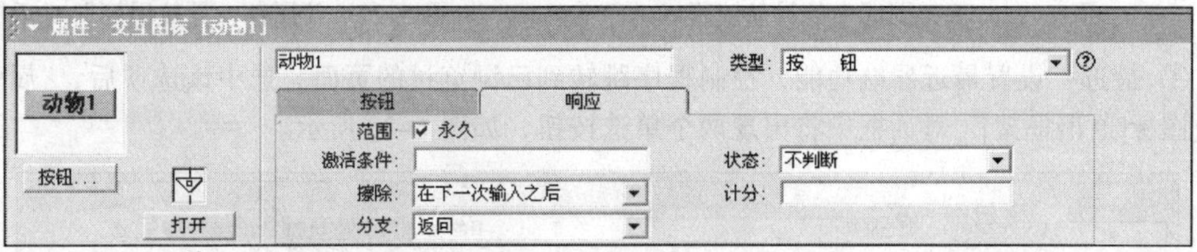

图 6-19 “属性：交互图标[动物 1]”对话框

（4）双击第一个“导航”图标，打开“属性：导航图标[动物 1]”对话框。将“目的地”下拉列表框设置为“任意位置”，“类型”单选按钮组中选中“跳到页”单选按钮，“框架”下拉列表框设置为“全部框架结构中的所有页”，在“页”列表框选择水鸟页面为跳转的目标页，如图 6-20 所示。

（5）按照步骤 4 的方法，修改后面 3 个分支的属性，并将后面 3 个分支的导航图标的跳转目标页分别指向框架结构中的“青蛙”、“黑马”和“狮子”页面。

（6）运行程序，调整 4 个按钮的位置，如图 6–17 所示。

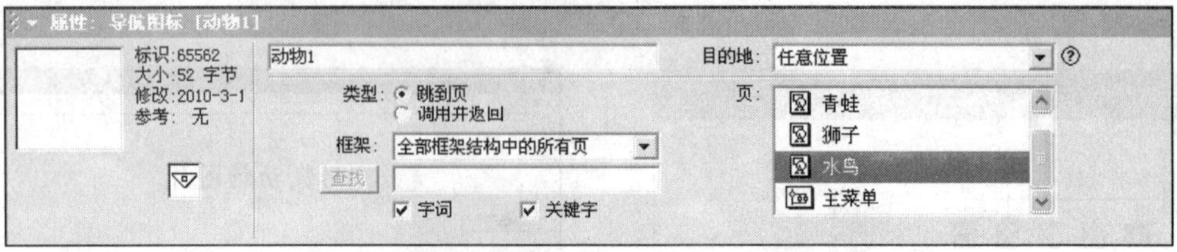

图 6–20 “属性：导航图标”对话框

（7）取消框架结构内部默认的灰色面板，并修改默认按钮的形式。双击“框架”图标打开内部结构的对话框。删除“导航”面板，删除交互结构中的前 3 个分支：“返回”、“最近页”、“查找”。将剩下的 5 个分支分别改名为：“退出框架”、“第一页”、“上一页”、“下一页”、“最后页”，如图 6–21 所示。

（8）双击分支的按钮符号 -ᗜ-，弹出“属性：交互图标”对话框。单击各按钮，分别定制这 5 个分支的按钮形式并调整按钮的位置，如图 6–17 所示（按钮的定制见第 3 章有关内容）。

（9）运行程序，单击画面上的各个按钮观察运行结果。保存文件为“动物图片 2.a7p”。

由上面的实例可以看到，“导航”图标的功能是很强大的，这些都是通过其属性设置来实现的。“导航”图标还有些属性在实例中没有涉及，在此一并做些介绍，希望读者能在实例的基础上活用“导航”图标的属性。

单击第一个“导航”图标，弹出“属性：导航图标[退出框架]”对话框，如图 6–22 所示，“目的地”下拉列表框中包含了 5 种不同的类型，用于实现不同的跳转功能。

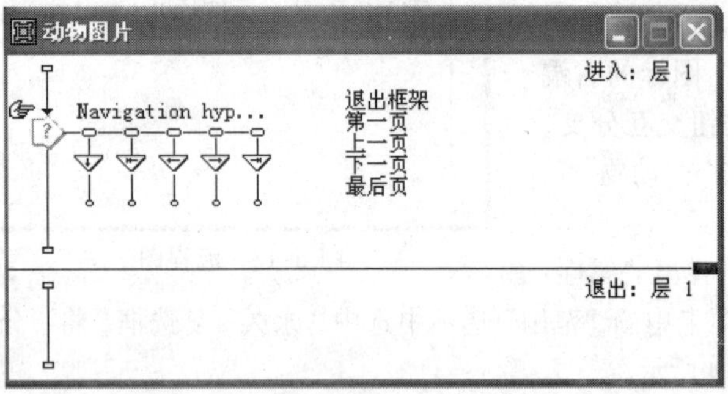

图 6–21 框架图标中的导航流程

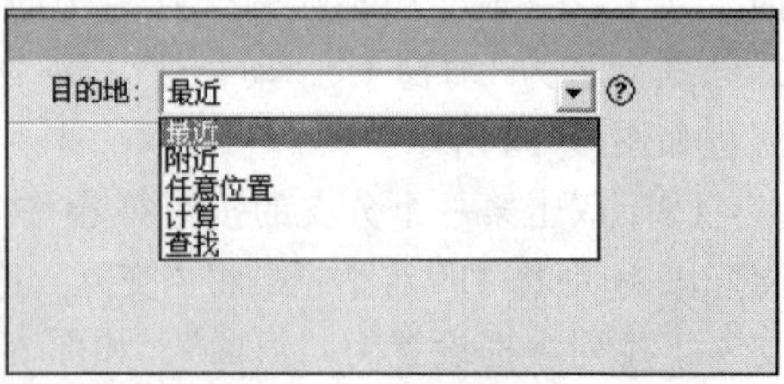

图 6–22 “属性：导航图标”对话框

① 最近：设置最近导航功能，控制程序跳转到已浏览过的页面。选中该选项后，“属性：导航图标[退出框架]”对话框中将出现两个单选按钮，如图 6–23 所示。

图 6–23 导航图标属性

- 返回：控制程序返回到用户刚浏览过的一页。在“框架”图标内部结构中的“导航”图标“返回”就是采用了这种设置。

- 最近页列表：显示已浏览的页面的列表。当双击列表中的页面名称，将跳转到相应的页面。在“框架”图标内部结构中的导航图标“最近页”就是采用了这种设置。

② 附近：设置转向到当前页的邻近页的导航，控制程序在框架结构内部的页面之间跳转，以及跳出框架结构。选中该选项后，“属性：导航图标[退出框架]”对话框中将出现 5 个单选按钮，如图 6-24 所示。

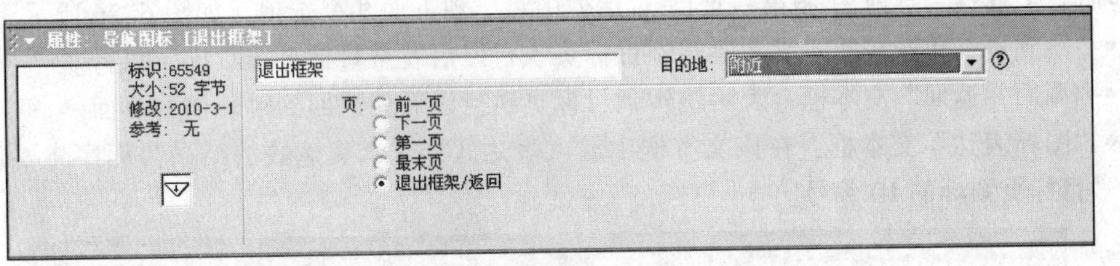

图 6-24　“属性：导航图标[退出框架]”对话框

- 前一页：控制程序跳转到当前页的上一页。在框架图标内部结构中的导航图标“前一页”就是采用了这种设置。
- 下一页：控制程序跳转到当前页的下一页。在框架图标内部结构中的导航图标“下一页”就是采用了这种设置。
- 第一页：控制程序跳转到当前框架结构的第一页。在框架图标内部结构中的导航图标“第一页”就是采用了这种设置。
- 最末页：控制程序跳转到当前框架结构的最后一页。在框架图标内部结构中的导航图标“最末页”就是采用了这种设置。
- 退出框架/返回：控制程序退出框架结构，执行“框架”图标后面的图标。在“框架”图标内部结构中的导航图标“退出框架”就是采用了这种设置。

③ 任意位置：设置任意导航功能。控制程序从当前位置跳转到程序中任意框架结构中的任意页面。单击“第一页”导航图标，在其属性对话框中选中该选项后，“属性：导航图标[第一页]”对话框中将出现下面几个选项，如图 6-25 所示。

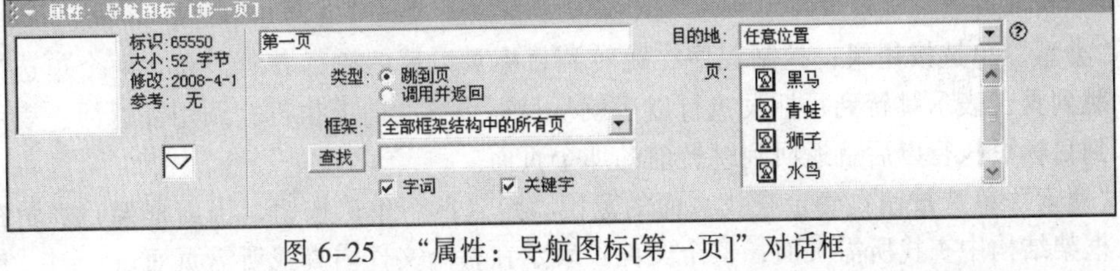

图 6-25　“属性：导航图标[第一页]”对话框

- “类型”单选按钮组：控制程序在跳转到目标页以后的执行方向。包含两个单选按钮，跳到页：表示跳转到目标页执行以后就从目标页继续向下执行；调用并返回：表示跳转到目标页执行以后就返回到跳转前的那个页面。
- “框架下拉列表框”：在该下拉列表框中显示了程序中所有“框架”图标的名称和一个“全部框架结构中的所有页”选项，用于选择程序跳转的范围。
- “页”列表框：用于显示和选择目标页。当“框架”下拉列表框选择某框架名时，该列表框将显示此框架下的所有页的名称；当“框架”下拉列表框选择“全部框架结构中的所有页”时，该列表框将显示所有框架下的页的名称。选择某页则决定程序将跳转到某页。

- “查找”按钮：该按钮与下面的“字词”和“关键字”复选框配合使用，表示通过页面中的单词或关键字来查找确定目标页。

④ 计算：控制程序根据计算表达式的结果来确定跳转到框架结构中的哪一个页面。选中该选项后，“属性：导航图标[第一页]”对话框中将出现下面几个选项，如图 6-26 所示。

- “跳到页”单选按钮：表示跳转到目标页执行以后就从目标页继续向下执行。
- “调用并返回”文本框：表示跳转到目标页执行以后就返回到跳转前的页面。
- “图标表达”文本框：在该文本框中输入表达式，这个表达式的结果为程序将要跳转的目标页图标的 ID 编号。

图 6-26　“属性：导航图标[第一页]”对话框

⑤ 查找：控制程序通过查找的方式决定跳转到框架结构中的哪一个页面。选择该选项时程序中会出现一个“查找”对话框，根据对话框中提供的数字、单词、汉字或符号可以查找到所需要的页。此时“属性：导航图标[第一页]”对话框中将出现下面几个选项，如图 6-27 所示。

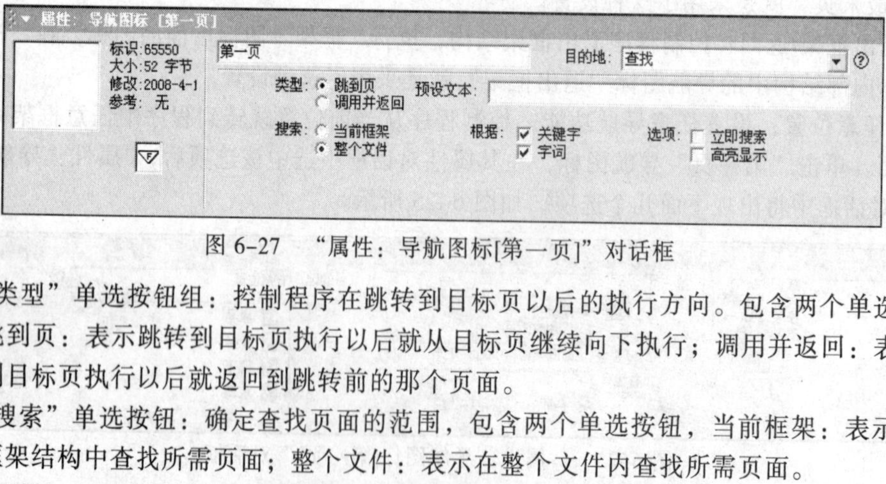

图 6-27　“属性：导航图标[第一页]”对话框

- “类型”单选按钮组：控制程序在跳转到目标页以后的执行方向。包含两个单选按钮，跳到页：表示跳转到目标页执行以后就从目标页继续向下执行；调用并返回：表示跳转到目标页执行以后就返回到跳转前的那个页面。
- “搜索”单选按钮：确定查找页面的范围，包含两个单选按钮，当前框架：表示在当前框架结构中查找所需页面；整个文件：表示在整个文件内查找所需页面。
- “根据”复选框组：确定查找所需页面的根据。包含两个复选框，关键字：表示将根据关键字来查找；字词：表示将根据页面中的文本即数字、单词、汉字或符号来查找。
- “预设文本”文本框：设置默认文本，表示在该选项的文本框中输入的文本将自动出现在查找对话框中。
- “选项”复选框组：包含两个复选项，立即搜索：设置直接查找；高亮显示：设置将查找到的文本显示出来。

在“框架”图标内部结构中的“查找”导航图标就是采用了这种“立即搜索”转向设置，实现了控制面板中“查找”按钮的功能。

6.3　超文本链接的制作

在 Authorware 中可以建立超文本以实现导航链接。所谓的超文本是指进行过链接操作的文本对象，即当用户通过单击、双击或者将鼠标指针移动至指定的文本对象上时，就跳转到其指定的页面上。利用超文本实现导航链接通常要分两步来进行：

① 建立具有链接功能的文本风格。

② 将该风格应用到程序中的文本上，并设置链接对象。

【实例 5】通过超文本实现浏览图片效果

新建文件“超文本.a7p”，其流程图和效果图如图 6-28、图 6-29 所示。本例说明在 Authorware 中如何实现对文本对象建立定向链接，使程序能通过超文本跳转到框架结构的页面上。

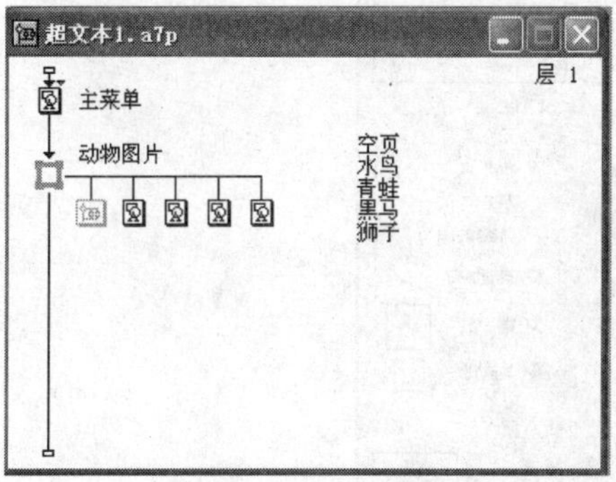

图 6-28　流程图

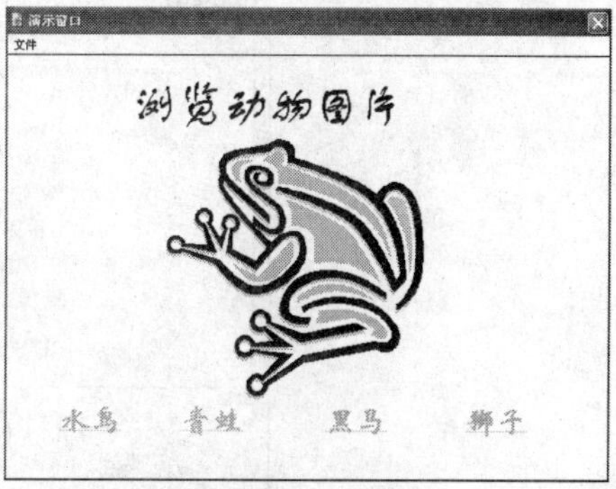

图 6-29　演示效果图

操作步骤：

（1）打开实例 4 中建立的文件“动物图片 2.a7p”。

（2）将框架结构中的第一页——群组图标“主菜单”打开，将“群组”图标里的内容全部删除，并将其改名为“空页”，如图 6-28 所示。这样做的目的是使“框架”图标在开始运行时不会显示出图片，只有通过跳转才可以浏览其他页面中的动物图片。

（3）在“框架”图标的前面拖放一个“显示”图标命名为“主菜单”，双击打开它，并在里面输入文字，包括标题“浏览动物图片”和 4 个文本对象“水鸟”、“青蛙”、“黑马”、“狮子”，如图 6-30 所示。

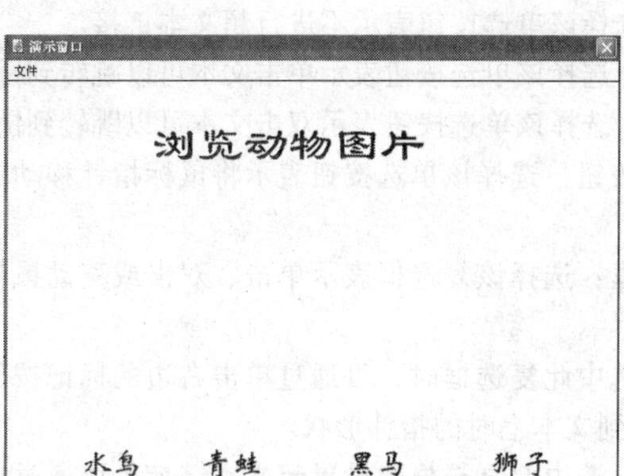

图 6-30　在演示窗口中输入文字

（4）调整各个文本对象的位置，将标题文字居中并设置字体字号，将其余 4 个文本对象拖到窗口的下方并将它们水平分散对齐。

（5）双击“框架”图标，打开“框架”图标的内部结构，将该窗口中的所有内容都删除掉。这样做将去掉框架图标默认的灰色面板以及按钮。

（6）单击“文本”/“定义样式”菜单命令，弹出“定义风格”对话框，如图 6-31 所示。单击“添加”按钮，并在其上方的文本框内输入新字体风格的名称“动物”。在该对话框的右端分别设置字体的格式：华文新魏、24 号字、加粗、加下画线、修改颜色为桔黄色。并在“交互性”选项组依次选择“单击”、“自动加亮”、“指针”和“导航到”选项，单击“完成”按钮，保存该字体风格。

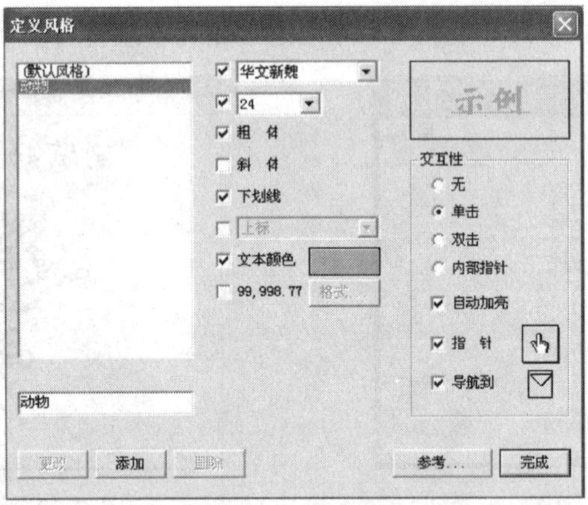

图 6-31　“定义风格”对话框

“定义风格”对话框包含 3 个部分：左边部分的列表框中显示了已定义的全部文本风格的名称。列表框下面的文本框可用来输入新定义的文本风格的名称，通过文本框下面的“更改”、“添加”和“删除”3 个按钮可以实现修改已有文本风格、添加新的文本风格和去除某种已有文本风格的操作。

该对话框的中间部分用于设置某种文本风格的具体样式。包括：设置字体、字号、加粗、倾斜、加下画线、设定上标或下标、选择字体颜色和文字的格式。

该对话框的右边部分的“示例”显示框能够预览设定的文本风格的效果。

“交互性”选择组包含以下一些选项：

- “无”单选按钮：选择该单选按钮表示不进行超文本链接。
- “单击”单选按钮：选择该单选按钮表示单击文本可以跳转到链接的页面。
- “双击”单选按钮：选择该单选按钮表示双击文本可以跳转到链接的页面。
- “内部指针”单选按钮：选择该单选按钮表示将鼠标指针移动到文本上方就可以跳转到链接的页面。
- “自动加亮”复选框：选择该复选框表示单击、双击或移动鼠标指针到文本时，文本将高亮度显示。
- “指针”复选框：选中此复选框时，可通过单击右边的标记按钮打开“鼠标指针”对话框，改变鼠标移动到文本上时的指针形状。
- “导航到”复选框：选中此复选框时设置超文本链接，可通过单击右边的标记按钮打开“导航”图标属性对话对文本指定要链接的对象。

单击“参考”按钮，打开窗口显示涉及到当前文本风格的所有图标的名称。单击“完成”按钮表示确认当前文本风格的建立，以及相关的超文本链接。

(7) 双击“主菜单”显示图标，再单击“文本”/“应用样式”菜单命令，弹出“应用样式”对话框，在该对话框中将显示出自己定义的字体样式的列表，如图 6-32 所示。

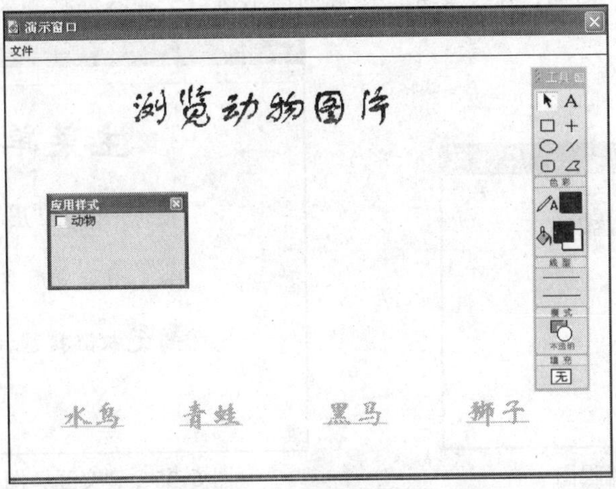

图 6-32 应用样式演示

(8) 单击绘图工具箱中的“文字”按钮，然后拖动鼠标选中文本对象“水鸟”，在“应用样式”对话框中选择“动物”字体风格。此时将弹出“属性：导航”对话框，在该对话框中选择当前文本链接的对象为框架结构中的“水鸟”页面，如图 6-33 所示。

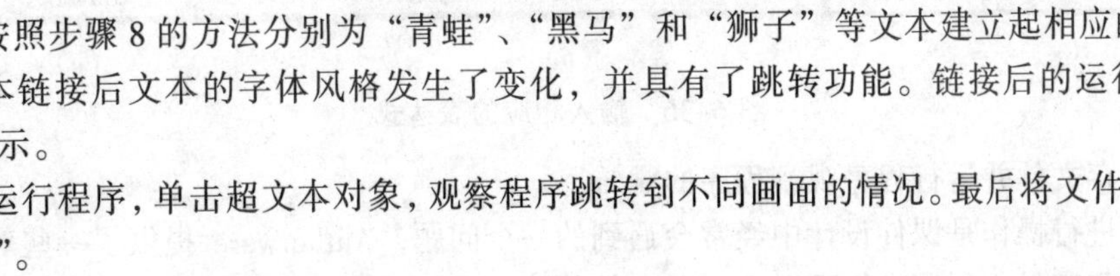

图 6-33 文本的导航设置

(9) 按照步骤 8 的方法分别为“青蛙”、“黑马”和“狮子”等文本建立起相应的链接。建立了超文本链接后文本的字体风格发生了变化，并具有了跳转功能。链接后的运行画面，如图 6-29 所示。

(10) 运行程序，单击超文本对象，观察程序跳转到不同画面的情况。最后将文件另存为“超文本 1.a7p”。

6.4 调用其他程序文件

有两种对程序定向的方法：一种是通过“框架”图标和“导航”图标控制程序从一个地方跳转到另一个地方；另一种是通过 JumpFile()函数和 JumpFileReturn()函数控制程序从一个文件执行跳转到另一个文件执行。

【实例 6】调用文件

创建一个文件“调用文件.a7p”，该程序的运行结果是显示一个主菜单，可在主菜单中调用其他的 Authorware 实例文件，这些实例文件为被保存在当前文件夹下的“闪烁的字母.a7p”、“动物图片 2.a7p”和“超文本.a7p”，流程图如图 6-34 所示。

操作步骤：

（1）新建程序文件“调用文件.a7p”，拖动一个“交互”图标到主流程线上，命名为“主菜单”。

（2）双击“交互”图标，在“交互”图标的演示窗口中输入标题和文字，如图 6-35 所示。

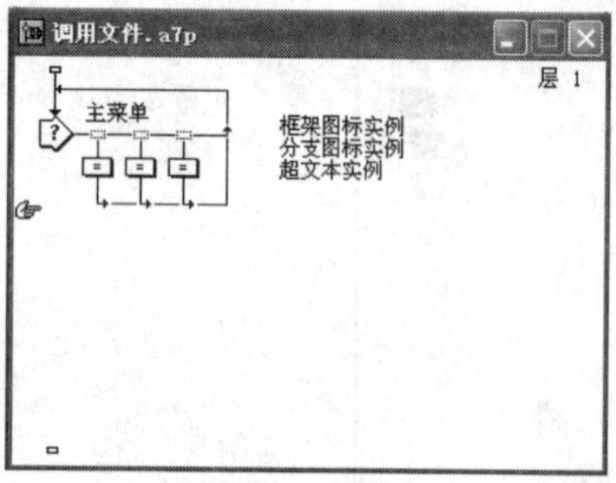

图 6-34　流程图

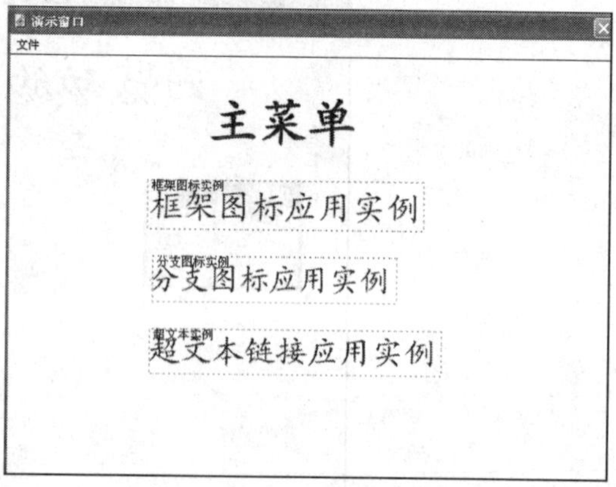

图 6-35　“交互”图标的演示窗口

（3）拖动 3 个“计算”图标在“交互”图标的右端，设置为热区域交互响应方式。并将热区域范围分别选定在对应的文字上，如图 6-35 所示。

（4）双击“分支图标实例”计算图标，在“计算”图标的窗口中输入表达式：JumpFileReturn ("闪烁的字母"),用同样的方法在“框架图标实例”计算图标的窗口中输入表达式：JumpFileReturn ("动物图片 2")，在“超文本实例”计算图标的窗口中输入表达式：JumpFileReturn ("超文本")，如图 6-36（a）、图 6-36（b）、图 6-36（c）所示。

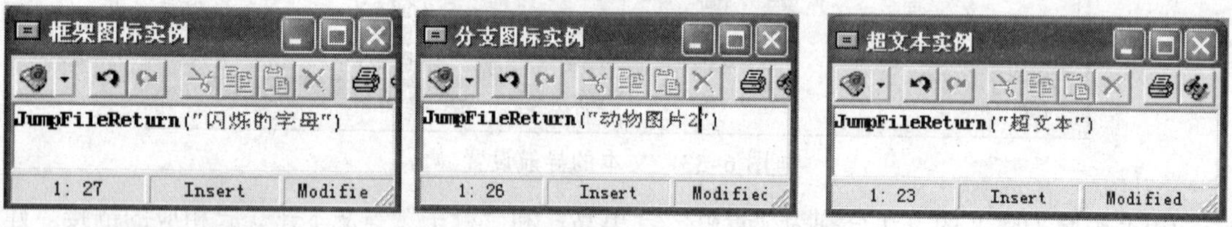

（a）　（b）　（c）

图 6-36　输入相应的表达式

（5）保存文件并运行程序观察程序的跳转。

对文件进行操作是课件设计中经常会遇到的一个问题，Authorware 提供了一些对文件进行操作的函数和变量，利用它们可以实现对文件的读、写、创建和删除等操作。相对于其他编程语言而言，Authorware 的文件操作功能不够强大，但是利用系统提供的这些文件操作功能，已经能够基本满足课件需要。

6.5　综合应用

通过前面内容的学习，本节将通过一个综合实例重点将“框架”图标和“导航”图标的操作再进一步进行练习。

【实例 7】图片欣赏

新建文件“图片欣赏.a7p”，其效果图和流程图如图 6-37、图 6-38 所示。本实例就是利用超文本对象的特性和“框架”图标自带导航按钮完成框架结构页面的管理，从而实现图片欣赏的跳转功能。

图 6-37　效果图

操作步骤：

（1）新建一个文件，拖动“显示”图标到主流程线上，命名为“超文本目录”。设置演示窗口的背景颜色为“黑色”，再双击该图标输入标题“请您欣赏”和超文本目录“欣赏 1”、“欣赏 2”、“欣赏 3”等内容。

（2）拖动一个“框架”图标到主流程线上，命名为“作品欣赏”。在其框架右侧分支再依次导入图片内容，命名为“图片 1”、“图片 2”、“图片 3”等，并调整图片在窗口的位置。

（3）双击“框架”图标打开其子级对话框如图 6-39 所示，删除原来“导航面板”显示图标内容，在演示窗口下方使用绘图工具重新绘制一个导航面板，并将原来的 8 个导航按钮依次调整到下方导航面板的水平对应位置如图 6-37 所示。

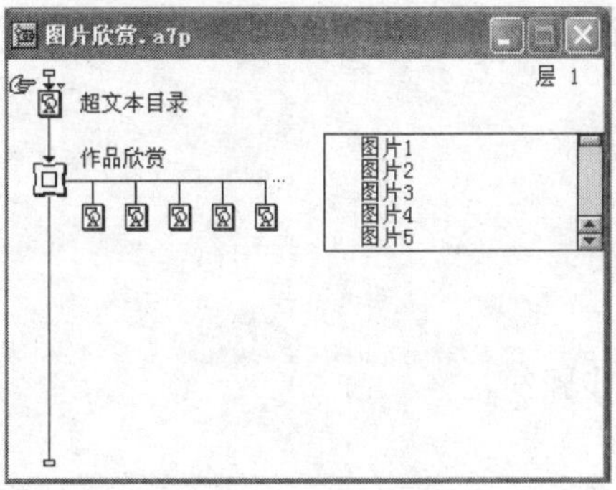

图 6-38　流程图

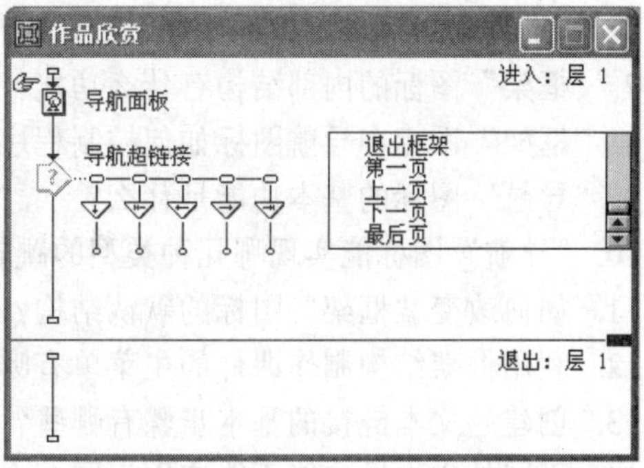

图 6-39　“框架”图标的子级对话框

（4）按照实例 5“超文本”的操作方法，再定义超文本风格样式，并应用超文本风格，依次设置其目录文字对应目标图片的导航属性，如图 6-40 所示。

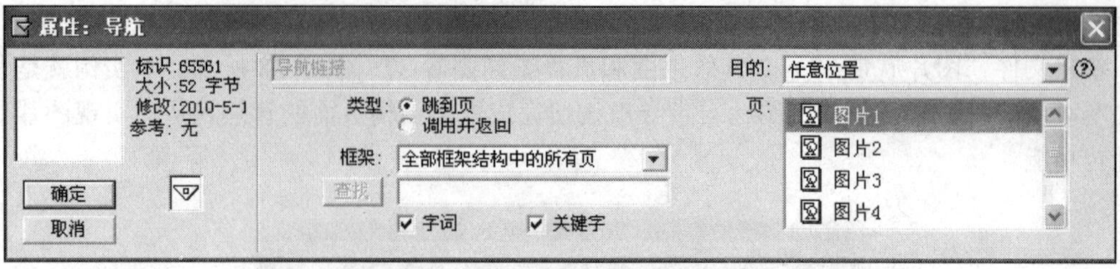

图 6-40 设置导航属性

（5）运行程序，单击超文本对象，观察程序跳转的情况，再单击界面下方的导航按钮控制图片的播放顺序。最后将文件保存为“图片欣赏.a7p”。

小 结

本章主要介绍了 3 种图标工具的使用方法：判断图标、框架图标和导航图标。利用它们，我们可以随意控制程序的流程走向，包括循环的用法、判断的使用、页面的规划及结构化设计等。使用 Authorware 的结构化设计，可将编程的概念直接移植到 Authorware 的程序创作上，将程序以结构化及模块化的方式组织起来。然而仅仅使用这 3 个图标就能设计出和高级语言一样的风格优美、功能更加复杂的程序还不够，这还是需要设计者掌握一定的编程知识，即继续下一章计算图标、变量和函数的学习。

习 题

1. “判断”图标对程序流向的控制与“交互”图标有什么不同？
2. 如何限制“判断”图标执行的总时间？
3. 如何设置可以使分支结构中的各个分支顺序地执行一遍？
4. 如何设置可以使分支结构中的各个分支随机地执行一遍？
5. 如何根据给定的变量或表达式来确定分支的执行？
6. 如果判断图标设置为不循环，默认执行哪一个分支？
7. “框架”图标的内部结构有什么功能？
8. “框架”图标和导航图标如何控制程序的流向？
9. “导航”图标的基本功能是什么？
10. “导航”图标能实现哪几种类型的跳转？
11. 如何改变“框架”图标的默认结构？
12. 利用框架结构制作课件的主菜单有哪些操作步骤？
13. 创建超文本链接的基本步骤有哪些？
14. 不同的文本风格能不能应用于同一个文本对象？
15. 如何修改超文本的链接对象？
16. 如何利用函数实现在当前课件中调用其他的程序文件？

第7章 "计算"图标、变量和函数

学习目标

- 掌握"计算"图标的用法；
- 掌握变量的用法；
- 掌握函数的用法。

通过前面章节的学习，我们已经能够通过操作流程线上的图标完成多媒体程序的设计。通过这些图标，可以快速、方便的制作出多媒体程序。但是，如果仅依赖这些图标就想制作出一些要求较高的多媒体程序，是不大容易的。在前面各章讲解交互响应时，也经常需要配合函数及变量，才能完成某些特定的功能。所以，作为一名 Authorware 的开发者如果在图标设计的基础上，再结合计算图标、变量和函数的使用，一定是如虎添翼，得心应手的。本章就将重点介绍这方面的内容。

7.1 "计算"图标

"计算"图标是用于条件表达式的运算、系统变量和系统函数的调用，以及编写 Authorware 程序代码，达到控制 Authorware 程序的运行或走向的目的。当然，"计算"图标还可以用于 Authorware 程序注释，以便增强程序的可读性。

7.1.1 "计算"图标的两种使用场合

1. 直接放在流程线上

从图标栏中拖动一个"计算"图标到流程线上，作为一个独立的图标使用，如图 7-1 所示。

2. 附加在其他图标上

"计算"图标被附加到其他的图标上，仍然有"计算"图标的功能，但它又不是一个独立的图标，它将随附加到的图标一起被复制、删除。当程序执行到带有附加"计算"图标的图标时，首先运行附加的"计算"图标，然后再执行此图标。

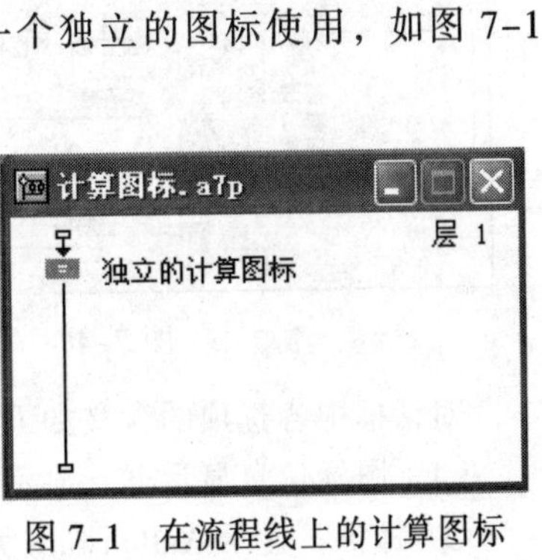

图 7-1 在流程线上的计算图标

附加"计算"图标的方法步骤是：

（1）选中要附加"计算"图标的图标，本例选中"显示"图标。

（2）单击菜单栏中的"修改"/"图标"/"计算"菜单命令，或通过按【Ctrl+=】组合键可以弹出"计算"图标的编辑窗口，如图 7-2 所示。在"计算"图标的编辑窗口里输入"--"。

关闭“计算”图标编辑窗口，就会看到“计算”图标附在了“显示”图标上，如图 7-3 所示。

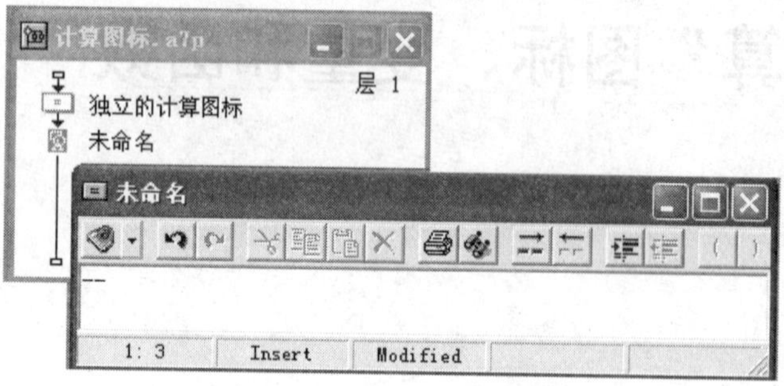

图 7-2　“计算”图标编辑窗口

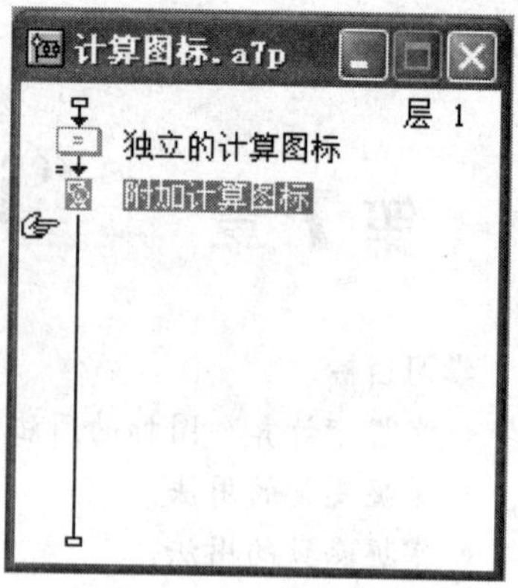

图 7-3　附加“计算”图标

如果“计算”图标的文本框内无内容，关闭“计算”图标后，“计算”图标是不会附在其他图标上的。利用这个特性，为了删除附加的“计算”图标，可在打开“计算”图标编辑窗口的同时，删除其中的所有内容，经过关闭与保存操作之后，所选的附加“计算”图标就消失了。

提示：不可以给“计算”图标本身附加“计算”图标。

将“计算”图标放置在某图标的前面，与使用附加“计算”图标的效果没有区别。值得注意的是，如果把一个“计算”图标附加到“交互”图标或“判断”图标上，并且将结果图标的返回路径设置为“重试”时，Authorware 就会反复地执行“计算”图标中的内容。

7.1.2　“计算”图标的设置

单击“计算”图标，在菜单栏上选择“修改”/“图标”/“属性”选项，就会弹出“计算”图标的属性对话框，如图 7-4 所示。

选中“计算”图标，按【Ctrl+I】组合键也可以弹出其属性对话框。

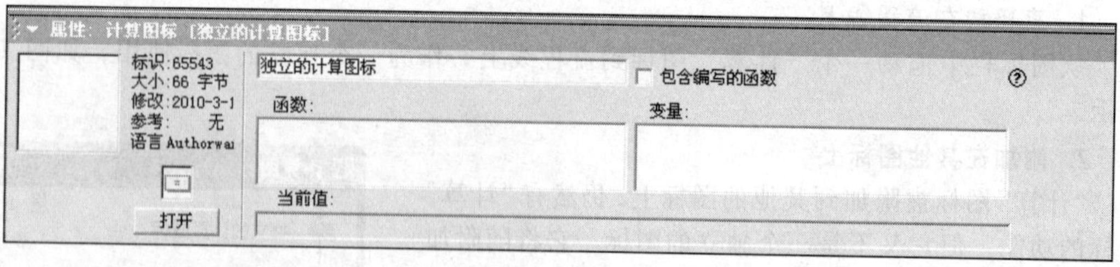

图 7-4　“属性：计算图标[独立的计算机图标]”对话框

对话框中各选项的含义如下：

（1）图标信息显示框：显示计算图标的各种参考信息，其中包括：

① 标识：显示 Authorware 为该图标分配的编号。

② 大小：显示该图标所占的存储空间。

③ 修改：显示该图标建立或最近一次修改的日期。

④ 参考：显示该图标是否具有供参考的变量。若有，显示“有”；否则显示“无”。

（2）图标标志：显示图标的性质。这里表示的是“计算”图标。

（3）图标名称：文本框显示图标的名称，若用户没有为图标命名，系统就默认图标名称“未命名”。也可以另起名，一般图标名称应有一定实际意义，以便从名称就能大概知道图标的内容或功能。在该文本框中修改图标名称时，设计窗口中的图标名称也随之修改。

（4）“打开”按钮：单击弹出编辑窗口，如图 7-5 所示。

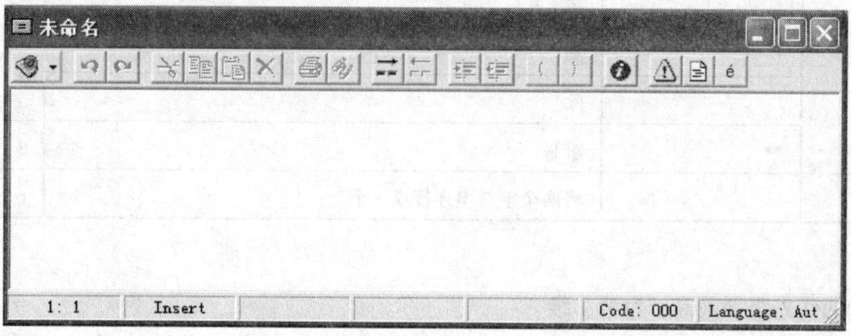

图 7-5 “计算”图标编辑窗口

（5）“函数”列表框：显示该图标中使用的函数。

（6）“变量”列表框：显示该图标中使用的变量。

（7）“当前值”文本框：在变量列表框中选中一个在该图标中使用的变量后，显示该变量的当前值。

7.1.3 表达式的使用

表达式由变量、函数和运算符组成，主要在“计算”图标中使用。

Authorware 中有 5 种运算符，分别是赋值运算符、关系运算符、逻辑运算符、算术运算符和连接运算符。通过运算符将各个变量、函数连接起来，就构成 Authorware 的表达式。

使用变量和函数的方法在下一部分介绍，这里主要介绍表达式的使用。不同运算符有不同的优先级别，当一个表达式中有多种运算符，对表达式求值时，系统根据运算符的优先级别决定运算顺序，对优先级别相同的运算符，按从左到右的顺序进行运算。

表 7-1 列出各个运算符的功能及其优先级别。

表 7-1 运算符的功能及其优先级别

种 类	运算符	作 用	优先级别
赋值运算符	:=	将运算符右边的值赋给左边的变量	9
关系运算符	=	等于	7
	<>	不等于	
	<	小于	
	>	大于	
	<=	小于或等于	
	>=	大于或等于	
逻辑运算符	~	非运算	2
	&	和运算	8
	|	或运算	

续表

种　类	运算符	作　用	优先级别
算术运算符	+	加	5
	–	减	
	*	乘	4
	/	除	
	**	求幂	3
连接运算符	^	将两个字符串连接成一个	6

说明：

① 括号()的优先级别最高，为第 1 级。

② 注释符（--）虽不是运算符，可在程序中经常使用，主要是帮程序加上一个说明信息，以便修改调试程序。注释符可以添加到“计算”图标编辑窗口的任意位置。加入注释符后，程序运行时，其所在行从注释符开始到行尾内容被忽略。

使用表达式时应注意以下问题：

（1）在表达式中使用字符串时，必须加上双引号，以区别于变量名、函数和运算符。

（2）如果要在字符串中使用双引号，则必须在双引号前加上一个反斜杠。例如字符串：“He told me：\“I　will　miss　you.\””。

（3）如果要在字符串中使用反斜杠，则必须在反斜杠前再加上一个反斜杠。例如字符串：“C:\\Windows\\Media\\Ding.wav”。

（4）若要将表达式的值直接显示在屏幕上，则必须在“显示”或“交互”图标中嵌入这个表达式，且表达式必须以大括号括住：{FullDate+7}。

（5）表达式的末尾可以添加注释，注释内容必须以两个连字符“--”与表达式隔开。例如：T: =T+1 --T 自动增值。

7.2 变　　量

变量和函数是编程语言的重要组成部分，利用其强大的功能可以设计出各种严密而复杂的程序。相对于其他编程语言来说，Authorware 的变量和函数简单易学，只要具有编程的基础知识就够了。

7.2.1 变量类型及功能

变量根据所存储的数据类型可以分为 4 类，即数值型、字符串型、逻辑型和列表型。

（1）数值型变量。数值型变量可以存储具体的数值（包括正数、负数、零、整数和小数等），如–6、0、71.23。在 Authorware 7.0 中，可以存储的小数范围是–1.8 × 1 087～1.8 × 1 087。

（2）字符串型变量。字符串型变量用于存储字符串。字符串是一些字符的组合。如数字、英文字母、汉字、标点符号和特殊字符(#、@)等，它们的任意组合便可以构成字符串。Authorware 7.0 中的字符串型变量最多可存储 3000 个字符。

字符串型变量在人机交互中特别有用，用键盘输入的文字、符号等都可以由字符串型变量存储起来，让计算机作出相应的响应，还可以利用这种功能设置密码、回答问题等，做出很多有意思的程序。

在给字符串型变量赋值时，需要将字符串用英文的双引号括起来，切不可错用成中文的双引号。

(3)逻辑型变量。逻辑型变量用于判断对错，它存储的值只有两种：True(对)或 False(错)。在程序的设计中，可以根据实际需要将某个变量设置成逻辑型的变量，利用它的值（True 或 False）可以激活或取消某一个选项。

(4)列表型变量。当需要一次存储一组数据时，便可以使用列表型变量。所存储的各数据之间用逗号隔开。列表型变量共分两种：

① 线性列表：线性列表型变量有点儿像 C 语言中的一维数组，两者都可以存储一组数据。不同点在于：在 C 语言中，数组有类型之分，同一数组的元素必须是同一种类型；在 Authorware 中，线性列表型变量中元素可以是不同类型，但都为单独一个值，例如：{-6, 911.5, “F”}。

② 属性列表：在属性列表中，一般每一元素由属性注明和属性值两部分组成，两者之间用冒号隔开。此时，元素可由多个值组成，例如：{#姓名: 小红，#班级: 五年级，#学号: 36}。

7.2.2 系统变量

系统变量是 Authorware 本身自带的变量，主要用于记录程序执行过程中某些状态的值。在程序执行过程中，Authorware 根据执行情况自动调整这些变量的值，可以根据需要调用这些变量，引用它们的值。

系统变量类型众多，如何查询和使用它们呢？步骤是：新建或打开一个文件，选择菜单栏上的“窗口”/“面板”/“变量”菜单命令（或直接单击工具栏上的“变量”按钮），如图 7-6 所示。便可以弹出“变量”对话框，如图 7-7 所示。

如果没有打开任何文件，“窗口”/“面板”/“变量”菜单命令是不可用的。

“变量”对话框的左上角的分类属性下为变量“分类”下拉列表框，单击向下黑三角按钮，便会打开此列表。

表中列举了 9 类系统变量，分别为 CMI（计算机管理教学类）、Decision（决策判断类）、Framework（框架管理类）、General（一般用途类）、Graphics（绘图类）、Icon（图标管理类）、Interaction（交互管理类）、Network（网络管理类）、Time（时间管理类）和 Video（视频管理类）等。

除了上述 9 类系统变量，还有下列两类：

- 全部：将所有的系统变量按字母顺序排列出来。
- 自定义：这类变量以文件名作标记，列出了自定义的变量。

在分类下拉列表的正下方是各类变量的具体名称。单击其中某个变量，如果这时打开了一个计算图标，变量对话框最下边一排按钮中的“粘贴”按钮就会变得可用。单击“粘贴”按钮，所选的变量便会粘贴到计算图标的文本框中，这样可以避免因记不清而造成的输入变量错误。

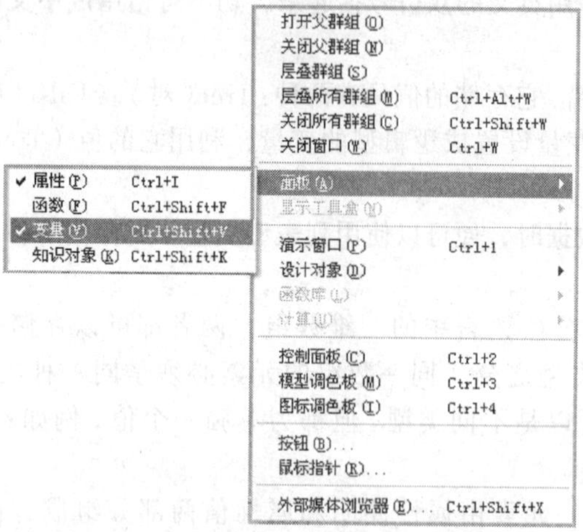

图 7-6　选择“变量”菜单命令

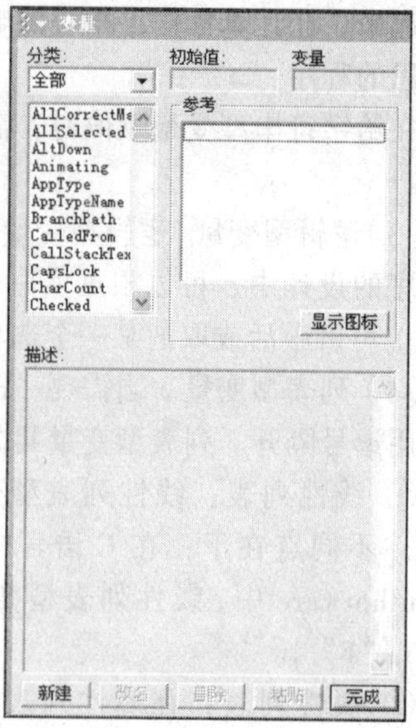

图 7-7　打开分类下拉列表

7.2.3　自定义编辑及变量

前面已经介绍了系统变量，虽然有两百多个，但有时难免不够用，这时可以根据需要自己定义变量。下面以“计算”图标举例说明定义变量过程。

（1）新建一个文件，拖入一个“计算”图标，双击打开它，输入“x:=1”，关闭窗口，此时会弹出一个对话框，如图 7-8 所示。

（2）单击“是”按钮，出现“新建变量”对话框，如图 7-9 所示。

图 7-8　保存修改对话框

图 7-9　“新建变量”对话框

（3）单击“确定”按钮结束定义，但此时系统默认这个变量的初始值为零。

曾经定义的变量在以后的应用中不会出现“新建变量”对话框，如果对某个自定义的变量需要修改一下，那该怎样办呢？单击菜单栏中的“窗口”/“面板”/“变量”菜单命令（或直接单击工具栏上的“变量”按钮），可以弹出“变量”对话框，单击“分类”下拉列表框，单击“未命名”选项，则下面的变量列表框中显示出了当前使用的所有自定义变量，前面所定义 x 变量便在其中，如图 7-10 所示。

下面是对自变量的一些修改操作，以上例作说明。

① 修改变量名，选中 x 变量，单击“改名”按钮，弹出“重命名变量”对话框，输入新的变量名，单击“确定”按钮完成修改，如图 7-11 所示。

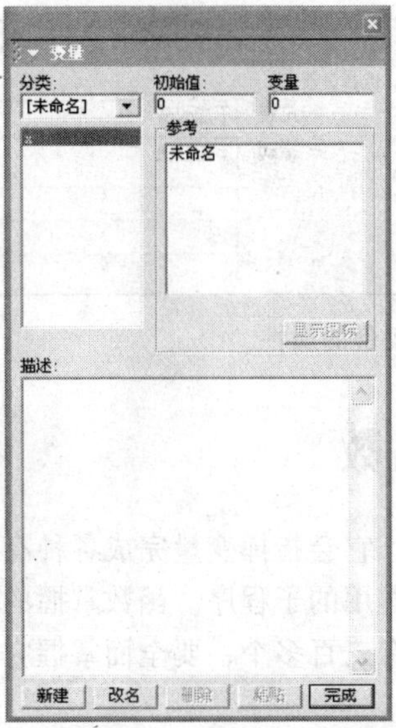

图 7-10 “变量”对话框

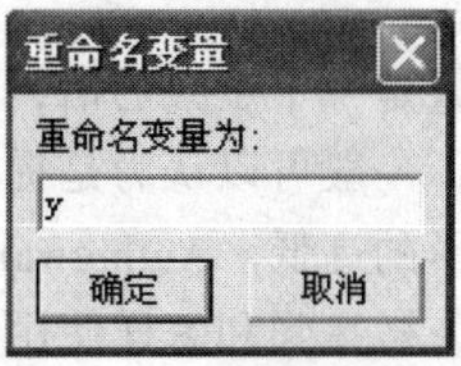

图 7-11 修改变量名

② 修改初值，在“变量”对话框的初始值一栏中输入新的初始值即可。

③ 编辑描述信息，在描述文本框中直接进行编辑。

④ 删除自定义变量，当确认所要删除的变量不被任何图标引用时，删除按钮才有效，只要选中它并单击“删除”按钮便可以删除变量。

7.2.4 变量的实时显示

要在演示窗口显示变量的值，必须在“显示”图标中用大括号{}将变量名括起来。具体操作方法是：在“显示”图标中单击绘图工具箱中的“文本”按钮将变量名用{}符号括起来，如图 7-12 所示。

变量的值在程序运行过程中是变化的，如果要实时跟踪变量的值，还要设置“显示”图标的属性。打开“显示”图标的属性对话框，在图 7-14 所示的“选项”复选框组中选中“更新显示变量”复选框，这样变量值的变化将随时会反应在演示窗口中。

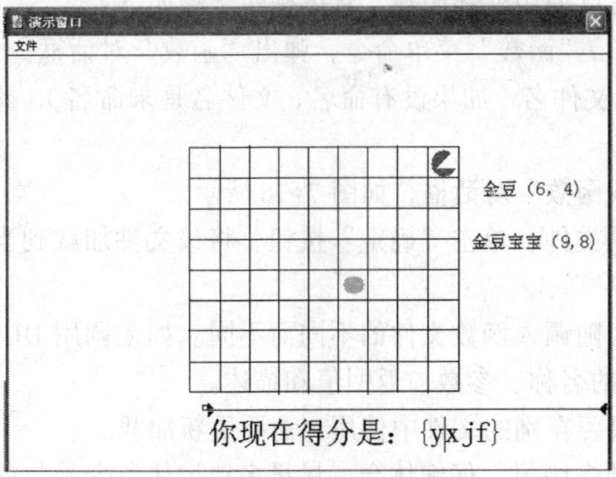

图 7-12 用{}括起来的变量

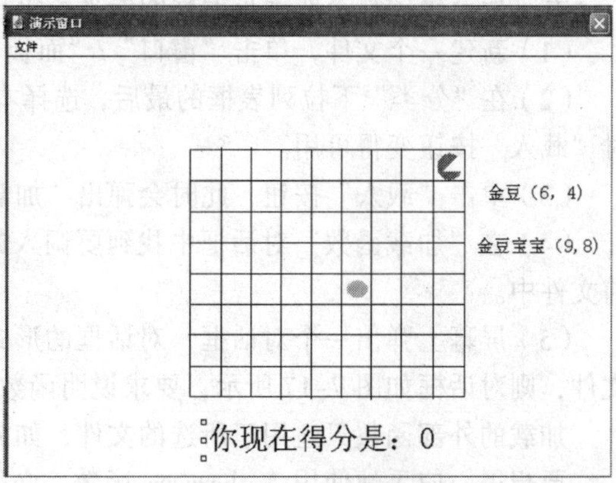

图 7-13 运行结果

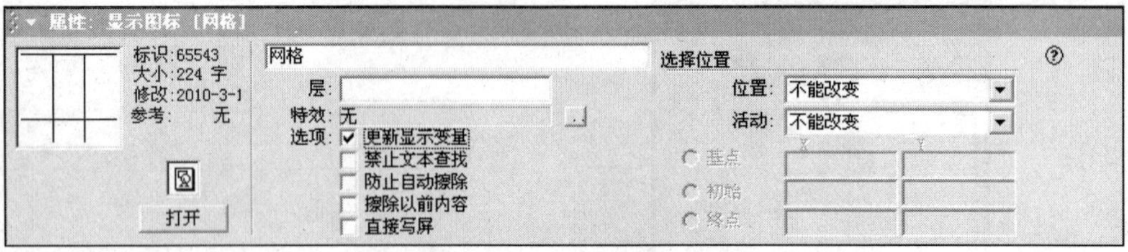

图 7-14 设置实时跟踪变量的属性

7.3 函　　数

如果说变量是一个士兵的话，那函数便是指挥官，它会指挥变量完成各种有趣且有用的任务。所谓函数，一般可以认为是提供某些特殊功能或作用的子程序。函数掌握的好坏程度直接影响到编程水平的高低。Authorware 提供的系统函数有三百多个，要全面掌握它们不太现实，所以只要学到怎样找到和怎样使用它们就可以了。

7.3.1 函数类型及功能

函数有以下两种类型：

（1）系统函数：是 Authorware 自带的，它所完成的功能已经定义好了，可以直接使用。

（2）自定义函数：对于系统函数无法完成的任务，可自己定义一个函数来完成。

7.3.2 系统函数

单击菜单栏中的“窗口”/“面板”/“函数”菜单命令（或直接单击工具栏上的“函数”按钮），弹出“函数”对话框。如图 7-15 所示。它与系统变量的“变量”对话框的结构差不多，只是少了“初始值”和“变量”文本框。

打开函数的“分类”下拉列表框，这里存有 17 大类的系统函数，在此不详述。

7.3.3 调用外部函数

若觉得系统函数不能满足编程的要求，也可以调用外部函数，具体操作步骤如下：

（1）新建一个文件，单击“窗口”/“面板”/“函数”菜单命令，弹出“函数”对话框。

（2）在“分类”下拉列表框的最后，选择本文件名（如果没有命名，文件名是未命名），此时“载入”按钮变得可用。

（3）单击“载入”按钮，此时会弹出“加载函数”对话框，如图 7-16 所示。

（4）在“加载函数”对话框中找到要调入的文件，单击“确定”按钮，将该文件加载到当前文件中。

（5）屏幕上弹出一个对话框，对话框的形式随调入函数文件的不同而不同。如果调用 DLL 文件，则对话框如图 7-17 所示，要求说明函数的名称、参数、返回值和描述。

加载的外部函数只适用于所选的文件，如果要在别的文件中使用，需要重新加载。

要想得心应手地使用 Authorware 函数，必须多练习，仔细体会，尽量多地记住各个函数的功能和用法，才能灵活巧妙地运用各个函数，从而设计出优秀的程序。

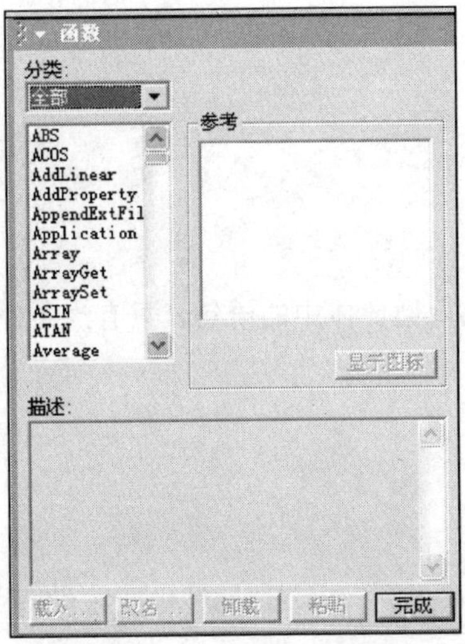

图 7-15 “函数”对话框

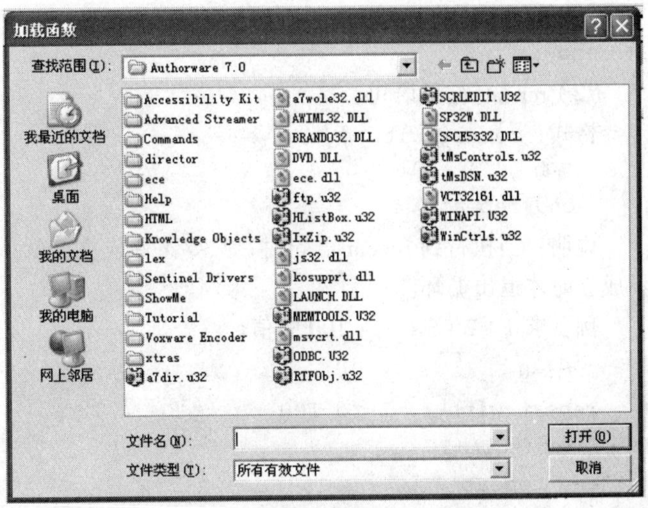

图 7-16 “加载函数”对话框

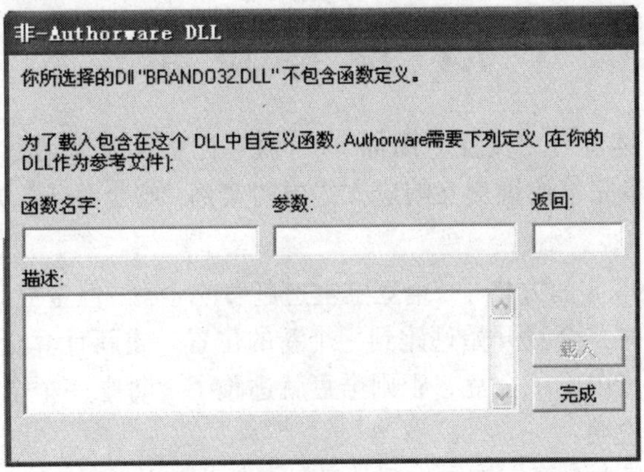

图 7-17 调用 DLL 类型文件弹出的对话框

7.3.4 脚本语言

脚本语言是指将变量、函数和表达式合起来，加上 if...then...语句和 repeat 语句而形成的程序语言。

（1）if...then 语句。

格式：

```
if 条件1  then
  语句1
[else
  语句2]
end if
```

说明：当 Authorware 执行到 if...then 语句时，它首先检查条件 1 是否为真。如果条件为真，则执行语句 1，否则执行语句 2。

例：当 x 大于等于 0，则 y=1，否则 y=-1。

```
if x>=0 then
  y: =1
else
```

```
  y: =-1
end if
```

（2）repeat 循环语句。

格式：repeat with 条件

```
  语句
  end repeat
```

说明：当执行到 repeat 语句时，只要条件成立，就一直执行循环体中的语句，只有当条件不成立时才退出循环。

例：求 1 + 2 + 3 + … + 100 的值。

```
Sum:=0
repeat with I:=1 to 100
  Sum:=Sum+I
end repeat
```

更具体的脚本语言的用法参见 Authorware 的帮助。

7.4 综合应用

通过前面的学习，读者对“交互”图标、“计算”图标、系统函数和系统变量有了较深的认识。本节将通过进一步完善按键交互响应方式中的实例“吃金豆 I”游戏来结束本章的学习。

【实例】吃金豆 II

游戏说明：在一个 9×8 的方格中，金豆宝宝追赶着吃金豆。但金豆计算着宝宝所走的步数，每当金豆宝宝走了 9 步时，金豆开始逃跑到一个新的位置，重新计算金豆宝宝的步数。也就是说，金豆宝宝必须在 9 步内吃了金豆，否则金豆就逃跑了。每吃一个金豆加 5 分。

游戏中用到的变量说明：

① jdbb1：条件交互中金豆宝宝 1 出现的激活条件，默认值为 True。

② jdbb2：条件交互中金豆宝宝 2 出现的激活条件，默认值为 False。

③ jdx，jdy：金豆的坐标值，其初始值为 0。

④ x，y：金豆宝宝的坐标值，其初始值为 0。

⑤ jdbbbs：记录金豆宝宝所走的步数，初始值为 1。

⑥ yxjf：游戏积分，其初始值为 0。

游戏中用到的函数说明：

`ResizeWindow(width,height)` 自定义窗口大小。

`DisplayIcon(IconID@"IconTitle")`

说明：DisplayIcon 显示指定图标的内容。虽然可用“显示”图标显示内容，但该函数可在运行时决定显示内容。只能在“计算”图标中使用，不能插入到表达式中。

`EraseIcon(IconID@"IconTitle")`

说明：从演示窗口中擦除指定图标的内容。虽然可用“擦除”图标擦除显示内容，但该函数可在运行时决定擦除内容。只在“计算”图标中使用。

`number:=Random(min,max,units)`

说明：Random(min,max,units)：返回介于 min~max 之间的一个随机数，两个数之间的差是

units 的整数倍，例如，Random(0,80,20)的返回值是 0、20、40、60、80。

由于金豆宝宝在转身时，出现的图像是不同的。因此要准备两幅图像，如图 7-18、图 7-19 所示。分别放在“显示”图标“金豆宝宝 1”和“金豆宝宝 2”中。金豆的图像如图 7-20 所示。

图 7-18 向右走的图片

图 7-19 向左走的图片

图 7-20 金豆图片

游戏界面如图 7-21 所示。程序流程图如图 7-22 所示。

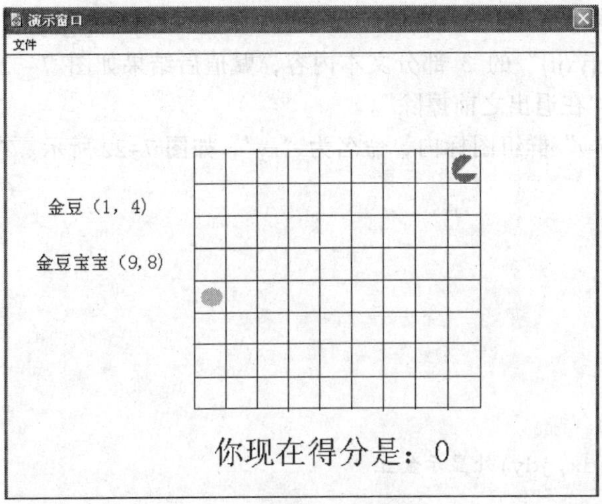

图 7-21 吃金豆 II 游戏界面

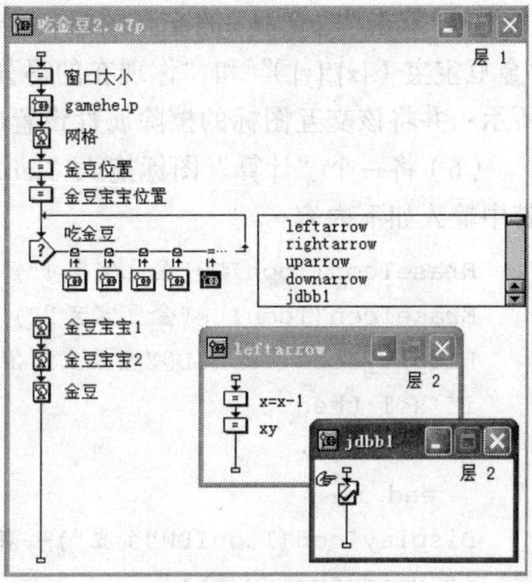

图 7-22 流程图

操作步骤：

（1）在 Authorware 中打开按键交互响应方式中的实例“吃金豆 I.a7p”。并重命名为“吃金豆 2”。

（2）自定义窗口大小。拖动一个“计算”图标到“网格”图标的上方，命名为“窗口大小”，如图 7-22 所示。打开“计算”图标，写入代码：ResizeWindow(600,500)。

（3）制作游戏帮助。图 7-23 所示中的群组图标“gamehelp”。目的是增加一个“帮助”菜单并将原来系统自带的“文件”菜单删除，具体制作请读者参照图 7-23 和第 3 章有关内容自己完成。

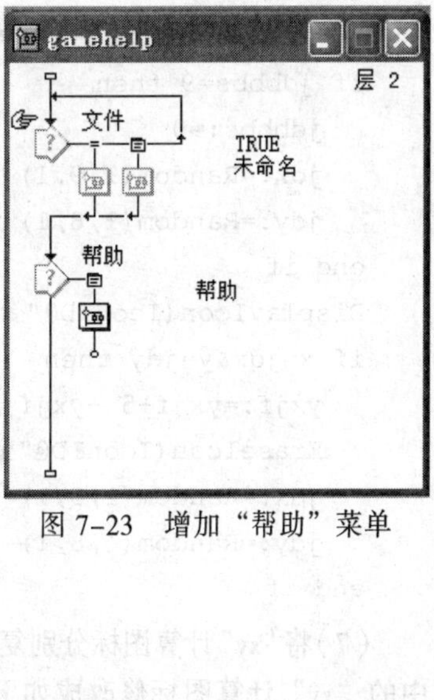

图 7-23 增加“帮助”菜单

（4）删除源程序的“金豆宝宝”的显示图标，分别拖到两个“计算”图标到“网格”显示图标的下方，并命名为“金豆位置”和“金豆宝宝位置”。在“金豆位置”计算图标中输入如下内容：

```
--随机产生金豆的坐标
jdx:=Random(1,9,1)--jdx-表示金豆的横坐标
jdy:=Random(1,8,1)--jdy-表示金豆的纵坐标
DisplayIcon(IconID@"金豆")--在(jdx,jdy)处显示金豆
```

在“金豆宝宝位置”计算图标中输入如下内容：

```
x:=Random(1,9,1)
y:=Random(1,8,1)
if x=jdx & y=jdy then
  EraseIcon(IconID@"金豆")
  jdx:=Random(1,9,1)--随机产生金豆的坐标
  jdy:=Random(1,8,1)
  DisplayIcon(IconID@"金豆")--在(jdx,jdy)处显示金豆
end if
DisplayIcon(IconID@"金豆宝宝 1")
```

（5）双击“吃金豆”的交互图标，弹出演示窗口，分别在指定位置输入“金豆({jdx}, {jdy})”，“金豆宝宝({x},{y})”和“你现在的得分是{yxjf}”的 3 部分文本内容，赋值后结果如图 7－21 所示；并将该交互图标的擦除属性设置成“在退出之前擦除”。

（6）将一个“计算”图标拖入“leftarrow”群组图标内，命名为“xy”，如图 7-22 所示。在其中输入如下内容：

```
EraseIcon(IconID@"金豆宝宝 1")
EraseIcon(IconID@"金豆宝宝 2")
DisplayIcon(IconID@"金豆宝宝 2")
if x<1 then
  x:=1
  end if
DisplayIcon(IconID@"金豆")--在(jdx,jdy)处显示金豆
if x=jdx&y=jdy then
  yxjf:=yxjf+5--yxjf 表示游戏积分
  EraseIcon(IconID@"金豆")
  jdx:=Random(1,9,1)--随机产生金豆的坐标值
  jdy:=Random(1,8,1)
end if
  jdbbbs:=jdbbbs+1--统计金豆宝宝所走步数
if jdbbbs=9 then
  jdbbbs:=0
  jdx:=Random(1,9,1)--随机产生金豆的坐标值
  jdy:=Random(1,8,1)
end if
DisplayIcon(IconID@"金豆")--在(jdx,jdy)处显示金豆
if x=jdx&y=jdy then
  yxjf:=yxjf+5--yxjf 表示游戏积分
  EraseIcon(IconID@"金豆")
  jdx:=Random(1,9,1)--随机产生金豆的坐标值
  jdy:=Random(1,8,1)
end if
```

（7）将“xy”计算图标分别复制到“rightarrow”、“uparrow”、“downarrow”中，再打开“rightarrow”中的“xy”计算图标修改成如下一段代码：

```
EraseIcon(IconID@"金豆宝宝 1")
EraseIcon(IconID@"金豆宝宝 2")
DisplayIcon(IconID@"金豆宝宝 1")
if x>9 then
  x:=9
  end if
DisplayIcon(IconID@"金豆")--在(jdx,jdy)处显示金豆
if x=jdx & y=jdy then
  EraseIcon(IconID@"金豆")
  yxjf:=yxjf+5--yxjf表示游戏积分
  jdx:=Random(1,9,1)--随机产生金豆的坐标值
  jdy:=Random(1,8,1)
end if
jdbbbs:=jdbbbs+1--统计金豆宝宝所走步数
if jdbbbs=9 then
  jdbbbs:=0
  jdx:=Random(1,9,1)--随机产生金豆的坐标值
  jdy:=Random(1,8,1)
end if
DisplayIcon(IconID@"金豆")--在(jdx,jdy)处显示金豆
if x=jdx&y=jdy then
  yxjf:=yxjf+5--yxjf表示游戏积分
  EraseIcon(IconID@"金豆")
  jdx:=Random(1,9,1)--随机产生金豆的坐标值
  jdy:=Random(1,8,1)
end if
```

（8）打开“uparrow”交互响应图标中的“xy”计算图标修改成如下一段代码：

```
EraseIcon(IconID@"金豆宝宝 1")
EraseIcon(IconID@"金豆宝宝 2")
if y>8 then
  y:=8
  end if
if x<=jdx then
  DisplayIcon(IconID@"金豆宝宝 1")
  EraseIcon(IconID@"金豆宝宝 2")
  else if x>jdx then
  DisplayIcon(IconID@"金豆宝宝 2")
  EraseIcon(IconID@"金豆宝宝 1")
end if
DisplayIcon(IconID@"金豆")--在(jdx,jdy)处显示金豆
if x=jdx&y=jdy then
  EraseIcon(IconID@"金豆")
  yxjf:=yxjf+5--yxjf表示游戏积分
  jdx:=Random(1,9,1)--随机产生金豆的坐标值
  jdy:=Random(1,8,1)
```

```
end if
jdbbbs:=jdbbbs+1--统计金豆宝宝所走步数
if jdbbbs=9 then
   jdbbbs:=0
   jdx:=Random(1,9,1)--随机产生金豆的坐标值
   jdy:=Random(1,8,1)
end if
DisplayIcon(IconID@"金豆")--在(jdx,jdy)处显示金豆
if x=jdx&y=jdy then
   yxjf:=yxjf+5--yxjf表示游戏积分
   EraseIcon(IconID@"金豆")
   jdx:=Random(1,9,1)--随机产生金豆的坐标值
   jdy:=Random(1,8,1)
end if
```

（9）打开“downarrow”交互响应图标中的“计算”图标“xy”修改成如下一段代码：

```
EraseIcon(IconID@"金豆宝宝1")
EraseIcon(IconID@"金豆宝宝2")
if y<0 then
   y:=0
   end if
if x<=jdx then
   DisplayIcon(IconID@"金豆宝宝1")
   EraseIcon(IconID@"金豆宝宝2")
   else if x>jdx then
   DisplayIcon(IconID@"金豆宝宝2")
   EraseIcon(IconID@"金豆宝宝1")
end if
DisplayIcon(IconID@"金豆")--在(jdx,jdy)处显示金豆
if x=jdx&y=jdy then
   EraseIcon(IconID@"金豆")
   yxjf:=yxjf+5--yxjf表示游戏积分
   jdx:=Random(1,9,1)--随机产生金豆的坐标值
   jdy:=Random(1,8,1)
end if
jdbbbs:=jdbbbs+1--统计金豆宝宝所走步数
if jdbbbs=9 then
   jdbbbs:=0
   jdx:=Random(1,9,1)--随机产生金豆的坐标值
   jdy:=Random(1,8,1)
end if
DisplayIcon(IconID@"金豆")--在(jdx,jdy)处显示金豆
if x=jdx&y=jdy then
   yxjf:=yxjf+5--yxjf表示游戏积分
```

```
    EraseIcon(IconID@"金豆")
    jdx:=Random(1,9,1)--随机产生金豆的坐标值
    jdy:=Random(1,8,1)
end if
```

（10）拖动 3 个“显示”图标到“交互”图标下的主流程线上，并命名为“金豆宝宝 1”、“金豆宝宝 2”、“金豆”。将如图 7-18、图 7-19、图 7-20 所示的图片分别放在显示图标“金豆宝宝 1”、“金豆宝宝 2”和“金豆”中。

（11）将交互分支中的条件交互响应图标“TRUE”改名为“jdbb1”，双击此图标，展开层 2 设计对话框，将“move”移动图标的属性设置中的移动对象改为“金豆宝宝 1”，“类型”下拉列表框仍为“指向固定区域内的某点”，其他设置不变，如图 7-24 所示。复制交互响应“jdbb1”图标到“交互”图标的最右边，交互类型为“条件”，将它改名为“jdbb2”。打开“jdbb2”，将其中的移动图标的属性设置中的移动对象改为“金豆宝宝 2”，其他设置不变。

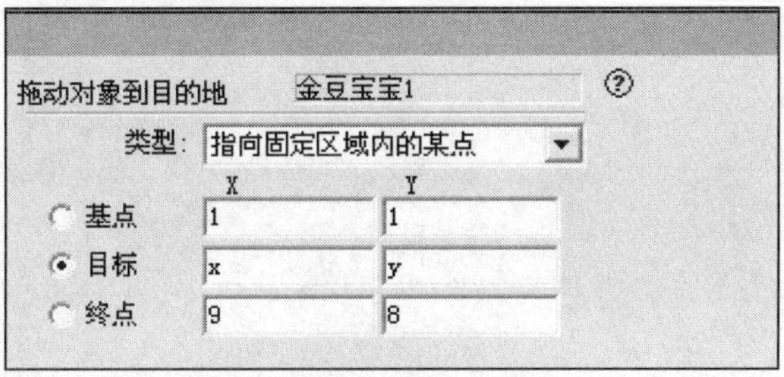

图 7-24　设置移动对象

（12）拖动一个“群组”图标到“交互”图标的最右边，交互类型为“条件”，命名为“TRUE”。再将一个移动图标拖入“TRUE”群组图标内命名为“金豆移动”，设置该移动图标的属性如图 7-25 所示。

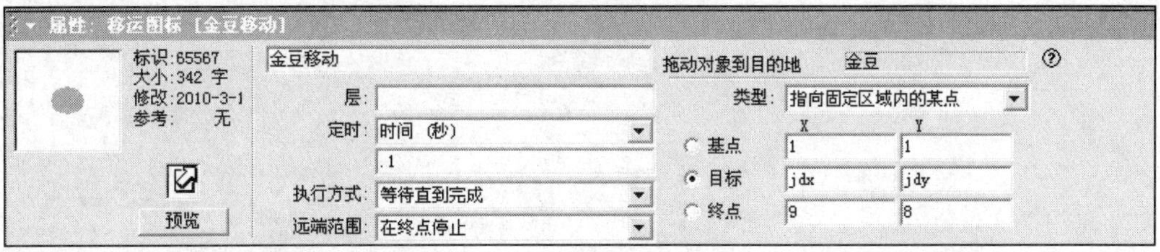

图 7-25　设置移动图标的属性

至此，游戏制作完成，保存。本实例使用了很多函数，脚本语言和各种交互方式，望读者能认真领会。

小　结

本章系统地讲述了如何在 Authorware 程序中使用计算图标、变量、函数、表达式和脚本语句，并且通过实例将第 3 章的“吃金豆 1”的游戏程序进行了改进。至此 Authorware 的所有图标都已经介绍完毕，下一章将进一步介绍有关提高 Authorware 程序开发效率的方法以及如何使课件程序脱离 Authorware 环境能独立运行的高级应用。

习　题

1. 在 Authorware 的“计算”图标中，注释可以用在哪些地方？
2. 请归纳出变量的几种使用场合。
3. 如何将变量的值显示出来并实时更新？
4. 设计一个程序，用变量来控制声音的开关。
5. 请进一步完善吃金豆的游戏，如加上声音、设置多关游戏等。

第 8 章 Authorware 的高级应用

学习目标

- 掌握新建库文件的方法；
- 掌握编辑库文件的方法；
- 熟悉模块及知识对象；
- 学会使用知识对象；
- 熟悉介绍一般的课件打包方法。

在开发多媒体课件时常常要用到一些相同的内容，如某个图标或某组图标结构以及其中所含内容，这时，使用库或者模块能够避免重复的劳动。

库和模块的基本功能类似，但它们又各有特点，库文件与程序之间是一种链接的关系，在文件保存时可以节省磁盘空间，模块是将一个或一组图标进行备份，因此。模块的制作采用的是另外一种方式，它是将多媒体开发者经常使用的图标、按钮甚至是流程线的一部分制作成备份，在使用时可以直接粘贴（添加），而知识对象是一种特殊的模块。

灵活使用库或者模块能够提高制作课件的效率，节省课件成品所占用的存储空间。

8.1 库的创建、编辑与使用

要讲库的创建、编辑与使用要先讲库的使用。

8.1.1 库的使用

在使用库文件之前，必须先建立一个空的库文件，在建立库文件的同时，Authorware 会同时打开一个程序的设计窗口。可以在编辑程序之前建立库文件，也可以打开一个已经编好的程序来建立库文件。单击“文件”/“新建”/“库”菜单命令，Authorware 就会弹出一个库文件对话框，如图 8-1 所示，新建的库文件对话框标题是“未命名-1”。

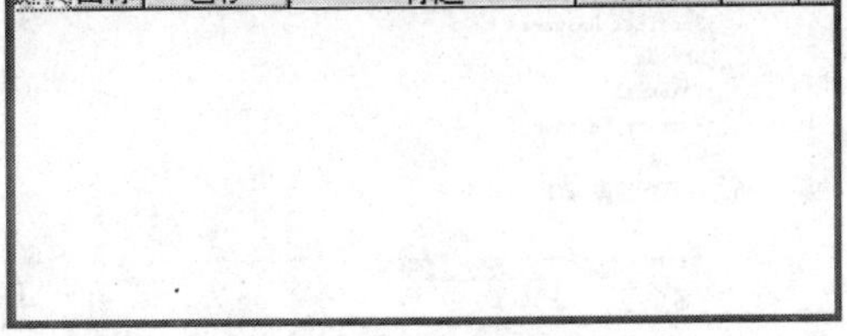

图 8-1 新建的库文件

如果想根据某个程序来定制库文件，首先要打开这个程序，然后再新建一个库文件。

下面打开一个应用程序，然后利用这个程序来制作库文件，比如打开“abcd.a7p”，将流程线中的“电影”图标保存为库文件，则可以直接用鼠标将它拖到右面的库文件对话框中，如图 8-2 所示。添加到库文件中的图标称之为库图标，在库图标的左侧显示一个链接标记，同时，该库图标的标题名与流程线上的图标标题同名。

流程线上的图标与库图标是一种链接的关系。流程线上图标并没有被移走，只是图标标题的字体变成斜体。

如果将流程线上的“判断”图标添加到库文件中，Authorware 会弹出一个提示对话框，如图 8-3 所示。该对话框提示，在库文件中只支持显示、交互、声音、电影和计算等 5 种图标，其他图标不能被制作为库图标。

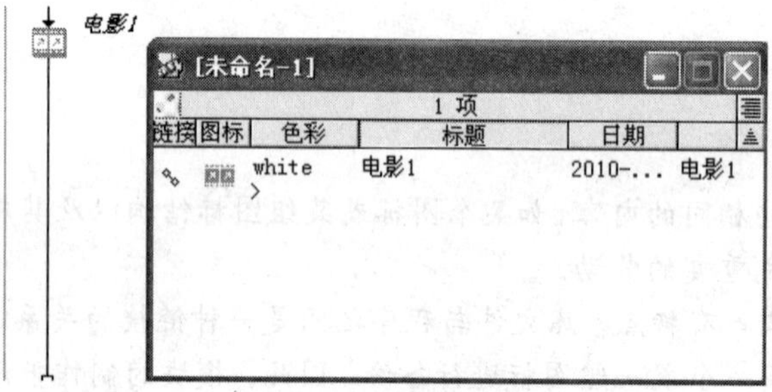

图 8-2　添加库文件

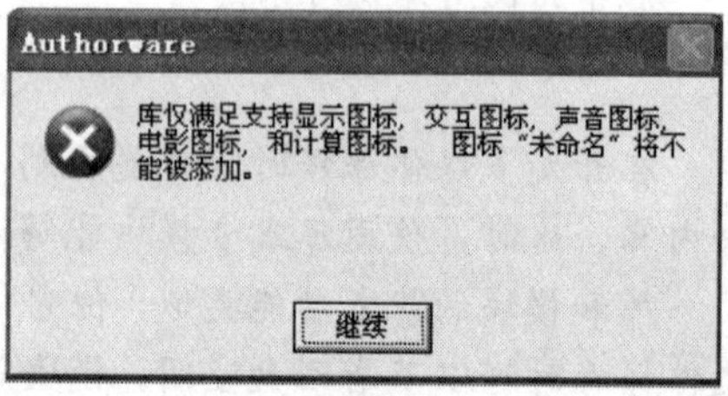

图 8-3　提示对话框

“计算”图标可以作为库文件，但不是所有的“计算”图标都可以。如果“计算”图标的文本框中有关于图标引用的语句，如 MediaPlay(@"IconTitle")，这样的“计算”图标将不能够作为库文件，使用“计算”图标制作库文件一般是用它来存储大量的语句和表达式。在库文件对话框中，可以添加多个图标，来组成更为丰富的库文件，这样的库文件才能体现出它的强大的功能。

一个程序可以建立两个库文件，但两个库文件中不能使用同一个图标。

保存库文件，可以单击“文件”/“保存”菜单命令，Authorware 将弹出图 8-4 所示的“保存[未命名-1]为”对话框。在“文件名”文本框中输入库文件的名称，如“播放器”，然后单击“保存”按钮，Authorware 就会把该库文件保存在指定的文件夹中。在 Authorware 中，库文件的扩展名是.a7l。

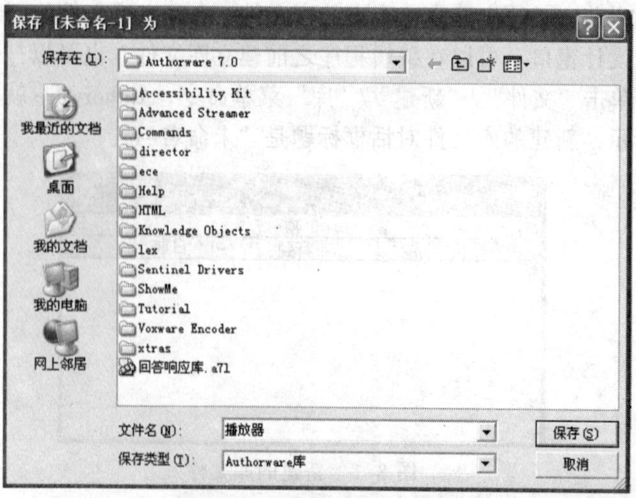

图 8-4　“保存为”对话框

8.1.2　库的编辑

Authorware 的库文件同样可以进行删除、移动、复制操作，另外，还可以对库文件进行各种各样的优化处理。

如果想将库文件中的图标删除，可以先选中它，然后再单击工具栏上的“剪切”按钮。

Authorware 会弹出提示信息，提醒操作会断开链接，如图 8-5 所示，单击“继续”按钮，将执行删除操作。

被剪切的库图标同样被暂时保存在系统的剪贴板上，可以单击工具栏中“撤销”按钮进行恢复。如果想将库图标直接删除，可以按【Delete】键。

库文件的移动操作包括两种：一种是将库文件中的库图标添加到程序中去；另一种是在两个库文件之间进行库图标的转移。当将库文件中的图标拖动到指定的程序中后，库图标和程序之间建立链接关系，库图标依然保留在库文件中。如果在两个库文件之间进行移动，库图标不留备份。

使用库文件时，首先要打开或新建一个应用程序，可以将图标直接拖放到流程线上，也可以采用“复制”/“粘贴”(【Ctrl+C】组合键/【Ctrl+V】组合键）操作来完成。如果采用移动方式，和程序之间建立的是链接关系，在库图标前有链接标记，如图 8-6 所示，并且在流程线上对应的图标标题呈斜体字。

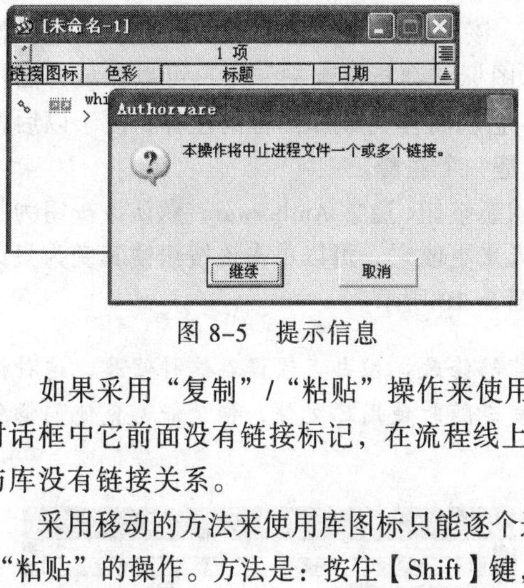

图 8-5　提示信息

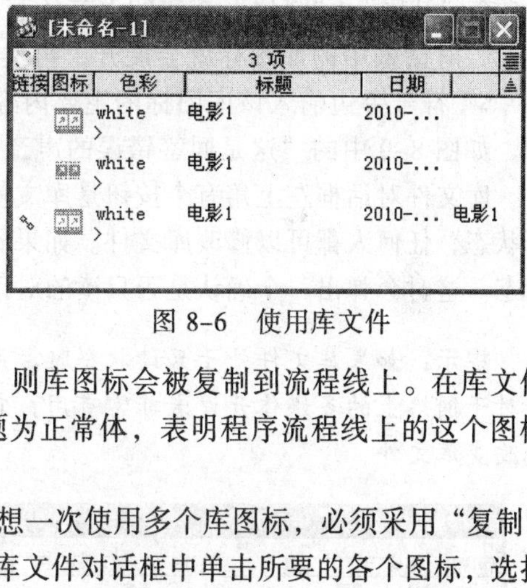

图 8-6　使用库文件

如果采用“复制”/“粘贴”操作来使用库文件，则库图标会被复制到流程线上。在库文件对话框中它前面没有链接标记，在流程线上图标标题为正常体，表明程序流程线上的这个图标与库没有链接关系。

采用移动的方法来使用库图标只能逐个进行，若想一次使用多个库图标，必须采用“复制”/“粘贴”的操作。方法是：按住【Shift】键，然后在库文件对话框中单击所要的各个图标，选择完后，单击工具栏上的“复制”按钮，然后在流程线上单击目标位置，最后再单击“粘贴”按钮。

提示：如果要将流程线上的图标制作为库文件，则不能采用“复制”/“粘贴”的方法向库文件对话框中添加（这样不是链接关系）。除了以上库文件的编辑方式外，还可以对库图标进行排序、扩展/折叠、注释及读/写控制操作。打开库文件对话框，如图 8-7 所示，在对话框中有 2 个库图标，在对话框的标题栏上显示图标数目：2 项。

除了使用常规的库文件打开方式外，另外一种打开方式是先打开程序，然后单击“窗口”/“函数库”菜单命令，在弹出的子菜单中就能找到对应的库文件了。与常规打开方式相比，这种方式更为快捷，它会省去不必要的查找麻烦。

在库文件对话框中标题栏的最右侧有一个“升序”/“降序”按钮，如图 8-8 中的右上角箭头所示，单击该按钮，对话框中的图标就可以按升序或降序进行排列。箭头向上，图标按升序排列；箭头向下，则图标按降序排列。通常该按钮要和其左边的一系列按钮结合。如单击“图标”按钮，对话框中的库图标将以图标的顺序进行排列，单击“标题”按钮，对话框中的图标将以标题字母的顺序进行排列。在库文件对话框的“链接名”按钮就是各个图标的链接名称，如果更改它们的链接名，链接关系可能被断开。

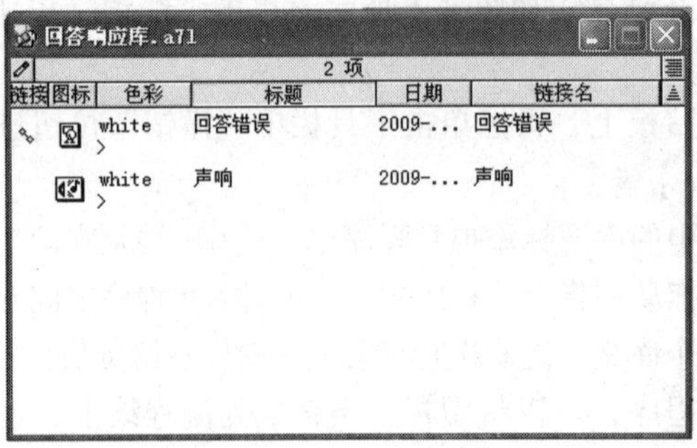

图 8-7　库文件对话框

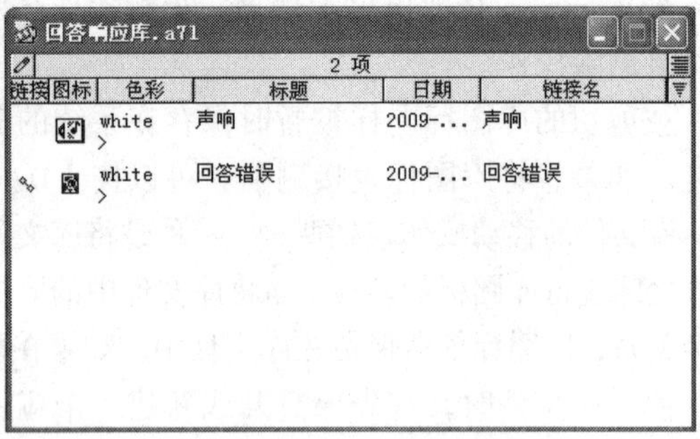

图 8-8　库图标排序

单击“链接”按钮，库图标将以链接与否进行排列，如图 8-8 所示。如果对话框中的图标与当前程序没有链接关系，这个按钮将是灰色的。

在“升序”/“降序”按钮的上方还有一个按钮，该按钮具有折叠/扩展的功能。单击该按钮后，对话框中的库图标就会展开，再次单击后，图标又会折叠起来。用户可以在展开图标的“>”符号旁边输入该库图标的主要内容、功能，它们将作为该库图标的注释，便于以后使用。如图 8-9 中的“这是回答错误的声音效果”就是一个注释。

库文件对话框左上角有个按钮是库文件的读写状态按钮，通常 Authorware 默认该按钮为打开状态，任何人都可以修改库文件。如果不想让别人来更改它，可以单击该按钮使其变为只读状态。这时会弹出一个确认是否只读的对话框，如图 8-10 所示。

提示： 如果库文件处于只读状态时，用户虽然能够修改，但却无法保存这种修改，这种设置对于网络上的多媒体开发者非常有用，它允许开发者随时使用库文件，但又能避免他们意外地改变库文件。

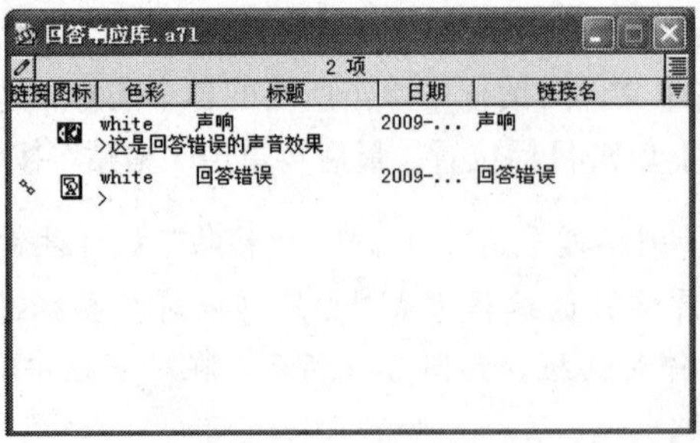

图 8-9　库图标注释

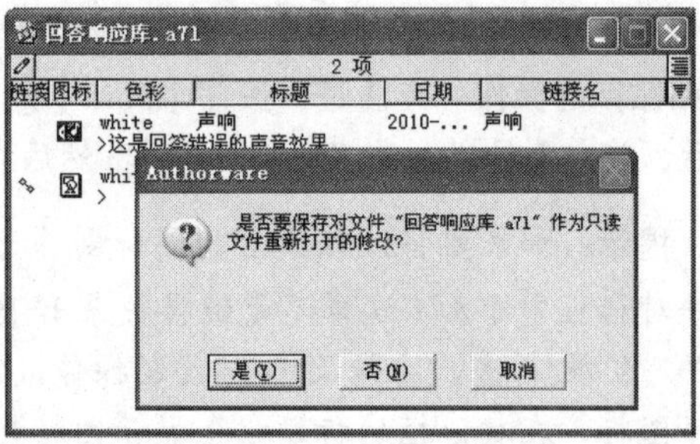

图 8-10　设置只读状态

8.1.3 库的更新

使用库的最突出的一个特点是它可以随时更新库文件，当很多程序中链接的库图标要进行改变时，只需更改对应的库文件，然后单击下文所述“库链接”对话框中的“更新”按钮就可以进行更新了。而模块则没有这个优点。

当程序中的某些图标链接为库图标后，这些图标将不能进行编辑，比如，当“声音”图标链接为库图标后，打开“声音”图标属性对话框，其中的“导入”按钮变灰，不再可用。“显示”图标被链接为库图标后，其中的对象也不可改变，只有通过更改对应的库文件才能将其改变。更改库文件中的库图标，同在流程线上的操作一样。可以直接在库文件对话框中双击库图标，然后再进行具体的修改。

还以刚才的例子进行讲解，单击“其他”/“库链接”菜单命令，弹出如图 8-11 所示的“库链接”对话框。在列表框中显示该程序中的所有链接图标，此时的状态是继续链接，也就是列表框中的图标是未断开链接。如果选择“显示”单选按钮的“无效链接”单选按钮，列表框中将显示断开链接的库文件列表。

选择列表框中的库图标，如图 8-12 所示，然后单击对话框右边的“更新”按钮，在流程线上对应的链接图标将达到更新。如果想同时更新几个图标，可按住【Ctrl】键，然后在列表框中分别单击其他库图标。若要更新全部的库文件，可单击“全选”按钮，将所有的库文件全选，然后再单击“更新”按钮。

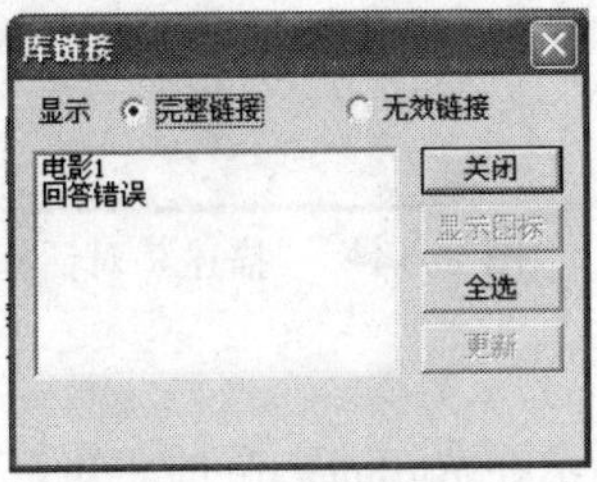

图 8-11　库链接列表框

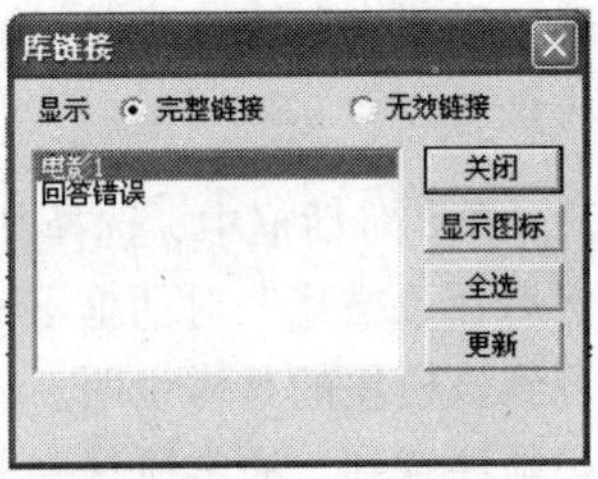

图 8-12　更新库链接

如果单击列表框中的库图标，然后再单击“显示图标”按钮，Authorware 会将流程线上对应的按钮显示出来。

当遇到某种特殊的情况时，比如，库文件被改变路径或被删除，库文件就会断开链接，同时在链接图标的标题左侧出现一个断开标记。当程序被打开时，Authorware 会弹出一个“查找库”对话框，如图 8-13 所示。如果想将链接修复，可以浏览文件夹来查找丢失的库文件，找到库文件后单击对话框中的“打开”按钮即可将链接修复。

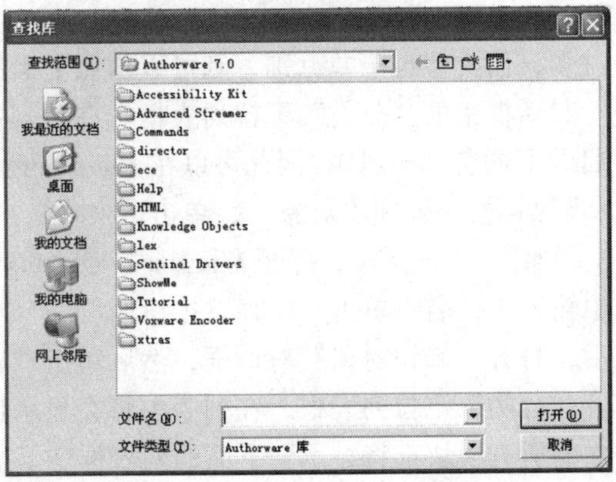

图 8-13　“查找库”对话框

如果库文件被删除，则无论用什么方法都不可能将其修复，而程序中的链接图标将不能使用。

8.2 知识对象的使用

Authorware 5.0 以后的各版本都带有知识对象。可以将知识对象看作具有人机交互（向导）的模块，模块与向导联接，可以给 Authorware 课件提供“设置”界面。

8.2.1 知识对象（模块）简介

为了让使用者了解某个模块的功能和用法，一般要求给出模块的描述。所有的图标都可以写描述，下面以“交互”图标为例：打开源程序，然后单击流程线上的“交互”图标。单击“修改”/“图标”/“描述”菜单命令就可以弹出“描述”对话框如图 8-14 所示，在文本框中输入该模块的描述性信息，最后单击“确定”按钮。

提示：单击工具栏中的“帮助”按钮，弹出“知识对象”对话框，在“知识对象”对话框中的模块说明与该模块中的第一个图标的说明信息相一致，因此我们可以直接对“交互”图标进行模块说明。

图 8-14　“描述”对话框

在“知识对象”对话框中，选择“主菜单”知识对象，然后在“描述”对话框下面的文本框中就可以看到该模块的具体说明。

另外，必须注意到，通常所保存的模块文件并不能显示在 Authorware 的“知识对象”对话框中，这是由于 Authorware 默认的保存模块文件夹是 Knowledge Objects，只有在此文件夹下存放模块，才能在“知识对象”对话框中看到该文件的标题。

8.2.2 知识对象的归类与删除

单击工具栏中的“帮助”按钮，弹出“知识对象”对话框，单击“知识对象”对话框中的“分类”下拉列表框，如图 8-15 所示，可以看到 Authorware 提供的知识对象的几个种类，主要有文件、界面构成、Internet、新建和指南。打开某个知识对象类别，在下面的列表框中就能显示该类别中的各个知识对象。

如果创建的知识对象过多，而类型也千差万别，则可以仿照上面的这种形式将知识对象分别归类。单击“知识对象”对话框中的“分类”下拉列表框，在列表中显示的知识对象种类实际上是 Knowledge Objects 目录下的各个子目录，因此可以在 Knowledge Objects 目录下建立自己的使用目录，如“新建”。当保存模块或知识对象时，单击“文件”/“存为模板”菜单命令，弹出“保存在模板”对话框，如图 8-16 所示，打开 Knowledge Objects 目录下“新建”文件夹，然后在“文件名”文本框中输入文件名再单击“保存”按钮即可。

保存模块或知识对象后，打开“知识对象”对话框，然后单击“刷新”按钮即可将知识对象进行更新。此时，再打开“分类”下拉列表框，在列表中将会显示出“新建”选项，单击该选项后，在“新建”下建立的所有模块都将显示到下面的列表框中了。

在 Authorware 中没有专门的用于删除模块的选项或命令，只能通过使用 Windows 将其删除。

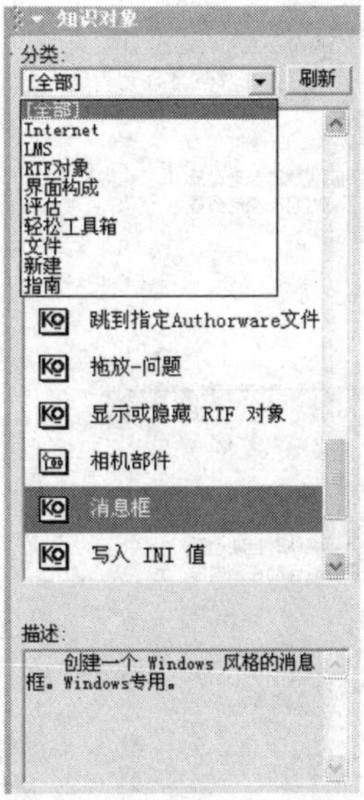

图 8-15　选择模块种类

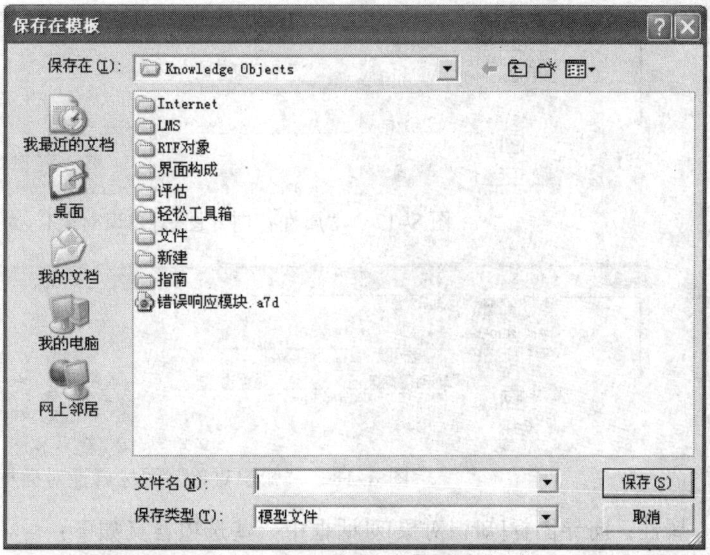

图 8-16　保存模块或知识对象

缺省安装 Authorware 时，模块或知识对象在 C:/Program Files/Authorware 7.0/ Macromedia/ Knowledge Objects 目录，当删除模块文件后，在“知识对象”对话框中单击“刷新”按钮，就不会有已删除的模块或知识对象了。

8.2.3　设置知识对象

在图标栏中没有知识对象图标，可以通过插入知识对象的方式来引用知识对象图标。当知识对象图标被加载后，它就会在向导和应用程序之间提供一种链接关系。对知识对象的编辑同其他图标一样，可以将图标直接拖到流程线上来使用，也可以将它们插入流程线上来使用，知识对象图标与其他图标的区别在于是否将知识对象图标保存为模块的形式。知识对象的使用通常有以下几种方式：

（1）单击“文件”/“新建”/“文件”菜单命令，在弹出的“新建”对话框中创建新的知识对象。

（2）也可以使用系统提供的知识对象，方法是：打开 Authorware 的“知识对象”对话框，然后将知识对象列表框中的知识对象图标拖于流程线上，或双击该图标，这是最常用的方法。

（3）单击“插入”/“图标”/“知识对象”菜单命令，在流程线上直接添加一个知识对象图标。

8.2.4　知识对象的属性设置

单击“插入”/“图标”/“知识对象”菜单命令，在流程线上添加一个知识对象图标。然后选择该图标，双击或【Ctrl+I】组合键弹出如图 8-17 所示的“属性：向导图标[知识对象]”对话框。在“知识对象标识”文本框中可以创建知识对象的图标 ID 号。知识对象的图标 ID 号必须由 5 个段组成，分别为创建者代号、序列号、对象级别代号、Authorware 版本及知识对象的最后更改日期。定义了图标的 ID 号，也可以使用 KnowledgeObjectID 函数来检查、显示这个号码。如图 8-18 中所示的 ID 号码为 MACR-0201-0082-AW5.0.0-35971。

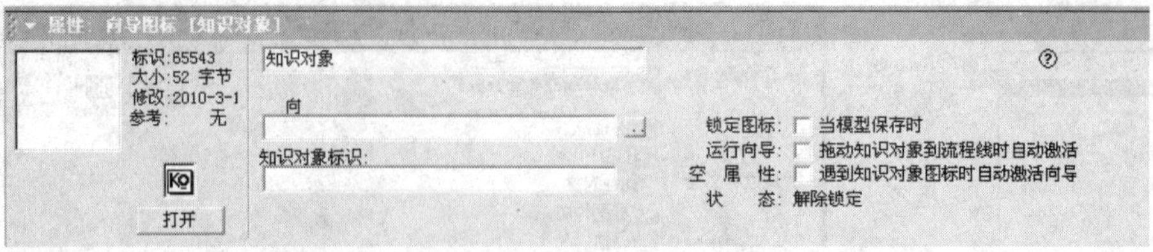

图 8-17 “属性：向导图标[知识对象]”对话框

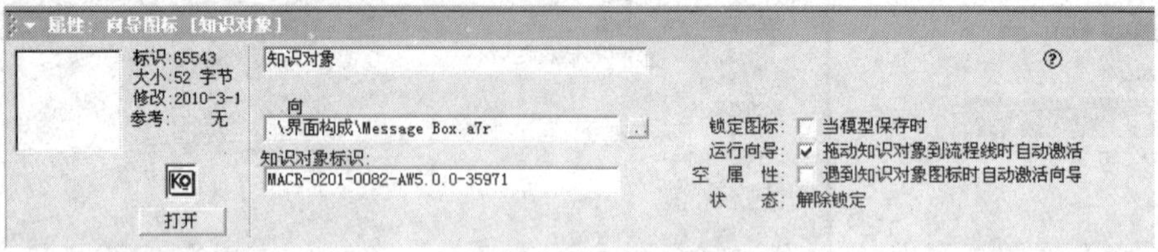

图 8-18 “知识对象”图标属性对话框

属性：向导图标[知识对象]对话框中一些选项含义如下：

- “锁定图标”选项。当选中“当模型保存时”复选框后，一旦将该图标保存为模块，图标就被锁住。该复选框有两项功能，一方面可以避免非授权人的使用。另一方面它也防止了人们意外地修改，使知识对象图标变得不可用。
- “运行向导”选项。当选中“拖动知识对象到流程线时自动激活”复选框，则当该图标保存为模块后，如果从“知识对象”对话框中向流程线上拖放此知识对象图标，与该图标对象相联系的向导文件将自动加载并开始运行。
- “空属性”选项。选中“遇到知识对象图标时自动激活向导”复选框，则当程序运行到该知识对象（Empty）图标时，将加载与之相关联的向导。并且一旦向导得到所需的信息，必须清除其属性设置，否则每次运行程序时，知识对象都要加载向导。

如果知识对象图标的属性对话框没有进行设置，可以双击该图标，在提示对话框中 Authorware 会提示指定一个向导文件，然后单击提示对话框中的“确定”按钮，也会弹出它的属性对话框。在“向”文本框的右面单击“…”按钮，Authorware 就会弹出一个“选择向导”对话框。如图 8-19 所示，在对话框中选择所需的向导文件，选择完毕后单击“打开”按钮即可。

图 8-19 “选择向导”对话框

每一个知识对象图标只能有唯一的向导文件，向导文件的扩展名为.a7r。

另外，知识对象图标也有类似群组图标的功能，只要在知识对象图标属性对话框中单击左下角的“打开”按钮就能打开其他的窗口，在它的下面也可以设置第二层流程线。如图 8-18 所示，在第二层流程线上同样可以使用各种图标，也可以再插入一个知识对象图标来建立下一级窗口。

知识对象图标也可以进行复制、移动等操作，可以在“知识对象”对话框中编辑任何图标，包括复制它本身，但不能将上一级的知识对象图标拖到第二级窗口中。

8.2.5 常用知识对象

知识对象是一个强有力的开发工具，它能使一个没有经验的开发人员更容易、更有效地完成一般性任务。一个有经验的开发者，使用知识对象就会自动地处理一些重复性的工作。实际上，知识对象在多媒体编辑上作出了根本性的改革。

知识对象的创建需要先建立一个向导文件，向导文件的建立需要用到文件打包操作，另外它还要使用大量的系统函数和变量，如 DisplayIconID、CallTarge、ChildNumToID、FileLocation 等，已超出本书范围。下面介绍几个典型的知识对象的使用过程。

1. 复制文件（Copy File）知识对象（File 类）

打开“知识对象”对话框，在“类别”下拉列表框中选择“文件”选项，然后在它下面的列表框中双击“复制文件”选项，该知识对象就会插入到流程线上，同时，与该图标相关联的向导文件将自动加载。弹出“交互”对话框，如果当前课件没有存过盘，会提示你保存文件。

也可以使用拖放图标的方式，从“知识对象”对话框中直接将该知识对象拖到流程线上。

将文件保存后，向导继续指导你进行设置，如图 8-20 所示，该对话框显示介绍信息。同时，在对话框的左端显示该向导的安装步骤，如图中的白色方框所示。它们分别是 Introduction（介绍）、Select Files（选择文件）、Destination Directory（设置目标路径）和 Finish（结束）。当向导执行到 Finish 标记处后，向导也就运行完毕。

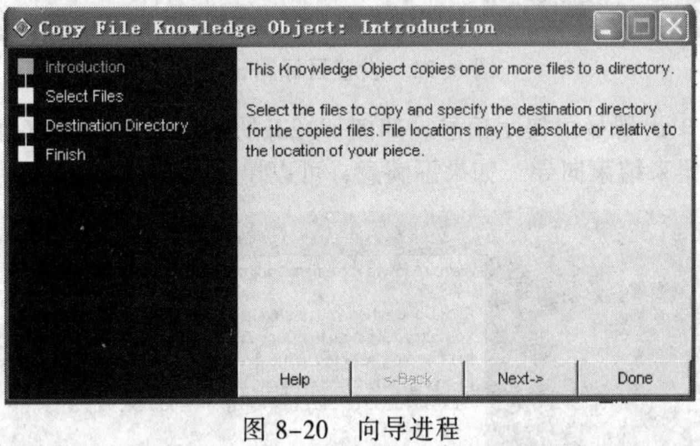

图 8-20 向导进程

在图 8-21 所示的对话框中要求设定要复制的文件及路径，在 File name 下的文本框中可以直接输入文件名和路径。如果路径太长的话，也可以单击旁边的“…”按钮进行浏览，一旦选中文件后，文本框中将自动显示该文件的绝对路径。如果想复制多个文件，可以单击 Add File Name 按钮，该文件就会出现在下面的列表框中。此时，就可以再次输入另外一个文件名，然后进行添加。如果想去掉某一个文件，可以在列表框中选择该文件，然后单击 Remove File Name 按钮将其删除。

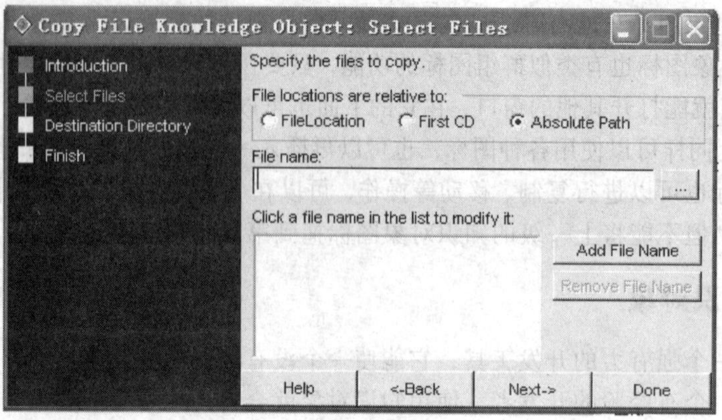

图 8-21　设置复制文件及路径

如图 8-22 中左边所示，此时向导运行到第 3 步。在 Destination directory 下面的文本框中可以输入文件要复制的目标路径。如图 8-22 所示的“F:\多媒体课件制作教材\”目录。同样也可以单击旁边的“…”按钮来浏览目标文件夹，选中目标路径后，单击对话框中的 Next 按钮。

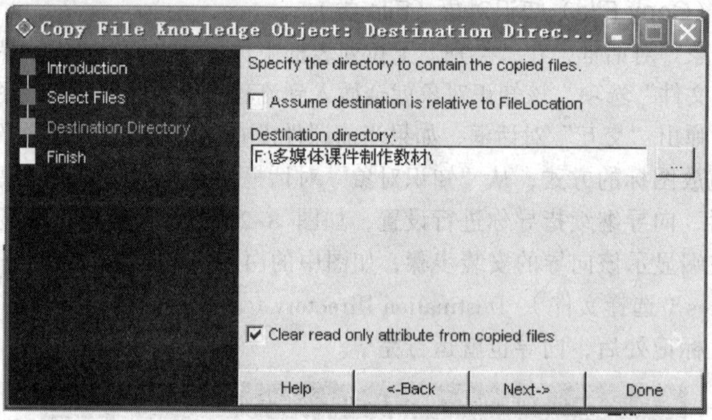

图 8-22　设置目标路径

接下来在对话框中出现显示提示信息，如图 8-23 所示，如果满意前面的设置，可以单击对话框中的 Done 按钮来结束向导。如果不满意，可以单击 Back 按钮返回进行设置。

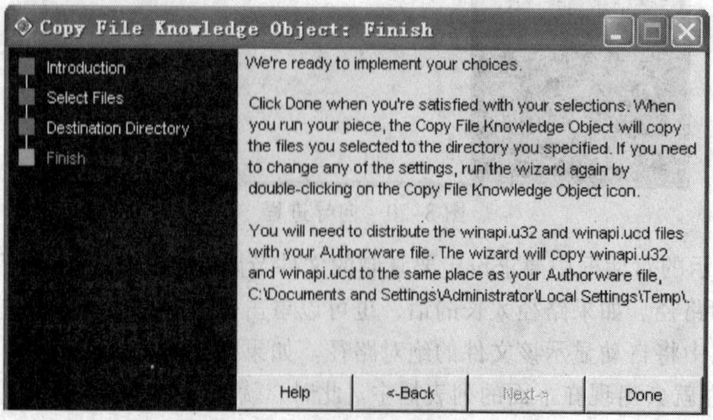

图 8-23　对话框中的显示提示信息

当该向导文件运行完毕后，运行该程序，该知识对象图标将把内部设置的文件复制到指定的目录中。一旦发现设置上有问题时，只能在流程线上双击该图标，重新运行向导。

Authorware 系统提供的该知识对象可能会被锁住，可以打开它的属性对话框，看一下“当模型保存时”复选框是否被选中。

2．电影控制（Movie Controller）知识对象（Interface Components 类）

下面看一下 Interface Components 类中的 Movie Controller 知识对象的使用过程。首先将该知识对象拖到流程线上，同时该知识对象运行相应的向导文件，如图 8-24 所示，该向导弹出一个知识对象的介绍对话框，它会提示选择数字化电影，设置控制器，以及设置电影播放的位置。

该图标支持的数字化电影的格式包括 AVI、DIR、MOV 和 MPEG。单击 Next 按钮后进入下一步设置，如图 8-25 所示，在 Filename 文本框内输入电影文件的名称，也可以通过单击“…”按钮浏览的方式来设定。设置完后，在对话框中出现该电影的预览画面，可以在预览框内单击画面进行电影试放。

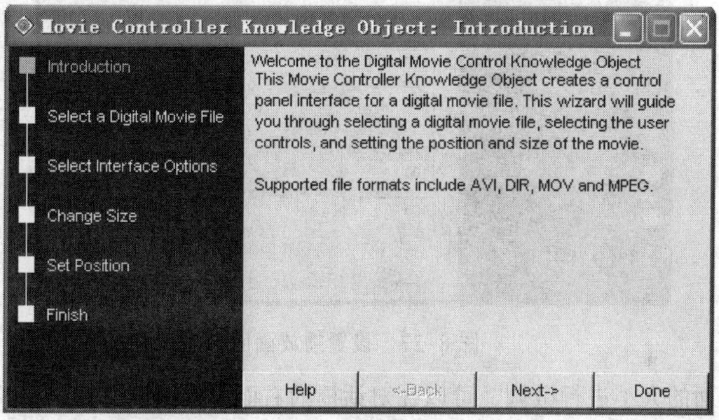

图 8-24　知识对象介绍

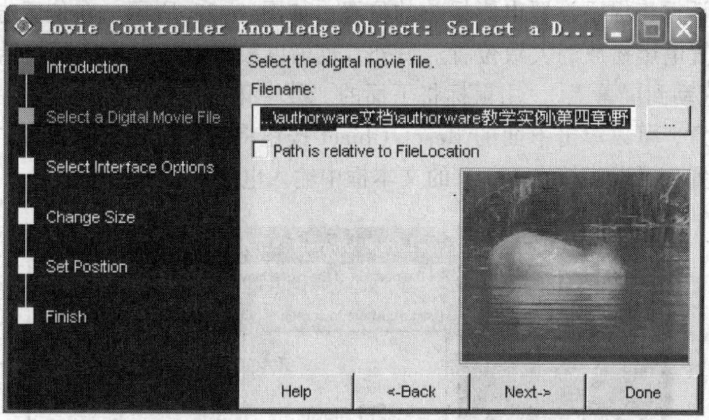

图 8-25　设置待播放的电影

接下来，对话框提示选择在数字电影播放的面板上的控制按钮，如图 8-26 所示，选中按钮旁的复选框可以进行设定。该面板上有以下几个按钮，如播放、快进、快倒、暂停和关闭。

选择完播放按钮后，在下面的对话框中可以设置电影播放画面的大小，如图 8-27 所示，在 Set size to 文本框内设置画面长度和宽度的 X、Y 数值。也可以在下面 Resize by 文本框中设置画面的缩放比例。当选中 Proportional 复选框后，画面的缩放将按比例进行。

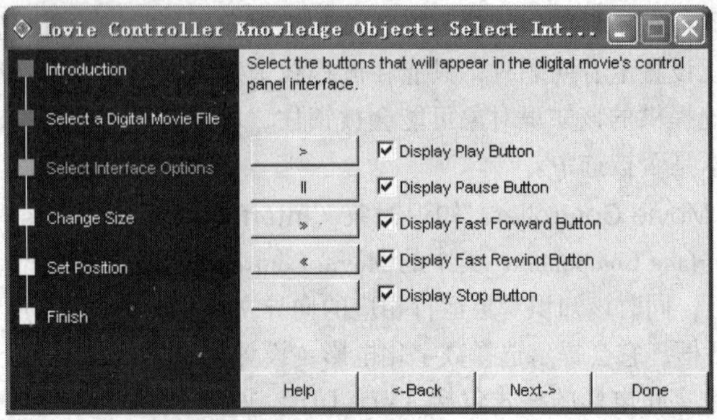

图 8-26　选择按钮

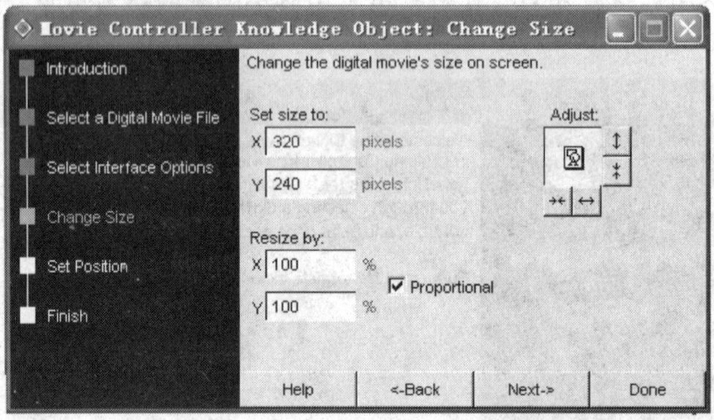

图 8-27　设置播放画面

如果想将画面的大小进行微调，可以在对话框的右面单击微调按钮，每单击一下按钮，画面缩放一个像素点。

接下来的对话框将提示设置电影播放的位置。如图 8-28 所示，在位置方块内单击任一方块，这样能够设置电影播放的大致位置。另外，也可以根据对话框的标题提示 Drag from here to screen（从这里拖动到屏幕上），用鼠标将下面的“数字化电影”图标拖至屏幕上的指定位置。如果对设置不满意，可以单击下面的 Reset Object 按钮将对象位置重新设置。提示如果已确认了电影的播放位置，可以直接在 X、Y 的文本框中输入电影的位置坐标。

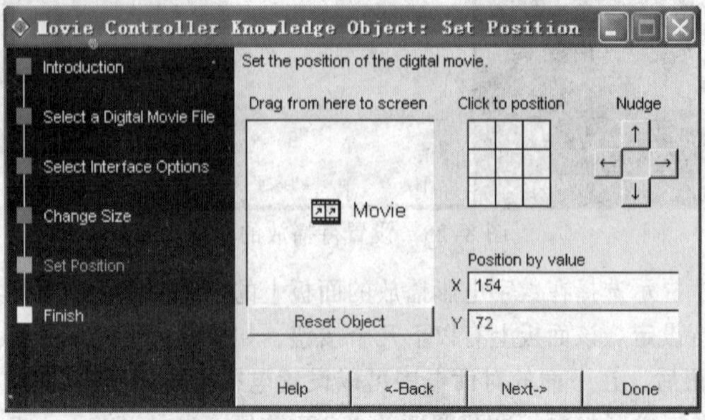

图 8-28　设置电影播放位置

将上面的设置全部完成后，单击 Done 按钮结束。当程序运行后，该知识对象图标将显示下面的画面，同时，在电影的播放画面上将显示前面的按钮设置。单击播放按钮就可以进行电影播放，如图 8-29 所示。

图 8-29 播放电影

3．发送 E-mail（Send E-mail）知识对象（Internet 类）

在 Authorware 的知识对象窗口中，还有一类具有网络功能的知识对象。如具有发送电子邮件功能的 Send E-mail 知识对象。使用它，可以将简单的信息发送给远方的亲朋好友。

打开“知识对象”对话框双击其中 Send E-mail 图标，它同样也会提示保存文件。保存完毕后，画面上显示该对象的介绍信息，如图 8-30 所示。该对话框提示邮件是使用 SMTP 协议进行发送的，这个知识对象是用一个外部函数 SMTP.u32 来完成的。

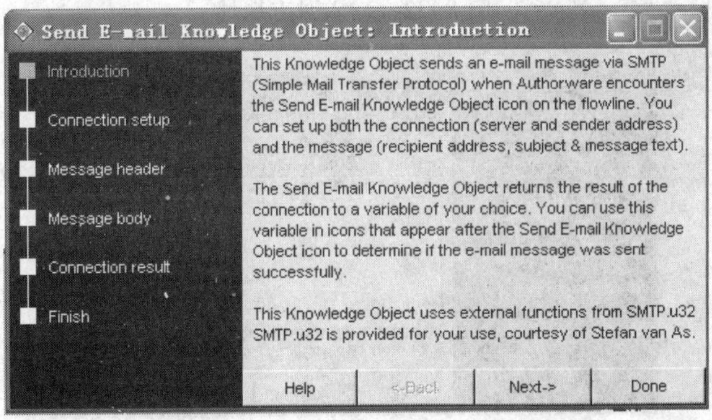

图 8-30 Send E-mail 知识对象介绍信息

单击 Next 按钮后，向导将进入 Connection Setup 窗口，在 Enter the SMTP Server address 文本框中输入电子邮件的传送协议，如我们国内的 SMTP.163.net。在 Enter the sender address 文本框中输入发件人的邮箱地址，如 my2004@vip.163.com。这样，当对方接收到的信息后，会根据设置的邮箱地址发送回信，如图 8-31 所示。

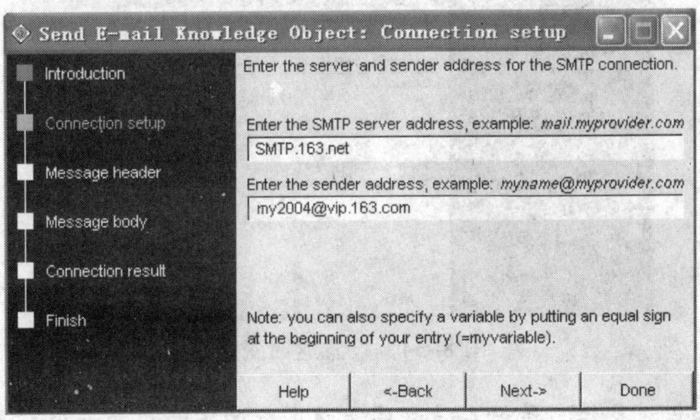

图 8-31 输入邮箱地址

接下来将进入 Message header（主题信息）窗口，在 Enter the recipient address（接收人地址）文本框中输入对方的邮箱地址，如 zhang1985@163.net。然后在 Enter the subject text for the header of the message（邮件标题）文本框中输入发送信息的主题信息，如“祝贺你”。当收件人接到发件人的邮件后，他会看到发件人的电子邮箱地址和邮件的主题，如图 8-32 所示。单击 Next 按钮随后，在屏幕上显示出 Message body 对话框，在 Enter the text for body of the Message 下面的文本框中输入发送信息，如图 8-33 所示，输入完毕，单击 Next 按钮向下进行。

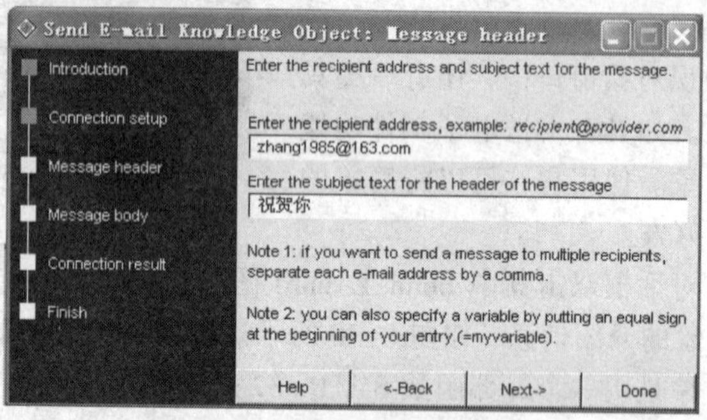

图 8-32　输入对方地址

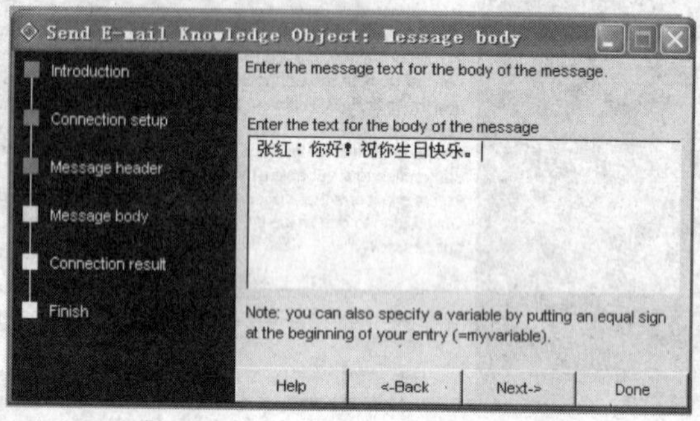

图 8-33　输入发送信息

当邮件发送出去后，如果想知道发送的结果，可以在 Connect result（连接结果）文本框中输入接收结果的变量名，如图 8-34 中所示的 fanhuixinxi。单击 Next 按钮后，Authorware 会弹出提示对话框，单击“是”按钮确认即可。

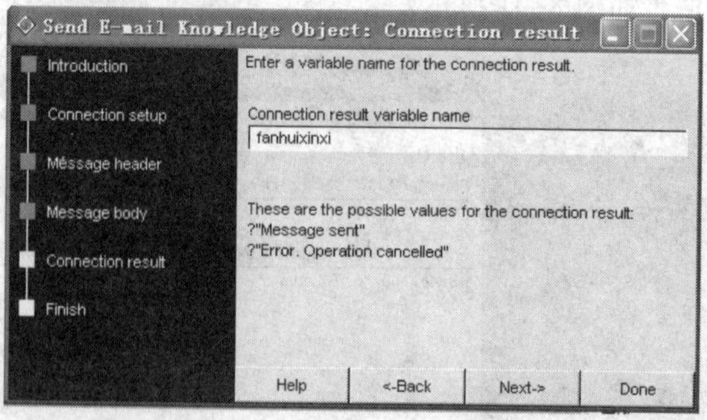

图 8-34　设置返回变量

提示：设置好知识对象后，最好在流程线上该图标的下面放置一个“显示”图标，然后打开该图标的演示窗口，在其中输入变量“{fanhuixinxi}”。当程序执行完知识对象图标和显示图标后，在“显示”图标中将显示发送结果信息。如果邮件发送成功，显示为 Message sent，否则显示 Error. operation cancel。

8.2.6 其他知识对象简介

下面简要介绍一下其他知识对象的功能，在熟悉了它们的基本用法后也可以在程序中直接进行添加。

1．File 类型知识对象

增加/移除字体资源（Adds-Remove Font Resource）：使用该知识对象可以在系统中添加、删除字体。

- 查找 CD 驱动器（Find CD Drive）：使用该知识对象，在程序执行时将检测计算机的第一个光驱驱动器号，并且它提供两种显示方式，如 C:\或 C。若无光驱，变量值为-1。
- 跳到指定的 Authorware 文件（Jump to Authorware File）：使用该对象可以使程序跳到指定的 Authorware 文件，这个知识对象的功能类似于系统函数 Jump File ，但在使用上可以不必设置参数与格式。
- 设置文件属性（Set File Attribute）：使用该知识对象可以将文件设置为 5 种属性，它们分别是 No Attributes（无属性）、Read Only（只读）、Hidden（隐藏）、System（系统）和 and Archive（存档）。

2．Interface Components 类型知识对象

- 浏览文件夹对话框（Browse Folder Dialog）：使用该知识对象，在程序运行时，可以弹出一个 Select Directory（选择路径）对话框，在设置时，可以指定文件夹的默认路径，同时也可以定义变量来存储这个路径。
- 复选框：用于创建一个 Windows 类型的提示对话框。该对话框可以使用 5 种提示标记，如停止标记、疑问标记、警告标记等。
- 移动指针：该知识对象可以设置鼠标的移动，在程序运行时，它可以直接驱动鼠标到屏幕上的指定位置。鼠标可以直接出现在指定位置，也可以根据时间、速率的设定移动。
- 打开文件对话框：弹出一个打开文件对话框，同时可以使用变量来存储文件及其绝对路径。
- 收音机式按钮：创建单选按钮，同时可以使用变量返回第一个按钮的标题。
- 保存文件对话框：可以使用该对象来弹出一个保存文件的对话框，可以指定该对话框的标题，也可以指定文件保存的默认路径，同时可以使用变量来返回文件的绝对路径。
- 设置窗口标题：该知识对象的设置最为简单，可以直接在向导运行过程中指定 Authorware 的演示窗口的标题。
- 滑动条：该知识对象的基本功能是创建一个滑块，但它的重要的功能是与变量相联系，即使用 PathPosition@"Slider"，同时要在“显示”图标属性对话框中选择 Update Displayed Variables 复选框。

3．Internet 类型知识对象

- Authorware Web 播放器安全（Authorware Web Player Security）：为 Authorware 的网络浏览者设置安全属性，它包括可靠的网址及安全提示对话框。

- 默认浏览器(Launch Default Browser)：该知识对象可以设置系统默认的浏览器，同时可以加载指定文件位置。

8.3 模块的创建与保存

模块就是将程序流程线上一系列图标保存起来，以备将来做开发之用。模块可以是一个单独的图标，也可以是几百个图标的组合。模块一般是按照一系列图标实现的功能来组合的，而不是按照图标的内容来组合的。将能完成某一功能的流程线上的图标组合保存起来，便形成模块。

使用模块同粘贴图标的操作类似。被粘贴到程序流程线上的模块内容可以被修改，但原先模块文件本身并不改变。当粘贴一个模块时，Authorware 是将该模块完全复制到程序的流程线上，而不像使用库中的图标那样是一种链接关系。因此，当对源模块进行编辑时，被粘贴到流程线上的模块的内容不会改变。

8.3.1 库和模块的区别

1. 存储空间的区别

使用库比使用模块要节省大量的存储空间。由于在使用库中的图标时，库中的图标和程序中的图标之间是一种链接的关系，因此能大大节省磁盘空间。

而使用模块时，是将该模块的内容复制一份到程序的流程线上，因此不节省存储空间。

2. 修改特性的区别

粘贴到程序流程线上的库中的图标不能在应用程序中被编辑，只能改变它的显示对象的位置或修改其控制选项。

粘贴到程序流程线上的模块所包含的图标可以直接在程序流程线上编辑，而不会影响存储源模块的文件。

8.3.2 模块的使用

要在应用程序中使用模块，既可以使用已经创建的模块，也可以先创建新的模块，然后再在应用程序中使用。

1. 创建新的模块

在创建模块之前，除了要考虑模块的复杂性外，还要考虑模块的作用域和大小。

在创建模块之前，必须避免下述情况的发生，否则，创建的模板不能起到其应有的作用。

- 避免模块太大：如果创建的模块太大或结构太复杂，以至于要花数小时来修改粘贴到新位置的模块的图标，则就完全破坏了使用模块的方便性和灵活性。
- 避免模块太小：如果模块太小，创建它就像拖动一个图标到流程线上一样简单，就完全没有必要为它创建一个模块。例如，一个简单的“显示”图标，或几个交互响应图标是不值得来创建一个模块的。

在应用程序的设计过程中，不要刻意地追求模块的建立和使用。而应该把程序设计的重点放到程序设计的内容上。

当确立了自己要表现的内容和表现的方式之后，再来查找已有的模块中符合需求的模块。

如果没有现成的模块，就不要刻意追求模块的效果，按照自己需要表达的内容，编制应用程序，程序完成后，总结编制的程序，将有意义的功能模块制成模块文件存储起来，为下次的编程做准备。

创建模块的步骤：

① 在流程设计窗口选择要组成模块的一组图标，如图 8-35 所示。

② 单击“文件”/“存为模型”菜单命令，弹出图 8-36 所示的“保存在模板”对话框。

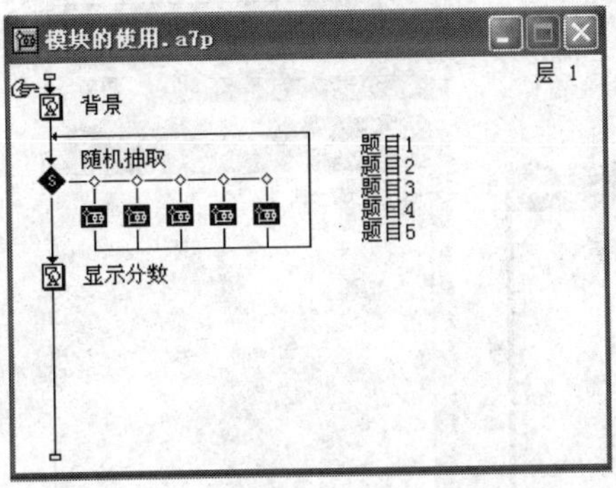

图 8-35 选取要组成模块的图标

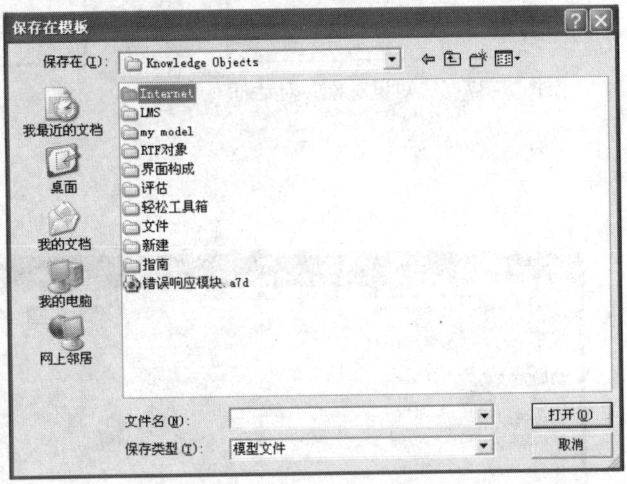

图 8-36 “保存在模板”对话框

使用该对话框将这些图标作为模块保存在文件中。如果希望保存的模块文件名称出现在“知识对象”对话框中，则需要将该模块文件保存在 Authorware 所在文件夹中的 Knowledge Objects 子文件夹相应的知识对象类别文件夹中。

还可以通过在 Knowledge Objects 子文件夹创建新的文件夹来定义一个新的知识对象类别，在该对话框中空白处右击创建一个新的文件夹命名为 My model，然后将该模块命名为“试一试”，单击“打开”命令按钮后，Authorware 会自动将所选择的图标保存在指定文件中（扩展名为“a7d”）。

打开“知识对象”对话框，单击该对话框中的“刷新”按钮，刷新“知识对象”对话框中的显示内容，刷新后的知识对象列表中会出现一个新的类型：My model，在该类型中有一个“试一试”模块，如图 8-37 所示。

创建一个具有描述的模块：

在模块的创建过程中，应该为模块建立一个描述性的内容，该内容可以描述模块的功能和使用方法。

（1）在程序设计窗口选择要建立模块的图标群，然后将这些图标组合成为一个群组图标。

（2）单击“修改”/“图标”/“描述”菜单命令，弹出图 8-38 所示的“描述”对话框，在该对话框中输入对该模块的功能描述。

（3）单击“文件”/“存为模板”菜单命令，弹出图 8-39 所示的“保存在模板”对话框。

（4）将该文件保存在“My model”文件夹中，命名为“mode2.a7d”。

（5）打开“知识对象”对话框：单击该对话框中的“刷新”按钮，刷新后的知识对象列表中出现一个新类：My model，在该类中有一个“试一试”模块和一个 mode2 模块，如图 8-40 所示。

图 8-37 “知识对象”对话框

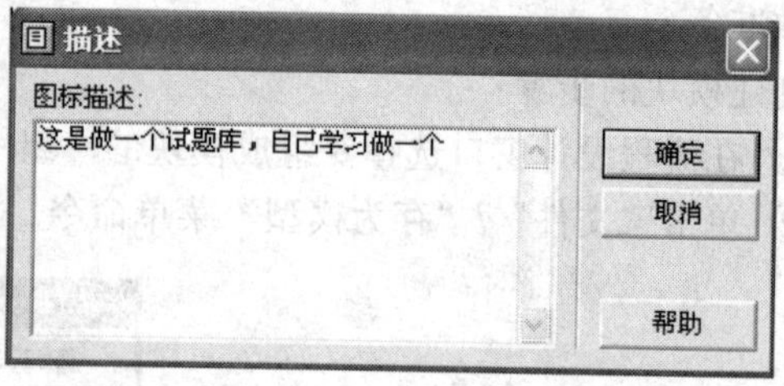

图 8-38 “描述”对话框

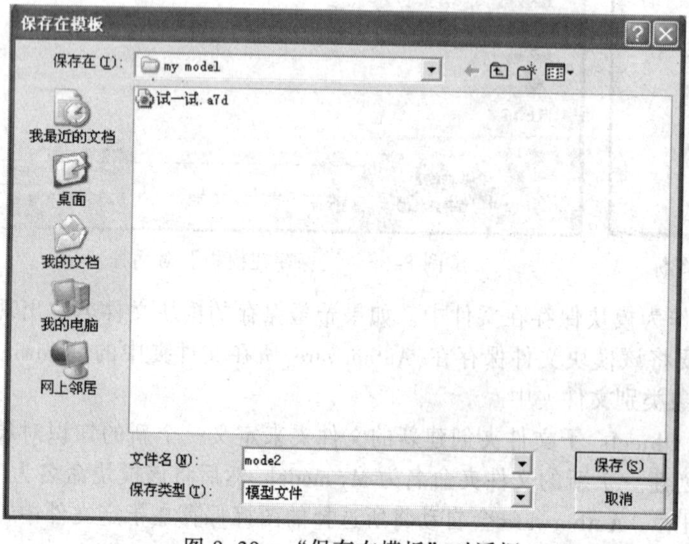

图 8-39 “保存在模板”对话框

图 8-40 模块描述样例

在使用 Authorware 进行编程时，在创建模块文件的同时，应该为该模块建立一个 Readme 文件，还应该为所有的模块文件建立一个数据库。这样，当需要某种功能的时候，就可以在自己的数据库中寻找是否有最接近要求的模块。

2. 模块的应用

如果模块文件在 Knowledge Objects 的文件夹中，就可以直接使用，如果模块文件不在 Knowledge Objects 的文件夹中，就可以将该文件移到该文件夹中，或者在该文件夹中创建该模块文件的快捷键。

具体的使用方法如下：

（1）确保模块文件在 Knowledge Objects 的文件夹中。

（2）打开“知识对象”对话框，选择需要使用的模块所在的“知识对象”类型，在“知识对象”列表框中会出现该模块的名称。

有两种方法可将模块粘贴到程序的流程线上。其中，方法一是拖动该模块到程序流程线上需要设置导航控制的位置释放，则该模块就被放置到程序的流程线上；方法二是单击程序流程线上需要粘贴模块的位置，粘贴指针出现在该位置，然后双击“知识对象”对话框中需要粘贴的模块。

（3）修改添加到程序流程线上的模块，以适用于应用程序的设计需要。

3．何时应用模块

在下面的情况下，建议使用模块：

（1）一个功能被多次或被多个作品所使用时。例如登录过程，一般交互式多媒体课件，都要求用户先登录。

对于重复的登录内容，可以建立一个模块，当以后再进行同样的工作时，就可以使用模块来快速、方便地完成。

（2）复杂的交互和分支。在多媒体交互式教学软件中，出题测验是一个非常复杂的交互和分支结构相结合的过程，读者可以将一个课件中的出题测验的交互和分支结构创建一个模块，从而在今后的工作中完善丰富，为以后的工作打下基础。

（3）协同工作时。在大型的软件设计中，往往是需要多人的相互协作来完成软件的设计，为了确保软件界面的一致性，软件中的按钮、鼠标形式、文本风格等组件都需要规则化。

在这种情况下，就可以将这些要求做成组件，分发给每一个程序开发人员，或者放置到局域网的数据库内。每一个程序设计人员都可以在模块的基础上进行修改，达到界面相一致的效果。

8.4　打　包

为了使做好的课件在使用中不会被无意修改，也为了让没安装 Authorware 软件的计算机能正确运行用 Authorware 制作的课件，应该在课件测试合格后打包，形成可执行文件。

8.4.1　简单打包

在打包前先将文件存盘。

对于用 Authorware 制作的普通的应用程序，可以单击菜单中的“文件”/“发布”/“打包”菜单命令进行文件的打包。屏幕上将出现如图 8-41 所示的“打包文件”对话框。

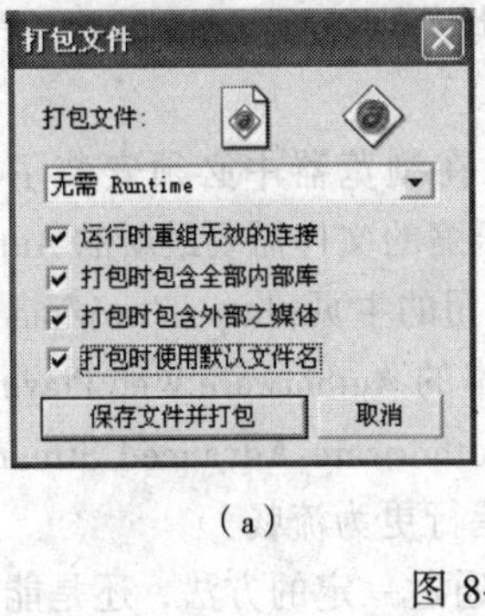

（a）

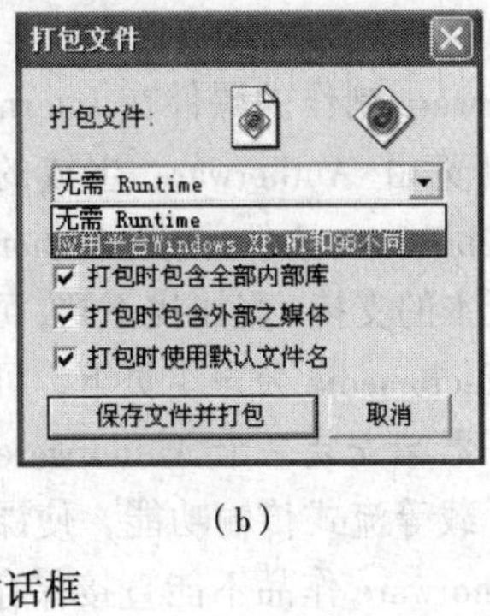

（b）

图 8-41　“打包文件”对话框

8.4.2　打包选项

在“打包文件”下拉列表中可以选择的打包方式：

- 无需 Runtime：表示打包的文件不形成 exe 文件，而是.a7r 文件，适用于网络发布或者需要使用专门的播放器来调用执行。
- 应用平台 Windows XP，NT 和 98 不同：表示打包后的程序是 32 位可执行程序，适用于在 Windows XP 和 NT 等 32 位操作系统上运行。打包后的文件扩展名是.exe。

后面几个复选项的含义如下：

- 运行时重组无效的连接：表示运行程序时，恢复断开的链接。
- 打包时包含全部内部库：表示将所有与当前程序有链接关系的库文件成为打包文件的一部分，否则库文件需要单独打包。
- 打包时包含外部之媒体：表示将程序中以链接方式使用的外部媒体和文件一起打包，这里的外部媒体不包括数字电影。
- 打包时使用默认文件名：表示打包后的文件与当前程序文件同名，不弹出对话框让用户指定打包后文件的路径和名字了。

设置完成后单击左下方的“保存文件并打包”按钮就开始打包了。

8.5 在因特网上发布

课件做好后有时候需要在因特网上进行发布。

8.5.1 在因特网上发布 Authorware 课件

课件也可以用 FrontPage 制作，但是那只是像一本电子书籍，人机的交互性较差。比如化学实验课件，仪器的装配，如果课件仅仅是展示仪器的装配过程，和电影电视没什么区别，学生只是看，教学效果还是不够好的。

用 Authorware 制作的课件可以很容易地解决这一问题，利用 Authorware 的移动交互可以做出一个拼图游戏类的学生仪器组装实验。学生在看完实验的录相后，做一做组装实验的拼图程序：组装实验成功，则往下演示实验现象；组装不成功，则仪器退回原位，并询问是否需要再看一遍实验录相。这样学生在拼图游戏中进行了仿真实验，程序可根据学生行为的对错自动判断程序往下的分支，这就是交互。学生行为也由被动转为主动，这类课件在许多 Authorware 的教学光盘上可找到，也可以自己开发。为了有效地利用这类课件资源，减少教育教学的总成本，可以将 Authorware 制作的课件在 Internet 上发布。

当用户浏览由 Authorware 生成的网页格式文件时，在浏览器中必须安装了正确版本的 Authorware Web Player 插件。浏览 Authorware Web Packager 压缩的文件需要最新的 Authorware Web Player 最新版本的支持。假如找不到，可以到 Macromedia 公司的主页：http://www.macromedia.com 下载它，在 Macromedia 公司主页下，可以免费下载最新版本的 Authorware Web Player 插件。

若在服务器端安装一个 Authorware 的 CGI 应用程序(Authorware Advanced Streamer)，则可以实现预测下载等流式传输功能，使课件在 Internet 上的运行更为流畅。

虽然 Authorware 作品不能直接保存为.htm 文件，但是通过一定的方法，还是能让它在 Web 浏览器中使用。假设已经用 Authorware 7.0 完成了“编辑.a7r”课件源程序，下面介绍如何将“编辑.a7r”在网上发布。

先将源程序打包生成网络浏览的片断文件和映像文件，然后编写简单的 HTML 文本，并上传到 Internet 网的服务器中，最终实现在网络上利用 Netscape 或 Internet Explorer 浏览器浏览的目标。

1. 打包生成“编辑.a7r”文件

在打包前先将文件存盘。

（1）单击“文件”/“发布”/“打包”菜单命令，为了实现网络打包，必须在出现的“打包文件”对话框中选择“无需 Runtime”选项。

（2）单击“保存文件并打包”按钮，在弹出的“保存文件为”对话框中的“文件名”文本框中接受默认打包文件名“编辑”，单击“保存”按钮。Authorware 将开始打包进程。

2. 使用 Web 打包

对于 Authorware 打包生成的“编辑.a7r”文件，用 Web 打包 可以将它打包生成 AAM 文件和 AAS 文件。其中 AAS 文件是整个作品内容被分割后的适合于网络上传送并下载的小段文件，AAM 文件为映象文件，它告诉 Web Player 在网络上如何播放 Authorware 作品。生成 AAM 文件和 AAS 文件的步骤如下：

（1）单击“文件”/“发布”/“Web 打包”菜单命令，弹出 Authorware Web Packager 对话框。

（2）弹出 Authorware Web Packager 对话框时，Authorware Web Packager 会弹出一个对话框，提示选择需要打包应用于网络上的.a7r 文件，在该对话框中，选择前面生成的“编辑.a7r”文件所在路径并选择“编辑.a7r”文件。

（3）在接着打开的“选择文件打包”对话框中单击“打开”按钮，此时会弹出一个对话框，提示选择压缩后的 MAP 文件保存路径和文件名。在该对话框中，接受默认的路径（和编辑.a7r 同路径）和默认文件名，并单击“保存”按钮。

（4）当设定完 MAP 文件的保存路径和文件名后，Authorware Web Packager 将弹出“分片设置”对话框，如图 8-42 所示。

图 8-42 分片设置

在该对话框中，需要设置“分片前缀”和“分片大小”。在“分片前缀”后面的文本框中允许最多输入 4 个字符作为压缩后的段文件的前缀，所谓段文件的前缀指的是压缩后段文件将以“分片前缀”中的字符再加上 0000、0001 等顺序命名，对于“分片大小”的设置是段文件使用的平均文件大小。在默认情况下“分片大小”的设置值为 16K，可以在 4K～500K 之间选择。“分片大小”的设置主要根据作品文件的大小以及网络传输的速度。可以先接受 16K 的设置，然后在网络浏览器上浏览，更改设置，再在网络上检验效果，最终决定“分片大小”的取值。

（5）完成“分片设置”设置之后，单击“确定”按钮，Authorware 将按照设定压缩“编辑.a7r”文件，生成编辑*.aas 文件和编辑.aam 文件，在资源管理器中，可以看到生成的编辑.aam 映像文件，以及编辑 0000.aas、编辑 0001.aas 段文件。

（6）当 Web 打包完成任务之后，在 Authorware Web Packager 的对话框中会显示出“编辑.aam”文件代码，如图 8-43 所示。

由于 AAM 映像文件和 Authorware Web Player 如何下载以及如何运行基于网络的段文件有很重要的关系，因此有必要了解生成的 AAM 映像文件的文件格式和内容，并且修改.aam 文件以适应自己的需要。

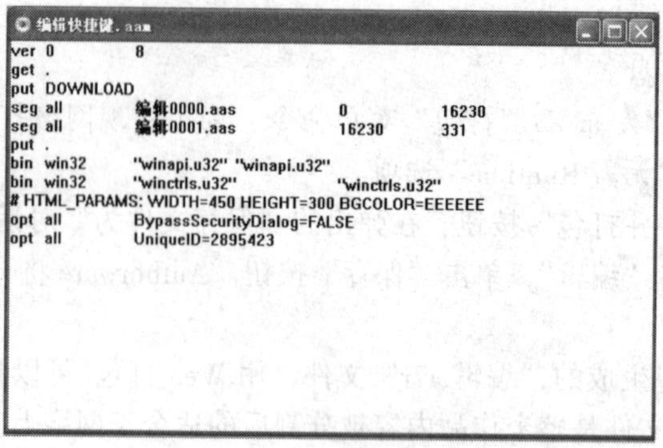

图 8-43　映像文件代码

每个 AAM 文件都是以“ver”开始，图 8-43 所示的编辑.aam 文件的第一行为：“ver 0.8” 代表版本。Web Player 首先扫描 AAM 文件直到搜索到匹配的版本。因此，可以把不同版本的 AAM 文件连接成一个 AAM 文件，就可以实现多种版本的浏览。

“get”指出 AAM 映像文件在 HTTP 服务器上的地址，如果“get”后面加句点（.）代表映像文件和 HTML 文件位于同一目录下。

“put”指出外部文件，例如动画文件将下载到客户机的目录上。如果设置 DOWNLOAD，那么 Authorware Web Player 会将这些外部文件下载到它自动创建的目录中。

“seg”部分的内容为段文件名和段大小。

映像文件中接下来的部分为附加信息行。一般分成 5 列，如：

```
seg     all     001c.aas          430836            16335
seg     all     001d.aas          447171            490
put     .
bin     win32   "budwav.u32"      "budwav.u32"      length=35328
get     XTRAS
put     XTRAS
bin     win32   "BMPVIEW.X32"     "BMPVIEW.X32"     recycle,length=46080
bin     win32   "VIEWSVC.X32"     "VIEWSVC.X32"     recycle,length=93696
bin     win32   "MIX32.X32"       "MIX32.X32"       recycle,length=119296
bin     win32   "WAVREAD.X32"     "WAVREAD.X32"     recycle,length=56320
bin     win32   "MIXVIEW.X32"     "MIXVIEW.X32"     recycle,length=48128
# HTML_PARAMS: WIDTH=640 HEIGHT=480 BGCOLOR=FFFFFF
opt     all     BypassSecurityDialog=FALSE
opt     all     UniqueID=6308277
```

其中，第 1 列 bin 表示入口为二进制入口；第 2 列指出外部文件运行的平台；第 3 列指出外部文件在 HTTP 服务器上的名称；第 4 列指出外部文件下载到客户机上的名称；第 5 列是可选内容，它指出外部文件下载到客户机上的长度。

接下来的以 # HTML_PARAMS 开头的信息行，将用于编写 HTML 文件中“EMBED”语句行中的参数。

opt 行的参数用于设置浏览器的安全属性以及 ID 号。

当生成了“编辑.aam”文件后，就可以在安装了 Web Player 插件的 IE 或 Netscape 浏览器上浏览了。

3. 将 AAM 文件嵌入 HTML 文件

WWW 服务器浏览方式中，使用最多的就是 HTML 文件。在 HTML 文件中加入 EMBED 语句行就可以容易地把作品嵌入到 HTML 文件中。使用文本编辑器（如记事本）可以生成最简单的 HTML 文件，如：index.html，而嵌入 AAM 文件只须加入一行语句：

<EMBED SRC= “编辑.aam” WIDTH=640 HEIGHT=480 BGCOLOR=FFFFFF>;该语句中的参数 WIDTH、HEIGHT、BGCOLOR 可以参照生成的“编辑.aam”文件中相应的 HTML_PARAMS 语句行，下面将给出一个最简单的嵌入了 AAM 文件的 HTML 文件模板。

8.5.2 一个 HTML 文件实例

```
<html>
<head>
<title>yltj.htm</title>
</head>
<body bgcolor="#FFFFFF">
<object classid="CLSID:15B782AF-55D8-11D1-B478-006097098764" codebase="http:
//download.macromedia.com/pub/shockwave/cabs/authorware/awswax.cab#versi
on=6,0,0,63" width="640" height="480">
  <param name="SRC" value="编辑.aam">
  <param name="PALETTE" value="background">
  <param name="WINDOW" value="inPlace">
  <param name="BGCOLOR" value="#FFFFFF">
  <embed src="编辑.aam" palette="background" window="inPlace" bgcolor=
  "#FFFFFF"  pluginspage="http://www.macromedia.com/shockwave/download/
  index.cgi?P1_Prod_Version=ShockwaveAuthorware" type="application/x-authorware-
  map" width= "640" height="480">
  </embed>
</object>
</body>
</html>
```

8.6 一键发布

可以利用 Authorware 7.0 新增的“一键发布”功能来发布课件，这个新功能可以轻松地将你的课件发布到 Web，CD-ROM 或局域网，使得发布工作非常简单。在发布之前，Authorware 7.0 将对课件程序中所有的图标进行扫描，找到其中用到的外部支持文件，如 Xtras、Dll 和 UCD 文件，还有 AVI、SWF 等文件，并将这些文件复制到发布后的目录。所以，课件制作者根本不需要担心在网上使用你的课件时会出现找不到文件的错误。

单击菜单栏中的“文件”/“发布”/“发布设置”菜单命令，设置发布选项，Authorware 首先对程序中所有的图标进行扫描。然后弹出发布设置对话框。

“格式”选项卡中，是关于发布文件类型的一些设置。可以发布为带播放器的 With Runtime 文件（EXE 文件）、不带播放器的 Without Runtime 文件（A7R 文件）、使用网络播放器播放的 For Web Player 文件（AAM 文件）或网页（HTM 文件）文件。

“打包”选项卡中是关于打包文件的一些设置。如是否将库文件一同打包、是否将链接文件嵌入等。

“用于 Web 播放器”选项卡中，可以设置发布后每一个文件的大小，根据不同的网络连接速度，将文件分为不同大小的多个文件。使得在网速较慢时也能流畅播放。

“Web 页”选项卡是关于发布 HTM 文件的一些选项。Authorware 课件将被链接到这个 HTM 文件中，但是在浏览时需要安装了 Authorware Web Player 才能正确浏览，如果机器上没有 Authorware Web Player，将提示下载，这一点和 Flash 的 SWF 插入网页是相似的。

在“文件”选项卡中，可以看到当前应用程序的一些支持文件，如 Xtras、Dll 和 UCD 等，文件发布时必须将这些文件同时发布才能保证不会出现意外的错误。当然也可以通过“加入文件”自己在其中手动添加一些文件，如使用说明书、帮助文档等。

以上的设置一般不需要特别设定，如果有特殊要求，设置好的各选项还可以使用“输出”保存为注册表文件（REG 文件），以方便下次使用同样的设置。

设置好后，单击“发布”按钮，应用程序就成功发布了。

8.7 综合应用

经过前八章的学习，读者对多媒体课件制作流程和 Authorware 的基本操作有了一定基础。本节将通过一个综合实例“计算机专业课《数据结构》CAI 教学课件”来巩固之前章节所学内容。

本课件主要采用了按钮，热对象，热区域，文本输入，条件这几种交互响应方式，并运用了“判断”图标、“框架”和“导航”图标进行简单试题的制作。在进入正式课程时，需通过登陆检测。程序中包含文本，图形，图像，声音等多种媒体，并能通过定义变量实现是否允许登录课件以及声音的开关控制等高级功能，制作完毕后经过打包生成可独立运行的 exe 文件。

下面的框图展示了整个课件包含的基本功能模块结构，如图 8-44 所示。

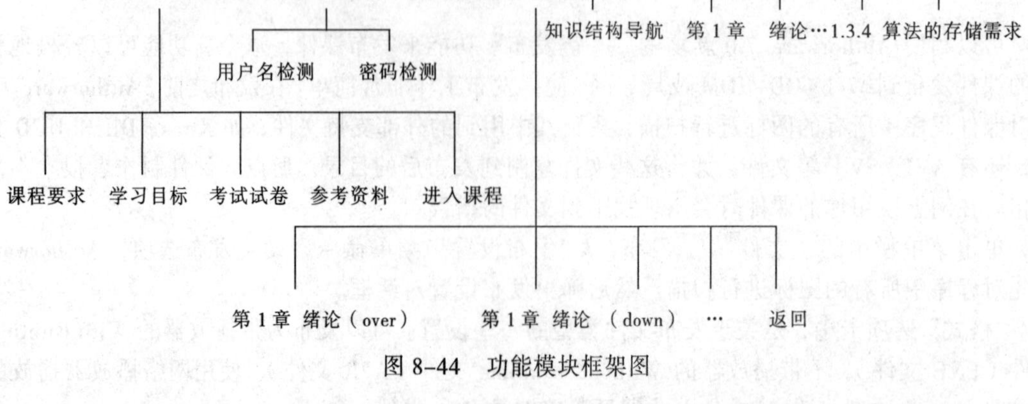

图 8-44 功能模块框架图

其效果图和一级流程图如图 8-45、图 8-46 所示。

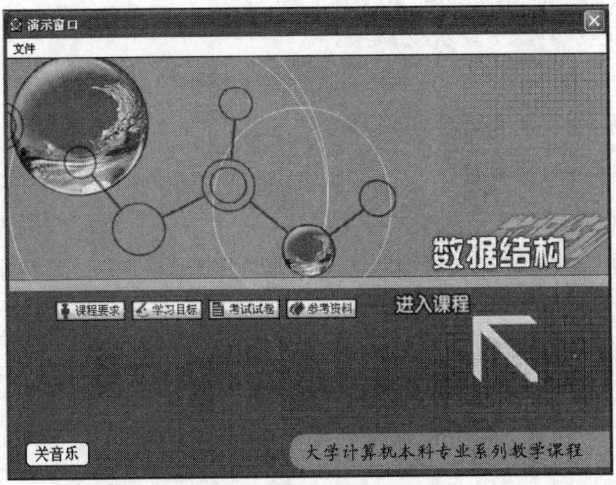

图 8-45　运行主界面

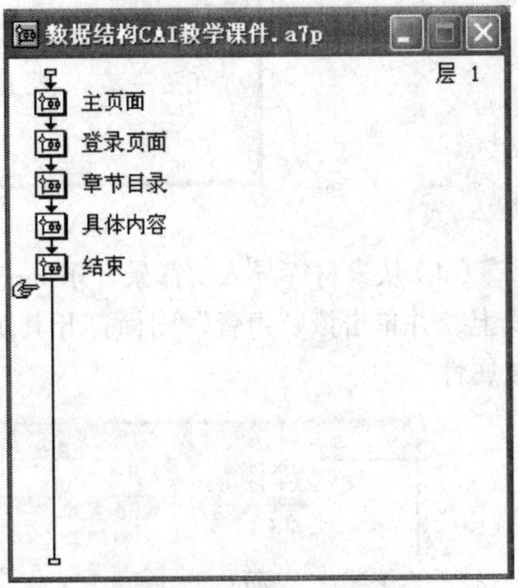

图 8-46　一级流程图

模块一　主页面

课件主页面是整个课件的封面，主要由“计算”图标、“声音”图标、“显示”图标、“移动”图标和“交互”图标等构成。通过背景声音的控制、移动的文字及按钮交互操作呈现出一幅进入主页面。

主页面流程图及分支结构如图 8-47、图 8-48 所示。

操作步骤：

（1）新建一个文件，将该文件以“数据结构 CAI 教学课件”为文件名保存，并根据需要定义文件属性。

（2）在主流程线上放一个“群组”图标，命名为“主页面”，并打开其二级流程线对话框。

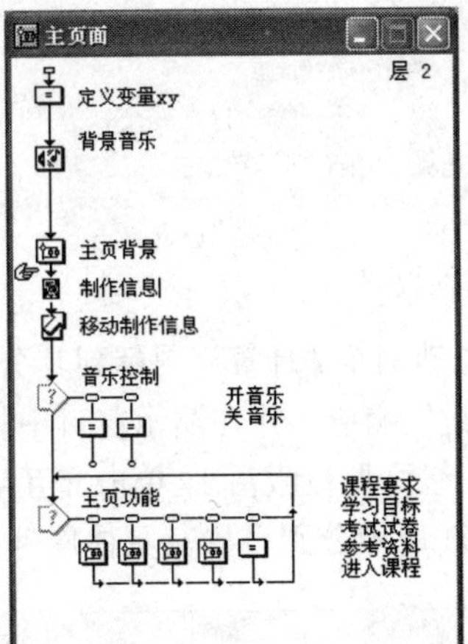

图 8-47　主页面流程图

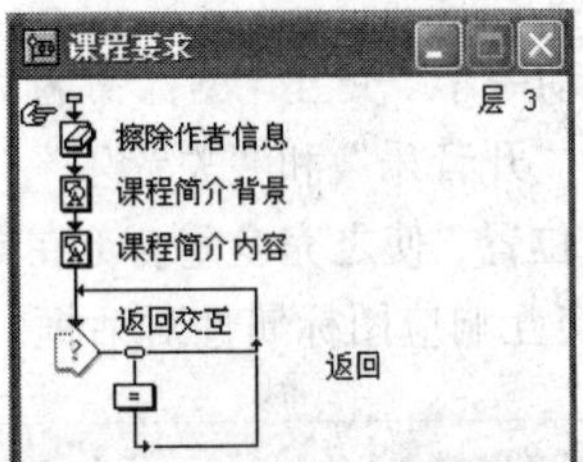

图 8-48　分支流程图

（3）拖动一个“计算”图标到流程线上，命名为“定义变量 xy”，双击该“计算”图标，打开计算窗口输入图 8-49 的内容，通过定义两个变量设置背景音乐播放的条件。

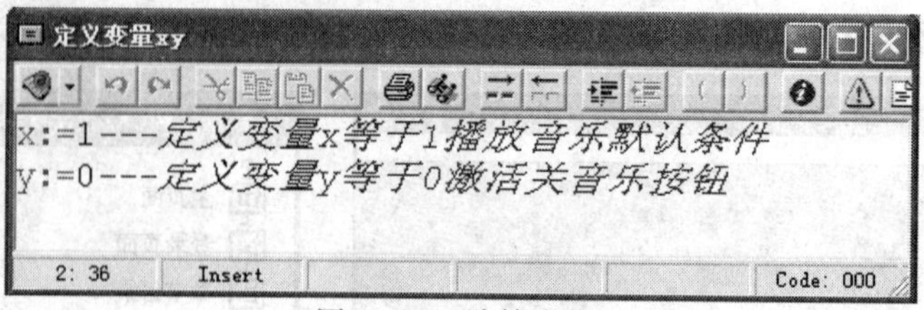

图 8-49 计算窗口

（4）从素材库导入“背景音乐.mp3”（读者可导入其他声音文件进行操作）声音文件到流程线上，并单击该“声音”图标打开其属性对话框，在“计时”选项卡中按照图 8-50 设置其播放属性。

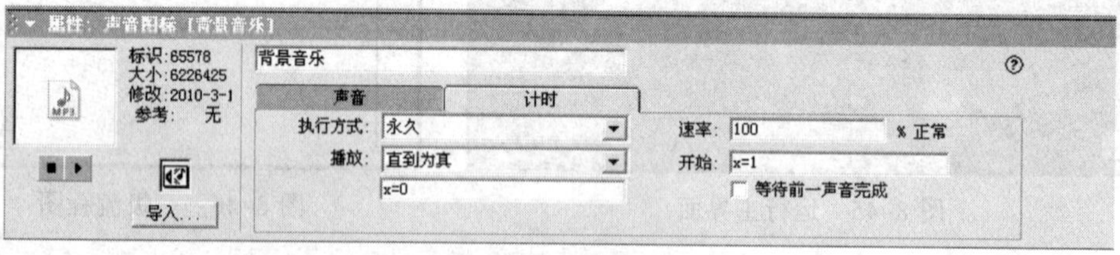

图 8-50 “声音”图标属性设置

（5）拖动一个“群组”图标命名为“主页背景”，在其中使用“显示”图标分别添加背景图片和文字图片。

（6）在一级主流程线上拖动一个“显示”图标，命名为“制作信息”。双击该“显示”图标打开演示窗口在其右下角的地方输入“大学计算机本科专业系列教学课程”的文字内容。

（7）拖动一个“移动”图标到主流程线上，命名为“移动制作信息”。将上一个“制作信息”的显示图标文字内容设置成从界面右侧向左侧水平移动的效果，其具体移动属性设置如图 8-51 所示。

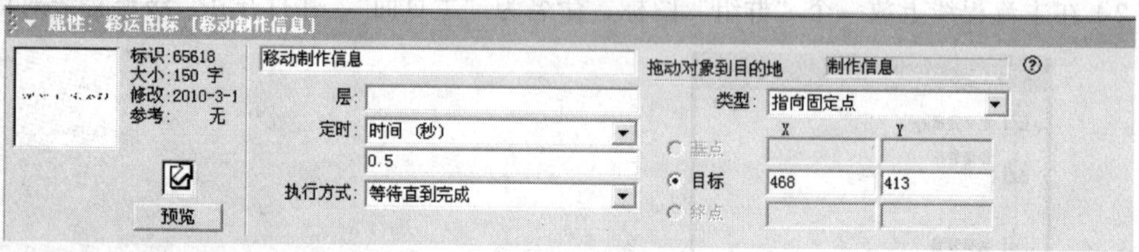

图 8-51 “移动”图标属性设置

（8）拖动一个“交互”图标命名为“音乐控制”，再拖动两个“计算”图标到其分支结构上，分别命名为“开音乐”和“关音乐”，交互类型选择“按钮”响应，并在演示窗口中将两个按钮放在右下角位置，使之完全重合（在同一时刻只有一个按钮可见被激活）。单击交互响应类型符号 -ꟼ- 弹出交互响应图标属性对话框，如图 8-52、图 8-53 所示分别设置其具体属性。

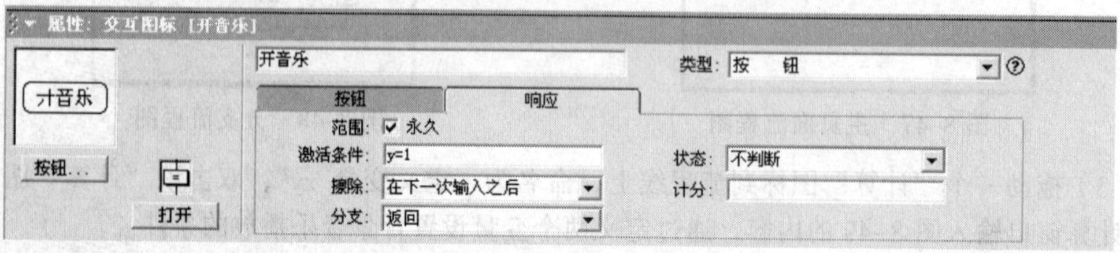

图 8-52 “开音乐”交互响应图标属性

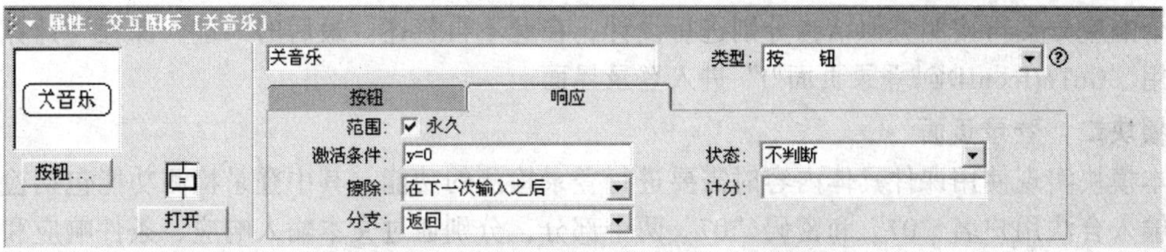

图 8-53　“关音乐”交互响应图标属性

（9）再分别双击两个“计算”图标，在打开的计算窗口中分别输入图 8-54、图 8-55 所示的内容。

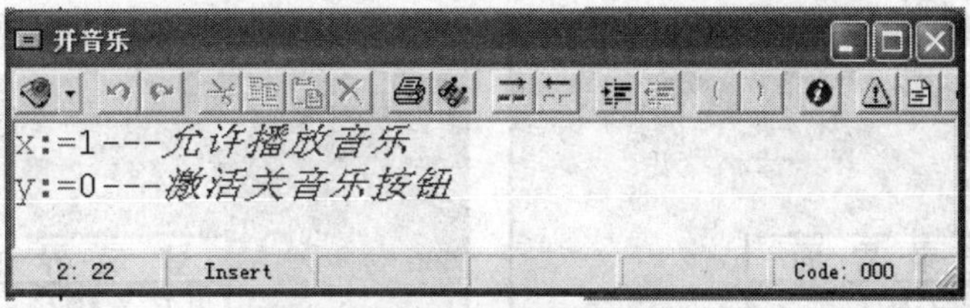

图 8-54　“开音乐”计算窗口

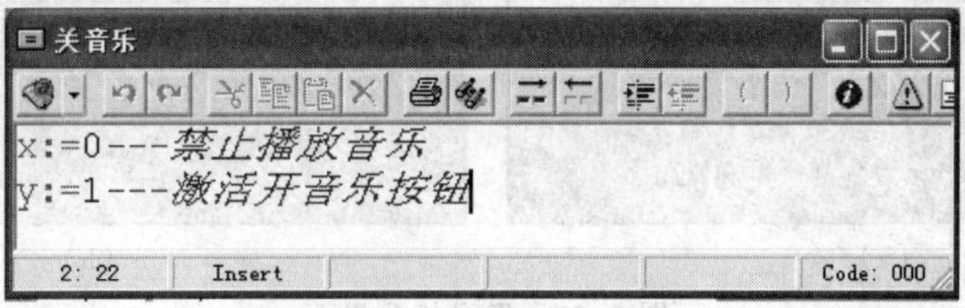

图 8-55　“关音乐”计算窗口

（10）拖动一个“交互”图标到主流程线上，如图 8-47 命名为“主页功能”。再依次创建 5 个按钮响应分支，分别命名为“课程要求”、“学习目标”、“考试试卷”、“参考资料”和“进入课程”，将这 5 个按钮采用定制方式在演示窗口中进行排列，如图 8-56 所示。

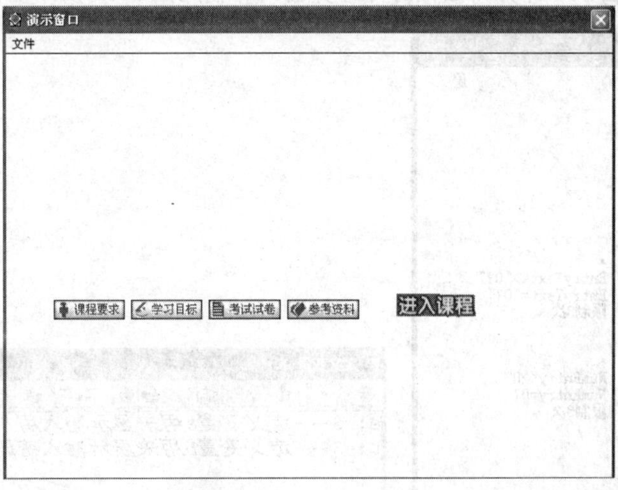

图 8-56　按钮的位置

（11）双击打开“课程要求”的交互响应图标进一步设计子级对话框的流程线内容，如图 8-48 所示，其中“返回”计算图标中输入“GoTo(IconID@"主页功能")”返回主页界面。后面 3 个响应分支再按照类似结构分别进行设计，在此不再赘述。最后的“进入课程”计算图标中调用“GoTo(IconID@"登录页面")”进入登录界面。

模块二　登录页面

本模块实现使用课件具体内容时需要进行登录检测的功能。其中登录检测功能包括检测是否能输入合法用户名“07”和密码“07”两个部分，分别通过文本输入响应、条件响应和重试限制响应来判断是否合法以及限制输入次数，如果输入错误的用户名或密码超过 3 次就无法使用该课件，并强行退出。

登录页面合法用户和非法用户的效果图如图 8-57 所示。

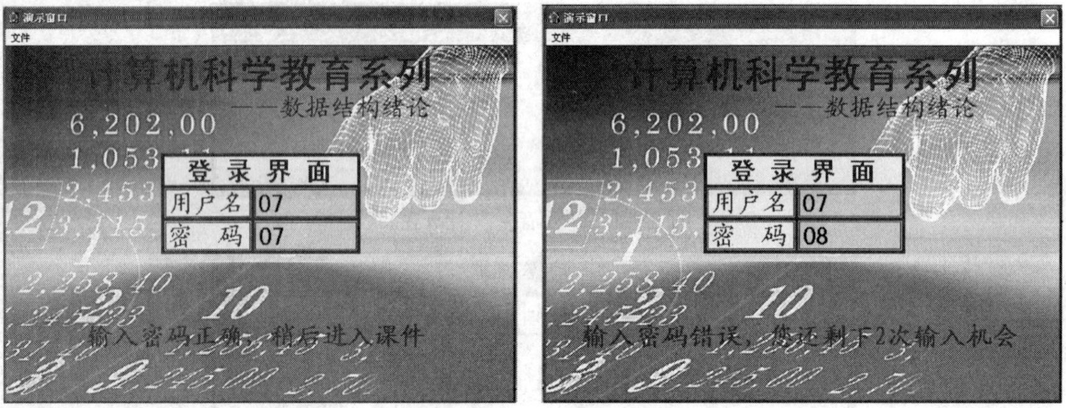

（a）　（b）

图 8-57　登录检测界面

操作步骤：

（1）返回一级流程线对话框，拖入“群组”图标到主流程线上，命名为“登录页面”。双击该“群组”图标进入二级流程线对话框，如图 8-58 所示的结构先拖入一个“计算”图标用来定义变量 a 和 b。双击该“计算”图标打开计算窗口，输入图 8-59 所示的内容。

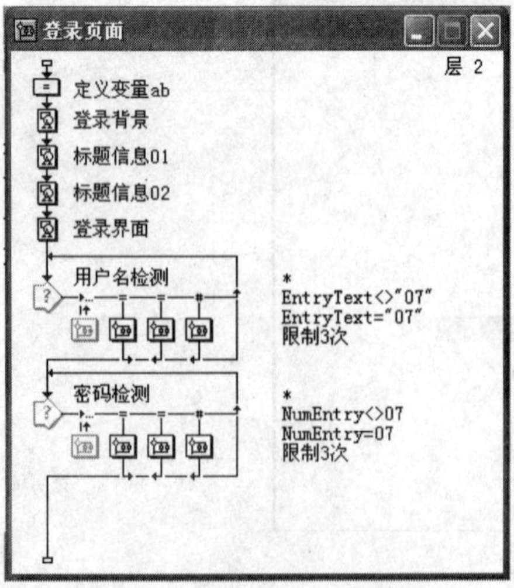

图 8-58　“登录页面”二级流程图

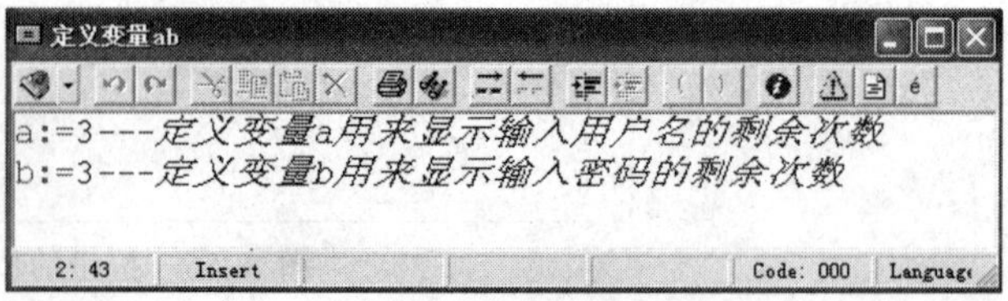

图 8-59　“计算窗口”的代码

（2）按照图 8-58 流程结构再分别拖入 4 个“显示”图标，添加背景图片，输入标题信息以及登录界面的框图，其具体内容如图 8-57 所示。

（3）拖入“交互”图标到主流程线上，命名为“用户名检测”。再拖入一个“群组”图标到该“交互”图标的右侧分支，使用通配符“*”命名，选择交互类型为“文本输入”响应类型，分支属性选项为“继续”。

（4）再分别拖入两个“群组”图标到右侧分支，选择交互类型为“条件”交互响应类型，通过使用表达式“EntryText<>07”和“EntryText=07”来分别设置非法用户名和合法用户名的判断条件（EntryText 为系统变量，用来自动存储用户输入的任意文本内容），其中非法用户名的条件属性设置如图 8-60 所示。

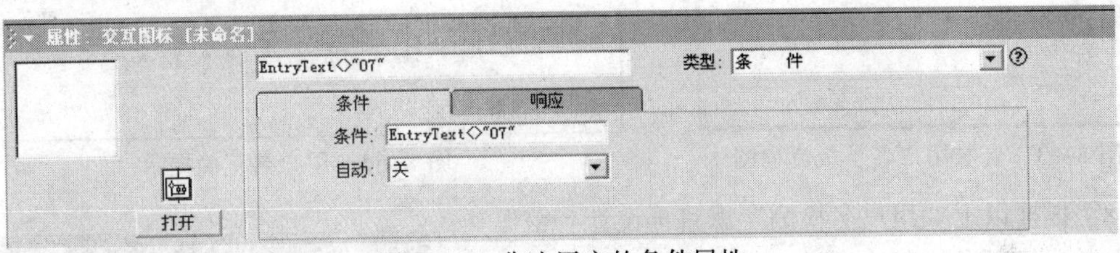

图 8-60　非法用户的条件属性

（5）双击 EntryText<>07 的交互响应图标，打开下一级流程对话框，图 8-61 所示结构设计输入错误用户名的反馈信息。其中“用户名错误提示”的显示图标输入图 8-62 所示内容，并右击该“显示”图标选择“计算”命令，输入“a=a-1”表达式对变量 a 进行自减运算。

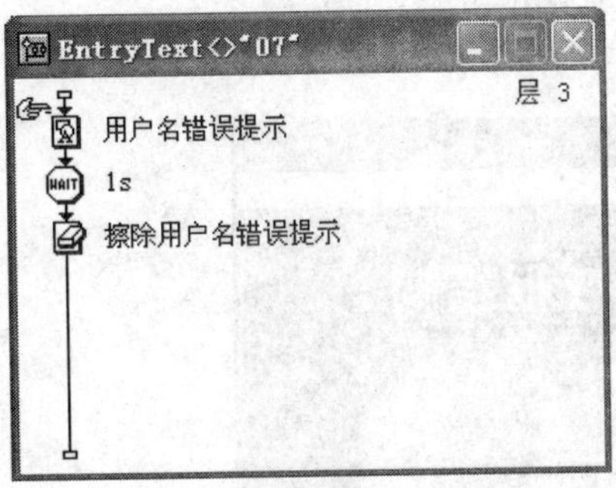

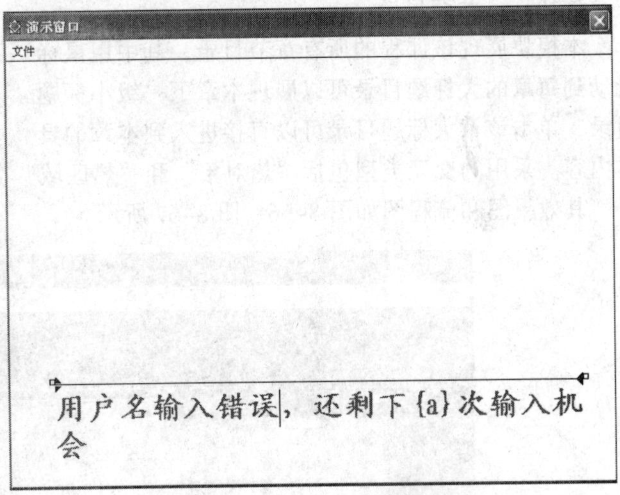

图 8-61　非法用户名子级流程图　　　图 8-62　用户名错误提示

（6）返回上一级流程线对话框，按照类似思路设计 Enter Text=07 子级流程内容，其具体结构如图 8-63、图 8-64 所示，在此不再重复。

（7）返回“登录页面”二级流程图，在最右侧分支再拖入一个“群组”图标，选择交互类型为“重试限制”响应类型，命名为“限制 3 次”，设置“最大限制”属性为“3”。再双击该“群组”图标，打开下一级流程对话框，如图 8-65 所示内容进行设计。其中在“强制退出提示”的显示图标输入“3 次输入次数用尽，程序即将关闭”的文字内容，在“强制退出”的计算图标中调用“quit()”函数强行关闭演示窗口。

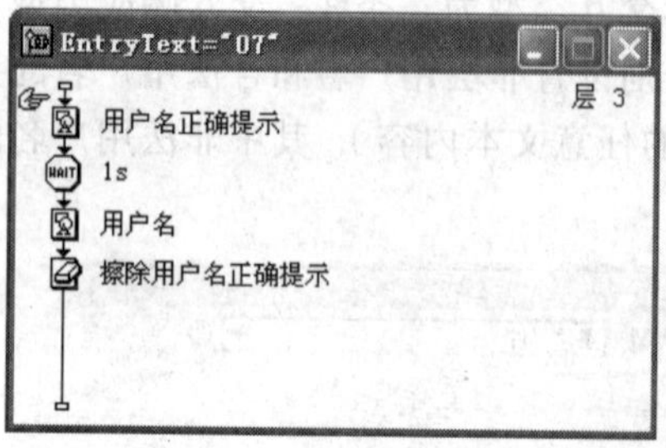

图 8-63　合法用户名子级流程图

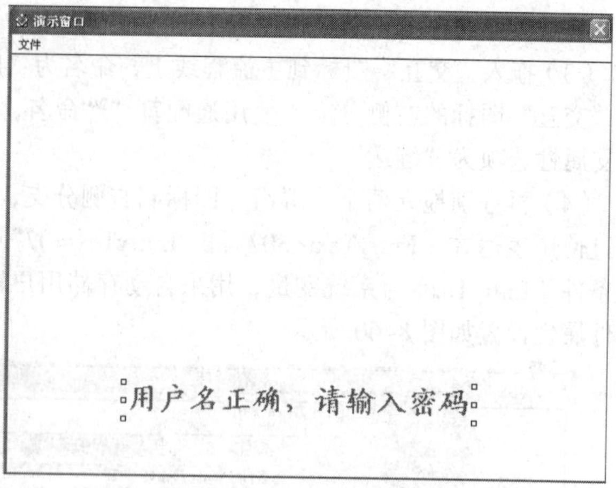

图 8-64　用户名正确提示

（8）根据以上“用户名检测”思路再设计“密码检测”的内容部分，其中通过自定义的变量 b 来显示剩余的输入密码次数，再利用系统变量 NumEntry 存储用户输入的密码和正确密码进行条件判断，其具体结构读者可以自己思考设计，在此不再累赘。

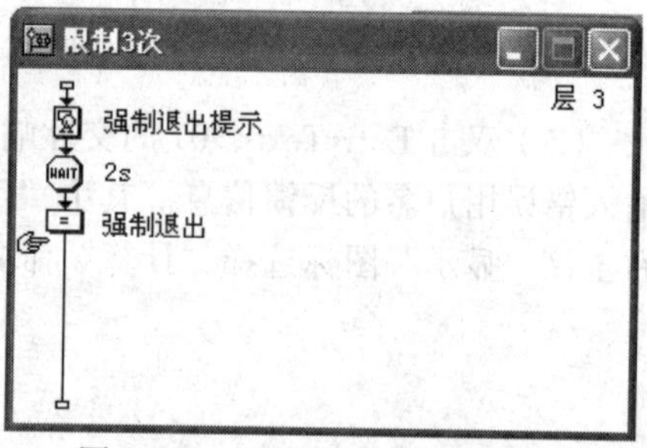

图 8-65　“限制 3 次”流程图

模块三　章节目录

本模块展现该课程的所有章节目录，其中用鼠标滑动到每章的大标题目录可以展现本章下一级小标题目录，单击该章大标题目录可以直接进入到本章的具体内容。采用的交互类型包括“热对象”和“热区域”交互响应方式。

其效果图和流程图如图 8-66、图 8-67 所示。

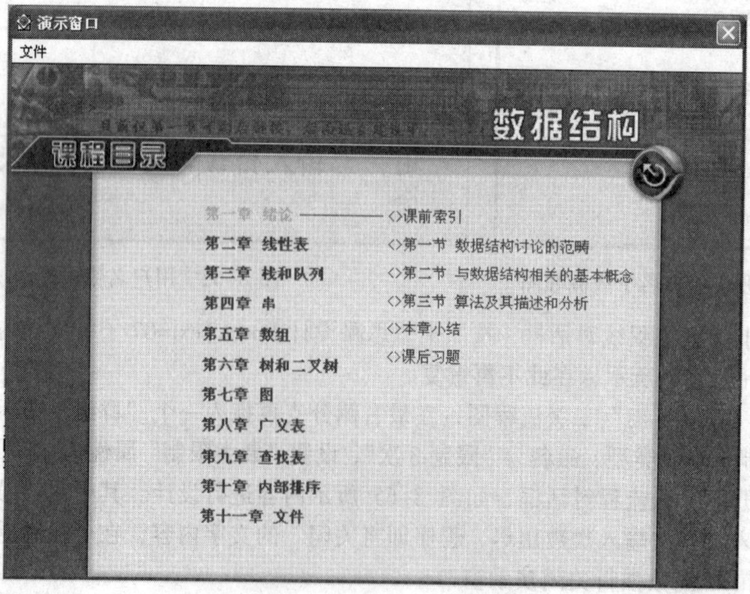

图 8-66　“章节目录”界面

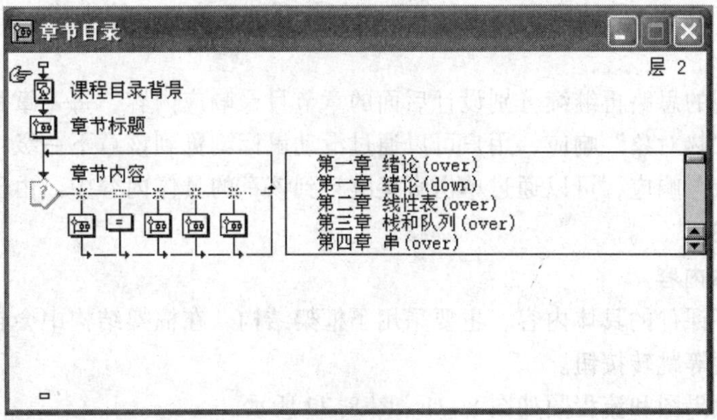

图 8-67　“章节目录”流程图

操作步骤：

（1）返回一级流程图拖入一个“群组”图标到主流程线上，命名为“章节目录”。双击该图标打开二级流程对话框，如图 8-67 所示通过“显示”图标和“群组”图标分别插入背景图片和目录标题文字内容。

（2）拖入一个“交互”图标到该流程线上，命名为“章节内容”。再拖入一个“群组”图标到该交互结构的右侧响应分支，选择交互类型为“热对象”，命名该图标为“第 1 章　绪论(over)”。单击该交互响应图标弹出属性对话框，如图 8-68 所示，进行设置，其中选择“第 1 章　绪论”作为响应的热对象，“匹配”下拉列表框选择“指针在对象上”选项。

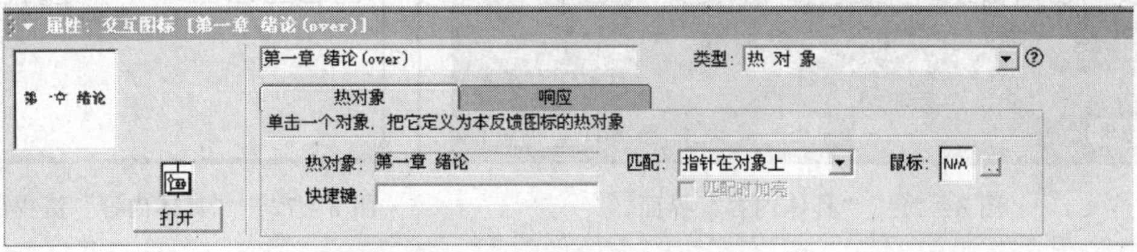

图 8-68　交互响应图标属性设置

（3）双击该响应的“群组”图标打开下一级对话框，如图 8-69 所示添加第 1 章的下一级节目录的小标题内容。

（4）返回到“章节目录”二级流程图，再拖入一个“计算”图标到“第 1 章　绪论（ over ）”的群组图标右侧，命名为“第 1 章　绪论(down)”。单击该交互响应图标弹出其属性对话框如图 8-70 所示，修改交互“类型”为“热区域”，“匹配”下拉列表框设为“单击”。

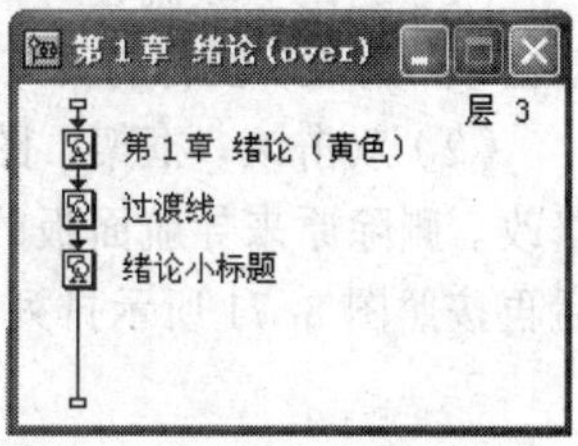

图 8-69　“小标题”流程图

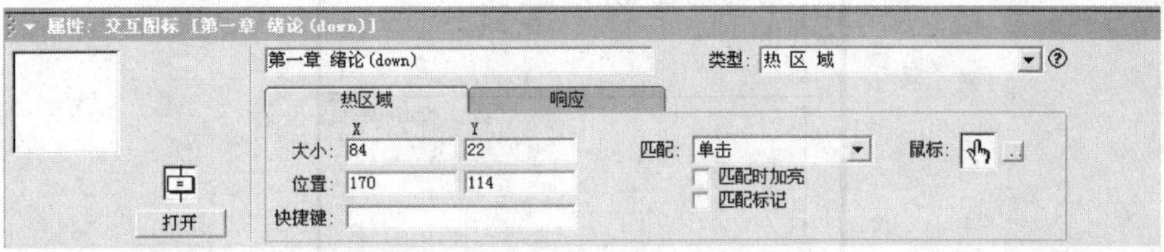

图 8-70　交互响应图标属性对话框

（5）双击章节目录二级流程图中“计算”图标打开计算窗口，输入“GoTo(IconID@"知识结构")”代码内容。

（6）按照相同的思路再继续分别设计后面的章节目录响应内容，每一章目录都对应两个响应分支，一个是“热对象”响应，用户可以通过滑动鼠标浏览到该章下一级小标题目录内容；另一个是“热区域”响应，可以通过单击直接跳转到该章的具体内容中。由于后面结构流程类似，在此不再详述。

模块四　具体内容

本模块展示了课件的具体内容，主要采用了框架结构，在框架结构中会自动用跳转图标生成翻页，跳转页面等跳转按钮。

模块的界面效果图和流程图如图 8–71、图 8–72 所示。

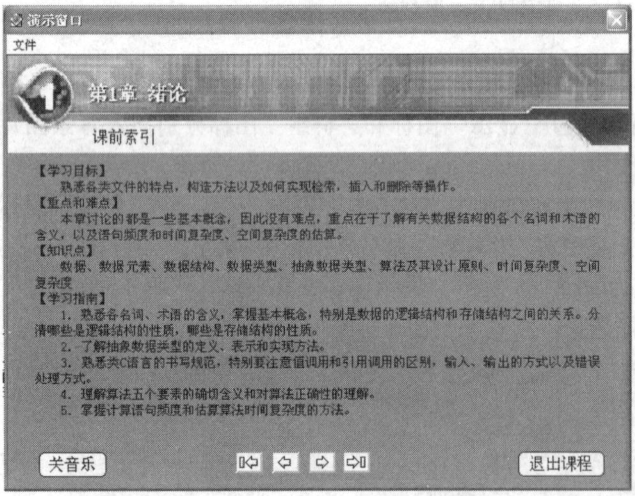

图 8–71　“具体内容”界面

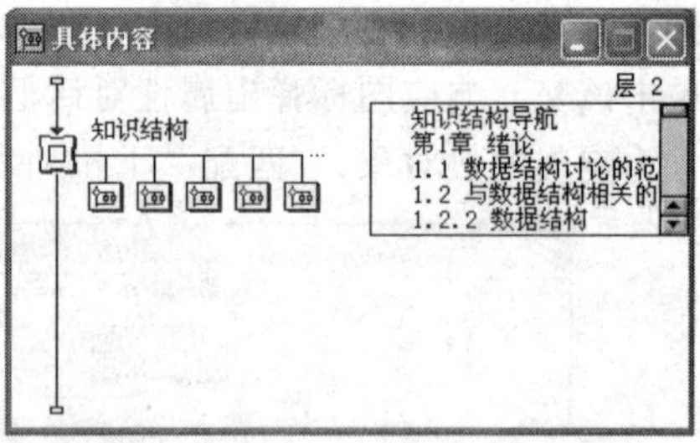

图 8–72　“具体内容”流程图

操作步骤：

（1）返回一级流程对话框，拖入一个“群组”图标到主流程线上，命名为“具体内容”。再双击该“群组”图标打开二级对话框，拖入一个“框架”图标到流程线上，命名为“知识结构”。

（2）双击该“框架”图标，在弹出的框架演示窗口中对原有的框架结构（见图 8–73）进行修改。删除原来导航面板的“显示”图标，并将“退出框架”的分支名称改成“退出课程”，最后再按照图 8–71 所示排列导航按钮的位置。

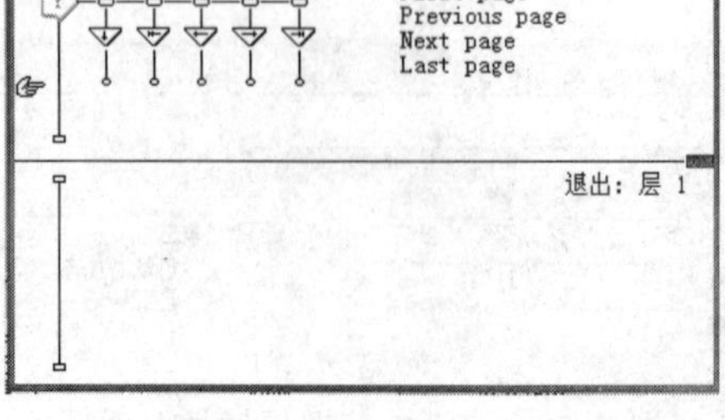

图 8–73　“知识结构”流程图

（3）关闭“知识结构”演示窗口，返回到“具体内容”的二级流程图，依次拖入若干个“群组”图标放在框架结构的右侧分支，读者可根据其具体课程内容的安排进行命名并设计相应结构，此后步骤不再详述。

模块五 结束

本模块实现当用户点击“退出课程”按钮时，界面进入到询问是否返回课件还是退出课件的操作界面，其功能主要通过“按钮”交互再调用 goto 函数和 quit 函数完成。

结束的界面和流程图如图 8-74、图 8-75 所示。

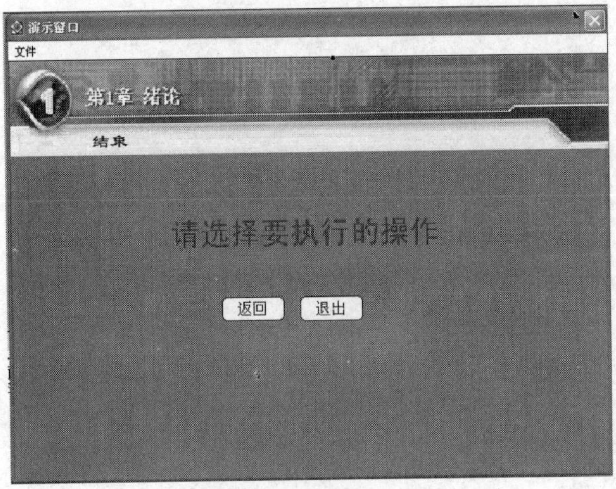

图 8-74 “结束”界面

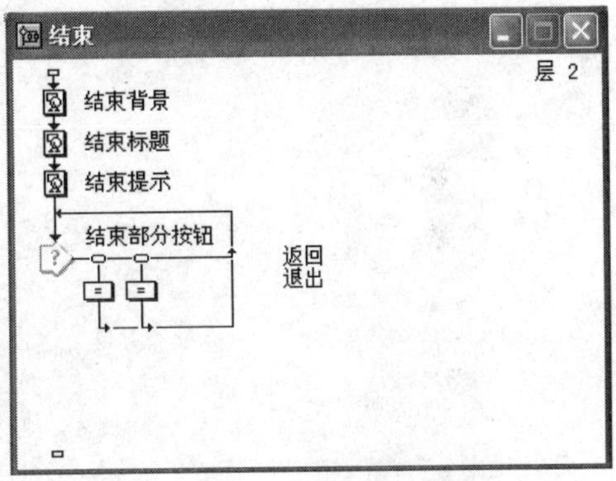

图 8-75 “结束”流程图

操作步骤：

（1）返回一级流程对话框，拖入一个“群组”图标命名为“结束”。再双击该“群组”图标打开其二级窗口，图 8-75 所示分别拖入 3 个“显示”图标，添加“结束背景”、“结束标题”和“结束提示”等文字内容。

（2）拖入一个“交互”图标到流程线上，命名为“结束部分按钮”。再分别拖入两个“计算”图标到该交互响应结构的右侧分支，选择“按钮”交互类型，并分别命名为“返回”和“退出”。

（3）双击“返回”计算图标弹出计算窗口，输入“GoTo(IconID@"主页面")”实现返回主页面功能。

（4）双击“退出”计算图标弹出计算窗口，输入“Quit()”函数完成关闭演示窗口的功能。

（5）保存运行文件，并对源程序进行打包。

小 结

本章对 Authorware7.0 进行了更深入的讲解。我们可以利用知识对象、库和模块的方法加快整个程序的开发速度，避免重复性的工作，提高工作效率；另外使用 Authorware 开发的程序也完全可以脱离开发环境，打包成 exe 文件直接运行，这样程序的使用和操作更加方便简单。本章最后以一个实际的教学课件复习回顾了 Authorware 各种图标的使用方法，到这章为止有关 Authorware 的学习就暂时告一段落，下章将学习与多媒体程序素材制作关系密切的专业图象制作工具 Photoshop 的使用方法。

习　题

1. 创建一个库文件。向其中添加两个“显示”图标、一个“交互”图标、一个“计算”图标。
2. 将自己所做课件中的开始部分保存为模块，以便每次做课件时都可以直接使用这个片头。
3. 将自己做的课件，打包生成 exe 文件，放到一台没安装 Authorware 的计算机上运行。
4. 试试一键发布，看看它好在哪里。
5. 尝试自己拟定一个教学内容制作一个综合课件。

第9章 相关软件简介

学习目标

- 掌握与本门课程相关的两个软件的简单应用：图形图像处理软件 Photoshop 和二维动画创作软件 Flash;
- 熟悉图片素材处理的方法，如图片的裁剪与合并，图片色彩的调整等;
- 熟悉常用的五类动画的制作方法：逐帧动画、形状动画、动作动画、引导层动画和遮罩层动画。

在第 1 章已经对图片处理和动画制作进行了简要的介绍，本章将对图片处理软件 Photoshop 和动画制作软件 Flash 进行详细的讲解。

9.1 Photoshop 软件简介

Photoshop 是 Adobe 公司推出的一款专业的图像处理和平面设计软件，它简单易学，工作界面友好人性化，集图像设计、扫描、编辑、合成及输出于一体。

从功能上看，Photoshop 可分为图像编辑、图像合成、校色调色及特效制作 4 部分。

图像编辑是图像处理的基础，可以对图像做各种变换如放大、缩小、旋转、倾斜、镜象、透视等。也可进行复制、去除斑点、修补、修饰图像的残损等。这在婚纱摄影、人像处理制作中有非常大的用场，去除人像上不满意的部分，进行美化加工，得到让人非常满意的效果。

图像合成则是将几幅图像通过图层操作、工具应用合成完整的、传达明确意义的图像，这是美术设计的必经之路。Photoshop 提供的绘图工具让图像与创意很好地融合，成为可能使图像的合成天衣无缝。

校色调色是 Photoshop 中强大的功能之一，可方便快捷地对图像的颜色进行明暗、色偏的调整和校正，也可在不同颜色进行切换以满足图像在不同领域如网页设计、印刷、多媒体等方面应用。

特效制作在 Photoshop 中主要由滤镜、通道及工具综合应用完成。包括图像的特效创意和特效字的制作，如油画、浮雕、石膏画、素描等常用的传统美术技巧都可藉由 Photoshop 特效完成。而各种特效字的制作更是很多美术设计师热衷于 Photoshop 的研究的原因。

目前，普通应用的 Photoshop 版本是 Photoshop CS4。它的工作界面如图 9-1 所示。它包含标题栏、菜单栏、工具选项栏、工具箱、状态栏、图像窗口和控制面板组等。

图 9-1　Photoshop CS4 的工作界面

9.1.1　图片的裁剪与合并

使用工具箱中的“裁剪工具”按钮可以删去图片中一些不需要的杂景，还可以对歪斜的画面进行调整。

【实例 1】图片的裁剪

通过本实例详细地介绍了图片裁剪的整个过程，使图片满足用户的需要。

操作步骤：

（1）打开一个需要裁剪的图片，如图 9-2 所示，这是一个待裁剪的图片，通过裁剪后达到图 9-3 的效果。

图 9-2　裁剪前

图 9-3　裁剪后

（2）单击工具箱中“裁剪工具”按钮，在图像上单击拖动建立裁剪框。选中的区域周围出现八个控点，拖动控点可以调整裁剪框的大小。在裁剪框中单击鼠标左键并拖动可以改变裁剪区域的位置。未被选择的区域都以灰色显示。

提示：建立裁剪框时按住【Shift】键可以建立正方形的裁剪框，按住【Shift+Alt】键可以建立以起点为中心的正方形裁剪框。

（3）拖动裁剪框控点调整裁剪框的大小和角度。

提示：当需要对图片进行精确裁剪成特定尺寸和分辨率时，比如用于打印或裁剪数码照片，可以在选择（裁切工具）后，在裁剪工具栏上输入相应得数值，如图 9-4 所示。

图 9-4　裁剪工具栏

（4）按【Esc】键或工具属性栏上的按钮，取消当前裁剪操作。可以重新进行裁剪操作。

（5）在裁剪框中双击，或单击工具属性栏上的按钮，确认裁剪操作。

（6）保存文件。

图片的合并有很多种，大致可以分成两大类：① 两张图片并列，达到自然过渡的效果；② 一张图片作为背景，从另外一张或多张图片中提取对象添加到背景中去，达到自然融合的效果。

【实例 2】图片的合并

通过本实例详细地介绍了第 2 类图片的合并的方法，即从图 9-5 中提取小鸟图片然后添加到背景图 9-6 鸟巢中，达到图 9-7 鸟在巢边的效果。

图 9-5　小鸟

图 9-6　鸟巢

图 9-7　鸟在巢边

操作步骤：

（1）打开文件。在菜单栏中单击“文件”/“打开”菜单命令，同时打开要处理的两张图片“小鸟.jpg”和“鸟巢.jpg”。

（2）单击工具箱中的“磁性套索工具”按钮选定小鸟。从小鸟的嘴尖处开始，单击定义起点，然后松开左键，沿着小鸟的轮廓拖动鼠标，直到套索回到起点，再次单击鼠标，形成一个闭合的选区。

提示：鼠标拖动的过程中，磁性套索会自动判断轮廓线，当选择区域不准确时，可以人工单击添加一个节点，以达到理想的效果。另外，区域闭合的标志是套索旁边有一个小圈。

（3）单击工具箱中的“移动工具”按钮把小鸟移到鸟巢的图片上。

（4）调整小鸟的大小。在菜单栏中单击“编辑”/“自由变换”菜单命令调节小鸟大小，满意后双击确定或单击工具属性栏上的按钮确定或按【Enter】键确定。

提示：“自由变换”的快捷方式为【Ctrl+T】组合键；使用“自由变换”菜单命令时按住【shift】键，可以按比例对图像进行调整，避免了宽与高的不等比例变形。

（5）调整小鸟的位置。单击工具箱中的“移动工具”按钮把小鸟移到适合的位置。

（6）合并图层。在菜单栏中单击“图层”/“拼合图像”菜单命令。

（7）单击“文件”/“另存为”菜单命令。

9.1.2 图片颜色调整

通过对图像色彩与色调的调整，可以使图像的颜色发生整体的改变，以达到表达意境的目的。

【实例 3】图片颜色调整

通过实例详细地介绍了图片颜色调整常用的 3 种方法：亮度/对比度、曲线、色相/饱和度。

操作步骤：

（1）分别打开 3 张图片，对 3 张图片分别进行亮度/对比度、曲线、色相/饱和度操作，如图 9-8～图 9-10 所示。

图 9-8 调整亮度/对比度前

图 9–9　调整曲线前

图 9–10　调整色相/饱和度前

（2）单击菜单栏中的“图像”/“调整”/“亮度/对比度”菜单命令，弹出“亮度/对比度”对话框，如图 9–11 所示，调整图 9–8 的亮度和对比度，得到图 9–12 的效果。

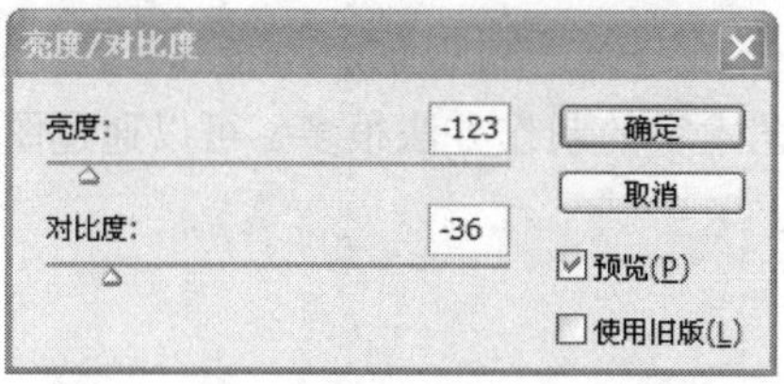

图 9–11　“亮度/对比度”对话框

图 9–12　调整亮度/对比度后

（3）单击菜单栏中“图像”/“调整”/“曲线”菜单命令，弹出“曲线”对话框，如图 9–13 所示，调整图 9–9 的色彩。得到图 9–14 的效果。

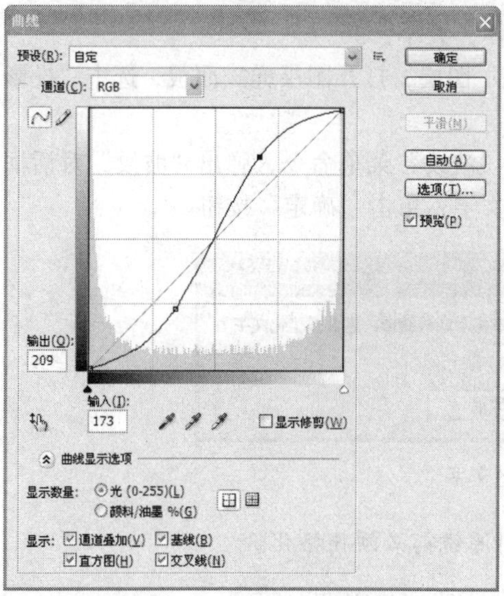

图 9–13　“曲线”对话框

图 9–14　调整曲线后

（4）单击工具箱中的“套索工具”按钮选取图 9-10 中女孩的衣服部分，然后在菜单栏中单击“图像”/“调整”/“色相/饱和度”菜单命令，弹出“色相/饱和度”对话框，如图 9-15 所示，选中“着色”复选框，调整图 9-10 的饱和度，得到图 9-16 所示的效果。

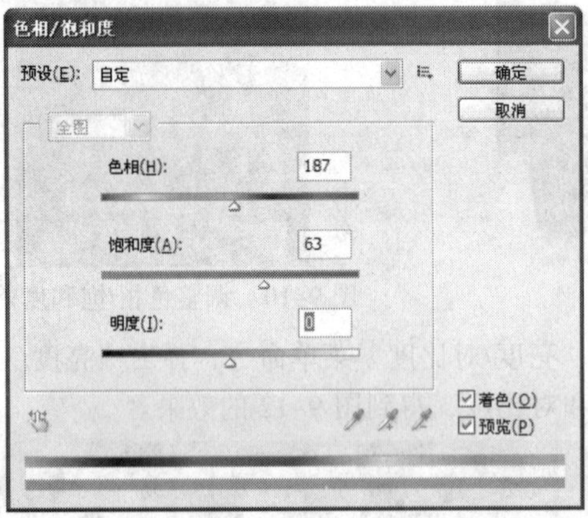

图 9-15 “色相/饱和度”对话框

图 9-16 调整色相/饱和度后

9.1.3 艺术字及按钮

艺术字可以对制作的课件起到锦上添花的作用。艺术字的制作方法很多，可以通过图层效果和滤镜等方法创建。按钮的创建方法和艺术字类似。

【实例 4】制作艺术字

通过本实例详细介绍了艺术字的制作过程。

操作步骤：

（1）新建一个空白文档。在工作界面下部“属性”选项卡中设置文档大小 500×100 像素，背景色：黄色（R：255，G：199，B：26）。

（2）在文档中输入“荆楚理工学院”。字体：楷体，大小：36。

（3）给文字添加图层样式。双击“荆楚理工学院”图层，打开图层样式面板，选中“投影”和“外发光”两项样式，保持默认设置不变。

（4）给文字添加滤镜。单击“滤镜”/“扭曲”/“波纹”菜单命令，弹出“波纹”对话框，此时系统会弹出图 9-17 所示的对话框，是否栅格化文字，单击“确定”按钮。

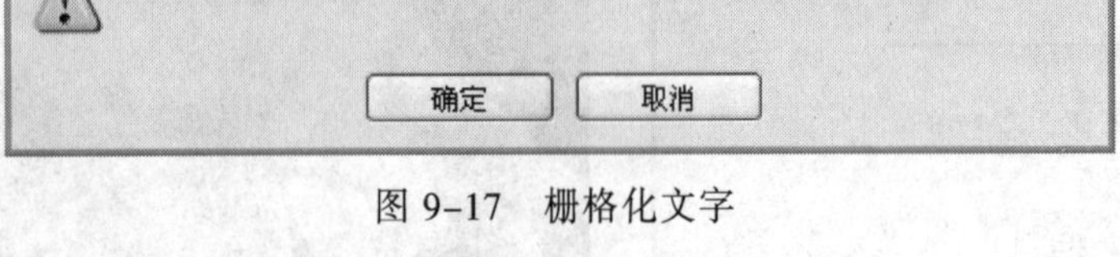

图 9-17 栅格化文字

提示：栅格化的目的是将文字图形化，文字应用滤镜前必须栅格化。

在弹出的“波纹”对话框中选择默认设置，得到如图 9-18 效果。

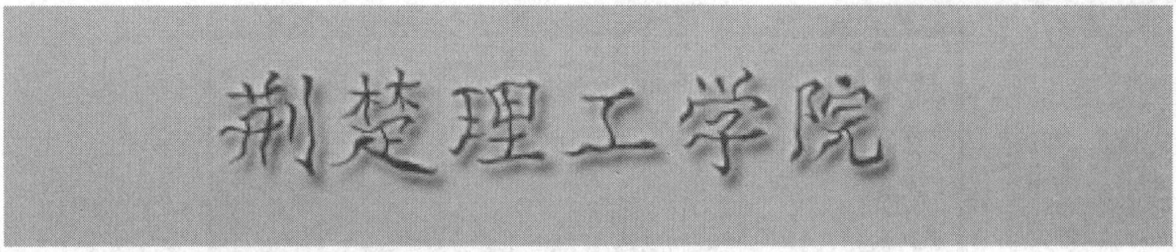

图 9-18 艺术文字

（5）合并图层。按【Shift+Ctrl+E】组合键合并可见图层。

（6）保存文件 9-18.jpg。

【实例 5】制作按钮

通过本实例详细讲解本书第 4 章交互图标中 4 个定制的按钮的制作方法。

操作步骤：

（1）新建一个空白文档。大小 72×25 像素，这是 Authorware 中默认的大小。

（2）新建一个图层。单击“图层”/“新建”/“图层…”菜单命令，新建一个图层。

（3）为图层填充蓝色。设置前景色为蓝色，然后单击工具箱中油漆桶工具按钮或【Alt+Delete】组合键填充。

提示：这里填充什么颜色都无所谓，因为下面应用图层样式后效果都差不多，但是，这里一定要填充一个颜色，不然空图层应用样式没有效果。

（4）设置图层样式。选择样式面板中的蓝色玻璃（第 1 行第 5 个）按钮。得到图 9-19 效果。这样就制作好了第一个按钮。

提示：如果样式面板没打开，从“窗口”菜单命令中单击样式。

（5）另存文件为 button1.jpg。

（6）用同样的方法制作其他 3 个按钮。重复（4）（5）步骤得到另外 3 个按钮和文件分别为图 9-20、图 9-21、图 9-22 和 button2.jpg，button3.jpg，button4.jpg。

图 9-19 未按按钮

图 9-20 经过按钮

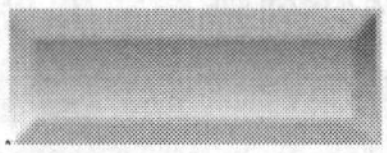
图 9-21 按下按钮

图 9-22 禁止按钮

9.2 Flash 软件简介

Flash 是美国 Macromedia 公司所设计的一种二维动画软件。通常包括 Macromedia Flash，用于设计和编辑 Flash 文档，以及 Macromedia Flash Player，用于播放 Flash 文档。现在，Flash 已经被 Adobe 公司收购，最新版本为 Adobe Flash CS4，也就是 Flash Fl。由于 Flash 动画是一种二维矢量动画，所以它的最大特点是小巧生动。下面介绍几种通常的动画创作方法，采用 Flash 8.0 版本。创作一般的动画 Flash 8.0 版本就足够了，而且更重要的一点是，Flash 8.0 整个安装文件比较小巧（相对于 Flash Fl 版）。图 9-23 是 Flash 8.0 的工作界面。

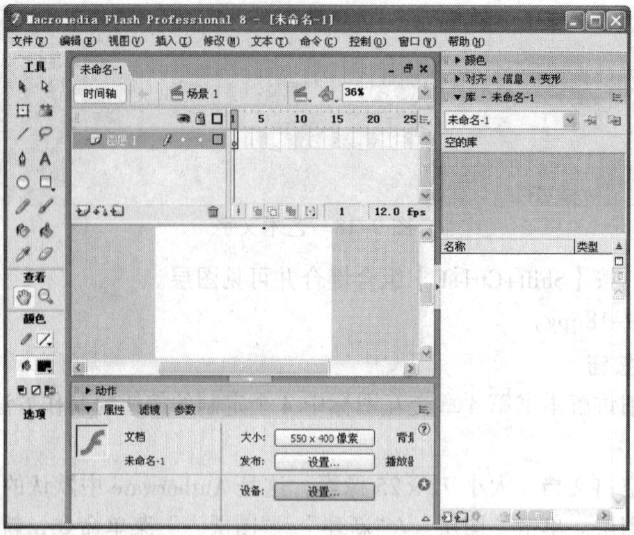

图 9-23 Flash 8.0 的工作界面

9.2.1 逐帧动画

逐帧动画，顾名思义就是动画的每一帧都是创作的，而不是计算机自动生成的。它对动画创作者的美术功底要求较高。当然，对于帧数较少的动画，还是比较简单的。比如，眨眼的动画只需一双眼睛睁开和闭上的两帧画面即可。

【实例 6】蝴蝶飞舞

通过本实例讲解了一个逐帧动画的创作过程：导入素材，设置关键帧，发布动画。

操作步骤：

（1）启动 Flash 8.0，新建一个空白文档。

（2）导入一张图片作为背景。图片可以直接导入到 Flash 的舞台中，也可导入到 Flash 的库中。不同点是后者只需导入一次，以后可以多次调用。单击“文件”/“导入”/“导入到舞台…”菜单命令，导入一张花草图片到舞台。并调整布满整个舞台。如图 9-24 所示。

图 9-24 导入花草素材

（3）新建一个图层，导入蝴蝶图片。单击时间轴下面的“新建图层”按钮添加图层 2，单击“文件”/“导入”/“导入到舞台…”导入“蝴蝶.bmp”到图层 2，如图 9-25 所示。

提示：这里导入的文件是 bmp 格式的目的是：bmp 文件中包含了一个蝴蝶轮廓的通道，这样导入时不会有多余的背景被带入进来。从而使动画更逼真。

图 9-25　导入蝴蝶素材

（4）将图层 1 和图层 2 扩展成 3 帧。选中图层 1 的第 3 帧，按【F5】键，图层 1 被扩展成了普通的 3 帧。选中图层 2 的第 2 帧和第 3 帧，按【F6】键，图层 2 被扩展成了包含 3 个关键帧的 3 帧，效果如图 9-26 所示。

提示：因为图层 1 是背景，不需要动，所以只需要用普通帧；而图层 2 要做动画，所以必须是关键帧。选择 1 帧的方法是单击该帧即可；选择连续的几帧的方法是单击第 1 帧并拖动到最后 1 帧，中间不要松开鼠标，否则就变成是移动帧了。

图 9-26　扩展关键帧

（5）缩小图层 2 中第 2 帧蝴蝶的大小。单击图层 2 的第 2 帧，单击工具箱上的“缩放工具”按钮，这时蝴蝶周围出现 8 个控点，按住【Shift】键拖动中间的控点，使蝴蝶的翅膀朝中间靠拢，如图 9-27 所示。

图 9-27　效果图

提示：按住【Shift】键的目的是：缩放蝴蝶时，使蝴蝶的中心位置不变。这一点很重要。

（6）导出文件。单击“文件”/“导出”/“导出影片…”菜单命令导出文件，这样就得到了可以直接播放的 SWF 文件。

（7）保存源文件。单击“文件”/“保存”菜单命令保存文件，得到以后可以更改的 FLA 文件。

9.2.2　补间动画

补间动画是一种常用的 Flash 动画，创建动画的两个或几个关键帧，Flash 补间生成中间的其他帧的动画。根据帧的性质，这种动画又分成形状补间和动作补间两类。

【实例 7】翻动的书

通过本实例详细讲解形状补间动画的制作过程。

操作步骤：

（1）新建一个空白文档。

（2）在图层 1 的第 1 帧中，单击工具箱中的“矩形工具”按钮绘制一本书的封底，如图 9-28 所示。

（3）制作书的封皮。单击“时间轴”下面的“新建图层”按钮新建一个图层 2，在图层 1 的第 1 帧上右击选择“复制帧”选项，在图层 2 的第 1 帧中右击选择“粘贴帧”选项。选择图层 2 第 1 帧中的文字“课件制作”，按【Delete】键删除。单击工具箱中“颜料桶工具”按钮更改填充色，如图 9-29 所示。

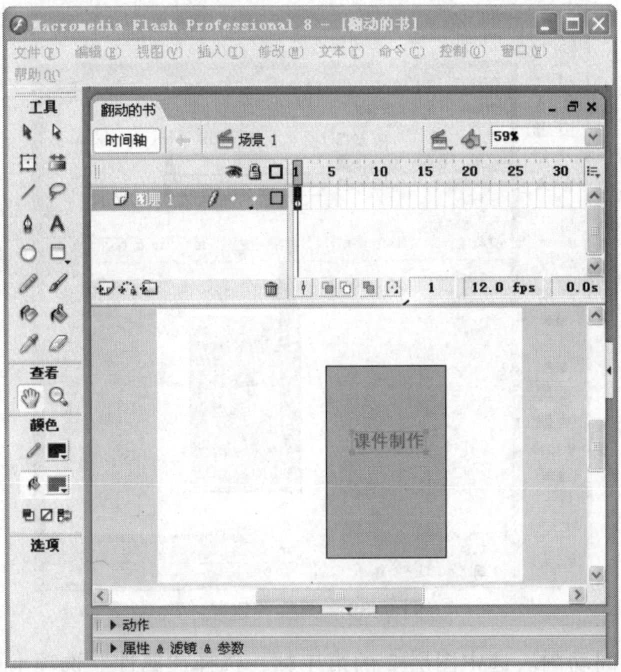

图 9-28 绘制书的封底

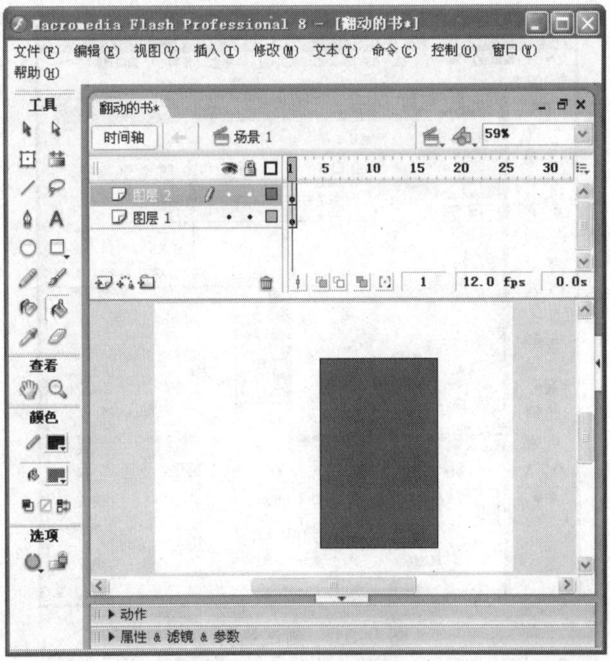

图 9-29 书的封面

（5）创建关键帧和普通帧。选择图层 2 的第 20 帧，按【F6】键创建关键帧。选择该关键帧，单击工具箱中“任意变形工具”按钮，以矩形的左边的边为轴斜切变形矩形，即选择矩形右边的中控点，先向左推（鼠标指针呈↔状），然后再向上推（鼠标指针呈↑状）。选择图层 1 的第 20 帧，按【F5】键创建普通帧，如图 9-30 所示。

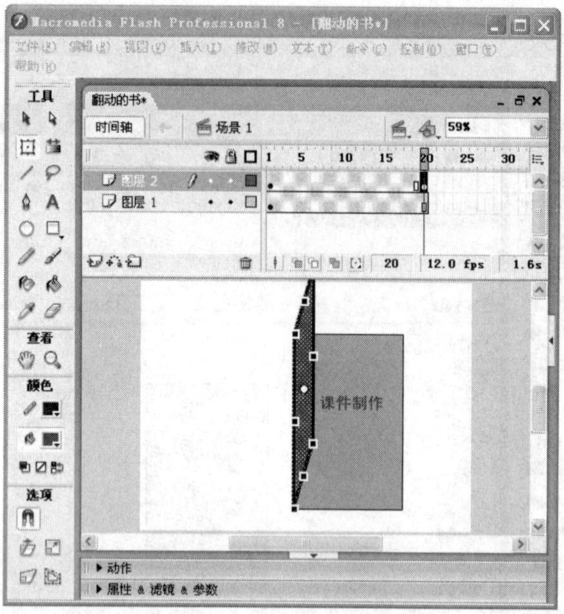

图 9-30　调整关键帧

（6）创建形状补间动画。选中图层 2 的第 1 帧，选择“属性”选项卡中“补间”类型：形状。单击“控制”/“测试影片”或按【Ctrl+Enter】组合键测试影片。效果如图 9-31 所示。

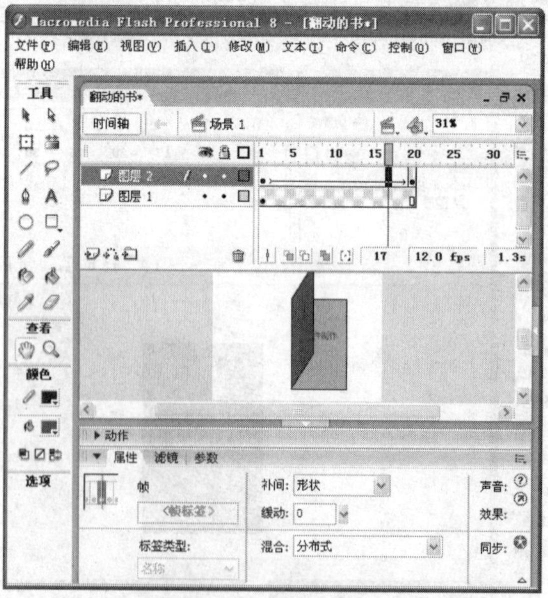

图 9-31　测试影片

提示：补间动画创建成功的标志是：两个关键帧之间有一条从左至右的带箭头线，且底色是淡黄色的普通帧。如果两个关键帧之间是没有箭头的虚线就是失败的。后面要介绍的动作动画也有类似的特征。

（7）导出和保存动画为，“翻动的书.swf”和“翻动的书.fla”。

【实例 8】旋转的文字

通过本实例详细讲解动作补间动画的制作方法。动作补间动画是另一类补间动画，它与形状补间动画不同的是，动画的元素不能是分散的对象，它的元素必须是组合的，其标志为元素周围有一条蓝色的线。

操作步骤：

（1）新建一个空白文档。尺寸：长宽 500×200 像素，背景色：蓝色。

（2）输入文字。新建两个图层：图层 2，图层 3。在 3 个图层的第 1 帧中分别输入“荆楚”、“理工”、“学院”。字体：黑体，字号：56，颜色：红色。并调整它们的位置，如图 9-32 所示。

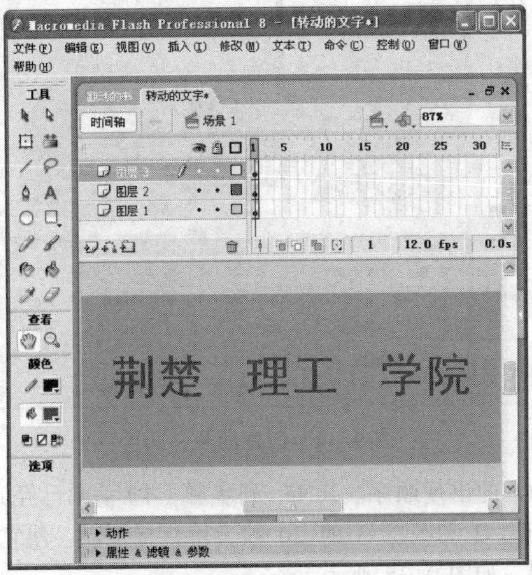

图 9-32　输入文字

（3）同时选中图层 1、图层 2、图层 3 的第 20 帧，按【F6】键插入关键帧，如图 9-33 所示。

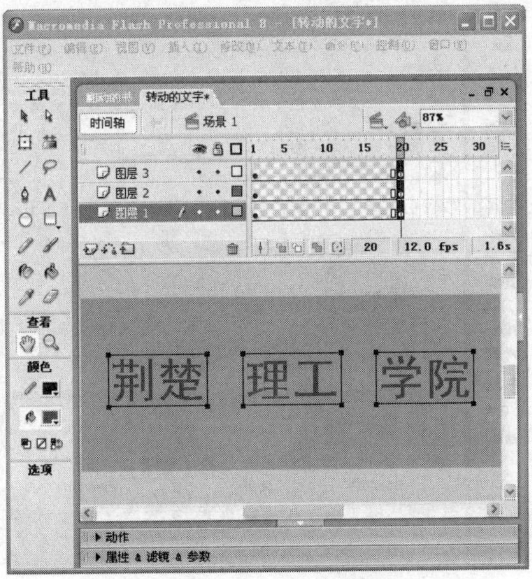

图 9-33　插入关键帧

（4）同时选中图层 1、图层 2、图层 3 的第 1 帧，选择“属性”选项卡中的“补间”下拉列表框中的动画选项，选择“旋转”下拉列表框中的“顺时针”选项。其他选项默认，如图 9-34 所示。

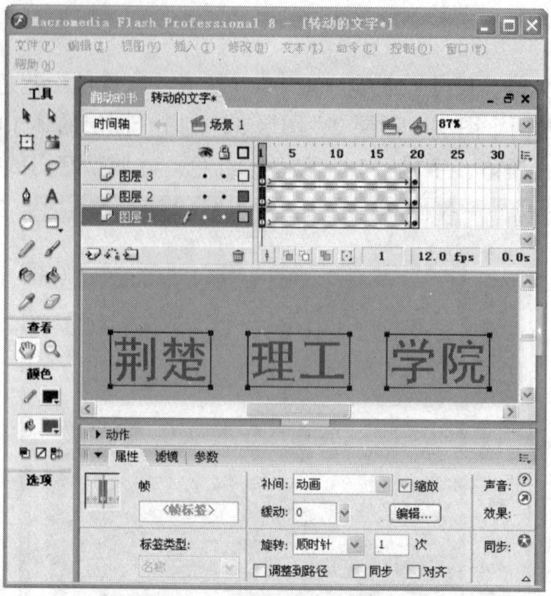

图 9-34 创建动画补间

（5）调整转动文字动画的出现顺序。其实，到步骤（4）动画已经完成，只是 3 个文字的旋转是同时的。分别选中图层 2 和图层 3 的 20 帧，用鼠标拖动，使它们的第 1 帧，分别处在第 21 帧、第 41 帧的位置，如图 9-35 所示。

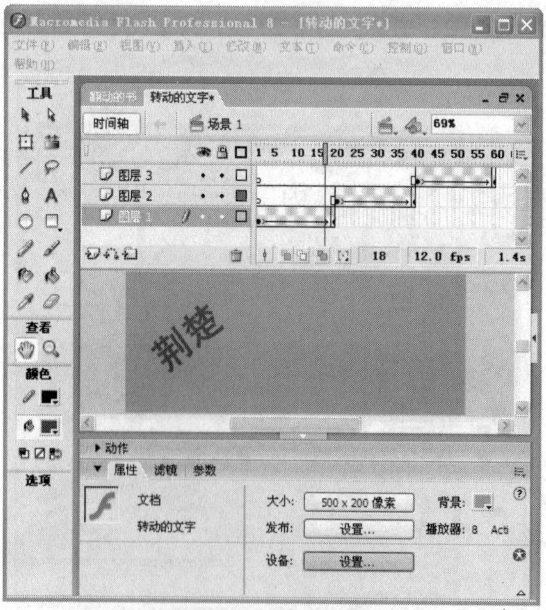

图 9-35 调整顺序

（6）同时选中图层 1、图层 2、图层 3 的第 62 帧，按【F5】键将 3 个图层同时扩展普通帧到第 62 帧。

（7）保存并导出动画。

9.2.3　引导层动画

【实例 9】地球公转

通过本实例详细讲解了引导层动画的创作过程。引导层动画属于动作动画，不同的是多了一个引导层。引导层用来设置动画中运动对象的路径，它是一个辅助层，在动画的播放过程中不可见。引导层动画类似于 Authorware 中移动图标制作的“指向固定路径终点”型动画。

操作步骤：

（1）新建一个空白文档。背景色：蓝色。其他默认。

（2）绘制太阳和地球公转轨道。太阳的绘制：先设置笔触颜色：黄色；填充色：红色放射渐变；单击“椭圆”按钮，按住【Shift】键绘制一个圆。轨道的绘制：更改填充色为禁用，单击椭圆按钮绘制一个无填充的椭圆，如图 9-36 所示。

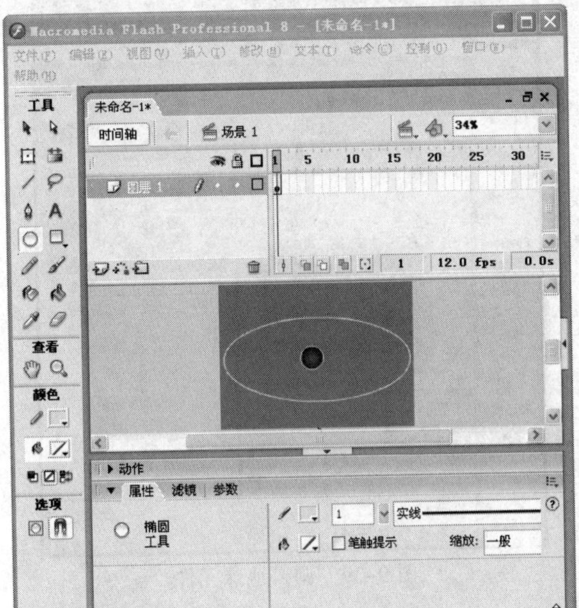

图 9-36　绘制太阳和地球公转轨道

（3）绘制地球元件。单击“插入”/“新建元件…”菜单命令，弹出“创建新元件”对话框，设置“名称”为：地球，“类型”为：图形，如图 9-37 所示。单击“确定”按钮进入“地球”元件窗口。用绘制太阳的方法绘制一个白边绿色渐变填充的地球。更改属性选项卡中 X 和 Y 的值，调整“地球”的中心，使它和元件的中心重合。如图 9-38 所示。

（4）调入“地球”元件。单击时间轴上方的“场景 1”选项卡，从“地球”元件回到场景 1。单击“窗口”/“库”菜单命令，弹出“库”面板。新建一个图层 2，从库面板中将地球元件拖到图层 2 的第 1 帧的舞台上，并调整位置，如有必要还需调整大小，如图 9-39 所示。

图 9-37　创建地球图形元件

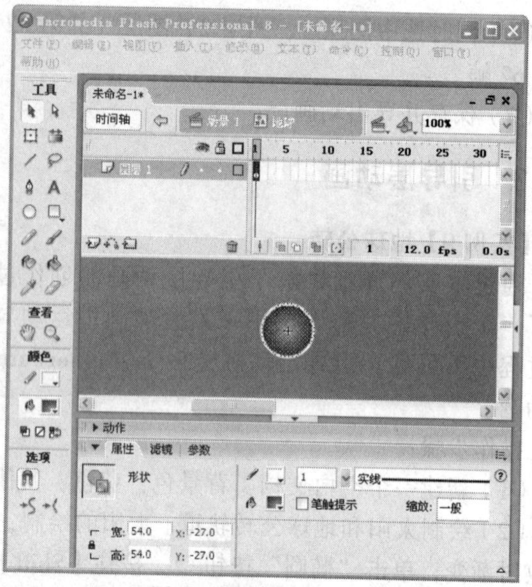

图 9-38　绘制地球元件

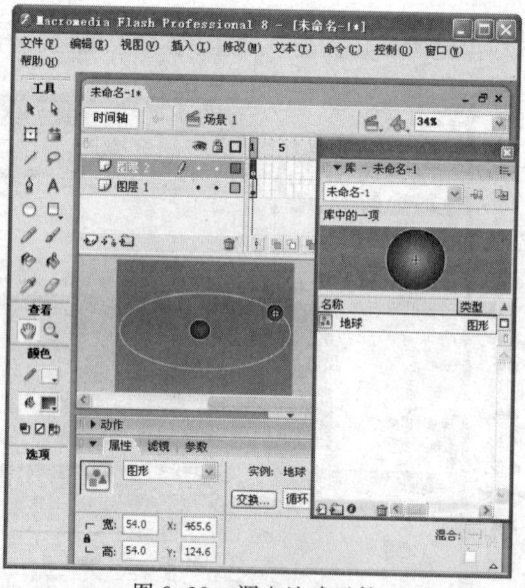

图 9-39　调入地球元件

（5）添加引导层和引导线。单击“时间轴”下面的“添加引导层”按钮给图层 2 添加一个引导层。复制图层 1 中的轨道，原位粘贴（【Ctrl+Shift+V】组合键）到引导层的第 1 帧的舞台上，如图 9-40 所示。

（6）创建引导层动画。同时选中图层 1、图层 2 和引导层的第 20 帧，按【F5】键添加普通帧。选中图层 2 的第 20 帧，按【F6】添加关键帧。按图层 1 上的“隐藏/显示图层”按钮 图层 1 ✕ • □，隐藏图层 1 中的内容，单击工具箱中的“橡皮擦”按钮，选中引导层的第 1 帧，将引导层中的椭圆引导线擦一个缺口，移动图层 2 第 1 帧中“地球”使元件的中心和椭圆线的一端重合，移动图层 2 第 20 帧中“地球”使元件的中心和椭圆线的另一端重合。选择图层 2 的第 1 帧，右击选择“创建补间动画”菜单命令。效果如图 9-41 所示。

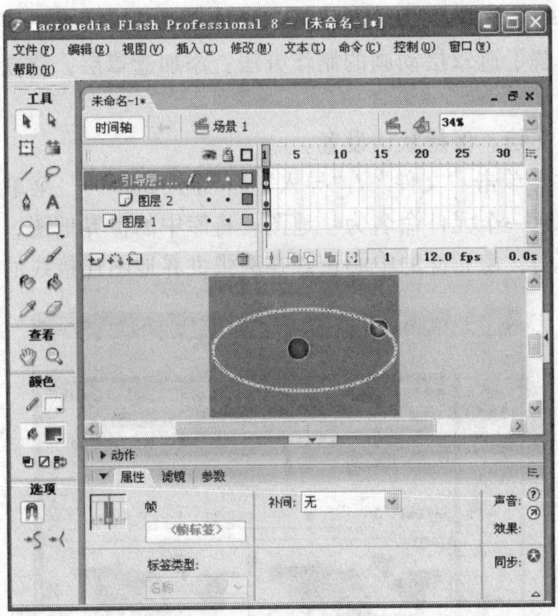

图 9-40　创建引导层

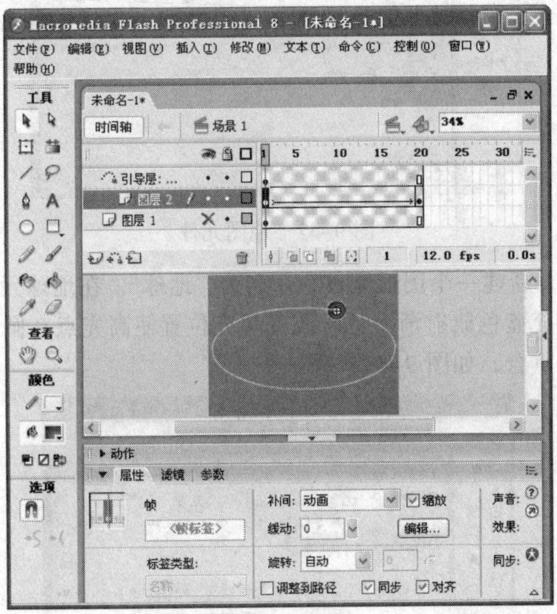

图 9-41　地球公转效果

（7）测试影片。

（8）导出并保存文件。

9.2.4　遮罩层动画

遮罩层动画也是一种添加辅助层动画。添加的辅助层叫遮罩层，被它遮罩的图层叫被遮罩层。遮罩层动画具有的特征："被遮罩层"中的对象，凡是被"遮罩层"遮罩着的，播放动画时，都能看到；没被遮罩着的，播放动画时，都看不到。这一点和现实世界正好相反。遮罩层动画既可以是形状动画也可以是动作动画。

【实例 10】地球自转

通过本实例详细讲解了遮罩层动画的制作方法：添加遮罩层，建立遮罩关系，测试动画。

操作步骤：

（1）新建一个空白文档。保持默认设置。

（2）创建地图元件。单击“文件”/“导入”/“导入到库…”菜单命令，导入一张世界地图图片到库中备用。创建一个元件命名为：地图。将库中的世界地图，拖两次到地图元件中，调整大小，并列摆放它们，使元件的中心正好在两张世界地图连接线的中心，如图 9-42 所示。

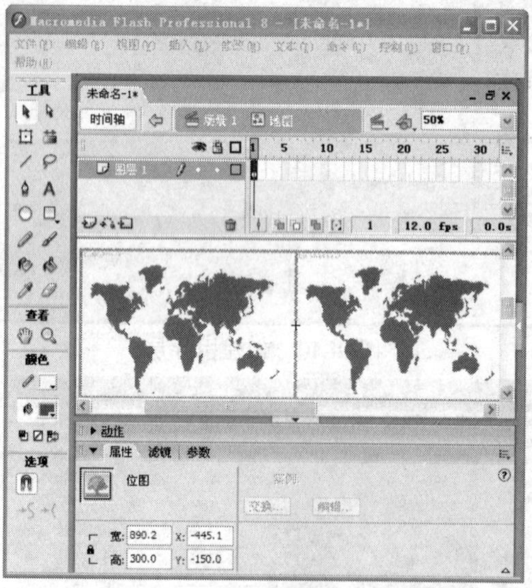

图 9-42　地图元件

（3）新建地球元件。新建一个图形元件，命名为“地球”。在地球元件中，绘制一个直径略大于地图高度的圆，填充蓝色放射渐变色，改变填充位置使高光点在圆的右上方。调整圆的位置使圆心和元件的中心重合，如图 9-43 所示。

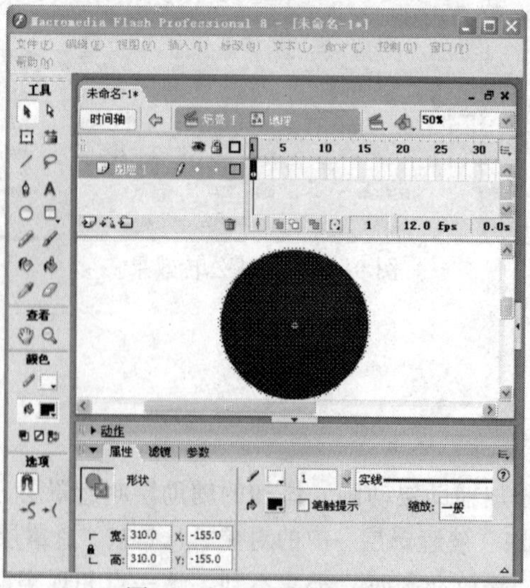

图 9-43　“地球”元件

（4）创建遮罩层动画。回到场景 1，新建一个图层 2。从库中分别拖动地图元件和地球元件，放在图层 1 和图层 2 第 1 帧的舞台上，并调整位置，如图 9-44 所示。

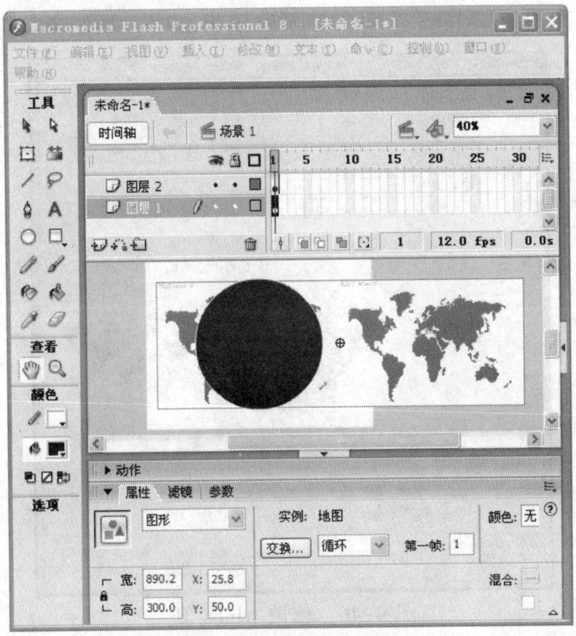

图 9-44　拖拽元件到舞台

（5）将图层 1 的第 20 帧转化为关键帧，选中第 20 帧，向左水平移动地图，以蓝色球为参照，使地图中右边一版的位置和左边一版的位置吻合（按住【Shift】键，用左右方向键控制，这一点非常重要，不然，做好的动画会抖动）。将图层 2 扩展普通帧到第 20 帧，如图 9-45 所示。

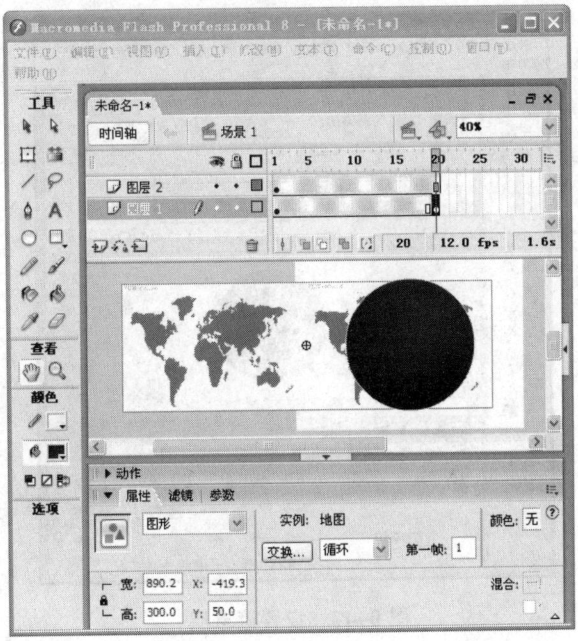

图 9-45　扩展普通帧

（6）新建一个图层 3，复制图层 2 中的"地球"，原位粘贴到图层 3 的第 1 帧。隐藏图层 2 中的内容，选择图层 3 第 1 帧中的"地球"元件（单击"地球"元件），在"属性"选项卡中，选择"颜色"下拉列表框中的 Alpha 选项，并更改值为 60%，如图 9-46 所示。

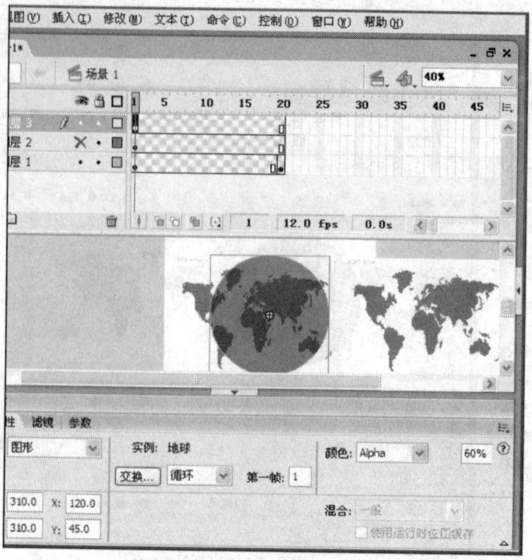

图 9-46　修改 Alpha 值

（7）显示图层 2 中的内容。选中图层 1 的第 1 帧，选择属性选项卡中"补间"下拉列表框中的"动画"选项，其他选项不变。右击"图层 2"名称，在弹出的"图层属性"对话框中，选择"遮罩层"单选按钮，这样图层 2 被设置为遮罩层。图层 1 自动被设置为被遮罩层，如图 9-47 所示。

图 9-47　设置遮罩层

（8）测试动画。

（9）导出保存动画。

小　结

本章主要介绍了 Flash 和 Photoshop 两个与本门课程联系较为紧密软件的简单应用。Photoshop 主要讲解了图像的合成、色彩调整和艺术字，它们都是图像处理的基本功能，良好的素材处理工作对于制作优美的课件是非常必要的，所以要好好的掌握它们。Flash 主要讲解了 5 类基本动画的制作：逐帧动画、形状动画、动作动画、引导层动画和遮罩层动画，主要掌握形状和动作动画，这是 Flash 动画的基础。对于创作出动感的课件很有帮助。

习　题

1. 仿照实例 1 裁剪一个包含透视效果的图片。
2. 利用图层样式和滤镜制作自己名字的艺术字。
3. 创作一个打字效果的逐帧动画。
4. 形状动画和动作动画有什么区别。
5. 引导层和遮罩层有哪些添加方法。

附录A Authorware中的变量

变　量	说　　明
AllCorrectMatched	单独使用时，如果指定的交互作用分支结构的所有标为 Correct 响应状态的附属分支都已经匹配，则该变量为 TRUE。作为引用变量来使用时，如果指定的交互作用分支结构的所有标为 Correct 响应状态的附属分支都已经被最终输入的响应所匹配，AllCorrectMatched@"IconTitle" 值为 TRUE，否则为 FALSE
AllSelected	如果属于当前判断的所有分支结构的按钮都已被使用，AllSelected 值为 TRUE。作引用变量使用时，如果属于当前判断的所有分支结构的按钮都已被选中，AllSelected@”title”=TRUE
AltDown	如果当前【Alt】键被按下，AltDown 值为 TRUE
Animating	如果被指定的设计图标中的显示对象正在移动，Animating@"IconTitle"=TRUE
AppType	该变量存储的是打包后的文件所包含的 Runtime 类型，或者未打包的 Authorware 应用程序的类型。该变量有 4 种值，1 表示文件打包时 Runtime 文件类型为 Windows 3.1 的 16 位文件；2 表示当文件打包时 Runtime 文件类型为 32 位文件（Windows 95 或 NT），文件不打包时为 Authorware 的应用程序；3 表示文件打包时 Runtime 文件类型为 68K Macintosh；4 表示当文件打包时 Runtime 文件类型为 Power Macintosh
AppTypeName	该变量存储的是打包后的文件的名称，或者未打包的 Authorware 应用程序的类型。该变量有四种值，16-bit 表示文件打包时 Runtime 文件类型为 Windows 3.1 的 16 位文件；32-bit 表示当文件打包时 Runtime 文件类型为 32 位（Windows 95 或 NT）；Power PC 表示当打包时 Runtime 文件类型为 Power Macintoch；文件不打包时为 Authorware 的应用程序
BranchPath	单独使用时，该变量存储的是最终用户匹配的最后一个响应所对应的分支类型数字标识，各数字含义为：0=继续；1=退回交互；2=返回；3=重试。作为引用变量使用时，BranchPath@“Icon Title”存储的是指定的交互作用分支结构中，最终用户匹配的最后一个响应所对应的分支类型数字标识
CalledFrom	该变量一般作引用变量使用，CalledFrom@ "Icon Title"存储的是最近调用程序的设计图标的 ID 标识
CallStackText	该变量用于存储一个列表，该列表显示设计图标时调用与被调用间的信息，其形式类似于 Map "page 1" called from navigate icon "Link to ‘page 1’"和 Wait "stop" called from Map "jump to wait"。列表的顺序是按照调用发生时间的顺序为准
CapsLock	当键盘上【CapsLock】键按下后，该变量值为 TRUE，否则为 FALSE
CharCount	单独使用时，该变量存储的是文本输入响应中所含字符的个数。作为引用变量使用时，CharCount@ "Icon Title"的数值等于指定的设计图标中输入响应的字符的个数
Checked	作为引用变量使用，如果按钮是在按钮库对话框中所列的四种检测状态的任何一种，Checked@ "ButtonIconTitle"都为 TRUE
ChoiceCount	单独使用时，该变量存储的是当前交互作用分支结构中所有可能的响应数目；做引用变量使用时，ChoiceCount@ "IconTitle"得到特定交互作用分支结构中所有可能的响应数目

续表

变　量	说　　明
ChoiceNumber	单独使用时，该变量存储的是当前交互作用分支结构所有分支中与输入相匹配的分支路径号；做引用变量使用时，ChoiceNumber@ "IconTitle"等于指定的交互作用分支结构所有分支中，与输入相匹配的分支路径号
ChoicesMatched	单独使用时，该变量存储的是在当前交互作用分支结构中，最终用户匹配的不重复分支路径的数目；作引用变量使用时，ChoicesMatched@ "IconTitle"值为特定交互作用分支结构中，最终匹配的不重复的分支路径的数目
ClickSeconds	该变量存储的是最后一次单击到当前的时间间隔，单位是秒
ClickX, ClickY	该变量存储的是最后一次单击时，鼠标指针到屏幕左边界和上边界的像素点数目
CommandDown	如果按【Ctrl】键（Windows）或【Command】键（Macintosh），则该变量为 TRUE
ControlDown	如果按【Ctrl】(Windows）键，则该变量为 TRUE
CorrectChoice	单独使用时，CorrectChoice 的值等于当前交互作用分支结构中第一个标有“+”号的响应分支的编号；作为引用变量使用时，CorrectChoice@ "IconTitle"存储的是特定交互作用分支结构中第一个标有“+”号的响应分支的编号
CorrectChoicesMatched	单独使用时，该变量的值等于当前交互作用分支结构中匹配的标有“+”号的响应分支的个数；作为引用变量使用时，CorrectChoicesMatched@“IconTitle"值等于指定交互作用分支结构中匹配的标有“+”号的响应分支的个数
Correct	单独使用时，该变量的值等于当前交互作用分支结构中匹配的标有“+”号的响应分支的标题；作为引用变量使用时，Correct@"IconTitle"的值等于指定交互作用分支结构中匹配的标有“+”号的响应分支的标题。
CurrentPageID	单独使用时，该变量存储的是当前框架结构中已显示过的最后一页的 ID 标识，如果当前框架结构中没有任何页显示过，其值为空；作为引用变量使用时，CurrentPageID@ "framework"存储的是指定框架结构中已显示过的最后一页的 ID 标识，如果当前框架结构中没有任何页显示过，其值为空
CurrentPageNum	单独使用时，该变量存储的是当前框架结构中已显示过的最后一页的 ID 标识，如果当前框架结构中没有任何页显示过，其值为 0。作为引用变量使用时，CurrentPageNum @"framework"存储的是指定框架结构中已显示过的最后一页的 ID 标识，如果当前框架结构中没有任何页显示过，其值为 0
CursorX	该变量存储的是当前插入点光标距离演示窗口左边界的像素点个数
CursorY	该变量存储的是当前插入点光标距离演示窗口上边界的像素点个数
Date	该变量存储的是当前计算机的系统时间
Day	该变量存储的是当前计算机系统的日期，每一月中的几号，该变量的值从 1～31
DayName	用于存储当前计算机的系统是星期几
DirectToScreen	IconTitle 的属性是直接显示到屏幕上，则 DirectToScreen@"IconTitle"为 TRUE
DiskBytes	用于存储当前磁盘可用空间的字节数
DisplayHeight	单独使用时，该变量存储的是当前设计图标中所显示对象的高度；作为引用变量使用时 DisplayHeight @"IconTitle"的值是指定设计图标中所显示对象的高度
DisplayLeft	单独使用时，该变量存储的是当前设计图标中所显示对象左边界距演示窗口最左边界的像素个数；作为引用变量使用时，" DisplayHeight @IconTitle"的值是指定设计图标中所显示对象左边界距演示窗口最左边界的像素个数

续表

变　量	说　明
DisplayTop	单独使用时，该变量存储的是当前设计图标中所显示对象上边界距演示窗口最左边界的像素个数；作为引用变量使用时，DisplayTop@"IconTitle"的值是指定设计图标中所显示对象上边界距演示窗口最左边界的像素个数。
DisplayWidth	单独使用时，该变量存储的是当前设计图标中所显示对象的宽度；作为引用变量使用时 DisplayHeight @"IconTitle"的值是指定设计图标中所显示对象的宽度。
DisplayX	单独使用时，该变量存储的是当前设计图标中所显示对象中心距演示窗口最左边界的像素个数；作为引用变量使用时，DisplayX@"IconTitle"的值是指定设计图标中所显示对象中心距演示窗口最左边界的像素个数。
DisplayY	单独使用，该变量存储的是当前设计图标中所显示对象中心距演示窗口最上边界的像素个数；作引用变量使用时，DisplayY@"IconTitle"的值是指定设计图标中所显示对象中心距演示窗口最左边界的像素个数
DoubleClick	如果最后两次单击系统认为是双击，则该变量为 TRUE
Dragging	如果正在拖动被指定的设计图标，则 Dragging@"IconTitle"为 TRUE
e	常数变量，其值等于自然对数的基数
ElapsedDays	该变量存储的是距离最后一次使用该作品的天数
EntryText	单独使用时，该变量存储的当前正文输入响应中的输入内容；作为引用变量使用时，EntryText@"IconTitle"储存的是指定的正文输入响应中的输入内容
EvalMessage	该变量存储的是在使用 Eval 或 EvalAssign 系统函数时产生的错误
EvalStatus	该变量存储的是最近一次使用 Eval 或 EvalAssign 函数的情况。0：完全正确。1：表达式太长（上限是 409 字节）。2：设计按钮标题或用户定义的变量或字符串太长。3：未定义的字符串，使用时少了引号。4：使用了非法的字符和非法的运算符。5：表示有语法错误。6：对运算符的不正确使用。7：测试描述的不正确格式。8：表示使用时少了右括号。9：表示使用时少了左括号。10：表达式太复杂。11：存储器已满。12：赋值方式非法。13：需要赋值运算符。14：在表达式中遗漏了某一操作数。15：表示使用了过多的函数。16：在函数中需要使用变量。17：表示需要其他函数或要求赋值。18：表示内部的错误。19：需要一个表达式。20：暂不使用。21：使用了未定义的函数。22：使用了未定义的变量。23：同@使用的设计图标不存在。24：表示@符不能和该系统变量一起使用。25：表示@符不能和该自定义变量一起使用。26：和@使用的标题不唯一。27：函数和变量的名字太长。28：不能使用@来指示系统保留的标题名，例如：Untitled。29：使用时，参数不够。30：函数不能被嵌入。31：在该版本中，没有该系统变量或系统函数。32：在库中，不能使用@符号。33：这里需要一个表达式。34：需要‘if’。35：需要‘then’。36：需要‘end’。37：这里需要一个新行。38：‘repeat’必须跟在‘while’或‘with’之前。39：需要‘repeat’。40：该‘repeat with’命令的格式为：‘repeat with variable :=value [down] to value’。41：‘exit repeat’或‘next repeat’必须在循环体中。42：缺少参数列表，重新载入该函数。43：不合法的符号。44：不合法的列表。45：需要‘]’。46：不合法的下标。47：目标文件中无法调用该函数。48：无法定为目标文件。49：模式对话框正在改变目标文件。50：目标文件正在运行。51：在目标文件使用工具箱。52：参数错误。53：变量名错误。54：变量已经存在。55：操作失败。56：该变量只能用于计算图标中
EventLastMatched	单独使用时，该变量储存的是最新的“事件”响应中所匹配的 Xtras 事件属性列表；作为引用变量使用时，EventLastMatched@ "IconTitle"的值为指定的“事件”响应中所匹配的 Xtras 事件属性列表
EventQueue	该变量存储的是由 Xtras 所发出待处理的事件的列表，这些事件按照到达的顺序来排队

续表

变　　量	说　　明
EventsSuspended	当该变量的值大于 0 的时候，Authorware 将所有要中断程序流程的事件储存到 EventQueue 变量中，当该变量的值为 0 的时候，Autorware 执行这些事件
ExecutingIconID	该变量存储的是当前正在执行的设计图标的 ID 标识
ExecutingIconTitle	该变量存储的是当前正在执行的设计图标的标题，包括该标题的注释
FileLocation	该变量存储的是当前执行的文件所在的文件夹，其返回路径格式为："drive:\directory1\directory2\"
FileName	该变量存储的是当前文件的文件名
FileNameType	在该变量中存储的是文件格式的数字，0：DOS 类型的文件（8 个字符加上 3 个扩展名）；1 长文件名（可以长达 255 个字符）
FileSize	该变量存储的是当前文件的字节数
FileTitle	该变量存储的是在“修改”菜单“文件”子菜单中“属性”中选择显示标题的选项，文件打包后在标题栏出现该变量存储的标题
FirstDate	用于存储第一次使用该文件的日期
FirstName	该变量主要为使用英语的用户来设定的，当用户将全名赋给 UserName 时，该变量存储的是第一个名字
FirstTryCorrect	该变量存储的是在使用一个交互响应方式应用程序文件的过程中，第一次就能够匹配期待响应的总数
FirstTryWrong	该变量存储的是用户在使用一个交互响应方式应用程序文件的过程中，第一次不能够匹配期待响应的总数
ForceCaps	单独使用时，当将该变量设置为 TRUE，则当前交互作用分支结构中，所有交互作用信息的正文对象全部被转化为大写字母来显示；作为引用变量使用时，如果将 ForceCaps@"IconTitle"的值设置为 TRUE，则在指定的交互作用分支结构中，所有交互作用信息的正文对象全部被转化为大写字母来显示
FullDate	根据当前系统日期全名的设置，来存储日期的全名
FullTime	根据当前系统时间全名的设置，来存储时间的全名
GlobalTempo	该变量存储的是子画面 Xtras 取得步进事件的速率，单位是每步/秒
HotTextClicked	如果以热点文本作为激活某一操作的方式，激活方式被设置为单击、双击或移动到文本上方。当最终用户使用上述匹配方法激活该响应时，HotTextClicked 保存的是最后一次匹配响应的热点文本的内容
Hour	该变量存储的是当前时间段的小时数，范围为 0～23
IconID	单独使用时，该变量存储的是当前设计图标的数字标识符；作为引用变量使用时，IconID@"IconTitle"存储的是特定设计图标的唯一的数字标识符
IconLog	该变量存储的是 Authorware 保存执行的设计图标标识和标题的个数的上限，如果设置一个数值为 A，则 Authorware 最多存储 A 个最近执行的设计图标的 ID 标识和标题。如果该变量的数值被设置为 0，则 Authorware 日志中不保存任何执行设计图标的信息
IconTitle	在“时间限制”正文文本框中输入 IconTitle。则将该设计图标的标题作为等待时间的变量，在修改等待时间的时候，只需要改变“等待”设计图标的标题即可
IOMessage	该变量存储的是最近执行系统输入输出（I/O）函数的信息，在 Authorware 中，输入输出函数有：WriteExtFile、ReadExtFile、AppendExtFile、CreateFolder、DeleteFile 和 RenameFile

续表

变　量	说　　明
IOStatus	该变量存储的是最近执行系统输入输出函数信息，以数字来标识，当该值为 0 的时候，表示没有任何错误，其他的值表示的含义同使用计算机系统的定义有关
JudgedInteractions	该变量存储的是最终用户在使用一个交互响应方式应用程序时，遇到响应状态被设置为 Correct 和 Wrong 的交互作用的响应总数
JudgedResponses	该变量存储的是最终用户在使用一个交互响应方式应用程序时，当输入响应时，其响应状态被设置为 Correct 和 Wrong 的交互作用响应总数
JudgeString	当给该变量赋值后，该变量的值就被作为输入的响应，而不需要用户输入响应。当该变量中存储的值同一个正文输入响应相匹配时，交互作用分支结构仅执行与之相匹配的响应分支中的反馈信息
KeyboardFocus	该变量存储的是当前需要键盘输入的设计图标的 ID 标识。可以使用 SetKeyboardFocus 函数来设置该变量的值
Key	用于存储最后一次输入的键值，例如：h、H、Delete、9
KeyNum	用于存储最后一次按键的数字代码
LastLineClicked	该变量存储的是最终用户单击某一正文对象时，单击位置所在的行数。例如当最终用户单击一个正文对象的第三行时，该变量的值就为 3
LastObjectClicked	当最终用户单击某个显示对象时，LastObjectClicked 变量存储的是该显示对象的标题
LastSearchString	该变量存储的是传递给 FindText 函数的字符串或在“查找字/词”对话框中输入的正文对象
LastWordClicked	该变量存储的是最终用户单击在正文对象时，单击、双击的单词
LastX	该变量存储的是由最近一个图形函数所画图形的 x 坐标值
LastY	该变量存储的是由最近一个图形函数所画图形的 y 坐标值
Layer	单独使用时，该变量存储的是当前对象所处的层；作为引用变量存储时，Layer@"IconTitle"存储的是指定设计图标中显示对象所处的层
LicenseInfo	该变量存储的是用户安装 Authorware 时的登记信息，其中包括用户及公司名
LineClicked	该变量存储的是最终用户单击某一正文对象时，单击位置所在的行数，该变量的使用方法与 LastLineClicked 变量相同，不同之处是当单击其他地方时，该变量的值为 0，而 LastLineClicked 仍保持原先存储的值
Machine	该数字变量存储的是当前所用的机型。数字的含义如下：1：Macintosh Plus, SE, or Classic。2：Macintosh or Performa system with color capability and a processor other than a 68000。3：IBM PC or compatible computer。5：Power Macintosh Power Macintosh
MachineName	该字符变量存储的是当前所用的机型。各字符串的含义如下：Macintosh：Macintosh Plus、SE, or Classic Macintosh II：Macintosh or Performa system with color capability and a processor other than a 68000、IBM PC or compatible：IBM PC or compatible computer、Power Macintosh：Power Macintosh
MatchCount	该变量存储的是 FindText 函数查找到某一特定单词的次数
MatchedEver	单独使用时，如果已匹配过响应则该变量的值为 TRUE；作为引用变量使用时，如果指定的期待响应与当前输入响应相匹配，而且该响应曾经匹配过，则 MatchedEver@"IconTitle"的值为 TRUE
MatchedIconTitle	单独使用时，该变量存储的使用最终匹配的响应的标题；作为引用变量使用时 MatchedIconTitle@ "IconTitle"存储的是最终所匹配的特定的设计图标的标题

续表

变　量	说　　　　明
MediaLength	该变量常作引用变量使用，MediaLength@ "IconTitle"存储的是指定的设计图标中的声音的时间长度或数字化电影的总帧数
MediaPlaying	单独使用时，当数字化电影、声音、视频信息在播放的时候，该变量的值为 TRUE；作为引用变量使用时，MediaPlaying@ "IconTitle"存储的是指定设计图标中数字化电影、声音、视频信息播放的状态，如果正在播放，则为 TRUE
MediaPosition	该变量常做引用变量使用，MediaPosition@ "IconTitle"存储的是指定的设计图标中正在播放的媒体的位置，对于声音媒体为播放的声音时间，对于数字化电影为播放到的帧数
MediaRate	该变量常作引用变量使用，MediaRate@ "IconTitle"存储的是特定的声音媒体的播放速率，这些媒体包括：数字化电影、视频、声音媒体等
MemoryAvailable	该变量存储的是 Authorware 可用的 RAM 中可用的字节数
MiddleMouseDown	当最终用户按下鼠标的中间键时该变量的值为 TRUE
Minute	该变量存储的是当前时间的分钟数，例如当前的时间为 2:45，则该变量存储的就是 45
Month	该变量存储的是当前的月份，例如当前的是 10 月，则该变量存储的是 10
MonthName	该变量存储的是当前月的名称。例如：January
MouseDown	当最终用户单击该鼠标时，MouseDown 的值为 TRUE，否则为 FALSE
Movable	如果想使某个指定的设计图标中显示的对象在展示窗口中是可以移动的，则可以设置为：Movable@"IconTitle":=TRUE，否则设置为 Movable@"IconTitle":= FALSE
MoviePlaying	如果当前数字化电影正在播放的时候，该变量的值为 TRUE，否则该变量的值为 FALSE
Moving	如果特定的设计图标中显示的对象被最终用户拖动或被其他设计图标驱动时，Moving@ "IconTitle":=TRUE
NavFrom	当由一个“定向”设计图标或超文本对象所引起的应用程序跳转到某一页时，该变量存储的是应用程序离开那一页的 ID 标识，该变量常在一个框架设计图标内部结构的退出画面中使用
Navigating	该变量主要使用于框架设计图标内部结构的输入和输出画面，如果当前的“定向”图标正在被 Authorware 所执行，则该变量的值为 TRUE
NavTo	当由一个“定向”设计图标或超文本对象所引起的应用程序跳转到某一页时，该变量存储的是应用程序目的地那一页的 ID 标识，该变量常在一个框架设计图标内部结构的进入画面中使用
NetConnected	如果使用 AuthorwareShockwave 插件来在网络上运行应用程序，则该变量的值为 TRUE。如果在 Authorware 或 RunA4W 或者 RunA4M 环境下执行应用程序，则该变量的值为 FALSE
NetLocation	如果使用 Authorware Shockwave 插件来在网络上运行应用程序，该变量保存的是有当前执行文件的 URL 地址，否则该变量的值为空
NumCount	单独使用时，该变量存储的是输入最后一个响应所包含的数字字符串的个数，输入的内容保存在 EntryText 变量中；作为引用变量使用时，NumCount@ "IconTitle"存储的是一个指定的交互作用分支结构中，输入最后一个响应中包含的数字字符串的个数。例如输入“123456789”，NumCount 为 1；如果输入“26,1,500XXX88”，NumCount 为 4.
NumEntry	单独使用时，该变量存储的是在正文输入响应中输入的第一个数字值；作为引用变量使用时，NumEntry@ "IconTitle"存储的是在一个指定“交互作用”分支结构中在正文输入响应中输入的第一个数字值

续表

变　　量	说　　　　明
NumEntry2	单独使用时，该变量存储的是在正文输入响应中输入的第二个数字值；作为引用变量使用时，NumEntry2@ "IconTitle"存储的是在一个指定"交互作用"分支结构中在正文输入响应中输入的第二个数字值
NumEntry3	单独使用时，该变量存储的是在正文输入响应中输入的第三个数字值；作为引用变量使用时，NumEntry3@ "IconTitle"存储的是在一个指定"交互作用"分支结构中在正文输入响应中输入的第三个数字值。例如用户输入"5,142,-1"，则 NumEntry 变量中存储的是数字 5，NumEntry2 变量中存储的是数字 142, NumEntry3 变量中存储的是数字 1
ObjectClicked	当最终用户单击某个显示对象时，变量存储的是该显示对象所在设计图标的标题。该变量的作用同 LastObjectClicked 变量基本相同，不同之处是当最终用户在屏幕的空白位置单击时，该变量为空，而 LastObjectClicked 变量存储的是最后一次单击显示对象时该显示对象所在设计图标的标题
ObjectMatched	如果一个交互作用分支结构中包含一个或多个目标区"Target Area"响应类型时，当最终用户激活对象后，如果能够匹配响应，ObjectMatched@"Icom Title"存储的是包含该移动对象的反馈按钮所对应的交互作用响应标题
ObjectMoved	如果一个交互作用分支结构中包含一个或多个目标区"Target Area"响应类型时，当最终用户激活对象后，ObjectMoved@"Icom Title"存储的是最终用户最近一次移动对象时，包含该移动对象的反馈按钮所对应的交互作用响应标题，而不管移动对象时能否匹配整个响应
OptionDown	如果最终用户按下【Option】键（Macintosh 系统）或【Alt】键（Windows 系统），则该变量的值为 TRUE。
OrigWorkingDirectory	该变量用于为 Authorware 或打包文件设置工作路径。它存储的是当前运行文件所处的目录位置，该路径由 Authorware 自动赋值，不能由用户来改动。当使用 JumpFile 或 JumpFileReturn 跳转到其他文件时，该变量的值不变
OSName	该变量存储的是操作系统的分类：Macintosh 或者 Microsoft Windows
OSNumber	该变量存储的是操作系统的分类号。各数字的含义如下：1=Macintosh、3=Windows
OSVersion	该变量存储的是操作系统的类型和版本。例如 "MacOS System Software 7.5.1"
PageCount	单独使用时，该变量存储的是当前框架结构中的包含的总页数；作为引用变量使用时，PageCount@"Framework IconTitle"存储的是指定框架结构中包含的总页数
PathPosition	该变量常作为引用变量来使用，如果在某个特定的设计图标中包含有沿路径定位的显示对象，PathPosition@"IconTitle"存储的是当前显示对象在路径中的位置
PathSelected	单独使用时，该变量存储的是附属于一个"计算"设计图标中，最终用户最后一次所选择的路径的编号；作为引用变量使用时，PathSelected@ "IconTitle"存储的是在指定的"计算"设计图标中，最终用户最后一次所选择的路径的编号
PathType	该数字变量存储的是系统变量或系统函数所返回的路径的格式数字。各数字的含义如下，0：基于驱动器的、1：Universal Naming Convention (UNC)
PercentCorrect	PercentCorrect 存储的是在交互作用分支结构中标识为 Correct、Wrong 响应状态的响应中，设置为 Correct 响应状态所占的百分比。
PercentWrong	PercentWrong 存储的是在交互作用分支结构中标识为 Correct、Wrong 响应状态的响应中，设置为 Wrong 响应状态所占的百分比
Pi	该变量为数学上的 Pi。该变量的值为 3.1415926536
PositionX	该变量常作引用变量使用，PositionX@"IconTitle"存储的是指定设计图标中显示对象中心点的横坐标值。

续表

变　量	说　　明
PositionY	该变量常作引用变量使用，PositionY@"IconTitle"存储的是指定设计图标中显示对象中心点的纵坐标值
PresetEntry	可以将一个字符串的值赋给该变量，当执行下一个正文输入响应时，该字符串会自动显示在正文输入响应的正文文本框中，最终用户可以编辑该字符串，然后作为用户正文输入响应的输入
PreviousMatch	该变量常作引用变量使用，如果指定的反馈设计图标为最后一个相匹配的设计图标，则PreviousMatch@"IconTitle"的值为TRUE
RecordsLocation	该变量存储的是用户记录信息文件所存放的文件夹的目录路径，在Windows系统中，该路径的缺省值为："C:\WINDOWS\A4W_DATA\"
RepCount	单独使用时，该变量存储的是当前"决策"设计图标中已经重复的次数；作为引用变量使用时，RepCount@ "IconTitle"存储的是指定"决策"设计图标中已经重复的次数
ResponseHeight	该变量用于存储响应区域（按钮、热区域、热对象、目标区和正文输入响应文本框）的高度
ResponseLeft	该变量用于存储响应区域（按钮、热区域、热对象、目标区和正文输入响应文本框）左边界距展示窗口左边界的像素值
ResponseTop	该变量用于存储响应区域（按钮、热区域、热对象、目标区和正文输入响应文本框）上边界距展示窗口上边界的像素值
ResponseWidth	该变量用于存储响应区域（按钮、热区域、热对象、目标区和正文输入响应文本框）的宽度
ResponseStatus	单独使用时，该变量存储的是最后一个"交互作用"分支结构中第一个匹配的响应的状态。各数值的含义如下所示：0=Not Judged、1=Correct、2=Wrong；作为引用变量使用时，ResponseStatus@ "IconTitle"存储的是指定的"交互作用"分支结构中第一个匹配的响应的状态
ResponseTime	单独使用时，该变量存储的是最终用户匹配当前交互作用所需的秒数（包括秒的小数部分）：作为引用变量使用时，该变量存储的是最终用户匹配指定交互作用所需的秒数（包括秒的小数部分）
ResponseType	单独使用时，该变量存储的是最后一个匹配响应所对应的设计图标响应类型的数字编号；作为引用变量使用时，ResponseType@ "IconTitle"存储的是指定匹配响应所对应的设计图标响应类型的数字编号，该数字编号的含义如下所示： 1 Entry text　2 Hot spot　3 Hot object　4 Pull-down menu 5 Keypress　6 Button　7 Conditional　8 Time limit 9 Tries limit　10 Clickable object　11 Event
Resume	如果在文件的"Properties"属性对话框中选择了"Resume"选项，则该变量的值为TRUE，该系统变量可以被赋值，例如当在某个设计图标中加上装饰，设置一个表达式"Resume:=TRUE"，当Authorware用Quit（0）函数退出应用程序后，再重新运行该应用程序后，从该设计图标开始
ResumeIcon	该变量的作用是使用该变量来指定Authorware重新运行文件时从指定的"计算"设计图标开始执行。设置的表达式为ResumeIcon := IconID@"IconTitle"，其中IconTitle为"计算"设计图标的标题。
Return	该变量仅存储一个回车符，可以使用该变量来插入一个分行符。例如：WriteExtFile ("RESULTS.TXT", Example1 ^ Return ^ Example2)
RightMouseDown	当最终用户右击时，该变量的值为TRUE
RootIcon	该变量存储的是位于第一层次的"映射"设计图标的ID标识
ScreenDepth	用于存储的是在当前系统中，保存屏幕每一个像素点所需要的字节数。例如1bit用于单色，4bit用于16色，8bit用于256色

续表

变　　量	说　　　　明
ScreenHeight ScreenWidth	该变量存储的是计算机屏幕高度和宽度的像素值
SearchPath	该变量存储的是 Authorware 在执行应用程序时，搜寻所需要文件时搜寻的默认路径。在 Authorware 中，其搜寻文件的默认顺序为：开发人员第一次加载文件所在的文件夹，如果交互响应方式应用程序已被打包或者文件被移动，则 Authorware 就不能找到该文件，必须指定该文件存放的正确位置、交互响应方式应用程序所在的文件夹、正在运行中的 Authorware 或 Ra4W32 应用程序所在的文件夹、Windows 95 文件夹、Windows 95 系统文件夹、Authorware 应用程序中指定的文件夹。该变量存储的就是 Authorware 应用程序中指定的文件夹
SearchPercentComplete	该变量用于跟踪搜索某一对象的进度，如果该变量的值为“0”，表示没有进行对对象的搜索，即根本没有使用 FindText()函数，如果该变量的值为 100，表示已经完成整个搜索过程
Sec	该变量用于存储当前时间的秒数值，范围为 0～59
SelectedEver	单独使用时，如果最后一个判断分支结构中当前所使用的路径曾经被选择过，则该变量的值为 TRUE；作为引用变量使用时，如果指定的设计图标附属于某个判断设计图标，而且指定的设计图标被选择过，则 SelectedEver@"IconTitle"的值为 TRUE
SerialNumber	用于存储用户当前使用的 Authorware 的版本序列号
SessionHours	该变量存储的是打开使用当前文件所持续的时间，单位为小时，计算时间从打开该文件开始
Sessions	该变量存储的是使用当前文件的次数
SessionTime	该变量的使用方法同 SessionHours 相同，不同之处是该变量存储的时间方式不同，该变量是用小时和分钟来进行计时的。例如，如果最终用户在当前文件使用了 1 小时 6 分钟，则 SessionHours = 1.1、 SessionTime = 1.06
ShiftDown	当最终用户按下【Shift】键后，该变量的值为 TRUE
SoundPlaying	如果当前正在播放一个声音信息，则该变量的值为 TRUE
StartTime	该变量存储的是开始使用应用程序的时间，存储起始时刻的小时和分钟数，该变量的格式同系统时间的设置有关
SystemSeconds	该变量存储的是系统启动或重新启动至当前状态所持续的时间，单位为秒
Tab	该变量存储的是有关 Tab 符号，该变量的使用方法同“Return”
TimeExpired	单独使用时，如果最近一个“判断”设计图标超过设置的时间限制，该变量的值为 TRUE；作为引用变量使用时，用于取得指定的设计图标是否超过时间的限制。当该“判断”设计图标正在使用或因其他原因而停止使用时，TimeExpired@"IconTitle"的值为 FALSE
Time	该变量存储的是当前系统的时间，包括小时和分钟数
TimeInInteraction	单独使用时，该变量存储的是在使用最近一个交互作用分支结构所使用的时间，单位为秒，该秒数值为小数形式表示；当作为引用变量使用时，TimeInInteraction@ "IconTitle"存储的是在使用指定的交互作用分支结构所使用的时间，单位为秒，该秒数值为小数形式表示
TimeOutLimit	该变量用于设置一段时间来等待最终用户实施某一操作（单击鼠标、双击鼠标等），时间控制用秒来计算。当在这段时间内，最终用户没有实施任何操作，Authorware 将跳转到由系统函数 TimeOutGoTo()指定的位置
TimeOutRemaining	该变量存储等待最终用户实施某一操作（单击鼠标、双击鼠标等）剩余的时间，时间控制用秒来计算。当在这段时间内，最终用户没有实施任何操作，Authorware 将跳转到由系统函数 TimeOutGoTo()指定的位置

续表

变 量	说 明
TimeRemaining	单独使用时，存储的是使用当前的一个“时间限制”交互响应类型的交互作用分支所剩余的秒数。作引用变量使用时，TimeRemaining@ "IconTitle"存储的是指定的一个“时间限制”交互响应类型的“交互作用”分支所剩余的秒数
TimesMatched	单独使用时，该变量存储的是输入的需要与当前期待响应匹配的次数；作为引用变量使用时，该变量存储的是输入的需要与指定期待响应匹配的次数
TimesSelected	单独使用时，该变量存储的是当前判断分支结构中当前路径已被选择的次数；作为引用变量使用时，该变量存储的是指定判断分支结构中当前路径已被选择的次数
TotalCorrect	该变量存储的是在一个应用程序中最终用户正确匹配被设置成 Correct 响应状态的交互作用响应总数
TotalHours，TotalTime	这两个变量存储的是最终用户使用交互响应方式应用程序所花费的时间，这两种变量存储时间的格式不同。TotalHours 使用带有小数部分的小时数存储，TotalTime 使用小时和分钟相结合的方式存储
TotalWrong	该变量存储的是在一个应用程序中最终用户正确匹配被设置成 Wrong 响应状态的交互作用响应总数
Tries	单独使用时，该变量存储的是匹配当前交互作用分支结构中一个响应的次数；作为引用变量使用时，Tries@"IconTitle"存储的是匹配指定交互作用分支结构中一个响应的次数
UserName	该变量存储的是用户的全名
Version	该变量存储的是当前使用的 Authorware 软件的版本
VideoDone	如果当前播放的视频已经结束，则该变量的值为 TRUE
VideoFrame	该变量存储的是在附加设备上播放的视频信息的帧数
VideoResponding	如果计算机已经同选择的视频信息播放设备正确连接，则该变量的值为 TRUE
WindowHandle	该变量存储的是 Authorware 的展示窗口在 Windows 系统中的句柄
WindowHeight	该变量存储的是当前展示窗口的高度，以像素点的个数来表示
WindowLeft	该变量存储的是展示窗口左边界同屏幕左边界间像素点的个数
WindowTop	该变量存储的是展示窗口上边界同屏幕上边界间像素点的个数
WindowWidth	该变量存储的是当前展示窗口的宽度，以像素点的个数来表示
Within	该变量常作引用变量使用，如果 Authorware 正在执行指定设计图标中内容，则 Within@"IconTitle"为 TRUE
WordClicked	该变量存储的是最终用户单击某一正文对象时所单击的单词，如果用户随后有单击屏幕上的其他地方，则该变量中的值改变为一个空的字符串
WordCount	单独使用时，该变量存储的是最终用户输入文本输入响应中包含的单词个数；作为引用变量使用时，WordCount@ "IconTitle"存储的是指定交互作用分支结构中，最终用户文本输入响应中输入内容所包含的单词个数
WrongChoicesMatched	单独使用时，该变量的值等于当前交互作用分支结构中匹配的标有“-”号的响应分支的个数；作为引用变量使用时，Wrong ChoicesMatched@"IconTitle"值等于指定交互作用分支结构中用户匹配的标有“-”号的响应分支的个数
Year	该变量存储的是当前计算机系统所设定的年份

附录 B Authorware 中的函数

函　数	使用格式及说明
ABS	格式：number := ABS(x) 说明：返回 x 的绝对值
ACOS	格式：number := ACOS(x) 说明：返回 x 的反余弦函数值，x 的值的范围为 0～Pi
AddLinear	格式：AddLinear(linearList, value [, index]) 说明：该函数的作用是将 value 插入到 Linearlist（线性列表）中。 如果该线性列表是一个有序的列表，则 value 按照一定的规则插入到合适的位置； 如果该列表为一个无序的列表，则将 value 插入的列表的最后； 如果 index 的值为 1，则 valve 被插入到列表第一个； 如果 index 的值超过列表中的个数，则越界的个数用零补全，然后再插入 Value 。 例如：numList:=[1, 2, 3] AddLinear(numList, 99, 1) numList 的结果是[99, 1, 2, 3] numList:=[1, 2, 3] AddLinear(numList, 99, 6) NumList 的结果 [1, 2, 3, 0, 0, 99]
AddProperty	格式：AddProperty(propertyList, #property, value [, index]) 说明：该函数的作用是将属性或值插入到属性列表中。 例如：propList:=[#a:1,#b:2,#c:3] AddProperty(propList, #d, 99, 1) propList:=[#d:99, #a:1, #b:2, #c:3] propList:=[#a:1,#b:2,#c:3] AddProperty(propList, #d, 99, 6) propList 为 [#a:1, #b:2, #c:3, #d:99]
AppendExtFile	格式：number := AppendExtFile("filename", "string") 说明：该函数将字符串中的值插入到一个文件的末尾。 例如：AppendExtFile(RecordsLocation^"DATA.TXT", NewUser)，将新的字符串 NewUser 加入到 DATA.TXT 中
Application	格式：string := Application() 说明：该函数的返回值为 COA 加上一个空格，COA 即 Course of Action，它是 Authorware 的源文件名。某些 XCMD 和 DLL 可通过使用该函数来确定 Authorware 是否正在运行
ArrayGet	格式：result := ArrayGet(n) 说明：读取一个排列中的第 n 个单元，并将它赋给变量 result，该单元可以是一个字符串或数字

续表

函　　数	使用格式及说明
Array	格式：MyArray := Array(value, dim1 [, dim2, dim3, ...dim10]) 说明：该函数用来创建一个列表，可以创建多维的列表。 例如：创建一个三维的列表 MyArray :=Array(0,4,3,2) 结果是：[[[0, 0], [0, 0], [0, 0]], [[0, 0], [0, 0], [0, 0]], [[0, 0], [0, 0], [0, 0]], [[0, 0], [0, 0], [0, 0]]]
ArraySet	格式：ArraySet(n, value) 说明：将 value 的值插入到一个排列列表中第 n 的位置。
ASIN	格式：number := ASIN(x) 说明：计算 x 的反正弦值
ATAN	格式：number := ATAN(x) 说明：计算 x 的反正切值
Average	格式：value := Average(anyList) value := Average(a [, b, c, d, e, f, g, h, i, j]) 说明：取得参数列表中各参数的平均值 例如：numList := [1, 2, 3, 99] value:= Average(numList) value 的值为 26. value:= Average(1, 2, 3, 99) value 的值为 26
Beep	格式：Beep() 说明：使系统响铃
Box	格式：Box(pensize, x1, y1, x2, y2) 说明：该函数用来在（x1, y1)，(x2, y2）两点中间绘制一个方框，方框的线型粗细由 pensize 参数决定，线型默认的颜色为黑色，方框默认为无填充色，使用 SetFrame 和 SetFill 函数来设置线型的颜色和填充色
CallIcon	格式：result := CallIcon(IconID@"SpriteIconTitle", #method [, argument...]) 说明：该函数用来调用带有 sprite Xtra 功能的进程
CallObject	格式：result := CallObject(object, #method [, argument...]) 说明：该函数调用一个对象的 scripting Xtra 句柄，可以使用 NewObject 来创建一个新的对象
CallParentObject	格式：result := CallParentObject("Xtra", #method [, argument...]) 说明：调用一个具有 sprite Xtra 工能的进程
CallSprite	格式：result := CallSprite(IconID@"SpriteIconTitle", #method [, argument...]) 说明：调用一个具有 sprite 功能的进程
Capitalize	格式：resultString := Capitalize("string" [, 1]) 说明：该函数的功能是将字符串中每一个单词的首写字母转变成大写字母，Authorware 自动分辨单词之间的空格。如果需要只转化字符串的第一个单词的第一个字母，可以使用参数 1。 例如：EntryText="the rain in spain" Name := Capitalize(EntryText) 函数的结果为："The Rain In Spain" Name := Capitalize(EntryText, 1) 函数的结果为："The rain in spain"

续表

函　　数	使用格式及说明
Catalog	格式：1：string := Catalog("folder") 2：string := Catalog("folder"，"D") 3：string := Catalog("folder"，"F") 说明：1：将 folder 文件夹中的子文件夹和文件名以字符串的形式赋给变量 string 2：将 folder 文件夹中的子文件夹以字符串的形式赋给变量 string 3：将 folder 文件夹中的文件名以字符串的形式赋给变量 string
CharCount	格式：number := CharCount("string") 说明：返回字符串中的字符的个数，包括空格和特殊字符 例如：MyString := "a b c" Number := CharCount(MyString) Number 的值为 5
Char	格式：string := Char(key) 说明：该函数取 key 所指定按键的名称或数值，然后以字符的形式赋给管理 Sting
ChildIDToNum	格式：number:=ChildIDToNum(IconID@"ParentTitle", @"ChildTitle" [, flag])] 说明：该函数返回一个数值，用来标记由 ChildTitle 所指定的在"映射"设计图标或附属于分支结构的 ParentTitle 结构中的相对位置，ParentTitle 代表的是"映射"设计图标或具有分支功能的设计图标的标题名。在 Authorware 中，"映射"设计图标包含的设计图标按照从上至下的顺序进行标记，最顶端的设计图标位置为 1，其他的设计图标依次类推；"交互作用"分支结构是按照从左至右的顺序来标记的，位于最左边的反馈按钮相对位置为 1，其他依次类推。对于"框架"设计图标，其分支结构分 3 种情况： 1. 当参数 flag = 0 时，ChildTitle 必须是页所对应的设计图标的标题，这些页的相对位置是从左至右的顺序进行标记 2. 当参数 flag = 1 时，ChildTitle 是框架内部结构输入画面中设计图标的标题，其相对位置是从左至右的顺序进行标记 3. 当参数 flag = 2 时，ChildTitle 是框架内部结构退出画面中设计图标的标题，其相对位置是从左至右的顺序进行标记
ChildNuMToID	格式：ID := ChildNumToID(IconID@"Parent", n [, flag]) 说明：该函数的作用是返回"映射"设计图标、"交互作用"设计图标、"框架"结构中相对位置为 n 处的设计图标的 ID 表示，参数 flag 的含义同上所述
Circle	格式：Circle(pensize,x1,y1,x2,y2) 说明：在左上角坐标为（x1,y1），右下角坐标为（x2,y2）的方框内绘制同该方框相内切的圆，可以使用 SetFrame 和 SetFill 函数来调整线型的颜色和填充色 当 pensize<0 时，圆内以黑色填充 当 pensize = 0 时，圆内以白色填充 当 pensize>0 时，圆周线条的宽度等于 pensize，指定的像素点的值，圆内没有填充色。
CloseWindow	格式：CloseWindow("window") 说明：该函数的作用是关闭有"window"所指定的窗口，该函数时由 XCMD 或 UCD （DLL）所生成的
Code	格式：number := Code("character") 说明：该函数的作用是返回字符所对应的 ASCII 码 例如：Code(d)的返回值为 100

续表

函　数	使用格式及说明
CopyList	格式：newList := CopyList(anyList) 说明：该函数实现列表的完全复制，生成一个新的列表，列表复制和列表赋值的不同是使用列表复制对新列表的改变不影响源列表的内容；而列表的赋值生成新列表，对新列表的改变会影响源列表的内容 例如：1. 列表的复制： ListA := [10, 20, 30] ListB := CopyList(ListA) DeleteAtIndex(ListB, 1) ListA 内容不变，而 ListB 为 [20, 30] 2. 赋值生成列表： ListA := [10, 20, 30] ListB := ListA DeleteAtIndex(ListB, 1) ListA 和 ListB 的值都是 [20, 30]
COS	格式：number := COS(x) 说明：计算 x 的余弦值，将值赋给 number，其中 x 为角度，单位是弧度
CreateFolder	格式：number := CreateFolder("folder") 说明：使用该函数来创建一个有 folder 指定名称的文件夹，默认情况下，该文件夹是当前文件夹的子文件夹。文件运行后，Authorware 改变两个系统变量 IOStatus 和 IOMessage，用来存储该函数的执行信息，如果没有错误，IOStatus 的返回值为 0，而 IOMessage 为空；如果有错误，IOStatus 的返回值不为 0，IOMessage 中存储的是错误信息
Date	格式：string := Date(number) 说明：参数 number 中存储的是总的天数，该函数将总的天数转换成当前计算机系统的简短的日期格式。该天数的起始时间为 1900 年 1 月 1 日。在 Authorware 中 number 的范围为：25 568～49 709（January,1,1970～June,2,2036）
DateToNum	格式：number := DateToNum(day, month, year) 说明：该函数的作用是将输入的日期同 1900 年 1 月 1 日的时间差转换为总的天数值。参数 day 表示日期，范围为（1,31）；参数 month 表示月份，范围为（1,12）；参数 year 为年份，有效值范围为（1970,2036）
Day	格式：value := Day(number) 说明：该函数的作用是自 1900 年 1 月 1 日算起，返回指定的总天数所对应的月中的第几天。该函数中参数 number 值的范围为：25 568～49 709（January,1,1970～June,2,2036） 例如：1970 年 1 月 1 日所对应的月中的天数 result := Day(25568) 返回值为 1
DayName	格式：string := DayName(numbev) 说明：该函数的作用是自 1900 年 1 月 1 日算起，返回指定的总天数所对应的星期中的星期几。该函数中参数 number 的范围为：25 568～49 709（January,1,1970～June2,2036） 例如：1970 年 1 月 1 日所对应的星期几 result := Day(25568) result 的值为"Thursday"

续表

函　　数	使用格式及说明
DeleteAtIndex	格式：DeleteAtIndex(anyList, index) 说明：该函数按照索引从列表中删除一个特定的元素。 例如：anyList := [1, 2, 3] DeleteAtIndex(anyList, 1) anyList 的值改变为[2, 3]

DeleteAtProperty	格式：DeleteAtProperty(propertyList, #property)
	说明：该函数删除在列表中第一个具有特定属性的元素。
	例如：1. propList := [#a:1, #b:2, #c:3]
	DeleteAtProperty(propList, #a)
	propList 的值为[#b:2, #c:3];
	2. propList := [#a:1, #a:2, #a:3]
	DeleteAtProperty(propList, #a):1
	PropList 的值为[#a:2, #a:3];
	3. propList := [#A:1, #A:2, #A:3]
	DeleteAtProperty(propList, #a:1)
	PropList 的值为[#A:2, #A:3]。

DeleteFile	格式：number := DeleteFile("filename") 说明：该函数的作用是删除 filename 所指定的文件，在删除文件时，请带上文件的扩展名，避免发生误删除。函数运行后，Authorware 改变两个系统变量 IOStatus 和 IOMessage，用来存储该函数的执行信息，如果没有错误 IOStatus 的返回值为 0，而 IOMessage 为空；如果有错误，IOStatus 的返回值不为 0，IOMessage 中存储的是错误信息
DeleteLine	格式：1. Result := DeleteLine("string", n) 2. Result := DeleteLine("string", n , m) 3. Result := DeleteLine("string", n , m, delim) 说明：1. 删除字符串中的第 n 行，返回剩下的内容 2. 删除字符串中从第 n 行到第 m 行，然后返回剩下的内容 3. 删除字符串中从第 n 行到第 m 行中以 delim 指定的分界符结尾的行，然后返回剩下的内容
DeleteObject	格式：DeleteObject(object) 说明：该函数删除一个由 NewObject 创建的 scripting Xtra 对象
DisplayIcon	格式：DisplayIcon(IconID@"IconTitle") 说明：运行该函数，将显示 IconTitle 所指定的设计图标中所有正文及图片对象显示在演示窗口中
DisplayIconNoErase	格式：DisplayIconNoErase(IconID@"IconTitle") 说明：运行该函数，将显示 IconTitle 所指定的设计图标中所有正文及图片对象显示在演示窗口中，并将该设计图标的属性设置为同“Properties”对话框中的“Prevent Auto Erase”选项相同的属性
DrawBox	格式：1. DrawBox(pensize) 2. DrawBox(pensize, [x1, y1, x2, y2]) 说明：1. 该函数设置的目的是使最终用户使用拖动的方法来绘制方框，线型的宽度由 pensize 来决定，用该方法使用该函数必须在热区域交互响应区域中使用 2. 该函数是使最终用户只能在（x1,y1 ），（x2,y2）所限定的范围内绘制方框，方框线型由参数 pensize 决定。可以使用 SetFrame 和 SetFill 函数来调整线型的颜色和填充色。 当 pensize<0 时，方框以黑色填充 当 pensize = 0 时，方框以白色填充 当 pensize>0 时，方框线条的宽度等于 pensize，指定的像素点的值，方框内没有填充色

续表

函　　数	使用格式及说明
DrawCircle	格式：1. DrawCircle(pensize) 2. DrawCircle(pensize, [x1, y1, x2, y2]) 说明：1. 该函数设置的目的是使最终用户使用拖动的方法来绘制椭圆，线型的宽度由 pensize 来决定，用该方法使用该函数必须在热区域交互响应区域中使用 2. 该函数是使最终用户只能在(x1,y1),(x2,y2)所限定的范围内绘制椭圆，椭圆线型由参数 pensize 决定 我们可以使用 SetFrame 和 SetFill 函数来调整线型的颜色和填充色。 当 pensize<0 时，椭圆内以黑色填充 当 pensize = 0 时，椭圆内以白色填充 当 pensize>0 时，椭圆线条的宽度等于 pensize，指定的像素点的值，椭圆内没有填充色
DrawLine	格式：1. DrawLine(pensize) 2. DrawLine(pensize, [x1, y1, x2, y2]) 说明：1. 该函数设置的目的是使最终用户使用拖动的方法来绘制直线，线型的宽度由 pensize 来决定，用该方法使用该函数必须在热区域交互响应区域中使用 2. 该函数是使最终用户只能在（x1,y1 ），(x2,y2 ）所限定的范围内绘制直线，直线线型由参数 pensize 决定，可以使用 SetFrame 来调整线型的颜色
EraseAll	格式：EraseAll() 说明：该函数只能在“元素”设计图标中使用，其作用是擦除演示窗口中显示的所有对象
EraseIcon	格式：EraseIcon(IconID@"IconTitle") 说明：该函数的作用是擦除指定设计图标中所有的显示对象
Eval	格式：result := Eval("expression" [, decimal, separator]) 说明：该函数的功能是计算表达式 expression 的值，并将该值赋给 result，在该函数的 expression 表达式中，不能包含赋值操作符“:=”
EvalAssign	格式：result := EvalAssign("expression" [, decimal, separator]) 说明：该函数的功能同 Eval 相似，计算表达式 expression 的值，并将该值赋给 result，在该函数的 expression 表达式中，可以包含赋值操作符“:=”
ExitRepeat	格式：ExitRepeat 说明：该函数在“计算”设计图标中使用，跳出 Repeat 循环，执行下面的内容，如果下面没有内容，则退出该“计算”设计图标
Exit	格式：Exit 说明：当 Authorware 在程序的执行过程中，一旦遇到该函数，在 Authorware 自动退出该“计算”设计图标，执行其他设计图标中的内容。 例如：if ScreenDepth >= 8 then Exit Message := "You need to set your computer to display 256 colors."
EXP	格式：number := EXP(x) 说明：将 x 的自然指数的值赋给 number
EXP 10	格式：number := EXP10(x) 说明：将 x 的以 10 为底的指数值赋给 number

续表

函　数	使用格式及说明
FileType	格式：number := FileType("filename") 说明：该函数的结果是返回一个数字，该数字代表文件或文件夹的不同类型。 0 表示无此文件或错误 1 表示目录（文件夹） 2 表示为打包的文件(.A4P) 3 表示不包含 RunA4W 的打包文件 (.A4R) 4 表示模板文件 (.A4D) 5 表示声音文件 (.AIF, .PCM, or .WAV) 6 表示数字电影文件(.MOV, .AVI, .MPG, .DIR) 7 表示 PICS 电影文件 8 表示用户代码(.UCD or .DLL) 9 表示文本文件 (.TXT) 10 表示应用程序文件(.EXE, .COM, .BAT, .PIF) 11 表示其他文件 12 表示库文件(.A4L) 13 表示打包后的库文件(.A4E)
Find	格式：number := Find("pattern", "string") 说明：在字符串 string 中查找由 pattern 所指定的字符串的位置，该位置的计算方法是按照字符串从左至右的方法为顺序。 例如：result:=Find(r,carry) result 的值为 3，如果在 string 中没有找到 patten, 则返回值为 0 。 该函数的参数 pattern 中可以使用通配符： "*"：代表零个或多个字符 "?"：代表单个字符 使用"\"来去除字符中特殊的含义
FindProperty	格式：index :=FindProperty(propertyList, #property, [index]) 说明：该函数返回具有属性的列表中，从 index 往后第一个具有特定属性的字符串的位置。 例如：1. propList := [#a:1, #b:2, #c:3, #a:1, #b:2, #c:3] index := FindProperty(propList, #b) index 的值为 2 2. propList := [#a:1, #b:2, #c:3, #a:1, #b:2, #c:3] index := FindProperty(propList, #b, 3) index 的值为 5 3. propList := [#A:1, #A:2, #A:3] index := FindProperty(propList, #A) index 的值为 1
FindText	格式：number:=FindText("searchString",scopeIconID,textOrKeywords,matchPattern,? resultsInContext, convertResultsToPageIDs, searchInBackground) 说明：该函数具有强大的搜寻功能

续表

函　　数	使用格式及说明
FindValue	格式：index := FindValue(anyList, value [, index]) 说明：该函数返回在列表中，从 index 往后第一个具有指定值的字符串的位置。如果没有寻找到同 value 相同的字符串或 anylist 参数不是一个列表，则该函数返回值为"0"。 例如：1. numList := [10, 20, 30] index := FindValue(numList, 20) 返回的数值为 2 2. propList := [#a:10, #b:20, #c:30, #a:10, #b:20, #c:30] index := FindValue(propList, 20, 3) index 的值为 5
FlushEventQueue	格式：FlushEventQueue() 说明：该函数将事件队列中等待执行的某事件取消掉
FlushKeys	格式：FlushKeys() 说明：该函数的作用是忽略最终用户按下的任何键
Fraction	格式：result:=Fraction(number) 说明：该函数返回 number 数值中的小数点后的内容，包括小数点 例如：result := Fraction(12.34) result 的值为".34 "
FullDate	格式：string := FullDate(number) 说明：number 为总天数，该函数是从 1900 年 1 月 1 日算起，将天数转换为具体的日期，其中 number 的值的范围为：25568～49709 (January,1,1970～June,2,2036)。该函数的返回值的格式同各计算机系统的设置有关 例如：FullDate（25569）的值为：January,2,1970
GetIconProperty	格式：result := GetIconProperty(IconID@"SpriteIconTitle", #property) 说明：该函数返回指定 SpriteIconTitle 中指定属性的值
GetLine	格式：1. resultString := GetLine("string",n) 2. resultString := GetLine("string", n , m) 3. resultString := GetLine("string", n , m, delim) 说明：1. 取出字符串中的第 n 行的内容 2. 取出字符串中从第 n 行到第 m 行中的内容 3. 取出字符串中从第 n 行到第 m 行中以 delim 指定的分界符结尾的行的内容
GetMoviEInstance	格式：identifier:= GetMovieInstance(IconID@"MovieTitle") 说明：该函数返回的是由 MovieTitle 指定的中播放的数字化电影的数字标识
GetNumber	格式：number := GetNumber(n, "string") 说明：该函数返回 string 中第 n 个数字字符的数字值，如果 n 已经超出了 string 的界限或没有在第 n 的位置找到数字字符，则该函数返回值为"0 "
GetProperty	格式：value := GetProperty("window", #property) 说明：该函数的作用是取得 window 指定的窗口属性的值，该窗口是由 XCMD 或 UCD (DLL)所产生的
GetSpriteProperty	格式：result := GetSpriteProperty(IconID@"SpriteIconTitle", #property) 说明：该函数取得一个 sprite 属性的值

续表

函　　数	使用格式及说明
GetTextContaining	格式：string := GetTextContaining(n [, m, maxlen]) 说明：该函数返回由 FindText 函数所定位的单词和该单词的上下文。 例如：1. string := GetTextContaining(5) 该函数返回第五个相匹配的单词的内容； 2. string := GetTextContaining(5,5,20) 该实例返回第五次所匹配的单词的上下文，字符的总数为 20 个
GetWord	格式：resultString := GetWord(n, "string") 说明：该函数中返回第 n 个字符的内容，如果 n 的值超过 string 的界限，该函数返回一个空的字符串
GoTo	格式：GoTo(IconID@"IconTitle") 说明：该函数使 Authorware 调整到 IconTitle 指定的设计图标中
GoToNetPage	格式：GoToNetPage("URL" [, "windowType"]) 说明：该函数实现 Authorware 在网络上的跳转； 例如：GoToNetPage("http://www.macromedia.com")
IconFirstChild	格式：ID := IconFirstChild(IconID@"IconTitle" [, flag]) 说明：该函数返回“映射”设计图标中的第一个设计图标的 ID 标识，或“交互作用”设计图标中的第一分支中反馈设计图标的 ID 标识，或者框架结构中第一个设计图标的 ID 标识，在框架结构中，有 3 种第一个设计图标的方式，这 3 种方式由参数 flag 确定。参数 flag 的含义如下： 1. 当参数 flag = 0 时，该函数返回的是页所对应的设计图标的标题，这些页的相对位置是从左至右的顺序进行标记 2. 当参数 flag = 1 时，该函数返回的是框架内部结构输入画面中设计图标的标题，其相对位置是从左至右的顺序进行标记 3. 当参数 flag = 2 时，该函数返回的是框架内部结构退出画面中设计图标的标题，其相对位置是从左至右的顺序进行标记
IconLastChild	格式：ID := IconLastChild(IconID@"IconTitle" [, flag]) 说明：该函数返回“映射”设计图标中的最后一个设计图标的 ID 标识，或“交互作用”设计图标中的最后分支中反馈设计图标的 ID 标识，或者框架结构中最后一个设计图标的 ID 标识，在框架结构中，有 3 种方式，这 3 种方式由参数 flag 确定。 对于“框架”设计图标，其分支结构分 3 种情况： 1. 当参数 flag = 0 时，该函数返回的是页所对应的设计图标的标题，这些页的相对位置是从左至右的顺序进行标记 2. 当参数 flag = 1 时，该函数返回的是框架内部结构输入画面中设计图标的标题，其相对位置是从左至右的顺序进行标记 3. 当参数 flag = 2 时，该函数返回的是框架内部结构退出画面中设计图标的标题，其相对位置是从左至右的顺序进行标记
IconLogID	格式：number := IconLogID(n) 说明：该函数的作用是返回从当前正在执行的设计图标之前的第 n 个设计图标的 ID 标识。当 n=0 时，返回当前执行的设计图标的 ID 标识
IconLogTitle	格式：1. string := IconLogTitle(n) 2. string := IconLogTitle(n, m) 说明：1. 该函数的作用是返回从当前正在执行的设计图标之前的第 n 个设计图标的标题。当 n=0 时，返回当前执行的设计图标的标题 2. 该函数返回在 n 和 m 之间的所有设计图标的标题

续表

函　数	使用格式及说明
IconNext	格式：ID := IconNext(IconID@"IconTitle") 说明：在“映射”设计图标中，该函数返回当前执行的设计图标的下一个设计图标的 ID 标识，当在交互作用分支结构或框架结构中，该函数包含当前执行的设计图标右边的反馈分支设计图标的 ID 标识。如果当前设计图标为最后一个设计图标，则该函数返回值为“0”
IconNumChildren	格式：number:= IconNumChildren(IconID@"IconTitle" [, flag]) 说明：使用该函数来返回“映射”设计图标中包含的设计图标的数目，“交互作用”设计图标中分支路径设计图标的数目，对应框架结构，返回各分支的数目，对于框架结构使用 flag 参数来设定其特指的结构的位置，具体的内容参见 IconLastChild
IconParent	格式：ID := IconParent(IconID@"IconTitle") 说明：该函数返回指定 IconTitle 设计图标所属的设计图标，对于一个 IconTitle 所指定的分支结构中的设计图标，返回的是该设计图标附属的组成分支结构的设计图标
IconPrev	格式：ID := IconPrev(IconID@"IconTitle") 说明：在“映射”设计图标中，该函数返回当前执行的设计图标的上一个设计图标的 ID 标识，当在交互作用分支结构或框架结构中该函数包含当前执行的设计图标左边的反馈分支设计图标的 ID 标识。如果当前设计图标为第一个设计图标，则该函数返回值为“0”
IconTitle	格式：string := IconTitle(IconID) 说明：该函数 IconID 指定的设计图标的标题，包括对该设计图标的注释
IconTitleShort	格式：string := IconTitleShort(IconID) 说明：该函数返回的 IconID 指定的设计图标的标题。不包括对该设计图标的注释
IconType	格式：number:= IconType(IconID@"IconTitle") 说明：该函数返回 IconTitle 指定的设计图标的类型： 0：错误的 icon ID 标识 1：“显示”设计图标 2：“移位”设计图标 3：“擦除”设计图标 4：“交互作用”设计图标 5：“判定”设计图标 6：“映射”设计图标 7：“等待”设计图标 8：“运算”设计图标 9：“数字电影”设计图标 10：“声音”设计图标 11：“视频”设计图标 12：“框架”设计图标 13：“定向”设计图标 14：Sprite Xtra 设计图标
IconTypeName	格式：string := IconTypeName(n) 说明：当用 n 与 0～14 中的一个数字进行替换时，该函数返回的是相应的设计图标的描述。 1：显示　2：移位　3：擦除　4：交互作用 5：判断　6：映射　7：等待　8：计算 9：数字化电影　10：声音　11：视频　12：框架 13：定向　14：Xtra

续表

函　　数	使用格式及说明
If-Then	格式：if condition then statement 或 if condition then statement(s) end if 或 if condition then statement else statement 或 if condition then statement(s) else statement(s) end if 或 if condition then statement(s) else if condition then statement(s) else statement(s) end if 说明：如果 if 后的条件为真，则执行 statements1，否则执行 statements2
InflateRect	格式：InflateRect(rectangle, widthChange, heightChange) 说明：该函数改变指定矩形的尺度，widthChange 为对宽度的变化值，heightChange 为对矩形高度的改变值，负值为对矩形尺度的缩小，正值为对矩形尺度的增加，每一单位数值代表两个像素
Initialize	格式：Initialize([variable1, variable2, ……, variable10]) 说明：将 variable1, variable2 等变量的值恢复成为初始化值。
InsertLine	格式：1. Result := InsertLine("string", n, "newstring",) 2. Result := InsertLine("string", n, "newstring", delim) 说明：1. 将 newstring 插入到 string 字符串中的第 n 行，并将最后结果返回给 Result 2. 使用 delim 分隔参数时，函数在指定地插入行同时，还要插入有 delim 指定的分隔符
Intersect	格式：newRectangle := Intersect(rectangle1, rectangle2) 说明：从两个矩形的交叉点，创建一个新的矩形 例如：Rectangle1 := Rect(0, 0, 20, 20) Rectangle2 := Rect(10, 10, 30, 30) Rectangle3 := Intersect(Rectangle1, Rectangle2) Rectangle3 为 (10, 10, 20, 20).
INT	格式：number := INT(x) 说明：对数 x 取整 例如：INT(3.14)返回值 3；INT("1a2b3c") 返回值 123
JumpFile	格式：JumpFile("filename", ["variable1, variable2,…",["folder"]] 说明：该函数使 Authorware 跳转到指定的文件中。
JumpFileReturn	格式：JumpFileReturn("filename", ["variable1, variable2, …,["folder"]] 说明：该函数使 Authorware 跳转到指定的文件中，当退出该文件后，Authorware 返回到原始的文件中
JumpOut	格式：JumpOut("program", ["document"] [,"creator"]) 说明：该函数将把 document 指定的文件在 program 指定的应用程序中打开，并退出 Authorware
JumpOutreTurn	格式：JumpOutReturn("program", ["document"] [,"creator"]) 说明:该函数的功能同 JumpOut 类似,唯一的不同是该函数并不退出 Authorware ,仅将 Authorware 放到后台来运行，将 program 所指定的应用程序放到前台运行。 Creator 参数在 Macintosh 机上使用
JumpPrintReturn	格式：JumpPrintReturn(["program"], "document" [, "creator"]) 说明：该函数是在 program 中指定的应用程序中打开 document 并在该应用程序中打印，打印完毕后继续演示。该函数只能在“计算”设计图标中使用，而不能在表达式或插入到正文对象中。 creator 参数使用在 Macintosh 机上使用
Keywords	格式：string := Keywords(IconID@"IconTitle") 说明：返回指定设计图标中的所有关键词，如果有多个关键词，返回时用回车符进行分隔

续表

函　　数	使用格式及说明
LayerDisplay	格式：LayerDisplay(LayerNumber [,IconID@"IconTitle"]) 说明：该函数用来设定 IconTitle 设计图标中显示对象的层数。缺省情况下，数字化电影的层次级别为 1，其他显示对象的层次为 0
LineCount	格式：number := LineCount("string"[, delim]) 说明：该函数返回字符串 string 的总行数，包括空白行
IN	格式：number := LN(x) 说明：该参数 x 取自然对数的值
LOG10	格式：number := LOG10(x) 说明：该函数返回 x 的以 10 为底的对数的值
LowerCase	格式：resultString := LowerCase("string") 说明：将字符串 string 的字符全部转化为小写字母后返回
MapChars	格式：string := MapChars("string", fromPlatform [, toPlatform]) 说明：该函数实现字体在不同系统间的转化，其参数 fromPlatform，toPlatform 含义如下：0=current、1=Windows、2=Macintosh
Max	格式：value := Max(anyList) value := Max(a [, b , c, d, e, f, g, h, i, j]) 说明：取列表中或各参数中的最大值
MediaPause	格式：MediaPause(IconID@"IconTitle", pause) 说明：该函数的作用是暂停或继续播放在指定设计图标中的数字化电影，参数 pause 为 TRUE 时，暂停播放，参数 pause 为 FALSE 时，Authorware 将继续播放
MediaPlay	格式：MediaPlay(IconID@"IconTitle") 说明：该函数是使指定设计图标中的数字化电影开始播放
MediaSeek	格式：MediaSeek(IconID@"IconTitle", position) 说明：该函数的作用是设置指定设计图标中数字化电影的帧数，使 Authorware 直接定位该帧的图像
Min	格式：value := Min(anyList) value := Min(a [, b, c, d, e, f, g, h, i, j]) 说明：返回列表中或各参数中的最大值
MOD	格式：number := MOD(x, y) 说明：该函数返回 x/y 的余数。 例如：将 24 小时制的时间转化为 12 小时制的时间：Hours := Mod(2300/100,12)
Month	格式：number := Month(number) 说明：number 为距离 1900 年 1 月 1 日的天数，该函数返回的是从该天算起 numbe 天数在当前的月的数值。Number 参数的范围为 25568～49709 (January 1, 1970～June 2, 2036)
MonthName	格式：string := MonthName(number) 说明：number 为距离 1900 年 1 月 1 日的天数，该函数返回的是从该天算起 number 天数在当前的月的名称。Number 参数的范围为 25568～49709(January/1,1970～June/2, 2036)
MoveWindow	格式：MoveWindow(top, left) 说明：该函数只能在“计算”设计图标中使用，不能作为装饰或在表达式中使用，该函数的作用是将展示窗口移动到指定的位置

续表

函　　数	使用格式及说明
NetDownload	格式：string := NetDownload("URL") 说明：该函数将指定 URL 中的文件下载到本地硬盘上，并返回在下载文件在本地硬盘上的路径和文件名
NetPreload	格式：NetPreload(IconID@"IconTitle") 说明：该函数的作用是使用 Authorwave Shockwave 插件将指定设计图标中的内容上载到网络上，准备以后的使用
NewObject	格式：object := NewObject("Xtra" [, arguments...]) 说明：该函数创建一个新的 Scripting Xtra 并通过参数的设置来调用一个实例启动
Next Repeat	格式：Next Repeat 说明：使用该函数在循环控制中，省略后面的内容，从头重新开始新的一个循环
Number	格式：number := Number(x) 说明：该函数将参数 x 转化为一个实型或整型的数值 例如：Number("1a2b3c") 返回值为 123
NumCount	格式：number := NumCount("string") 说明：该函数作用是设定返回在字符串 string 中数字的个数。 例如：NumberTotal := NumCount("Greg11Peter22Bobby33Marcia44Jan55Cindy66")变量 NumberTotal 的值为 6
OffsetRect	格式：NewRectangle := OffsetRect(rectangle, x, y) 说明：该函数的作用是按照 rectangle 的形状复制一个矩形，矩形的位置由源矩形的位置和参数 x,y 来决定，参数 x,y 是新矩形相对源矩形移动的位置，当 x 大于零时，新建矩形在源矩形的右边，当 y 大于零时，新建矩形在源矩形的下方。当参数小于零时，位置相反
OLEDoVerb	格式：OLEDoVerb(IconID@"IconTitle" [, "verb"]) 说明：该函数的作用是激活指定设计图标中 OLE 对象的某项操作，该函数的操作仅对该设计图标中包含的 OLE 对象有效，对其他对象无效。 OLE 对象：指通过对象链接与嵌入技术而插入到设计图标中的对象（如正文对象、图形对象）。 例如：要编辑标题为“背景”的“显示”设计图标中的 OLE 对象，则可在一个“计算”设计图标中输入函数 OLEDoVerb(IconID@"背景", "edit")
OLEGetObject+Verbs	格式：string := OLEGetObject+Verbs(IconID@"IconTitle") 说明：该函数的作用是对指定的“显示”设计图标中第一个 OLE 对象的具体操作以列表的形式返回，其中列表的第一个具体操作是缺省操作，每个操作名占列表中的一行
OLEGtTrigger	格式：number := OLEGtTrigger (IconID@"IconTitle") 说明：该函数返回一个为激活 OLE 对象方式设置的数字标识，其数字的含义如下所述 0：未设置激活方式 1：单击激活方式 2：双击激活方式
OLEGetTriggerVerb	格式：string := OLEGetTriggerVerb (IconID@"IconTitle") 说明：该函数的作用是对指定“显示”设计图标中第一个 OLE 对象设置的激活方式以列表的形式返回
OLEIconize	格式：OLEIconize (IconID@"IconTitle", iconize) 说明：该函数的作用是设定将指定“显示”设计图标中的第一个 OLE 以图标的形式来显示还是以全图的形式显示。参数 iconize 的值为 TRUE 时，以图标的形式显示；参数 iconize 为 FALSE 时，以全图的形式显示

续表

函　数	使用格式及说明
OLESetAutoUpdate	格式：OLESetAutoUpdate (IconID@"IconTitle", update) 说明：该函数用来设置指定“显示”设计图标中第一个链接 OLE 对象的链接关系是用什么方式来得到更新的，当参数 update 为 TRUE 时，将自动更新，当 update 为 FALSE 时，则链接关系只能用户手工修改。
OLESetTrigger	格式：OLESetTrigger (IconID@"IconTitle", [trigger]) 说明：该函数的作用是为激活 OLE 对象方式设置一个数字标识为参数 trigger，其数字的含义如下所述： 0：未设置激活方式。1：单击激活方式。2：双击激活方式
OLESetTriggerVerb	格式：OLESetTriggerVerb (IconID@"IconTitle" [, "verb"]) 说明：该函数的作用是为指定设计图标中的第一个 OLE 对象设置一个具体的操作该 OLE 对象的激活方式是双击的操作
OLEUpdateNow	格式：OLEUpdateNow (IconID@"IconTitle") 说明：该函数的作用是更新指定设计图标中的第一个 OLE 链接对象，如果是一个 OLE 嵌入对象，则该对象将被刷新
Overlapping	格式：condition := Overlapping (IconID@"IconTitle", IconID@"IconTitle") 说明：如果两个 IconTitle 中的显示对象重叠放置的话，该函数的返回值为 TRUE
PageContaining	格式：ID:= PageContaining (IconID@"IconTitle"[,@"framework"]) 说明：当不使用参数 framework 时，该函数是返回指定页所对应设计图标的 ID 标识，可以使用该参数指定框架结构的标题，当指定的页在框架结构中时，将返回该页所对应设计图标的 ID 标识，否则返回 0
PageFoundID	格式：ID := PageFoundID (n) 说明：当使用 FindText()函数来查找关键词或正文，该函数与该正文和关键词相匹配的正文对象所在的页的 ID 标识。当 n=1 时，该函数返回的是第一处匹配的正文对象所在页的 ID 标识。当 n=2 时，该函数返回的是第二处匹配的正文对象所在页的 ID 标识，其他依次类推
PageFoundTitle	格式：title := PageFoundTitle (n [,m]) 说明：当使用 FindText()函数来查找关键词或正文，该函数与该正文和关键词相匹配的正文对象所在的设计图标的标题。当没有参数 m 时，该函数返回的是第 n 处匹配的正文对象所在设计图标的标题，当有参数 m 时，该函数返回的是从第 n 个匹配设计图标到第 m 个匹配正文对象所有的设计图标标题
PageHistoryID	格式：ID := PageHistoryID (n [,m]) 说明：1. 不使用参数 m 时，该函数返回的是最近显示页的设计图标 ID 标识，n=1 表示最近显示页，n=2 表示最近显示页的前一页，其他依次类推。 2. 当使用参数 m 时，该函数将返回在该范围内的所有显示页的 ID 标识，ID 标识间以回车符分隔，最后一个 ID 标识用结束符“\0”来结尾
PageHistoryTitle	格式：title := PageHistoryTitle (n [,m]) 说明：1. 不使用参数 m 时，该函数返回的是最近显示页的设计图标标题，n=1 表示最近显示页，n=2 表示最近显示页的前一页，其他依次类推。 2. 当使用参数 m 时，该函数将返回在该范围内的所有显示页的标题，标题名间以回车符分隔，最后一个标题名用结束符“\0”来结尾
Point	格式：MyPoint := Point (x,y) 说明：在屏幕坐标(x,y)上创建一个点

续表

函　　数	使用格式及说明
PointInRect	格式：result := PointInRect (rectangle, point) 说明：如果指定的点 point 在矩形 rectangle 内，该函数返回值为 TRUE，否则为 FALSE
Preload	格式：number := Preload (IconID@"IconTitle" [, option]) 说明：将指定的设计图标中的图片、声音、数字化电影等对象预先调入内存，以便快速读取
PressKey	格式：PressKey ("keyname") 说明：当在该函数中指定一个键盘按键名后，Authorware 执行该函数的效果与最终用户在键盘上按下指定的按键的功能相同
PrintScreen	格式：PrintScreen () 说明：将当前屏幕上显示的对象直接从设定的打印机上打印输出
PropertyAtIndex	格式：Property := PropertyAtIndex (propList, index) 说明：该函数返回在具有属性的列表中选择由 index 所指定的元素 例如：PropList := [#a:77, #b:88, #c:99] Property := PropertyAtIndex(PropList, 1) Property 的值为#a
PurgePageHistory	格式：PurgePageHistory () 说明：该函数的功能是将展示窗口中所有已显示的页的内容全部删除
Quit	格式：Quit ([option]) 说明：该函数的功能是使 Authorware 直接退出演示过程。Option 参数的数字含义如下所述 0：返回到 Authorware 窗口。1：返回到 Windows 环境，如果在演示过程中是从一个文件跳转到另一个文件，将返回到先前的文件。2：返回到 DOS 环境
QuitRestart	格式：QuitRestart ([option]) 说明：该函数是使 Authorware 退出展示过程返回 DOS 或 Windows 环境以后，重新开始运行当前的交互作用应用程序
Random	格式：number := Random (min, max, units) 说明：该函数产生范围在 min 与 max 之间，小数点后类似 units 的随机数
ReadExtFile	格式：string := ReadExtFile ("filename") 说明：该函数的作用是读取文件 filename 中的内容，并将该内容赋给变量 string
Real	格式：realNum := Real (x) 说明：将参数 x 转化为实型
Rect	格式：MyRect := Rect (value1, value2, value3, value4) MyRect := Rect(point, point) 说明：利用指定的值或点来绘制矩形
Reduce	格式：ResultString := Reduce ("set", "string") 说明：该函数的功能是使字符串 string 进行简化，简化的方法是按照 set 所指定的字符或字符串将 string 相应的字符或字符串取出，然后将剩余的字符串的值赋给变量 ResultString 。 例如：result := Reduce(" ","The rain in Spain") 该函数返回的值为："The rain in Spain"
RenameFile	格式：number := RenameFile ("filename", "newfilename") 说明：该函数的功能是将文件 filename 更名为 newfilename

续表

函　数	使用格式及说明
RepeatWith Repeatwithx In list Repeat While	格式：RepeatWith counter := start [down] to finish statement(s) end repeat repeat with element in anyList statement(s) end repeat repeat while condition statement(s) end repeat 说明：循环控制语句
RepeatString	格式：RepeatString := RepeatString ("string", n) 说明：将字符串 string 重复 n 次，赋值给字符串变量 ResultString 例如：String := RepeatString("01",3) String 为 "010101"
Replace	格式：ResultString := Replace ("pattern","replacer","string") 说明：该函数的作用是用 replacer 字符串来代替字符串 string 中的 pattern 字符串
ReplaceLine	格式：Result := ReplaceLine ("string", n, "newstring"[, delim]) 说明：以字符串 newstring 来替换 string 字符串中的第 n 行
replaceselection	格式：replaceselection ([IconID@"IconTitle"]) 说明：该函数的目的是将对一个设计图标的选择信息放回到存储区内。如果 IconTitle 为一个附属于“判定”设计图标的一个设计图标，则将该设计图标中选择的信息送存储区；如果 IconTitle 为一个“判定”设计图标，则附属于该设计图标中选择的信息全部被放回存储区中
ReplaceString	格式：ReplaceString := replacestring ("originalString",start, length,"replacement") 说明：使用 replacement 来替换 originalString 中的字符串。 例如：Newstring := ReplaceString("I like you",3,4,"really adore") 字符串 "I like you" 转化为 "I really adore you"，空格也计算在内
ReplaceWord	格式：ResultString := ReplaceWord ("word", "replacer", "string") 说明：使用 replacer 来替换 string 中的 Word 文本。在该函数在中，可以使用通配符“* ”
ResizeWindow	格式：ResizeWindow (width, height) 说明：重新设置展示窗口的大小
ResumeFile	格式：ResumeFile (["recfolder"]) 说明：该函数的功能是使 Authorware 由响应 Quit(1)、Quit(2)或 Quit(3)函数退出交互响应方式应用程序后重新从退出的地方向下运行。该函数只有选中“File”“Properties”对话框中的“Resume”选项后才有效。 Authorware 要重新返回它退出的地方，必须能找到用户信息的记录文件，如果存放该文件的目录不是默认目录，必须使用参数 recfolder 来指定该文件夹或文件名
ResumeFileName	格式：ResumeFileName (["recfolder"]) 说明：当 Authorware 由响应 Quit(1)、Quit(2)或 Quit(3)函数退出交互式应用程序时，该函数的返回值为存储用户信息的记录文件的文件名，如果该文件不是存储在默认的目录中，需要使用参数 recfolder 来指定该文件的文件夹。当没有要重返的文件时，该函数的返回值为一个空的字符串
RFind	格式：number := RFind ("pattern", "string") 说明：该函数的作用是在 string 字符串中寻找到的最后一个 pattern 所指定的字符串的位置。如果没有寻找到，该函数返回值为 0

续表

函　　数	使用格式及说明
RGB	格式：RGB (red, green, blue) 说明：该函数的作用是将红色（R）、绿色（G）、蓝色（B）的颜色值合成为单一的颜色值。其中 red 、green、blue 为 3 种颜色的颜色值，颜色值的范围为 0～255 。该函数只能用在“计算”设计图标中，用于为函数 Box() 、Circle()等绘图函数来设置颜色。当为这些绘图函数设置颜色的时候，该函数必须位于包含有这些绘图函数的设计图标之前
Round	格式：number := Round (x [, decimals]) 说明：该函数按照 decimals 设定的小数位数来实现四舍五入的算法
SaveRecords	格式：SaveRecords () 说明：该函数将用户的信息保存在磁盘上，当用户退出一个文件后，Authorware 自动地执行保存功能
SendEventReply	格式：SendEventReply (event, reply) 说明：对由 Xtras 发出的事件发送一个回应
SetAtIndex	格式：SetAtIndex (anyList, value, index) 说明：该函数用来替换指定列表中指定位置的元素的值。 例如：numList := [10, 20, 30] SetAtIndex(numList, 90, 1) numList 的结果为[90, 20, 30] numList := [10, 20, 30] SetAtIndex(numList, 90, 6) numList 的结果为 [10, 20, 30, 0, 0, 90]
SetCursor	格式：SetCursor (type) 说明：该函数的作用是设定鼠标指针的具体形状。 SetCursor(0)：箭头 SetCursor(1)：“I”形 SetCursor(2)：双箭头形状 SetCursor(3)：加号形状 SetCursor(4)：方块 SetCursor(5)：沙漏形状 (Windows) SetCursor(6)：手的形状
SetFill	格式：SetFill (flag [, color]) 说明：该函数的功能是用 RGB()所设定的颜色来填充有绘图函数绘制的图片，当 flag=TRUE 时填充，否则不填充
SetFrame	格式：SetFrame (flag [, color]) 说明：该函数用来设置有绘图函数绘制的图形的边框
SetIconProperty	格式：SetIconProperty (IconID@"SpriteIconTitle", #property, value) 说明：该函数用来设置指定图标的属性值，该值可以通过 GetIconProperty 函数来取得
SetKeyboardFocus	格式：SetKeyboardFocus (IconID@"IconTitle") 说明：该函数将当前的焦点放置到指定的 sprite 设计图标，正文输入响应， Director 电影设计图标等
SetLine	格式：SetLine (type) 说明：该函数的功能是实现直线的绘制，type 分别对应情况是 0：没有箭头。1：起始箭头。2：终止箭头。3：两端箭头都要

续表

函 数	使用格式及说明
Setmode	格式：Setmode (mode) 说明：选择显示对象的显示模式，mode 变量的实现过程为 0：覆盖。1：透明。2：反色。3：擦除。4：不透明
SetPalette	格式：result := SetPalette (["filename", option]) 说明：该函数用来从文件 filename 中读取调色板，然后将该调色板设定为当前展示窗口使用的调色板。Opiton 参数含义为： 0：使用以前的设置。1：不保留系统颜色。2：使用未修改的调色板。4：保留系统颜色。8：使用修改> 文件> 调色板的设置
SetProperty	格式：SetProperty ("window", #property, value) 说明：该函数用于设置指定窗口的特征值， window 参数表示由 XCMD 或 UCD（DLL）生成的窗口名
SetSpriteProperty	格式：SetSpriteProperty (IconID@"SpriteIconTitle", #property, value) 说明：设置由 sprite 设计图标当前显示的 sprite 的属性的值
ShowCursor	格式：ShowCursor (display) 说明：该函数的功能是显示或隐藏鼠标，参数 display 为 ON 时，显示鼠标，参数 display 为 OFF 时，隐藏鼠标
ShowMenuBar	格式：ShowMenuBar (display) 说明：该函数用于显示或隐藏展示窗口中的用户菜单，该函数仅能在“计算”设计图标中使用，不能作为装饰或在表达式中使用
ShowTaskBar	格式：ShowTaskBar (display) 说明：该函数的功能是显示或隐藏用户任务栏，要显示用户任务栏，将 display 设置为 ON，否则设置为 OFF。该函数仅能在“计算”设计图标中使用，不能作为装饰或在表达式中使用
ShowTitleBar	格式：ShowTitleBar (display) 说明：该函数的功能是显示或隐藏用户的标题栏，要显示用户的标题栏，则将 display 设置为 ON，否则设置为 OFF。该函数仅能在“计算”设计图标中使用，不能作为装饰或在表达式中使用
Sign	格式：number := Sign (x) 说明：当 x 为负时，该函数返回值为 - 1 当 x 为 0 时，该函数返回值为 0 当 x 为正时，该函数返回值为 1
SIN	格式：number := SIN (angle) 说明：该函数取角度的正弦值

SortByProperty	格式：SortByProperty (propertyList1[, propList2,..., propList10][, order])
	说明：将属性列表按照属性和标记作为标准来排序，将参数 order 设置为 TRUE 时，对列表进行升序排列，当 order 设置为 FALSE 时，对列表进行降序排列。
	例如：ListA:=[#z:1, #x:2, #y:3]
	ListB:=[#a:1, #c:2, #b:3]
	SortByProperty(ListA, [ListB], [TRUE])
	ListA 的值为：[#x:2, #y:3, #z:1]
	ListB 的值为：[#c:2, #b:3, #a:1]

续表

函　　数	使用格式及说明
SortByValue	格式：SortByValue (anyList1 [, anyList2, ..., anyList10], [order]) 说明：该函数的作用同上一函数的作用基本相同，对列表中的元素按照它们的值和标记来进行排序分类，将参数 order 设置为 TRUE 时，对列表进行升序排列，当 order 设置为 FALSE 时，对列表进行降序排列
SQRT	格式：number := SQRT (x) 说明：该函数返回参数 x 的平方根
String	格式：string := String(x) 说明：该函数将 x 由当前值转化为字符串。
Strip	格式：resultString := Strip ("characters", "string") 说明：该函数的作用是将字符串 string 中由 characters 指定的字符或字符串删除后返回 例如：下面函数的目的是实现只取得字符串中的数字 EverythingButNumbers := Strip("1234567890", EntryText) JustTheNumbers := Strip(EverythingButNumbers, EntryText)
SubStr	格式：resultString := SubStr ("string", first, last) 说明：该函数的功能是在字符串 string 中取出一个子字符串，字符串的值由 first 和 last 参数决定 例如：phone number:="4155551212" area code := SubStr(phone number,1,3) area code 的值为 415
Sum	格式：value := Sum (anyList) value := Sum(a [, b, c, d, e, f, g, h, i, j]) 说明：该函数返回列表中或各参数（最多 10 个）的值的累加。 例如：List := [10, 20, 30] TotalValue := Sum(List) Total Value 为 60
Symbol	格式：symbol := Symbol (value) 说明：该函数将给定的 value 的当前值转化为一个符号 例如：propVar := "a" propList := [Symbol(propVar):1] propList 的值为[#a:1]
SyncPoint, SyncWait	格式：SyncPoint (option) SyncWait (seconds) 说明：这两个函数是相互配合起来使用的，SyncWait(seconds) 用来设置一个等待时间，seconds 为等待时间的秒值。在等待的时间范围内，所有的交互作用响应均暂时不能使用，但如数字化电影、动画及其他操作仍然可以继续。SyncPoint(option) 用于设定在何时对 SyncWait(seconds)函数设置的等待时间进行计时。参数 option 的含义如下所述： 0：表示在当前“显示”设计图标显示的内容前开始计时。1：表示在当前“显示”设计图标显示的内容后开始计时。2：表示在匹配一个响应或退出一个交互作用分支结构时，开始计时（该数字标识仅用于交互作用分支结构）
TAN	格式：number := TAN (angle) 说明：该函数返回角度 angle 的正切值

续表

函　　数	使用格式及说明
Test	格式：Test (condition, true expression [, false expression]) 说明：该函数的功能是，当 condition 的值为 TRUE 时，Authorware 计算 true expression 中的表达式；当 condition 的值为 FALSE 时，Authorware 计算 false expression 中的表达式 例如：Test(Score<50, path:=1, [path:=2]) 如果 Score 小于 50，则为 path 赋值为 1，否则赋值为 2
TestPlatform	格式：string := TestPlatform (Mac, Win32 [, Win16]) 说明：该函数返回应用程序所运行的平台信息
TextCopy	格式：TextCopy () 说明：该函数的作用是将当前选中的正文复制到剪贴板中
TextCut	格式：TextCut () 说明：该函数的作用是将当前选中的正文剪贴到剪贴板中
TextPaste	格式：TextPaste () 说明：该函数的作用是将剪贴板中的内容粘贴到当前激活的正文对象中
TimeOutGoTo	格式：TimeOutGoTo (IconID@"IconTitle") 说明：该函数要同函数 TimeOutLimit 来同时使用，用来监测最终用户的响应操作（按键、单击鼠标、双击鼠标、拖动鼠标等）。如果在 TimeOutLimit 的时间内，最终用户还没有实施任何响应操作，则 Authorware 将跳转到由 TimeOutGoTo 函数所指定的设计图标来执行
Trace	格式：Trace ("string") 说明：该函数的作用是帮助程序的调试，该函数在独立的“计算”设计图标中使用，我们可以在要调试的设计图标前加上一个“计算”设计图标，并在该设计图标中输入该函数，当 Authorware 遇到该函数时，会自动跳出跟踪窗口，同时，参数 string 所设定的字符串会出现在窗口中
TypeOf	格式：Type:= TypeOf (value) 说明：该函数返回参数 value 的类型。参数的类型有如下所述#integer、#real、#string、#linearList、#propList、#rect、#point、#symbol、#event 几种。 例如：TypeOf([1, 2, 3]) 返回值为#linearList TypeOf(#a) 返回值为 #symbol TypeOf("abc") 返回值为#string
UnionRect	格式：NewRect := UnionRect (rectangle1, rectangle2) 说明：该函数返回在矩形 rectangle1、rectangle2 中最小的一个
Unload	格式：Unload (IconID@"IconTitle") 说明：该函数的作用是将 IconTitle 所指定的设计图标中的内容从内存中移出
UpperCase	格式：resultString := UpperCase ("string") 说明：该函数的作用是将 string 中所有的字母转化为大写字母 例如：NewText := UpperCase("all caps") NewText 的值为 ALL CAPS
ValueAtIndex	格式：ValueAtIndex (anyList, index) 说明：该函数返回指定列表中指定位置的值 例如：List := [10, 20, 30] PropList := [#a:77, #b:List, #c:99] Value := ValueAtIndex(PropList, 1) Value 的值为 77 Value := ValueAtIndex(PropList, 2) Value 的值为 [10, 20, 30]

续表

函　　数	使用格式及说明
VideoChromaKey	格式：VideoChromaKey (red, green, blue) 说明：该函数为视频重叠设备设置 chroma 关键颜色
VideoDisplay	格式：VideoDisplay (show) 说明：该函数来控制视频的播放，当 show 为 ON 时，在显示当前视频设备上的显示对象，当 show 为 OFF 时，则停止播放当前视频设备上的内容
VideoPause	格式：VideoPause () 说明：该函数的作用是在当前帧暂停视频播放
VideoPlay	格式：VideoPlay (frame) 说明：该函数是从指定的帧开始播放视频信息
VideoSeek	格式：VideoSeek (frame) 说明：该函数的作用是设置当前视频播放的帧数，使 Authorware 直接定位该帧的图像
VideoSend	格式：string := VideoSend ("message", wait) 说明：该函数将 message 参数中的信息发送到视频播放设备中，然后等待参数 wait 数值中所指定的多少个时间段，每一个时间段的时间为 1/60 秒
VideoSound	格式：VideoSound (channel, play) 说明：该函数控制视频声音的播放数字参数 channel 来控制声道的播放。各数字的含义如下所述 1：声道 1。2：声道 2。3：双声道 参数 play 控制声音的播放，play 设置为 ON 时播放声音；为 OFF 时，不播放声音时
VideoSpeed	格式：VideoSpeed (speed) 说明：该函数用来控制视频的播放。参数 speed 各数值的含义如下所述 0：Pause。1：Slowest。2：Slow。3：Normal。4：Fast。5：Fastest
VideoStep	格式：VideoStep (reverse) 说明：该函数控制视频的单帧向前或向后播放，参数 reverse 设置为 OFF，向后播放则参数 reverse 设置为 ON
VideoText	格式：VideoText ("string", n) 说明：该函数使用视频播放器在第 n 行播放 string 字符串中的信息。并非所有的视频播放设备支持该函数，如果不支持，Authorware 将忽略该函数
WaitMouse Up	格式：WaitMouse Up () 说明：该函数暂停展示窗口中的内容，直到用户松开鼠标左键为止
WordCount	格式：number := WordCount ("string") 说明：该函数返回字符串 string 单词的个数 例如：TotalWords := WordCount("Aries Taurus Gemini") TotalWords 的值为 3 TotalWords := WordCount(" (. # & ! ") TotalWords 的值为 5 TotalWords := WordCount("one\rtwo\rthree") TotalWords 的值为 3
WriteExtFile	格式：number := WriteExtFile ("filename", "string") 说明：该函数的作用是将字符串 string 中的内容写入由 filename 所指定的文件中

续表

函　数	使用格式及说明
Year	格式：number := Year (number) 说明：number 为当前时间距离 1900 年 1 月 1 日的天数，使用该参数，返回 number 所距离天数所在的年。Number 值的范围为：25568～49709 (January,1, 1970～June,2, 2036) 例如：result := Year(25568) result 的值为 1970
ZoomRect	格式：ZoomRect (x, y) 说明：该函数的作用是使 Authorware 从点（x,y）到显示对象的边缘产生变焦距显示的效果

参考文献

[1] 杨芙清．信息技术基础[M]．2版．北京：人民教育出版社．2007.

[2] 王云，李志河．现代教育技术应用[M]．北京：北京交通大学出版社．2007.

[3] 张增强．Authorware6.5标准教程[M]．北京：中国宇航出版社．2003.

[4] 丁新豫，高宇辉，等．Authorware5 多媒体程序开发应用指南[M]．北京：人民邮电出版社．1999.

Learn more about it!

笔记栏

Learn more about it!

笔记栏